中國學術思想 研究輯刊

三十編

林慶彰 主編

第13冊

道德踐履與「性天通」
——薛瑄哲學思想研究

高 瓊 著

花木蘭文化事業有限公司

國家圖書館出版品預行編目資料

道德踐履與「性天通」——薛瑄哲學思想研究／高瓊 著 — 初
版 — 新北市：花木蘭文化事業有限公司，2019〔民 108〕
目 4+286 面；19×26 公分
（中國學術思想研究輯刊 三十編；第 13 冊）
ISBN 978-986-485-868-2（精裝）
1.（明）薛瑄 2. 學術思想 3. 哲學
030.8　　　　　　　　　　　　　　　　108011716

ISBN-978-986-485-868-2

9 789864 858682

中國學術思想研究輯刊
三十編　第十三冊　　　　　　　　ISBN：978-986-485-868-2

道德踐履與「性天通」——薛瑄哲學思想研究

作　　者　高瓊
主　　編　林慶彰
總 編 輯　杜潔祥
副總編輯　楊嘉樂
編　　輯　許郁翎、王筑、張雅淋　美術編輯　陳逸婷
出　　版　花木蘭文化事業有限公司
發 行 人　高小娟
聯絡地址　235 新北市中和區中安街七二號十三樓
　　　　　電話：02-2923-1455／傳真：02-2923-1452
網　　址　http://www.huamulan.tw 信箱 hml 810518@gmail.com
印　　刷　普羅文化出版廣告事業
封面設計　劉開工作室
初　　版　2019 年 9 月
全書字數　258386 字
定　　價　三十編 18 冊（精裝）新台幣 39,000 元　　版權所有‧請勿翻印

道德踐履與「性天通」
——薛瑄哲學思想研究

高瓊　著

作者簡介

高瓊，女，1979 年 11 月出生，遼寧錦州人，哲學博士，西安交通大學馬克思主義學院、仲英書院副教授，主要從事儒家哲學、優秀傳統文化與大學生思想政治教育研究。主持 2019 年教育部人文社會科學專任項目（高校思想政治工作）等項目 6 項，參與項目 8 項，在《西安交通大學學報（社會科學版）》、《思想政治工作研究》等發表優秀傳統文化、大學生思想政治教育等相關學術論文 20 篇，其中《五個維度解讀習近平傳統文化觀》、《核心價值觀與優秀傳統文化的深度契合》被中國社會科學網、人民網、光明網等全文轉載。

提　要

　　儒家傳統文化是中華優秀傳統文化的核心，明初薛瑄是宋明學術轉換時代承前啓後、不可或缺的代表人物，其道德主體性洞察彰顯出傳統文化深刻的主體向度和實踐邏輯，爲理解、詮釋和揭示優秀傳統文化的道德精髓提供了重要的思想範本和實踐進路。在明初程朱理學獨尊的背景下以及南北學風相激相蕩的格局中，薛瑄以承繼儒家道統爲己任，學宗南宋朱子，融合北宋周濂溪、二程、張橫渠之學，將《大學》、《中庸》的天命人性進路與《孟子》、《易傳》的直承心性進路相融貫，繼承儒家一貫的人性關切與宋儒開拓的天人規模，構建「理」、「氣」、「性」、「心」相貫通的哲學體系，並依此構建「理氣無間」、「理一分殊」的天道宇宙論，以性（體）爲貫通天人的樞紐，主張通過主敬立誠、窮理格物、內向自得、切己反躬、內外交修的「復性」修養工夫，彰顯、挺立、擴充人的道德主體性，使主體從善惡雜陳的人性實然走向純然至善的應然，最終實現「性天通」亦即「天人合一」的理想境界。薛瑄傳承、修正和發展了朱子理學，吸收張載關學，凸顯躬行實踐之風，開創「河東學派」，開啓明代氣學，影響明代關學和心學，啓迪明清實學，與宋明理學諸家思想存在著內在聯繫，成爲宋明理學發展過程中的承前啓後的重要一環。薛瑄哲學思想展現出儒家優秀傳統文化「天人合一」的理想境界、性體至善的人性架構、篤實踐履的修養工夫和立誠、持敬、存心、體善等價值追求，對於當下中國培育社會主義核心價值觀、挺立民族文化自信、提升公民道德修養水平等具有積極的時代價值，能夠爲優秀傳統文化在新時代的「創造性轉化」和「創新性發展」提供理論參考和實踐借鑒。

2019年度教育部人文社會科學研究專項任務項目（高校思想政治工作）資助「道德主體性視域下優秀傳統文化與大學生社會主義核心價值觀培育研究」（編號 19JDSZ3008）

2019年度中央高校基本科研業務費專項資金資助（編號 SK2019059）

目

次

第 1 章　引　言

　　中華優秀傳統文化以儒家優秀傳統文化爲核心，明初薛瑄是宋明學術轉換時代不可或缺的代表人物，對於宋代理學嚮明代理學的轉換和發展具有承前啓後的重要意義。在明初程朱理學獨尊的背景下以及南北學風相激相蕩的格局中，明初薛瑄以承繼儒家道統爲己任，學宗南宋朱子，融合北宋周濂溪、二程、張橫渠之學，以天道和人道的雙向觀照建立「理氣無縫隙」的天道觀、「本然之性」與「氣質之性」的立體架構人性論和持敬立誠、反躬踐履的工夫論，突出將人本之「性」作爲落實天命天理、鋪開生命踐履、實現天人貫通的樞紐，著意突出「性」的道德主體地位，並在在個體生命中踐行道德修養，追求「性與天通」的理想道德境界。薛瑄哲學思想在明初學術轉換的歷史背景中繼承、修正和發展了朱熹理學，吸收和重振了張載關學，開創河東學派，傳繼關學學風，影響明代諸家學派思想的發展和交融，從義理追尋和生命實踐雙重層面繼承和發揚了中華優秀傳統文化的道德精髓。

　　新的時代條件下，弘揚中華優秀傳統文化成爲高校培育和踐行社會主義核心價值觀、落實 「立德樹人」根本任務的重要切入點。中華優秀傳統文化尤其是儒家優秀傳統文化與社會主義核心價值觀具有深度契合性，是社會主義核心價值觀的價值源泉和路徑參照。要在新時代有效、深入、切實培育和踐行社會主義核心價值觀，就「必須立足中華優秀傳統文化」，也必須對優秀傳統文化的道德思想進行深入梳理和挖掘。以明初薛瑄哲學思想爲個案，系統研究和解析優秀傳統文化的道德主體思想及整個體系建構，是習近平總書記提出的「認眞汲取中華優秀傳統文化的思想精華和道德精髓」、「深入挖掘中華優秀傳統文化所蘊含的思想觀念、人文精神、道德規範」的具體化。通

過優秀傳統文化個案開展系統研究，對優秀傳統文化道德思想的架構、體系、理念、價值、特質、思想進路和生命精神等方面進行多維度挖掘和呈現，能夠深刻揭示優秀傳統文化的思想精華和道德精髓，準確找到優秀傳統文化與社會主義核心價值觀、文化自信等時代訴求的契合點和著力點，切實發揮優秀傳統文化培育社會主義核心價值觀、提升公民道德、建立文化自信、發揚中國智慧等時代價值。薛瑄哲學思想所彰顯的儒家優秀傳統文化「天人合一」的理想境界、性體至善的人性架構、復性存養的工夫路徑、篤實踐履的生命實踐，及其所體現的立誠、持敬、存心、體善等涵養途徑和價值追求，對於當下高校培育大學生社會主義核心價值觀、提升大學生道德修養水平、促進和諧社會構建及挺立民族文化自信均具有積極的理論和實踐意義，同時也能夠爲優秀傳統文化在新時代的「創造性轉化」和「創新性發展」提供理論參考和實踐借鑒。

薛瑄（1389～1464 年），字德溫，號敬軒，山西河津縣南薛里人，明初著名的理學大師，河東學派創始人，累官至禮部右侍郎兼翰林院學士，其學「一本程朱」，兼融張載，「以復性爲宗，以濂、洛爲鵠」，注重切己體道與躬行踐履，被稱爲「明初理學之冠」，並以「實踐之儒」著稱於世。卒後諡文清，隆慶五年（1571 年）從祀孔廟，成爲有明三百年〔註1〕從祀孔廟第一人。薛瑄生活在兩宋以來由程朱理學嚮明代氣學、心學之學術範式轉換的關鍵時期，並隨著時代環境與思想背景的轉變，形成面向實然世界和現實生命、以復性踐履彰顯天道天理從而實現「性與天通」境界的問題意識，從根本上決定了薛瑄哲學的天道觀、人性論及工夫論建構，也決定薛瑄哲學的多維面相與實學特徵。自北宋五子在隋唐佛道的形上義理威壓下開創理學以來，儒學義理從人生實踐、倫理道德領域提升至本體論、宇宙論高度，爲儒家的道德實踐提供了超越的形上本體與天道依據，實現了儒學的哲學化，從而天人互涵便成爲宋明儒共同的視野。迄宋室南渡，經濟、政治、文化重心南移，朱熹於閩地集理學之大成，門人弟子眾多，使南方理學形成規模。相比而言，北方理學則因外在條件的極度缺乏而難以發展。經由元代蒙古一族的統治，雖對理學有意推尊，但難改遲滯凋敝之狀。由於明初以程朱理學爲獨尊學術，佛、道理論威壓得以解除，加之北方理學長期缺乏良好的學術傳承與自由，明初

〔註1〕 明代於 1368 年明太祖朱元璋開國，1644 年被清朝取代，1644～1662 爲南明時期，總計 294 年。

諸儒所面臨的時代問題不再是高舉形上本體、建立精微細密的形而上學體系以抗衡於佛老，而是一方面轉向實然世界的觀照，另一方面轉向內在心性義理與日用踐履的探究。在這一新的時代問題意識觀照下，明初理學也呈現出不同於宋代理學的特質，在薛瑄哲學中尤有典型的表現。因此，結合明初時代背景和思想環境，深入薛瑄一生探討的問題意識，對其生命歷程進行細緻考察，對其哲學義理進行歸類劃界，使我們在此基礎上對其進行恰當的定位，並揭示其在宋明理學發展的內在脈絡和宋明理學學術範式轉換過程中的作用，進而揭示明初理學的獨特意義。

1.1 時代環境與思想背景

時代環境和思想背景是任何一個思想家的思想得以產生和呈現的土壤和根基，因此只有立足於此、紮根於此，才能揭示思想家之思想的產生、價值及其意義。

（一）時代環境

宋明理學崛起於北宋五子，大成於南宋朱熹，將儒家哲學的本體論和形上義理提升到了前所未有的高度，為儒家倫理道德提供了更為深刻的理論依據。後經東南三賢〔註2〕的繼續努力，至南宋末年，理宗即已詔行朱熹《四書集注》於天下，承認朱子理學為官方哲學，並按照祭祀孔子之禮祭祀朱子。至元代，蒙古人入主中原，亦深知文教治國的重要性，在南北方興辦教育，重視孔孟儒學，尊崇朱子理學，並於元仁宗延祐年間（1314～1320 年）恢復「以科舉取士」。仁宗皇慶二年（1313 年）十月下詔曰「若稽三代以來，取士各有科目，要其本末，舉人宜以德行為首，試藝則以經術為先，詞章次之」，規定科考內容在《大學》、《論語》、《孟子》、《中庸》之四書及《詩》、《書》、《周易》等五經內設問出題，並皆「用朱氏章句集注」〔註3〕，以朱子之書為科舉取士之規程。明太宗六年（1408 年）更令士子「凡讀書必先《孝經》、《小學》、《論語》、《孟子》、《大學》、《中庸》，次及《詩》、《書》、《禮記》、《周禮》、

〔註2〕 閩學最主要的代表是朱熹，而南宋時期與朱熹齊名的理學家有張栻、呂祖謙，三人的學術活動均在當時中國東南地區，故世稱「東南三賢」。

〔註3〕 〔明〕宋濂：《元史 志第三十一 選舉一》，北京：中華書局，1976 年 4 月版，第 3018～3019 頁。

《春秋》、《易》」〔註 4〕，一依朱子之學爲學問要法和爲學次第。在元末農民起義中崛起的朱元璋建立了統一的明朝政權，並經常與宋濂、劉基等「論道經邦」，認識到理學尤其是程朱理學對於統治社會、整肅人心的重要作用，深感「治本於心」，「其用無窮」〔註 5〕。因此在開國之初明太祖便大力整頓元末長期戰亂造成的學校廢壞情狀，興起教化，網羅碩儒，重視文教，重振漢族文化傳統。《明史·儒林傳》記載：

> 明太祖起布衣，定天下，當干戈搶攘之時，所至徵召者儒，講論道德，修明治術，興起教化，煥乎成一代之宏規。雖天宣英姿，而諸儒之功不爲無助也。制科取士，一以經義爲先，網羅碩學。嗣世承平，文教特盛，大臣以文學登用者，林立朝右。〔註 6〕

朱元璋的這一開國新舉，不僅使明初社會呈現出「特重文教」的新氣象，「煥乎成一代之宏規」，更幾乎延續了整個明代，爲明儒重振講學之風和精探義理提供了重要的外在條件。在先秦至兩宋的儒家經典理論系統中，程朱理學以其宏闊的規模和人人皆可遵循的進德之方與爲學次第，成爲明初乃至整個明代所尊奉的官方學術，以之規範社會、治理人心。明初即確定程朱理學的一尊地位，如朱元璋不僅確立官方學術「一宗朱氏之學」，「今學者非五經、孔孟之書不讀，非濂洛關閩之學不講」〔註 7〕，更稱「四書五經如五穀，家家不可缺」〔註 8〕，並於洪武十四年（1381 年）頒發四書五經於北方各地學校。明成祖朱棣即位後，爲了防範「天下士所爲學，言人人殊，俗異而政無統」〔註 9〕，更命胡廣、楊榮等纂修以程朱理學爲主導的《五經大全》、《四書大全》、《性理大全》三部大全，匯輯宋元各家理學之說，以程朱理學尤其是朱子理學爲主，頒行全國，作爲士子求學的必讀教科書。明成祖朱棣在三部大全的《序》中講明纂修和頒行的宗旨在於「使天下之人，獲睹經書之全，探見聖

〔註 4〕 《元史 志第三十一 選舉一》，第 2029 頁。明太宗即明成祖朱棣（1360 年～1424 年），是明朝第三代皇帝。朱棣於 1399 年發動靖難之役，四年六月攻入南京，奪取皇位，次年改元永樂（1403～1424 年），其統治時期被稱爲「永樂盛世」。朱棣死後原廟號爲「太宗」，後由明世宗朱厚熜改爲「成祖」。

〔註 5〕 〔明〕《明實錄 太祖實錄 卷六十六》，中央研究院點校本，1963 年。

〔註 6〕 〔清〕張廷玉：《明史 卷二百八十二 儒林傳》，北京：中華書局，1974 年版，第 7221 頁。

〔註 7〕 〔清〕陳鼎：《東林列傳 高攀龍傳》，文淵閣四庫全書本。

〔註 8〕 〔明〕黃溥：《閑中古今錄摘抄》，北京：中華書局，1985 年影印本。

〔註 9〕 〔清〕傅維麟：《明書 卷六十三 選舉志》，北京：商務印書館，1936 年版。

賢之蘊。由是窮理以明道，立誠以達本，修之於身，行之於家，用之於國，而達之天下」，從而「使家不異政，國不異俗」。明政權對程朱理學的推尊固然出於統治社會、收攬人心的目的，三部大全的纂修也標誌著明初朱學統治地位的確立，但此舉同時造成了兩方面的後果：一是從政治合法性的層面對程朱理學給予了最高的肯定，使之成爲整個社會的主導思想，也使其向世俗層面的擴展達到了最大程度；二是在形式上獲得獨尊地位的同時，已臻於大成的朱子理學本身的發展也出現窒礙，不僅自身義理圓熟而難以有更大的發展空間，而且以習程朱理學爲獲取功名利祿途徑的世俗目的也使程朱理學不斷地俗世化，甚至悖離程朱義理本身。而能夠眞正理解程朱本義與宗旨並踐之於日用常行的士人反倒成爲少數，極大地阻礙了程朱理學的發展，甚至導致有識之士經由世俗層面對程朱理學進行整體反思和批判，從而在程朱理學內部以另闢路徑的方式探求新的發展空間。

在大力提倡以程朱理學統一社會思想、加強思想禁錮的同時，明初統治者還極力加強對文人士大夫的控制。明太祖、成祖推尊程朱理學，興起教化，重視文教，且採取以「經義爲先」的制科取士政策，使文人士大夫尤其是尊程朱理學者得以進入權力中心，成爲政治體制中一股獨特力量，頗有以文人治國、重視儒學、倡明文教之意。但究其實，程朱理學只是被統治者用以統一社會人心的思想工具，文人士大夫則是統治者用來輔助政治統治、治理世道人心的人才工具，無法自作主宰的依附性反而成爲儒家知識分子無可奈何於現實社會的根源。但文人士大夫的人格畢竟有其獨立性，從而力在政統之外自覺地傳續儒家道統。由於明初統治者將文人儒者僅僅作爲朝廷維護其統治的御用工具，因此一方面在形式上給予文人士大夫以尊顯的地位，另一方面又對其保持高度的警惕。作爲最高統治者，朱元璋認爲「寰中士夫不爲君用，是外其教者，誅其身而沒其家，不爲之過」〔註10〕，於是在將文人士大夫網羅進權力集團中的同時，又通過嚴酷的文字獄、廷杖等手段實行思想專制，使文人於政治權力中只能在極爲有限的範圍內發表意見和採取作爲，以達到所謂「家不異政，國不異俗」的統治目的。因此，明初士大夫在政治高壓和思想專制的夾縫中生存，「外王」的途徑和實現的可能性被切斷，於是不再像宋儒那樣具有「得君行道」的強烈要求，而是退至《大學》修身、齊家的安全領域，將學術視野與關懷面相集中於個體之成聖成賢，至於如何從「內

〔註10〕〔明〕朱元璋：《大誥三編　蘇州人才第十三》，明洪武內府刻本。

聖」推出「外王」，如何治國、平天下，則大都保持緘默〔註11〕。從而即便儒者懷有「進將有爲」之心和憂國憂民的宏願，也不得不在權力系統中「戰戰兢兢，如臨深淵，如履薄冰」，以保持內聖之學與外王之舉的平衡，或者不得不對現實政治保持沉默和終生的遠離。其結果，必然導致自由空間的缺乏、思想領域的沈寂、文人儒者的退避和爲人風格的謹慎，這是明初理學家所面臨的共同現實。在這種時代與政治環境中，薛瑄以一介文人之軀身居廟堂而成就「醇儒」、「眞儒」與「眞鐵漢」，尤顯難能可貴。

（二）學術背景

　　從理學發展的內在邏輯看，自唐代韓愈提出儒家道統之說，使儒學千百年延續的道統統序得以清晰呈現，爲宋明儒的致思與立論提供了縱向的歷史依據。加之隋唐以來佛道二教在「大道精微之理」層面對儒學的刺激，使宋儒自覺承擔起繼承和維護儒家道統之任，將儒家最具形上意蘊的《易傳》作爲核心文本，援佛道入儒，挖掘儒學的本體論、宇宙論和心性論層面的形上依據，越過執著於文辭章句的漢唐經學和名義之間的魏晉玄學，直承先秦孔孟儒學，彰顯隱藏在孔孟儒學和百姓日用之間的精微義理。北宋周敦頤融合儒道，勾勒出「太極圖」之宇宙生成和演化圖式，爲宋明理學家探索宇宙本源、架構本體論、窮究天道義理、落實道德實踐提供了超越的天道本體根據，並爲天道本體下貫至人生日用提供了宏闊的宇宙視界。張橫渠、二程、朱子、陸九淵等兩宋諸儒則在周敦頤「太極」、「陰陽」之宇宙生成模式下，分別以「理」、「氣」、「心」、「性」爲入路，依不同路徑和方向進行本體論、宇宙論與人性人生的推究和闡釋，從不同的角度和側面呈現出宇宙、人性、人心的本質特徵，使先秦儒學義理更加精微，「天人合一」的視野也更加宏闊。橫渠以「氣之充塞周流」爲宇宙本源狀態，以「太虛本體」貫徹天道人道，以「氣之聚散變化」解釋萬物生滅，以氣質之性解釋物之偏蔽與人性之惡，並將「變化氣質」、「大心體物」作爲恢復人性、達於天道的踐履工夫。與哲學義理相應，橫渠爲人風格嚴毅方剛，以「苦心極力之象」，做「稽天窮地之思」，其所創立的關學學派亦皆「以躬行禮教爲本」〔註12〕，學風樸實敦厚。伊川、

〔註11〕 參見余英時：《余英時文集　第十卷　宋明理學與政治文化》，桂林：廣西師範大學出版社，2006 年，第 10～60 頁。

〔註12〕 丁爲祥：《張載研究的視角與方法》，《陝西師範大學學報（哲學社會科學版）》，2000 年第 2 期。

朱子則著重開顯了宇宙天地客觀之「理」的一面，認定千差萬別、物我各異的萬事萬物背後存在著「一定之理」，統體之理與分別之萬物是「理一分殊」的關係，萬物形上之理與實然之用則「體用一源，顯微無間」。主體須依循序漸進的工夫，以明識萬事萬物背後的形上之理，最終達致豁然貫通、物我合一之境。明道則以整體渾全的視野言「天地萬物一體之仁」，重在物我無間之境界的提升，多有灑落氣象。陸九淵則從心學一面發掘、擴充孟子的心性之學。兩宋諸儒雖對宇宙本體的識見稍有不同，所採取的工夫路徑亦不盡相同，但在天人視野下通過理論探索使儒學義理在形上本體層面獲得前所未有的精微之論，則始終是共同的大方向。與此同時，宋儒更在儒學的一個重要層面──實踐層面承繼儒家道統，通過不同面相之形上義理支撐下的「為己之學」和反躬實踐，力致「天人合一」之境。如張載及其關學的樸實厚重、躬行禮教，程朱理學的格物窮理、反躬省察，均力圖於通過日用事為、灑掃應對之間的踐履工夫實現儒家求道宗旨，雖然義理支撐與工夫入路有所不同，但究其宗旨可謂殊途同歸。南宋朱子將周敦頤、張橫渠、程伊川、程明道等宋儒義理融入自己以「理」、「氣」為間架的哲學體系，並以其循序漸進的進德之方和可依可據的道德規範成為元、明、清三代所共同尊奉的官方學術，甚至即便是倡言「心即理」且「門徒遍天下，流傳逾百年」的陽明心學也是在朱學的框架下所開闢出的一條新路，亦不能與程朱理學全無關涉。

　　南宋之後至整個元代，理學發展的主要趨勢是「和會朱陸」〔註 13〕。呂思勉稱元代理學「不過衍紫陽之緒餘」〔註 14〕，創獲有限。但亦有儒者堅守文化理想的追尋和儒家道統學脈的傳承，如吳澄、許衡皆宗朱學，並以朱子學融合陸氏心學，分別在南、北方對程朱理學進行傳承與發展。吳澄以朱子學兼取陸九淵心學，更具心學傾向。許衡為元代北方大儒，能夠遵循程朱本義，更以德行踐履推顯程朱理學要義，對元代及明初理學頗有影響，尤其對北方儒學有挺立之功。

　　北宋五子「勇於造道」，構建精微的儒家本體論和宇宙論，消除了來自佛老之「大道精微之理」的勢壓，因而明初諸儒無需出入佛老，亦不必以佛老形上義理作為理論創造的基本參照座標，從而不再著意於儒家形上本體論的

〔註 13〕　參見侯外廬等主編：《宋明理學史》（上卷），北京：人民出版社，1984 年，第749～762 頁。
〔註 14〕　呂思勉：《理學綱要》，北京：東方出版社，1996 年版，第 32 頁。

建構，而將思考的重心轉向實然世界和內在心性及人倫日用。此外，明初的思想專制和朱子理學的獨尊更加深了這一趨向，使明初理學由外向探索轉向內向收攝，由形上本體論建構轉向宇宙論的梳理，從天道探索轉向人道反省，從而使明初諸儒呈現出所謂「恪守宋人矩矱」的外貌以及「一本程朱」的整體狀況。但就在「師承有自，矩矱秩然」〔註15〕的明初理學中，潛藏與湧動著學術範式轉換的新趨向，即從博大恢宏轉向精微細密，從理氣、心性之二元論轉向一元論，由形上本體論轉向實然宇宙論和內在心性論。具體而言，一方面明代理學從宋代理學之博大恢宏走向精微細密。黃宗羲謂「有明文章事功，皆不及前代，獨於理學，前代之所不及也，牛毛繭絲，無不辨晰，真能發先儒之所未發」〔註16〕，而對理學「牛毛繭絲」式的辨析與發先儒未發之意自明代初期已見端倪，如薛瑄之於理氣性氣，吳與弼之於涵養力行，皆彰顯明初理學的新方向，為後來朱子學的轉向做了理論準備。另一方面，誠如岡田武彥所言，明初理學繼續凸顯著重「心」和「一元化」傾向。如薛瑄、吳與弼（1391～1469 年）、胡居仁（1434～1484 年）等明初朱學代表「恪守朱子學的立場，以至於朱子學的二元論傾向，或追求細密分析和博大知識的朱子學特色，已愈益減弱，而出現了重視一元論和心之存養的傾向，這在思想方法上可以說是一股接近陸學的風潮」〔註17〕。到後來王陽明則反倒以開放的主體意識和高昂的個性精神表現出來，而羅欽順、王廷相則從實然之「氣」的層面著眼，從而使明代理學出現深刻而微妙的變化，凸顯了朱學的內在矛盾，也使朱子理學在明代發展脈絡中分別一元化於「氣」和「心」，使有明一代呈現出大不同於兩宋的學術氣象與學問風格。有「醇儒」美譽的薛瑄可以說是這一走向的重要代表。

論及明初理學，薛瑄之前有曹端。曹端（1376～1434 年）字正夫，號月川，河南澠池人，可謂明代第一位大儒。《四庫全書總目提要》稱「明初理學，以（曹）端與薛瑄為最醇」〔註18〕，劉宗周也稱「薛文清亦聞先生（曹端）之風而起者」〔註19〕。曹端早生於薛瑄十三年，生活在洪武、永樂、宣德之

〔註15〕《明史 卷二百八十二 儒林傳》，第 7222 頁。
〔註16〕〔明〕黃宗羲：《明儒學案 發凡》，北京：中華書局，2008 年版，第 14 頁。
〔註17〕〔日〕岡田武彥：《王陽明與明末儒學》，上海：上海古籍出版社，2000 年，第 9 頁。
〔註18〕〔清〕永瑢等：《四庫全書總目 卷一七〇》，北京：中華書局，1965 年影印本。
〔註19〕《明儒學案 師說》，第 2 頁。

際，並「首起崤、澠間，倡明絕學」〔註 20〕。黃宗羲稱讚其學「不由師傳，特從古冊中翻出古人公案，深有契於造化之理」〔註 21〕，可見明初理學之一端。曹端推崇周敦頤《太極圖說》，以程朱理學為宗，視「太極」為「理」，明「理一分殊」，並「自幼不妄言動」，「以力行為主」，主張事事於心上做工夫。曹端還取法周敦頤所作《拙賦》之意，以「拙巢」命名讀書之所，用作自警。曹端對薛瑄之學有所影響。從外在機緣來看，薛瑄居於山西河津，自幼隨父侍教各地，結識賢豪長者，與居於澠池、曾任山西霍州學正近二十年的曹端有所往來，並受其學問風氣影響，此即劉宗周所稱「薛文清亦聞先生之風而起者」。從內在生命來看，曹端的學問主旨和生命氣象與薛瑄頗為相近，皆以程朱理學為宗，以力行實踐為本。薛瑄雖然在讀書二錄中很少提及曹端學行，但曾為曹端作《拙巢記》曰：

> 今曹均（曹端）慕元公（周敦頤）之學，以「拙」名巢，其可謂能擇所處，而知所戒者矣。則其進道之心，又曷有窮極哉！雖然，余亦拙者徒也。他日倘獲登均之巢，尚當闢混沌以廣均之居室，疏七情以通均之戶牖，舉酒相屬而誦元公之賦，已而忘言相對，身巢兩忘，復不知巧拙為何物也。〔註 22〕

此語既贊月川為學工夫之謹嚴，又體月川以「拙巢」通濂溪明道之意。薛瑄又作《拙巢先生畫像贊》，稱月川「質純氣和，理明心定。篤信好古，拒邪開正。有言有行，以淑後人。美哉君子，輝光日新」〔註 23〕，可見對曹月川學行的肯定。但從薛瑄哲學思想的核心文本《讀書錄》和《讀書續錄》來看，薛瑄並未對曹端及其義理做正面的評價與發揮，僅在若干時文中稱讚之，可見在薛瑄的心目中，曹端尚未可與朱子、許衡相併提，曹端對薛瑄的影響亦大要在學風的薰陶。而薛瑄思想中所體現出來的新趨向，與其說是繼承曹端，不如說是明初時代背景和思想環境的必然產物。薛瑄以繼承儒家道統為己任，彌合朱子義理之「縫隙」，顯豁朱子理學應有之意，並展開較具開放性和多維面相的思考，以本體論和宇宙論的並重開顯理氣一元化的傾向，在「立心為本」心性工夫論中彰顯明代重心趨向，尤其在實踐層面和個體生命歷程

〔註 20〕　《明史 卷二百八十二 曹端列傳》，第 7239 頁。
〔註 21〕　《明儒學案 發凡》，第 2 頁。
〔註 22〕　〔明〕薛瑄：《薛瑄全集 文集卷之十八》，太原：山西人民出版社，1990 年版，第 800～801 頁。以下版本略。
〔註 23〕　《薛瑄全集 文集卷之二十四》，第 949 頁。

中顯豁程朱理學真義，可謂宋明理學發展脈絡中不可或缺的一環。薛瑄在義理、踐履和創立學派振興北方儒學等方面的成就與貢獻，在明初諸儒中是頗為顯著的。

（三）南北學風

明初南北學風的差異與互動也是理解薛瑄哲學及其價值的一個重要維度。儒家文化的南北差異由來已久。從自然地理角度而言，南北方歷來存在著地理位置、氣候特徵等自然差異，並在此基礎上產生南北經濟、政治上的差別。從歷史的角度看，宋室南移之後，南北方的不同學風也通過儒者個體的學風、氣象及學派特徵體現出來，從而凸顯出不容抹煞的南北文化差異，這成為儒家文化千年演進中的一個獨特現象。在地理與歷史之諸多因素作用下，南方之學逐漸形成個性自由、思想開闊、豪放灑脫的人格特徵，但篤行方面稍遜。北方之學則顯樸實、嚴謹、敦厚、注重實踐，氣象篤實嚴毅，但為學規模與風格上則顯拘謹。從而南北學風的交融與互動也就成為傳統文化發展的重要動力之一。在以生命氣象與人格境界為人生之主要座標、於不同學風融合與互滲中構建本體論和宇宙論體系的宋明理學中，南北學風的差異與特徵更為鮮明，也更加具有為學進路與工夫論的意義。北宋周敦頤、二程、張載作為理學的開創者，各以不同的為人氣象和人格風貌展現著理學發展的不同面相，亦在南北儒者的學風互動中演進。如宋元學者中，南方有北宋道州營道縣（今湖南道縣）周敦頤的灑落光明，南宋徽州婺源（今江西）朱子的嚴謹恭肅與撫州金溪（今江西）陸九淵的光風霽月，元代撫州崇仁（今江西）吳澄的清明，北方則有北宋陝西關中張載的「氣質剛毅，德盛貌嚴」[註24]，元代懷州河內（今河南）許魯齋的「力學篤行」、「志量弘毅」。南方有閩學、湖湘學派，北方有躬行禮教的關學學派。北學如山之厚重，南學似水之清明，南北之學分別以不同的路向開顯儒學的工夫指向與人格氣象，彰顯著儒學挺立主體、成就道德的宗旨。

至明初，南北差異更為明顯，既凸顯於現實政治層面，又體現在學術思想中。首先，在朝廷科舉取士中南北差異凸顯。唐宋以降，尤其是南宋偏安一隅、元人佔據北方以來，隨著政治、經濟重心的南移，學術重心也聚集在南方，北方在學術上逐漸難以與南方相匹敵，《宋元學案》即稱「建炎南渡，

[註24] 〔宋〕張載：《張載集 呂大臨橫渠先生行狀》，北京：中華書局，1978年版，第383頁。

學統與之俱遷，完顏一代，遂無人焉」〔註 25〕。到了明洪武年間，北方仍未從元末明初的戰亂中恢復過來，「北士完全無法在注重文藝的科舉考試中與南士競爭」〔註 26〕，甚至發生了廣受學界關注的「南北榜」（或稱春夏榜）案，成爲中國南北差異的一次巨大凸顯。據《明史》記載，在洪武二十六年（1393 年）的科舉考試中：

> 初制，禮闈取士，不分南北。自洪武丁丑，考官劉三吾、白信蹈所取宋琮等五十二人，皆南士。三月，廷試，擢陳䢿爲第一。帝怒所取之偏，命侍讀張信等十二人覆閱，䢿亦與焉。帝猶怒不已，悉誅信蹈及信、䢿等，戍三吾於邊，親自閱卷，取任伯安等六十一人。六月復廷試，以韓克忠爲第一。皆北士也。〔註 27〕

雖然元、明朝廷官員內部和參加科考的士人存在著南北之爭，但明洪武二十六年的這次科舉考試所錄者均爲南方人，無一北士，此一異常結果凸顯出南北方學術的差距和文化發展的不平衡，而這種不平衡對社會和青年士子的影響是全方位的。對於明初環境中成長起來的儒者而言，明初南北文化的不平衡也明顯地體現在儒者的爲人氣象、學問風格和思想路向上。明初諸儒中，澠池曹端、河津薛瑄具有典型的北方學風特徵，吳與弼（撫州崇仁人，今屬江西）、胡居仁（餘干縣梅港人，今屬江西）、陳獻章（1428～1500 年，今屬廣東）則爲南方之學。劉宗周於明初諸儒中最贊吳與弼，言其氣象「依乎中庸，遯世不見知而不悔」，「惟先生醇乎醇」〔註 28〕，對北方曹端也十分肯定，將其比擬爲「今之濂溪」〔註 29〕。但其對同爲北方大儒的薛瑄屢置微辭，言「薛文清多困於流俗，陳白沙猶激於聲名」〔註 30〕。劉宗周對明初諸儒的品評是其關注所在，又體現出南北學風的差別。從而南北學風的差異與失衡、交融與互動既成爲薛瑄哲學發展和崛起的重要動因，也是薛瑄問題意識的一個重要向度。因此，在明初南北文化嚴重不平衡的背景下，薛瑄繼元代許衡

〔註 25〕〔明〕黃宗羲：《宋元學案　卷一百　屏山鳴道集說略》，北京：中華書局，1986 年版，第 3326 頁。

〔註 26〕Benjamin A. Elman, A Cultural History of Civil Cxamination in Late Imperial China（Berkeley: University of California Press, 2000），P. 90.轉引自王昌偉《明初南北之爭的癥結》，明清史集刊第九卷，2007 年 1 月，第 9 頁。

〔註 27〕《明史　卷七十　選舉二》，第 1697 頁。

〔註 28〕《明儒學案　師說》，第 4 頁。

〔註 29〕同上，第 2 頁。

〔註 30〕同上，第 4 頁。

和明初曹端之後，繼承朱子，沿流求源，融合兩宋，在北方河津地區倡明程朱理學本義和宋儒義理，創建有明一代與陽明心學並存的河東學派，蔚為北方儒學之大宗。薛瑄之學為自北宋張載關學式微後沉悶凋敝的北方學術界開了風氣，對北方的儒學發展與道統傳承為功甚巨。而其以恭敬嚴肅、光明峻潔的為人氣象，在以程朱為宗、融合南北學風的工夫踐履中力求融合渾一，在不失超越的天人視域下尤重於切己反躬的實踐面相和個體生命的真實體證，不僅在義理層面，更在實踐層面傳承與發展了兩宋理學。

1.2 薛瑄哲學的問題意識

每一個時代都有其所面臨的獨特問題，由於主體的把握視野、為學進路與個體生命的諸多差異，不同思想家會形成自己獨特的問題意識，採取不同的回應方式和解決途徑，從而形成各具特色的思想體系。因此，深入不同的時代環境和思想背景，通過對思想家進行問題意識的把握與追尋，可以更準確地理解思想家的思想規模及獨特為學進路，呈現其為學進路與時代承當，進而揭示其探討的貢獻及意義。本文主要採取問題意識追尋與個體生命呈現的方式，力求拋開框架束縛和主觀臆斷，深入明初特定的時代環境和思想背景，以探尋薛瑄的問題意識和思想進路，如實理解其所思所慮，從而對其進行合理定位。

由於面臨著隋唐以來在佛道理論衝擊之下三教相爭的形勢壓迫，唐末至兩宋儒者為了站在儒學的立場上回應佛道，尤其是佛教理論。兩宋理學所必須解決的一個重要問題就是如何以儒學為根基，借鑒、吸收佛教形而上學的思辨智慧，掘發經典儒學融於日用、暗而不彰的本體論、宇宙論和心性論諸超越意識和形上義理。因而宋儒多「苦心極力」、「勇於造道」、出入佛老，進行儒學本體論和形上超越義理的構建。在不同觀照視角、致思路徑和氣象風格的作用下，不同儒者對同一時代問題進行了不同向度的義理詮釋和應對，形成了不同的思想進路和工夫路徑，從而建構各具特色的理論體系。如程朱理本論、張載氣本論、陸九淵心本論等，各從不同方向彰顯經典儒家的精微義理，可謂殊途同歸。至有元一代，朱子已集兩宋理學大成，從而成為元代一統格局，因此雖先有趙復的講學，後有許衡、吳澄的傳承，但元代整體的學術氛圍和思想規模遠無法與兩宋相比。

　　明初時代的思想家所面臨的問題與宋代不同。從儒學義理脈絡上看，宋儒分別以「理」、「氣」、「心」、「性」爲本體而建構的儒家形上學，已將對天道觀、宇宙論、人性論的探討提升到一個全新的高度，南宋朱子更以「致廣大，盡精微，宗羅百代」的龐大理學體系集兩宋理學之大成。從外在思想格局上看，儒學形上義理的恢宏建構和元明兩代對程朱理學的推崇，使佛、道二教形上義理對儒學的威壓之勢不復存在，儒學不必再著意構建形上本體論，得以回到自身「一以貫之」的關注視角，向日用倫常的道德踐履和個體生命的修養提升回歸。因此，明初儒者所面臨的時代問題，不再是通過深研佛道而挺立儒學本體論和宇宙論以與佛道抗衡，而是如何在朱學獨尊、趨向僵化的思想環境中進行主體性的內向探索，矯救朱學繁瑣僵化之蔽，返歸孔孟，回歸生活實踐，恢復和彰顯人之善性，同時回應現實政治以經世致用。從現實條件上看，趨於完善的朱子理學經元明統治者的提倡與推尊，在明初已形成獨尊之勢，但同時也使其喪失了自我更新的活力和內在發展的動力，導致思想領域缺乏相互激蕩、彼此促進的自由空間和開放環境，亦使程朱理學的內在矛盾進一步暴露。在這樣的條件下，無論是儒學義理的開新還是守成都面臨著極大的困難。因此，明初思想家大都在朱學的範圍內致思，並不再像宋儒那樣出入佛老、返歸六經、艱苦窮思，亦無興趣對佛老進行深層次的辨析和批判，因此表面看來是「此亦一述朱，彼亦一述朱」，似乎缺乏原創性。但是，正因爲面臨著這樣的時代背景和思想條件，明初真儒超越世俗的功利目的，在「述朱」的同時苦思力索，篤行力踐，追求儒家道統真義，折射出深刻的人性關懷和新的致思趨向，孕育著一個儒學繁榮的新時代。具體而言，明初的理論探索主要體現爲兩種趨向：一是重視實然宇宙論的探討，表現爲對理氣關係之「理氣不二」、「理氣無縫隙」和實然之氣的強調，亦表現在下學踐履工夫的凸顯，此一方向發展爲明代氣學；二是對主體內在心性的縱深探索，凸顯「性」或「心」爲本體，表現爲「心學」和「上達」學問，此一方向發展爲明代心學。正如有的研究者所看到的，明代理學的總體趨勢是「通過格物致知以探討心性的內在化關係便形成所謂心學；而對理氣關係的宇宙論探究以及對二者關係更爲內在化的訴求，也就成爲明代氣學的萌芽」〔註 31〕。明初諸儒在程朱理學內部所作的詮釋與修正，更顯示出儒學理論發

〔註31〕　丁爲祥：《氣學——明清學術轉換的真正開啓者》，《孔子研究》，2007 年第 3
　　　　　期。

展的新走向，成為明代氣學繁榮、心學興盛、關學中興的開端。

薛瑄的思想恰恰體現了宋代理學嚮明代理學的轉向。閻禹錫曾指出，面對「辭章枝葉之學競起」的現實，薛瑄「懼其末流遠而本源晦也」，因此研習宋儒、潛心孔孟，「敬錄御製《性理大全》書，晝夜讀誦不輟，然後約之於心身性理之間」〔註32〕，此亦可見薛瑄所慮。具體而言，薛瑄的問題意識與觀照主要表現在三個方面：

一、「學宗程朱」——自覺的理論選擇。程朱理學無論是對社會秩序的維護還是個體生命的完善都有重大的價值。朱子雖然集兩宋理學之大成，建立博大精微的理論體系，但亦非完美無缺，其在理氣關係上對絕對形上本體之「理」的凸顯，使形上形下兩界即理氣的溝通成為問題，未能達致天道觀、人性論與工夫論的圓融。這樣一來，獨尊的程朱理學既是明初理學自然的理論視野，也成為明初諸儒反思與超越的對象。在深刻把握明初時代背景與思想環境前提下，薛瑄自覺繼承程朱理學尤其是朱子理學，並沿流求源，承繼兩宋諸儒所開拓的天人視域和理論規模，進而結合時代要求將思考的重心轉向實然宇宙界的探討和主體生命的踐履。薛瑄以朱子理學為總體框架，一方面保持「太極」與「理」的形上超越義和形上形下兩界的劃分，恢復「太極」本體「能為動靜」的屬性，彌合朱子「太極不自會動靜」之弊；另一方面較明初其他儒者更細緻地探討理氣之先後、本末、聚散等理氣關係問題，以「理一分殊」解釋形上之理與天地萬物一本萬殊的關係，並將朱子「理」本體論沿實然宇宙論的方向推進，消解朱子之「理」的「潔淨空闊」的形上本體義，逐漸向形下之氣回落，突出理氣「無先後」、「無縫隙」、「無間斷」。薛瑄此一理氣關係的論辯在繼曹端之後為理學由南宋「理」本論轉嚮明代「氣」本論開了方向。而薛瑄對形上超越義的保持又不失宋儒的天人架構和超越意識，不若羅欽順、王廷相、王夫之已愈加全然偏向實然之氣一邊。

二、「大本大原」——人性論的根基。在宋明儒的視域中，天道觀、本體論、宇宙論的建立並非目的本身，而是為人性論提供理論根據，並歸結、落實於人生論才具有真實的意義。薛瑄作為明初程朱理學的繼承者，並未動搖、也無意取消「理」之統攝萬物的形上本體地位，而以「太極」、「理」為宇宙論的「大本大原」，認為天理、天命之流行亦自然無偽、純然至善、「於穆不已」，這是薛瑄哲學體系的出發點和源頭。天理落實於人道、賦於人則為「性」，

〔註32〕《薛瑄全集 行實錄卷一》，第 1618 頁。

「性」是天所賦於人、人所稟受於天的道德本體和人道之「大本大原」，因此「性即理」。天爲「元、亨、利、貞」，「性」涵「仁、義、禮、智」，「性」上通天道，下貫人倫，天人貫攝，純粹至善。分而言之，自其源於天道而言爲「天命之性」，自其統攝人道、規定人性而言爲「本然之性」，自性之實然表現而言爲「氣質之性」。正因有源於天理、天道的至善性體的存在，人之道德修養、踐履工夫與「性天通」、「天人合一」的道德境界才具有了「不容已」的必然性和終極歸向。這也是明儒薛瑄所保持的觀照視野。

三、「歸宗孔孟」——生命踐履的回歸。如前所述，在專制統治與思想高壓之下，儒者「得君行道」的外在條件缺乏，加之佛道不彰、程朱理學獨尊，使明初諸儒由治國平天下的外王求索向誠意正心、修身齊家的內聖之學轉化，呈現出內在化、心性化的生命氣象。因而，先秦儒學在經由宋儒形上義理層面發明推顯而至博大精微後，再度呈現出向先秦孔孟儒學回歸的跡象，重視返歸「爲己之學」與生命本眞，落於日用常行與道德實踐，在個體的「內聖」工夫與日用踐履中實現儒家的理想人格境界。也正是在此種問題意識的轉變下，薛瑄明言「自考亭以還，斯道已大明，無煩著作，直須躬行耳」﹝註33﹞，在天道觀與人性論的統攝下，將思考的問題集中在如何通過躬行踐履實現儒家的根本宗旨，將道德的踐履和生命本眞的澄澈作爲致思與工夫的關鍵，依孟子「盡心知性知天」的反躬進路，將內外交修的復性工夫作爲祛除私欲、彰顯人之本然善性的途徑，從而使主體合於天理流行之一貫，實現「性天通」、「天人合一」的理想人格境界。薛瑄本人亦能超越世俗之學，拋開蔽障，沿流求源，遙契孔孟，發掘程朱本義，並以畢生主敬涵養的工夫修爲和切己躬行的實踐擔當彰顯著程朱理學本義和儒學眞精神。此種問題意識與爲學進路，是薛瑄整個哲學體系和「自己學脈」得以展開的出發點，也是本文力圖揭示與還原之所在。

1.3 前人研究概況及檢討

薛瑄被清儒譽爲「明初理學之冠」，又有一代「眞儒」、「醇儒」和「實踐之儒」的美譽，並爲有明三百年從祀孔廟第一人。其處明初思想凋敝之時，以一己之力在義理和踐履層面顯發程朱理學本義，以繼承宋儒天人視域和宇

﹝註33﹞《明史 卷二百八十二 薛瑄傳》，第 7229 頁。

宙規模論辨天人，以潛修踐履之「眞鐵漢」的風骨彰顯儒學眞義，尤繼張載關學沈寂後以創立「河東學派」之舉振興北方儒學，開創學術新風氣。其學問與德行在當朝及後世均有深遠影響，在宋明理學史上更具不容忽視的地位。但歷來學者對薛瑄及其哲學褒貶不一，至今尚無定論，難以給薛瑄以恰當如實的詮釋與定位。下面分兩個階段對薛瑄研究情況加以綜述和檢討，可使問題更加明晰。

（一）明代以來的研究

理學由宋至明無論在學問規模還是爲學進路上都發生了極大的轉變，然歷來研究者對大倡於明代的陽明心學一脈重視有加，卻對明初理學有所忽視。然而明代陽明心學的興起和羅欽順、王廷相氣學的凸顯都不是憑空而起的，而是自明初理學已見其端。因此，明初理學是宋明理學發展史上一個重要階段，而薛瑄更是一位不容忽視的人物。明代以來的研究中，無論是褒是貶，都從不同的側面反映了這一點。

《明史》和《四庫全書》對薛瑄持肯定的態度。《明史·薛瑄傳》謂「瑄學一本程、朱，其修己教人，以復性爲主，充養邃密，言動咸可法」，人「皆呼爲薛夫子」〔註34〕。《四庫全書總目提要》在爲曹端所作提要中稱「明初理學，以（曹）端與薛瑄爲最醇」，在《薛文清集》提要中謂「明代醇儒，瑄爲第一，而其文章雅正，具有典型，絕不以俚詞破格」，「蓋有德有言，瑄足當之」，並稱薛瑄所著《讀書錄》「皆躬行心得之言」〔註35〕。而在黃宗羲《明儒學案》提要中，又云「大抵朱陸分門之後，至明而朱之傳流爲河東，陸之傳流爲姚江，其餘或出或入，總來往於二派之間」〔註36〕，顯見薛瑄在明代理學中的地位。清儒也不乏肯定薛瑄之學者，明清之際王夫之即言「昭代理學，自薛文清而外，見道明，執德固，卓然特立，不浸淫於佛老者，惟顧涇陽先生」〔註37〕。

然而，對中國哲學史影響深巨的黃宗羲之《明儒學案》及其師劉宗周則對薛瑄很少正面評價，甚至多有微辭，深刻影響著人們對薛瑄的研究。劉宗周在明初諸儒中稱讚曹端和吳與弼，獨對薛瑄做了較多的批評，認爲「薛文

〔註34〕 《明史 卷二百八十二 薛瑄傳》，第 7229 頁。
〔註35〕 《四庫全書總目 卷一七〇》，1965 年影印本。
〔註36〕 《四庫全書總目 卷五十八》，1965 年影印本。
〔註37〕 〔明〕王夫之：《船山全書 第十二冊 搔首問》，湖南：嶽麓書社，1992 年版，第 625 頁。

清多困於流俗」〔註38〕，並指出：

> 愚按前輩論一代理學之儒，惟先生（薛瑄）無間言，非以實踐
> 之儒歟？然先生爲御史，在宣、正兩朝，未嘗錚錚一論事。景皇易
> 儲，先生時爲大理，亦無言。或云先生方轉餉貴州。及於蕭鎡之獄，
> 係當朝第一案，功罪是非，而先生僅請從末減，坐視忠良之死而不
> 之救，則將焉用彼相焉。就事相提，前日之不諫是，則今日之諫非，
> 兩者必居一於此。而先生亦已愧不自得，乞身去矣。然先生於道，
> 於古人全體大用盡多缺陷，特其始終進退之節有足稱者，則亦成其
> 爲「文清」而已。閱先生《讀書錄》，多兢兢檢點言行間，所謂「學
> 貴踐履」，意概如此。或曰：「七十六年無一事，此心惟覺性天通。」
> 先生晚年聞道，未可量也。〔註39〕

此論可見劉宗周對薛瑄之爲學爲人甚有微辭。實際上，綜觀薛瑄一生爲人爲
學之實，其畢生以躬行爲本，澈表澈裏，學行不二，知行兩得，廣爲世人所
稱道，甚至因爲山西同鄉之王振老僕的感念涕泣而使其由下獄論死改爲放
歸，可見其爲明初「無間言」之儒之一斑。劉宗周卻認爲薛瑄面對于謙之死
「坐視忠良之死而不之救」，對此頗爲不滿。然究其實，于謙之死乃是專制體
制下皇權鬥爭的犧牲品，區區一介義官並無絲毫力量能夠改變，此種情勢下
的儒者之舉，更非絕意仕進、潛心修爲、遠離廟堂的自由儒者所能切身衡量。
而當時所有朝臣中獨薛瑄固爭之，足見其剛正。爭而不得的結果更顯個體對
專制皇權的無可奈何，薛瑄遂決意辭官返鄉，專心授徒講學，終能進退以義，
光明俊偉，實不愧「一代眞儒」。至於「困於流俗」之論，也未必恰當。薛瑄
身居廟堂，進退榮辱不以爲意，流俗之舉更是其深所厭惡者，所作時文並非
爲獲名利，而是盡教育引導之力。

　　黃宗羲在《明儒學案》中專設兩章闡明薛瑄及河東學派，可見薛瑄思想
的不可忽視。黃氏對薛瑄也頗有表彰之意，肯定其實踐之儒和臨終見性之語。
其謂：

> 河東之學，恂恂無華，恪守宋人矩矱。故數傳之後，其議論設
> 施，不問而可知其出於河東也。若陽明門下親炙弟子，已往往背其
> 師說，亦以其言之過高也。然河東有未見性之譏，所謂「此心始覺

〔註38〕 《明儒學案 師說》，第 4 頁。
〔註39〕 《明儒學案 師說》，第 2 頁。

性天通」者，定非欺人語，可見無事乎張皇耳。〔註40〕

薛瑄所創河東學派是明代第一個顯要的學派，但黃宗羲並未將河東學案至於卷首，而是將其置於崇仁學案之後，不免迴護心學之意。而在肯定薛瑄的同時，黃宗羲也贊同高忠憲「薛敬軒，呂涇野《語錄》中，皆無甚透悟」〔註41〕之說，認爲薛瑄對心性「無甚透悟」。然與劉宗周相比，黃氏對薛瑄的評論比劉宗周更慎重一些，也更能守住學術的立場，在指出薛瑄河東之學「惘惘無華，恪守宋人矩矱」、有「未見性之譏」的同時，也稱其「此心始覺性天通」之言「定非欺人語」。此亦可見其補救其師之意。黃氏亦言河東之學學派秩然，而陽明心學則有「背其師說，言之過高」的弊端。但詳細究之，黃宗羲對本於程朱理學的薛瑄之學是明褒暗貶的，總體而言仍認爲其學「恪守矩矱」、「未見性」、「無甚透悟」，缺乏對「性」、「理」、「心」的透徹和形上義理的透見。而就其實行，黃氏言「先生出處大節，豈後學所敢輕議，而盡美不能盡善，所云連得間矣」〔註42〕，雖曰未敢輕議，但亦稱其「盡美不能盡善」，可見黃宗羲對薛瑄之踐履的態度也是有所保留的。

黃宗羲及其師劉宗周對薛瑄的學行均有所微辭，未免有心學立場的「門戶之見」。《四庫全書總目》在《明儒學案》提要即已指出：

> 宗羲生於姚江，欲抑王尊薛則不甘，欲抑薛尊王則不敢。故於薛之徒，陽爲引重而陰致微辭；於王之徒，外示排擊而中存調護。〔註43〕

又在沈佳《明儒言行錄》提要中指出：

> 初，黃宗羲作《明儒學案》，採摭最詳。顧其學出於姚江，雖於河津一派，不敢昌言排擊，而於王門末流諸人流於猖狂恣肆者，亦頗爲迴護。門戶之見，未免尚存。〔註44〕

二人站在心學立場，自然不會對以「理」、「性」爲本、注重居敬窮理、反躬踐履，講究爲學次第與漸進修爲的程朱理學學派完全認同，因此對程朱理學所作評價難免有失公允，對於幾與陽明並稱的薛瑄河東之學，更未免陽尊陰抑之嫌。個中緣由，頗耐人尋味。

〔註40〕《明儒學案 河東學案上》，第110頁。
〔註41〕《明儒學案 姚江學案》，第178頁。
〔註42〕《明儒學案 河東學案上》，第112頁。
〔註43〕《四庫全書總目 卷五十八》，1965年影印本。
〔註44〕《四庫全書總目 卷六十二》，1965年影印本。

　　黃宗羲與劉宗周在明代思想史甚至整個古代思想史中有重大的影響，因此二人對薛瑄的評語幾成定論，深刻影響著後人對薛瑄的認識和評價。如黃氏後學莫晉指出，「明初，……河東、崇仁風教漸廣，大抵恪守紫陽家法，言規行距，不愧游、夏之徒，專尚修，不尚悟，專談下學，不及上達也。……學朱而才不逮朱，終不出其範圍」〔註 45〕，此不出劉、黃之論。至於其後的研究，也大要未脫《明史》、《四庫全書總目》和劉、黃之框架，此不贅述。劉、黃所作評價影響深巨，導致薛瑄哲學長期以來未能受人們的充分重視和研究。而對於薛瑄及其哲學思想，只有拋棄門戶之見和外在因素的影響，在明初的時代背景與思想環境中，深入薛瑄個體生命歷程和獨特學脈，才能真正還薛瑄以本來面目和應有的定位，這也是本文所致力之處。

（二）現代社會研究

　　二十世紀八十年代以來，大陸學者在張岱年先生「要重視研究薛瑄，正確評價薛瑄」〔註 46〕的倡議下，有關薛瑄哲學思想的研究一度受到關注。尤其是八十年代至九十年代初，一批山西學者開展了薛瑄研究，點校出版了《薛瑄全集》，成立了薛瑄學術思想研究機構「河東文化研究中心」。《運城師專學報》開闢了「薛瑄研究專刊」，《中國哲學史》、《孔子研究》、《晉陽學刊》、《山西大學學報》等刊物也發表了一定數量有關薛瑄研究的文章。1987、1990 年召開了兩次薛瑄學術思想討論會，出版了《薛瑄學術思想研究論文集》、《薛瑄家族人物志》、《明代理學大師——薛瑄》，李元慶亦寫出《薛瑄思想評傳》初稿。研究者們或以唯物唯心框架進行定性分析，或以本體論、心性論、境界論為分界進行板塊分析，辯駁黃宗羲諸人對薛瑄的斷語，強調薛瑄絕非簡單地「恪守宋人矩矱」，而是對程朱理學、關學、氣學、心學、實學有不同程度的影響和作用，取得了一定的研究成果。近年，國內出版的一些哲學史或理學相關著作收錄了薛瑄哲學思想，如蒙培元的《理學思潮的演變》、侯外廬的《宋明理學史》、張學智的《明代哲學史》、潘富恩和徐洪興主編的《中國理學》四卷、陳來的《宋明理學》、山西史志研究院編著的《山西通史》（明清卷）等書，在論及明代前期理學發展時，都分析和肯定了薛瑄哲學及其歷史地位。

〔註 45〕《明儒學案 莫晉序》，第 12 頁。
〔註 46〕李元慶：《明代理學大師——薛瑄》，太原：山西高校聯合出版社，1993 年版，第 6 頁。

關於薛瑄哲學思想的研究，自二十世紀八十年以來，大陸學者在兩軍對戰研究模式影響下展開。學者們一方面根據薛瑄「理與氣一時俱有，不可分先後」、「一氣流行，一本也」的理氣關係，認爲薛瑄哲學具有唯物主義傾向〔註47〕，屬唯物論；另一方面，又根據其「性」爲「大本大原」、「心爲大本」的心性理論而指出其「具有唯心論成分」、是「唯心論的先驗論」〔註48〕等。這種兩軍對戰式的分析與論斷雖然反映出薛瑄哲學「理」、「氣」、「心」、「性」所蘊含的氣學與心學的雙重指向以及「偏離程朱成說的傾向」〔註49〕，卻未能深入薛瑄所處的時代環境、思想背景和哲學脈絡，未免與薛瑄哲學的本來面目存了一層隔閡。學者們在進行定性分析的同時，已逐漸開始進行範疇分析和板塊研究。學者將薛瑄哲學劃分爲宇宙觀、認識論、復性說、境界論諸板塊，認爲薛瑄是「氣」一元論〔註50〕，或爲心本體論和泛性論，或爲「孔顏樂處」〔註51〕與「性天通」的境界論〔註52〕。範疇和板塊研究呈現多維視角，涉及薛瑄哲學的方方面面，固然能進一步反映薛瑄哲學的內涵，但總體而言或爲框架所拘，或持論不詳，尚未深入薛瑄哲學的問題意識和整體視野，亦並不足以反映薛瑄哲學的眞實面貌。

九十年代以來，學界雖然較少對薛瑄進行專門研究，但仍有學者在梳理和分析宋明氣學和心學的發展脈絡時，將薛瑄哲學納入其中進行闡發，在一定程度上推進了薛瑄哲學研究。在氣學脈絡中，丁爲祥教授的《氣學──明清學術轉換的眞正開啓者》〔註53〕、蔣國保《王廷相「氣本」論的內在理路》〔註54〕等文，在明代氣學的演變發展脈絡中分析薛瑄哲學思想，雖非專論，但凸顯了視角和進路的轉換，在理論和方法上均有所推進。在心學發展中，

〔註47〕 趙北耀：《薛瑄是一位具有唯物主義傾向的理學家》，《運城學院學報》，1990年第1期。

〔註48〕 李元慶：《此心惟覺性天通──薛瑄的心性論和復性說》，《運城高專學報》，1991年第1～2期。

〔註49〕 袁爾鋸：《論明代的理學和心學》，《中州學刊》，1990年第1期。

〔註50〕 高樹幟：《薛瑄的宇宙觀、認識論與復性說》，《運城師專學報》，1990年第1期。

〔註51〕 郭潤偉：《薛瑄理學的宗旨》，《山西大學學報（哲學社會科學版）》，1987年第4期。

〔註52〕 張岱年：《薛瑄「性天通」的思想境界》，《運城師專學報》，1990年第1期。

〔註53〕 丁爲祥：《氣學──明清學術轉換的眞正開啓者》，《孔子研究》，2007年第3期。

〔註54〕 蔣國保：《王廷相「氣本」論的內在理路》，《江淮論壇》，1996年第2期。

劉宗賢《明代初期的心性道德之學》〔註55〕、李霞《明初理學向心學的演變》等文通過考察明代心學的演變軌跡，指出薛瑄哲學的理本論、氣化論、心性本體論之間存在著內在矛盾，這種矛盾「反映了明代初期理學開始向心學轉變的思想動向」，甚至指出薛瑄「在接受朱熹理學的同時，亦引入了陸九淵心學的某些觀念」，賦予「心」、「性」以高於「理」的地位，認為薛瑄哲學為「心性本體論」，在明初理學向心學的演變過程中「起到了關鍵性的作用」〔註56〕。心學與氣學兩種路向的討論為薛瑄研究提供了較為全面的視野，而問題意識研究更為理解薛瑄提供了新的視角。近年也有人將薛瑄作為碩士或博士論文主題，如南開大學常裕的博士論文《河汾道統──河東學派考論》（2006年完成，2009年出版），以「河汾道統」為視野對薛瑄哲學及其所創立的河東學派進行了較為詳細的歷史縱深考察和定位，指出薛瑄批判改造程朱「理氣」觀和心性論，「是一位具有獨創精神的哲學家」，但其對薛瑄哲學思想的挖掘與闡述尚有待深入。廣西師範大學郭暉碩士論文《薛瑄教育思想研究》（2007年完成）、山西大學李海林碩士論文《薛瑄對程朱理學的體認與實踐》（2007年完成）各從教育和實踐的角度對薛瑄進行了解讀，能夠反映薛瑄之學某一側面。

　　港臺及海外學者同樣自上世紀八十年代開始對薛瑄思想進行關注，雖然至今數量有限，但於文獻解讀和義理詮釋上頗有獨到之處。較重要的有錢穆《明初朱子學流衍考》〔註57〕、陳榮捷《早期明代之程朱學派》、祝平次《朱子學與明初理學的發展》〔註58〕，古清美《明代前半期理學的變化與發展》和《明代朱子理學的演變》〔註59〕。錢穆指出：「言明代朱子學巨擘，必群推敬軒」〔註60〕，「凡敬軒之推崇於朱子者，前乎敬軒，後乎敬軒，所言率沒能違，固不能疑其所窺之未醇未卓矣。烏得專以實踐二字盡之」（同上），對薛瑄頗為肯定，並強調薛瑄不單是實踐之儒，實對朱子學有所創見，存在「自己學脈」。錢穆此論對理解薛瑄很有價值，可惜所論不詳。陳榮捷也指出薛瑄

〔註55〕 劉宗賢：《明代初期的心性道德之學》，《中國哲學史》，1999年第2期。
〔註56〕 李霞：《明初理學向心學的演變》，《江淮論壇》，2000年第6期。
〔註57〕 錢穆：《中國學術思想史論叢》第七冊，臺灣：東大圖書公司，1977年版，第1～33頁。
〔註58〕 祝平次：《朱子學與明初理學的發展》，臺北：臺灣學生書局，1994年版。
〔註59〕 轉引自吳孟謙：《默識天人之際──薛敬軒理學思想探微》，臺灣大學碩士論文，2007年。
〔註60〕 《中國學術思想史論叢》第七冊，第21頁。

等明代早期思想家「雖仍守程朱舊統，但已趨於新方向，頗爲顯著」〔註61〕，他們「已對形而上學及格物窮理諸論題之知性方面較少興趣，而於心之存養與居敬諸工夫，則較多關注」〔註62〕。對理解薛瑄頗具啓發意義，但因篇幅較小，有待進一步闡明。祝平次和古清美則認爲薛瑄爲實踐之儒，理論上不成系統，缺乏創見，二人之評論似未公允。新加坡許齊雄撰文 *East of the river and beyond：A Study of Xue Xuan （1389～1464） and the Hedong School*（2006年），從地域淵源、從祀孔廟緣由、學脈傳承、學派影響等角度對薛瑄思想進行了討論，但對薛瑄哲學思想卻論之未詳。港臺碩士論文有四篇：臺灣文化大學孫蓮玲《薛瑄理學思想之研究》（1996年），臺灣高雄師範大學侯婉如《薛瑄復性思想研究》（1997年），臺灣清華大學史甄陶《薛瑄之復性說及其影響》（1998年），臺灣大學吳孟謙《默識天人之際——薛敬軒理學思想探微》（2007年），目前尚未見博士論文。這些碩士論文總體來說較少意識形態牽繞，較能接近薛瑄的本意。尤其是吳孟謙的論文，可以說是在努力深入薛瑄的個體生命而對其進行較爲恰當細緻的解讀。

總之，近三十年來，薛瑄哲學思想研究取得了一定的成果，學界對其思想的諸多方面進行了探索和評價，顯示出薛瑄哲學思想的多維面相和可繼續挖掘的空間。但總體而言，學者們的分析廣博有餘而精深不足，尤其是未能眞正在宋明理學發展的總體背景和思想脈絡演進中深入梳理和解析薛瑄哲學思想，也並未眞正從薛瑄的主體性和問題意識出發分析其思想路向，由此對其所作的定位也就無法從宋明諸多關係中進行把握，不能眞實反映薛瑄的本來面目。因此，如何擺脫傳統研究模式和思維方式的影響，進一步深化和突破對薛瑄哲學思想的研究，力求還薛瑄哲學以本來面目，則是需要著力解決的問題。對此，筆者認爲，首先將薛瑄研究眞正紮根於宋明理學發展的總體背景和演進過程之中，對宋明各時期不同哲學家、不同學派的思想進行深入分析，爲薛瑄研究提供一整體脈絡和思想背景；其次，深入薛瑄的主體義理層面和問題意識，重點圍繞薛瑄對「理」、「氣」內在化和一元化訴求、對「心」、「性」問題的關注、對「敬」的重視等關鍵點，探究其思想進路和理論特徵；在宋明理學思想脈絡和不同進路中分析薛瑄的哲學思想與明代的理學、關

〔註61〕 〔美〕陳榮捷：《朱學論集 早期明代之程朱學派》，上海：華東師範大學出版社，2007年版，第217～219頁。

〔註62〕 《朱學論集 早期明代之程朱學派》，第224頁。

學、氣學、實學、心學的內在聯繫，分析其在繼承和分化朱子理學、開明代理學之先、影響明代諸學派思想的作用，進而對其進行合理定位。只有在充分吸收已有研究成果的基礎上，以整個宋明理學以及明代以後中國哲學的發展和走向為背景和視野，才能深入探討薛瑄哲學思想的成因、內涵、特色及其與諸學派的關係，才能真正給薛瑄以合理的定位與評價。

1.4 本文研究思路與方法

理學由北宋周、張、二程開創，由南宋朱子集大成之後，便從義理層面走向黯淡。元代統治歷經一百餘年，卻並未在學術上有突出成就。至明初，程朱理學成為獨尊的學術，明初儒者在程朱理學的共同框架內精思力踐，各有體認，實為一新的學術時代的孕育與開端時期。薛瑄作為學問彰顯、德行卓著的「 代真儒」，對當朝及後世影響深遠，但限於著作的記錄性質和劉、黃二氏的貶抑，長期以來未能受到人們的充分重視，甚至至今還被部分學者認定為「恪守宋人矩矱」。然而，薛瑄讀書箚記形成的讀書二錄雖不具嚴密的系統性，但這與主體思想本身並不相干，其所成就的「實踐之儒」也並不代表「無甚透悟」。而本文的工作，就是要採取適當的方法，本文結合薛瑄所處的時代環境和思想背景，通過對薛瑄著作的梳理與簡別，鋪陳其生平，追索其為學道路，解析其學脈傳承，還原其問題意識，剖析其天道觀、人性論、工夫論和境界論，並探討其哲學思想與宋明時代的關學、理學、心學、氣學諸學派的內在關聯，從而展現其實踐系統的「自身學脈」、融貫於個體生命的聖賢境界與價值擔當，彰顯其哲學思想的價值與意義。

（一）研究方法。

1、個案研究。某一時代哲學思想的主流和方向，主要是由若干特出哲學家的思想所展現和凸顯出來，因此，選擇有代表性的研究對象並進行深入的個案研究便具有突出的意義。通過剖析研究對象的生命軌跡、問題意識、思想進路和關懷視野，揭示其思想軌跡和內在脈絡，展現其思想的主旨或全貌，從而推而廣之理解其他哲學家、思想家的思想，如此方能更加真實、生動地理解和揭示通過個體所表現、形成的時代思想的真實樣貌。基於此，本文選擇薛瑄哲學思想進行個案研究，透過其個體生命的實踐展開和思想脈絡的發展，揭示其思想的獨特價值尤其是在明初思想發展中的作用，從而更加真實

地理解明代思想發展的總體趨勢和內在脈絡。

2、問題意識研究。拋開研究者自身原有的意見和框架，探尋研究對象的問題意識，並通過其學行著述將其對問題的思索和解答進行表述，還原思想家思想進路的展開軌跡和本來面目，這樣才能夠揭示思想家言行著述的真正價值。而只有結合思想家的時代背景和思想環境，經過細緻深入的個案研究，全面理解和分析其思想脈絡和轉進軌跡，才能尋找並發現其問題意識，從而解讀、分析其整個思想體系。唯有基於思想家本人所思考的問題進行研究，才能真正還原思想家思想的本真，從而使研究更具真實客觀的價值。薛瑄是明初著名的哲學家，其面對明初的時代條件和思想環境有什麼樣的把握視野和問題意識？所進行的思想探索及所著之《讀書錄》與《讀書續錄》等書，在思考和解決什麼問題？表達了什麼樣的主旨？其對理氣關係之理氣「無縫隙」的堅持反映了什麼樣的思想動向？其一生所堅持不懈的修養實踐、剛正不阿的品格操守，是在追求什麼樣的理想人格？與其學問宗旨又有什麼樣的關係？其之所以在當朝及後世影響卓著，所依據者究竟為何？諸如此類的問題，都需要通過深入的問題意識追尋和個案研究，才能夠真正理解薛瑄，理解明初的思想，進而理解宋元明清思想的流變。

3、還原研究。由於時代思潮和思想環境的影響，不同的時代對同一思想家的解讀與評價存在很大的差別，會不可避免地打上時代的烙印。而進行哲學思想研究的一個重要原則就是儘量撥開各種所謂時代際遇所形成的偏見，深入研究對象當時的時代環境與問題視野，還原思想的本來面目。以原始著述本身為依據，通過研究思想家本人的思想脈絡和問題意識，然後用現代的語言和詮釋方法將思想家思考及要解決的真正問題表達、還原出來，這也就達到了哲學思想研究的目的，同時也是本文所力圖達到的目標。

（二）面臨困難。本文對薛瑄哲學的研究也面臨著諸多困難，
　　　主要如下：

1、著述的記錄性質。薛瑄認為「立言不在乎艱深奇古，貴乎明理而已。如程、朱之言，平易簡質，而理自明矣」〔註 63〕，而其所著《讀書錄》、《讀書續錄》、《理學粹言》等，本意並非成書，均因曾讀張子「心中有所開，即便劄記，不思則還塞之矣」之言，「遂於讀書心中有所開時，隨即劄記，有一

────────

〔註63〕 《薛瑄全集 讀書續錄卷四》，第 1396 頁。

條一二句者，有一條三五句者，有一條數十句者，積二十餘年乃成一集，名曰《讀書錄》」〔註 64〕，蓋以備「不思還塞」。因此薛瑄的著作並非是一純粹的、系統的哲學理論著作，條目內容多有重複雜出者，且有較大的隨意性和開放性，因此其理論的邏輯體系和內涵須待精心簡別和剖析方可彰顯出來，進而揭示出顯其特重躬行以救正世弊的良苦用心。

2、研究史料的限制。薛瑄以「實踐之儒」著稱於世，明確主張「自考亭以還，斯道已大明，無煩著作，直須躬行耳」〔註 65〕，因此其並未留下如張載《正蒙》那樣系統、深入的專門論述著作，其「箚記」性質的《讀書錄》、《讀書續錄》等文本亦數量有限，甚至曾因為著述的不豐而被官員學者反對從祀孔庭〔註66〕。因此，對薛瑄的哲學思想進行研究，只能通過《讀書錄》、《讀書續錄》、《理學粹言》、《薛文清公文集》以及門人張鼎所作《薛文清公年譜》等有限的史料進行梳埋和剖析。

3、古今語言的隔膜。傳統哲學著作的語言系統與現代語言系統存在很大的差別，導致對薛瑄的思想體系進行理解、梳理、辨析具有較大的難度。正如景海峰教授所指出的，「體知」是中國哲學所特有的面對和把握世界的方式，重在個體生命的修身成德和道德實踐性的充分擴展，凸顯出「觀乎人文，以化成天下」的旨趣。儒家的「體知」觀念作為認識社會、體悟人生的實踐型智慧，重視內在的省察，反觀自我之心靈，強調個體生命的親歷性和在場感，將知識的獲得和生命的直接體驗融合為一體，視求知為一個知識內在化的過程〔註 67〕。它不同於一般的認識方法，與西方近代主客二分的知識論更不可同日而語。由「體知」而形成的語言系統，與現今為馬克思主義、西方哲學語言系統所深刻影響和改變了的語言系統的明顯差異，導致對傳統哲學著作解讀的障礙和困難。

因此，我們應力圖將西方現代詮釋學與中國經典詮釋傳統相結合，通過細緻、認真的閱讀薛瑄原著文本及其言行實錄的工夫，重新返歸傳統儒家經典詮釋的特質，拋開意識形態框架和主觀臆念，以「體知」或如徐復觀「追

〔註 64〕 《薛瑄全集 讀書續錄序》，第 1283 頁。
〔註 65〕 《明史 卷二百八十二 儒林傳》，第 7229 頁。
〔註 66〕 《薛瑄全集 行實錄卷二》，第 1642 頁。
〔註 67〕 景海峰：《中國哲學「體知」的意義——從西方解釋學的觀點看》，《學術月刊》，2007 年第 5 期。

體驗」〔註 68〕的方式理解和解讀薛瑄的哲學思想和爲人爲學，結合其所處的時代環境剖析其問題意識，「體知」其人性感知與社會關切，力求眞正進入到薛瑄本人的眞實世界中去理解並展現其思想的眞正內涵和深刻意義，從而更加準確地理解宋明理學之爲「生命的學問」的特質。薛瑄曾指出「聖人之言雖零碎說，而合輳起來則皆貫於一」〔註 69〕，我們也力圖通過對薛瑄這一個案進行問題意識追尋和還原研究，進行細緻的思想考察和義理研究，揭示薛瑄哲學「皆貫於一」的思想脈絡和深刻意蘊，從而也更深刻地理解明初理學的特質及宋明理學學術範式轉換的內在軌跡。

〔註 68〕 劉毅青：《中國經典的現代解釋——徐復觀「追體驗」的解釋學發微》，《中國社會科學院研究生院學報》，2009 年第 2 期。
〔註 69〕 《薛瑄全集 讀書錄卷四》，第 1119 頁。

第 2 章　薛瑄生平、爲學進路及學脈傳承

　　關於薛瑄的學行，其弟了曾引《左傳》語口：「太上立功，其次立德，其次立言。德隱而不可見，立功亦有命爲，其自我爲之而可傳於後者，惟言爲然」〔註1〕，以此顯明薛瑄學行的意義。在立言、立德、立功三者之中，立德是儒家學問首要事。中國哲學是「生命的學問」，個體生命的展開過程同時也是在天道統攝下切於人倫日用之常的學問、境界的鋪展過程。從事儒學探索並得儒家道統眞義的人，必將成聖成賢作爲理想人格境界和價值信仰加以追求，並內化而爲主體精神，外發而爲道德踐履，顯於進退出處，體於日用倫常。被稱爲「明初理學之冠」、「實踐之儒」、「眞鐵漢」的薛瑄便是這樣一位大儒，其獨特的人生境遇和生命歷程，畢生不渝、澈表澈裏、學行不二的道德踐履與境界追求，正是深受儒家哲學涵養和浸潤的儒者對求道信仰的持守，也同時彰顯著儒學的獨特學脈和深刻意蘊。因此剖析薛瑄生平，展現其清修篤學、精思力踐、講學明理、進退以義的生命歷程，是正確理解和評價薛瑄哲學的重要前提。

2.1 薛瑄生平

　　薛瑄（1389～1464年），字德溫，別號敬軒，世居山西河津。明太祖洪武二十二年（1389年）生於北平元氏，卒於英宗天順八年（1464年），終年七

〔註1〕　《薛瑄全集 重刊薛文清公讀書錄序》，第 1015 頁。《左傳 襄公 二十四年》中曰：「太上有立德，其次有立功，其次有立言。」

十六歲〔註2〕。薛瑄生性聰敏，勤學好思，德行厚重，其生平具有傳統社會真正儒者的鮮明特徵，而其學行成就得以獲致的真實生命歷程，則為後人進一步理解儒家道德理想和主體生命的融貫提供了一份活生生的範本。

2.1.1 資質謹厚，秉承家風

在中國古人的觀念中，天地生人有清濁偏全之別，人的天生稟賦亦各有差異，大凡成就卓著者在其出生時即表現出與常人的不同。薛瑄於明太祖洪武二十二年出生於山西河津縣南薛里，據《薛文清公年譜》記載，其生時即有異象，「肌膚晶瑩於水晶，五臟洞露，目光如漆」，「體清而聲洪」，頗為神異：

> 先一夕，（薛瑄之母齊氏）夢峨冠紫衣人來謁，已而誕先生於
> 學舍。肌膚瑩於水晶，五臟洞露，目光如漆。家人怪，欲棄之。祖
> 仲義聞啼聲，力止曰：「體清而聲洪，必異人也。」因覽初度以卜，
> 喜曰：「此兒將大吾門矣。」〔註3〕

此說或有傳說的成分，但預示了薛瑄後來非同尋常的學行成就。事實上，薛瑄不僅光大了薛氏家族之門，更有功於明初理學乃至後世儒學。

河東薛氏家族繁茂，世代書香，因此資質粹美謹厚的薛瑄自幼得以接受良好的儒學教育與薰陶，並能秉持良好的家風。薛瑄祖先出自奚仲，至隋、唐間最顯，如「河東三鳳」〔註4〕。薛瑄祖父薛仲義為儒學之士，「通經術，以元末不仕，教授鄉里」〔註5〕，對子孫的啓蒙教育也十分重視，在薛瑄之父薛貞七歲時就開始令其誦習四書，更以樸實勤勉廉潔之風影響後代。薛瑄父親薛貞自幼聰敏好學，博聞強記，為人謹厚，明洪武十七年（1384年）應山西鄉試中舉，後在北平真定元氏、河北玉田、河南滎陽、四川馬湖等地長期擔任儒學教諭，「歷官教諭四十年」〔註6〕，於貧困中堅守儒者的超越境界與

〔註2〕 關於薛瑄生卒年，《明史》與薛瑄門人張鼎所作《薛文清公年譜》記載不同。《明史》關於薛瑄出生無明確年代，《年譜》則以其生於明太祖洪武二十二年（1389年），薛瑄卒年二者記載相同，為天順八年（1464年）。《明史》修於清代，《年譜》則由薛瑄門人所撰，因此應以張鼎所撰《薛文清公年譜》為確，即薛瑄生於1389年，卒於1464年，在世七十六年。

〔註3〕 《薛瑄全集 年譜》，第1697頁。

〔註4〕 隋末唐初薛氏家族的薛收、薛德音、薛元敬叔侄三人，以才華聞名於世，被譽為「河東三鳳」。

〔註5〕 《薛瑄全集 年譜》，第1697頁。

〔註6〕 同上。

濟世之心，勤勉而忠誠，被稱爲「教諭公」。薛貞以較爲系統的儒學啓蒙教育、簡淡寡欲的爲人風格，使薛瑄的個性品格受到潛移默化的薰陶，也對其爲學道路的形成產生深刻影響。薛瑄在《汾陽阡表》中追憶其父曰：

> 先公天資謹厚，簡淡寡欲，幼即不妄嬉戲。在庠序，端坐終日。出入造次，以禮自持，交友未嘗至於變色。……教瑄輩爲學，以正心修身爲切要。……其爲學，以仁義道德爲本，析經義以先儒氏說爲主，爲文詞以理勝，而不爲浮靡，論道以三綱五常爲大，而異端邪怪之說，無以幹其思。〔註7〕

又謂：

> 自讀書應舉入仕，一聽之自然，未嘗少屈以幹人。歷官三十餘年，教人治民，必勤必盡，不以秩卑祿薄，而分外有一毫僥冀心。……鄉里父老，至今談先輩在庠序有行義者，必舉先公爲首。……囊篋不問有無，惟於爲學爲政，則汲汲若不及，至白首皆然。與眾會集，或縱酒喧曉，己獨默然靜處，若無所聞者……教人以身先之，每日常以雞鳴而起，未有至旦而出者。〔註8〕

薛貞「天資謹厚，簡淡寡欲」，嚴謹爲學，勤廉從教，時時處處謹言慎行，其爲人爲學表裏如一，學政不二，可謂傳統社會典型的儒學之士。良好的家風對薛瑄產生了深遠的影響，使之樹立做「偉士」、成「聖賢」的人格宏願和境界理想，爲其一生追求理想人格、切己踐履儒家道德規範、成就卓著的事功與學問奠定了基礎。

薛瑄不僅資質粹美，又有良好的家風薰陶，其「自幼天性能作詩賦，人皆以『薛天才』目之」〔註9〕，而且聰敏好學，定力超凡。七歲時隨侍其父在滎陽，「祖教以小學、四書，日千百言，即成誦。不爲兒戲，端坐如成人，姊妹莫敢過其前。性善詩，人以爲天授云」〔註10〕。薛瑄也曾回憶幼時志向曰：

> 某七八歲時，侍先君子左右。聞其稱古人某爲大儒，今人某爲偉士。因記於心，曰：「彼亦人耳，人而學人，無不可及之理也。」
> 〔註11〕

〔註7〕　《薛瑄全集　文集卷之二十二》，第 914～915 頁。
〔註8〕　《薛瑄全集　文集卷之二十二》，第 914 頁。
〔註9〕　《薛瑄全集　禮部左侍郎兼翰林院學士薛先生行狀》，第 1611 頁。
〔註10〕　《薛瑄全集　年譜》，第 1698 頁。
〔註11〕　《薛瑄全集　年譜》，第 1704 頁。

薛瑄七八歲幼年時即樹立做「大儒」、成「偉士」的宏偉志向，不爲常人嬉戲，這些自與家學家風的教育薰陶有關，又與其聰穎、謹厚、勤奮的天資分不開。雖然尚在幼年，薛瑄已與儒家聖賢境界和眞精神的相契，並有超乎常人的向道誠心。其曰「人而學人，無不可及之理」，可見在薛瑄的心目中，聖賢境界人皆可至，並非遙不可及，惟勤謹力爲則可。十二歲時，薛瑄隨父在馬湖，展露了出色的詩才，廣受當地士官子弟歡迎，「以地遠夷獠難治，士官子弟喜先生幼能詩，咸背負其家，請與作詩句，教讀書。至晚，輒以小豚爲禮送之，日以爲常」〔註12〕，並「嘗著《平雲南賦》，上沐國公，公大奇其才」。十四歲時，漸棄詩賦，尤以儒家經典爲學，「五經四書皆通大義」〔註13〕，及至年齡稍長，更以求道爲志，精思力踐，潛修篤行。

　　由於父親經常調任各地從教，薛瑄也就有機會接觸各地的賢豪長者，接受薰陶，開闊視野。這一經歷對於薛瑄爲人風格的形成和爲學道路的轉進有著至爲深刻的影響。《年譜》記載，永樂七年，薛瑄二十一歲，隨父侍教玉田：

> 玉田多賢豪長者，濟南王素亨、大梁范汝舟、東萊魏希文、永
> 嘉徐蘊夫、安陽范仲仁、海昌李大亨諸公，皆年德老成。先生禮延
> 之家，講論經書子史，泛及天文、地理、二氏之談。諸老退謂人曰：
> 「此子聰明特異，力行可畏，聖門有人矣。」皆避師席，結爲友，
> 與習宋諸儒性理諸書。久之，先生歎曰：「此道學正脈也。」盡焚詩
> 賦草，專精性命，至忘寢食。〔註14〕

薛瑄聰明特異、好學深思、力行可畏的品質得到「年德老成」、「深於理學」〔註15〕之山東賢豪長者的充分肯定，甚至「皆避師席」，與年僅二十一歲的薛瑄「結爲友」，共同研習宋儒性理之書，並稱「聖門有人矣」，以繼承聖學者稱之，足見薛瑄異於常人的學行所得和出色的精思力踐特質。而與各地「賢豪長者」的交遊與講論，使薛瑄更契宋代理學性理之要和求道之旨，因此「盡焚詩賦草」、「盡棄其舊學」〔註16〕，轉而「專精性命」。這一轉變也成爲其確立爲學

〔註12〕　《薛瑄全集　行實錄卷一》，第 1612 頁。
〔註13〕　《薛瑄全集　年譜》，第 1698 頁。
〔註14〕　《薛瑄全集　年譜》，第 1701 頁。閻禹錫所作《禮部左侍郎兼翰林院學士薛先
　　　　　生行狀》中有類似的記載，但恐未有年譜確切，因此本文所用時間皆以《年
　　　　　譜》爲主。
〔註15〕　《明儒學案　河東學案上》，第 110 頁。
〔註16〕　同上。

正途、日後取得卓著學行成就的重要動因。薛瑄以謹厚天資，秉承「正心修身為切要」、「仁義道德為本」的良好家風，歷練勤學好思、簡淡寡欲的品格，見諸力行可畏之實，奠定了薛瑄日後為人為學的生命基調。

2.1.2 清修篤學，精思力踐

《明史·儒林傳》稱薛瑄為「醇儒」，言其「清修篤學，海內宗焉」。作為窺寐聖賢、以德潤身的方法和安身立命之道，力學精思和篤實踐履成為薛瑄個體生命的兩個重要向度。雖然薛瑄有家學所傳和師友交遊所得，但其父僅任過幾個縣的儒學教諭，魏希文、范汝舟等「賢豪長者」也在儒學史上名不見經傳，薛瑄亦僅與諸人「遊處」，未曾拜師從學。因此，薛瑄之學實際上主要是通過自身的力學精思和潛玩默體而得，其在宋儒著作和孔孟經典中「窺寐聖賢」，洞見道體，並將儒家求道之志貫注於自身，切己反躬，篤實踐履，學行一貫，為「澈表澈裏一般人」，遂以「真儒」、「醇儒」、「實踐之儒」著稱於世。其所著《讀書錄》、《讀書續錄》等著作，皆為精勤讀書、精誠實踐、深思自得之言，並重「下學」、明「上達」，在此脈絡中確立以復性為宗、以實踐為本的哲學體系，彰顯鮮明的實踐特色和切近生命的真實意義。而這些成就，非深思力學、實得力踐無以致之。

（一）勤謹力學

在明初思想背景下，社會主導思想為程朱理學，薛瑄的家學家風所傳同樣是程朱理學，因此薛瑄為學的主要依據和自覺繼承的也程朱理學，尤其是朱子理學。薛瑄在為學中，以程朱理學為宗，並經由朱子而見周、張之學及宋代理學全貌，進而由宋儒所揀擇升格的《四書》而及先秦孔孟經典儒學。薛瑄一生無論身居廟堂，還是退而還家，皆不以為意，畢生所慕唯讀書求道一事。如其所言：

> 餘事量力所及而已，非可必也，惟讀書一事，乃吾之本心所得
> 肆力其間，而莫余止者也。韓子「吾老著讀書，餘事不掛眼」之句，
> 實獲我心焉。〔註17〕

> 萬金之富，不以易吾一日讀書之樂也。〔註18〕

也正因此志之一貫，自幼聰穎好學、刻苦如成人的薛瑄，七八歲時便在祖父

〔註17〕 《薛瑄全集　讀書錄卷六》，第 1183 頁。
〔註18〕 《薛瑄全集　讀書錄卷二》，第 1069 頁。

指導下習《小學》、《四書》，十四歲即已「五經四書皆通大義」，並在隨侍經歷中接觸各地賢豪長者，相與切磋論學，研讀周、程、張、朱之書，體認兩宋儒者之道，並前溯孔孟儒學之旨，契悟儒學道統真義。

古人重以文載道，而讀書亦為生命之事。因此薛瑄讀書並非要從中獲得知識，而是要尋找安身立命、提升生命境界之「道」。於是，讀書之人與所讀之書並非被動的認知關係，而是主動的體認、相契與自得，從而讀書乃是對自身生命境界的提升，亦為儒者為學與踐履之一重要部分。薛瑄指出：

> 朱子曰：「董遇云：『讀書千遍，其義可見。』」又曰：「『思之思之，又重思之，思之不通，鬼神將教之；非鬼神之力也，精神之極也。』非妄語也。」此言讀書熟思之精，自有通悟時也。〔註19〕

意指讀書之要不在記誦，不在文辭，亦不在知識的獲得，而是求生命和境界的通悟與洞達。薛瑄正是在此主旨下，勤謹讀書，潛玩默體，屢至「忘我」、「無我」或「天通」之境，且與古人契會相感，與天地相融為一。觀其多年讀書心得之讀書二錄，皆為體驗身心、深思自得之言，在在可見其潛玩體會、遠契古人、怡然自得之妙。如宣德七年，薛瑄在辰地任職，除了絀貪墨、正風俗、廣施惠政之外，更不忘精研理學。《年譜》記載：

> （薛瑄）日夕精研理學，寤寐聖賢，手錄《性理大全》，潛心玩誦，夜分乃罷。深冬盛寒，雪飄盈幾，唔咿不輟。或思有所得，即起燃燈記之；或通宵不寐，味而樂之，有不知手足之舞蹈者。遂積為《讀書錄》。〔註20〕

日夕精研，手錄《性理大全》，廢寢忘食，夜半燃燈記錄思之所得，甚或通宵不昧，不覺其苦，卻有手足舞蹈之樂。若不是與聖賢神會、深得儒家道統之妙境，怎能如此？薛瑄之視讀書為生命，可見一斑。可再舉《年譜》中一例證之。宣宗宣德五年，薛瑄在沅州作《南軒記》云：

> 辰之漵浦，湖北之下邑也。余愛其四山攢拱，眾溪縈復。留旬餘，嫌其憲署後堂東屋蔽昧，遂開南壁易以軒。積久之障，豁然頓開，晝則日光輝耀，夜則月華穿漏。焚香讀書其下，心神內外融朗洞達，忽若不知吾身之為小，天地之為大也。因念是屋也，向也蔽，今也通；向也暗，今也明，是在人焉耳。況心為神明之舍，為此蔽

〔註19〕 《薛瑄全集 讀書續錄卷五》，第 1419 頁。
〔註20〕 《薛瑄全集 年譜》，第 1708 頁。

　　暗者，氣質人欲也。去其蔽而開其暗，有不在我乎？因治屋而得治

　　心之要，遂書於軒端，以啓後之人。〔註21〕

薛瑄以極爲恭敬的態度焚香讀書，以至「心神內外融朗洞達，忽若不知吾身之爲小，天地之爲大也」。薛瑄這一境界可謂對宋儒心性義理之學的體認與顯發，與張載「大心體物」而至「物我」無別、「民胞物與」、「天人合一」之境界及程顥「天地萬物一體之仁」的境界相契。薛瑄又「因治屋而得治心之要」，認爲人之「氣質人欲」遮蔽了作爲「神明之舍」純然至善的「本心」、「心體」，從而有「蔽」、「通」之別。進而，「去其蔽而開其暗，有不在我乎？」即恢復、返歸和呈現至善本性的途徑和關鍵在於主體之「我」的主宰，正如孔子「爲仁由己，而由人乎哉」（《論語‧顏淵》）之意〔註22〕，亦與孔孟及宋儒一樣，突出了主體之「我」的挺立，實爲「爲己之學」。此一主體的開顯既是薛瑄讀書所獲之要，也是其一生精思力踐、涵養省察之爲「生命的學問」的內在根據。薛瑄與友生書信來往，亦皆拳拳向道之心，勤懇勸勉之言。如薛瑄亦曾在《答李賢司封書》中自謂「瑄愚僻無他才能，獨於爲學一事，實非他好所能尙，但乏明師友以正其是非，以此不敢果於自定耳」〔註23〕，可見其力學之一斑。

（二）篤行力踐

　　讀書潛修在於誠意正心、充實內在心性和挺立主體的道德理想，儒學宗旨的關鍵更在於充其內而發於外，將道德本心與本性發顯於日用事爲之間，所以道德實踐成爲儒家道德形上學的現實根基和落腳點。薛瑄不以創立己說爲目標，而是以天道流行之「於穆不已」的仁德作爲人道根據，指出儒家道統所挺立的核心並不在於理論言說本身，而在於不可「毫髮間斷」、切己身心的涵養省察、躬行踐履。因此薛瑄不僅讀書以充內，更注重在日用常行間靜存動察、敬義夾持、內外交修、反躬踐履，並以畢生實踐承繼儒家道統。

　　薛瑄幼時即「不爲兒戲，端坐如成人」，早在二十一歲隨父侍教玉田時，即被當地賢豪長者稱讚「力行可畏」，其一生又以「實踐之儒」著稱，可見其行之篤實。薛瑄認爲，「天地之間，時時處處皆是道之流行，人之道即天之道，

〔註21〕　《薛瑄全集　年譜》，第 1706 頁。

〔註22〕　〔清〕劉寶楠：《論語正義》//世界書局：《諸子集成》，上海：世界書局，1936
　　　　　年版，第 262 頁。

〔註23〕　《薛瑄全集　文集卷之十二》，第 663～664 頁。

故當隨時隨處省察，不可有毫髮之間斷也」〔註24〕，又強調明理與踐履不可分，認爲主體需將所明之天人之理一一踐履、體貼向自家身心才是眞正的明理。如其言「見得理明，須一一踐履過，則事與理相安而皆有著落處；若見理雖明，而不一一踐履過，則理與事不相資，終無可依據之地」〔註25〕，超越世俗功利之學，直指儒學踐履本旨。薛瑄又謂「此心一日之間，不知幾齣幾入也，以是知聖賢之學極難，而亦不可不勉」〔註26〕，言聖賢之學雖「極難」，但源自天道流行之自然與人道理想之挺立，使人亦有成聖成賢之「不容已」的必然，因此「不可不勉」。踐履的內容則「進將有爲，退必自修。君子出處，惟此二事」〔註27〕，既要在日用事爲之間勤勉有爲，勇於擔當，又要在獨處時反省自修、涵養省察。薛瑄以此爲志，依曾子「吾日三省吾身」之意，特重下學工夫，潛修自省，存心養氣，反躬踐履，挺立內在主體性，使自我生命有所擔當。薛瑄讀書二錄中自言省察之語隨處可見：

> 余每呼此心曰：主人翁在室否？至必自省曰：一日所爲之事合理否？看得爲學無別法，只是知一字行一字，知一句行一句，便有益。心不妄思，一心皆天理；身無妄動，一身皆天理；事不妄爲，事事皆天理。〔註28〕

又言：

> 余每夜就枕，必思一日所行之事。所行合理，則恬然安寢；或有不合，即輾轉不能寐，思有以更其失。又慮始勤終怠也，因筆錄以自警。〔註29〕

> 每日所行之事，必體認某事爲仁，某事爲義，某事爲禮，某事爲智，庶幾久則見道分明。〔註30〕

> 凡所爲當下即求合理。〔註31〕

> 偶一事發不中節，終夕不快。〔註32〕

〔註24〕《薛瑄全集 讀書錄卷一》，第1018頁。
〔註25〕《薛瑄全集 理學粹言》，第1512頁。
〔註26〕《薛瑄全集 讀書錄卷一》，第1018頁。
〔註27〕《薛瑄全集 理學粹言》，第1515頁。
〔註28〕《薛瑄全集 讀書錄卷四》，第1118頁。
〔註29〕《薛瑄全集 讀書錄卷一》，第1024頁。
〔註30〕《薛瑄全集 讀書錄卷一》，第1021頁。
〔註31〕《薛瑄全集 讀書錄卷七》，第1195頁。
〔註32〕《薛瑄全集 讀書錄卷七》，第1214頁。

　　事親奉祭未盡孝，爲臣奉職未盡敬，宗族疏戚未盡仁，交友接
　　人未盡忠，讀書行己未盡誠，此吾自少至老恒念有未盡也。〔註33〕

薛瑄省察克己工夫見於進退出處、立身行事、事親爲臣、交友接人、讀書行己及身心動靜、念慮發動之間，其日用倫常所行、一身百體所發皆要「當下即求合理」、「發而中節」，時時事事皆然，才能恬然安適，得體道、達道之樂。此類兢兢檢點之工夫，足見薛瑄躬行之切，省察之深。難怪乎弟子李賢贊之「身體力行，志無稍息」〔註34〕。薛瑄力行至深，故深知「克己最難」，坦言「氣直是難養。余克治用力久矣，而忽有爆發者，可不勉哉！二十年治一『怒』字，尚未消磨得盡，以是知『克己最難』」〔註35〕，並「嘗默念：爲此七尺之軀，費卻聖賢多少言語！於此而尚不能修其身，可謂自賊之甚矣」〔註36〕。雖然深感修己最難，但薛瑄並不因此少有怠惰，涵養力行「無毫髮間斷」。又如宣德五年薛瑄在辰州任職期間，記錄涵養所得云：

　　須是盡去舊習，從新做起，乃有進。張子曰：『濯去舊見，以
　　來新意，極有益。』宣德五年閏十二月初二日夜，余在辰州府分司，
　　睡至五更，忽念己德所以不大進者，正爲舊習纏繞，未能掉脫，故
　　爲善而善未純，去惡而惡未盡，當自今一刮舊習，一言一行，求合
　　於道，否則匪人矣。〔註37〕

薛瑄「爲善勿怠，去惡勿疑」，夜半而思慮德不大進的原因，足見克己工夫之深與實踐之篤，又見其求道之誠心。劉宗周稱吳與弼之學「刻苦奮勵，多從五更枕上汗流淚下得來」，「及夫得之而有以自樂，則又不知足之蹈之手之舞之」〔註38〕，薛瑄又何嘗不是如此？七十六年如一日，不事著述而專意潛修踐履，寤寐聖賢，深契於道，實不愧「實踐之儒」的美譽，亦是其成爲「明初理學之冠」的重要根據。

2.1.3 設教授徒，講學明理

　　中國傳統社會的儒者在進行思想探索和修養實踐的過程中，無論是積極

〔註33〕《薛瑄全集 讀書續錄卷四》，第 1398 頁。
〔註34〕《薛瑄全集 行實錄卷一》，第 1623 頁。
〔註35〕《薛瑄全集 讀書錄卷一》，第 1022 頁。
〔註36〕《薛瑄全集 讀書錄卷一》，第 1025 頁。
〔註37〕《薛瑄全集 讀書錄卷一》，第 1038～1039 頁。
〔註38〕《明儒學案 師說》，第 3 頁。

事功還是隱逸於世，內心深處大都有講學授徒的願望，一旦具備了講學的機會和條件，便通過積極的講授活動將自身所思所得外化，從而實現其所推崇和追求的價值，將「內聖」之學轉化爲「外王」行動。而講學作爲一種相對自由又較容易實現的「外王」途徑，成爲傳統社會儒者的安身立命之道。因此，對儒者的講學活動進行考察成爲理解其思想的一個重要視角。講學之風是明代學術最突出的特點之一，如清儒程嗣章言「明代道學，固不及洛閩之醇，而窮經通儒，亦罕聞焉。獨講學之風，較前代爲盛」〔註39〕。薛瑄以學行義理和講學活動創立明代第一個學派即河東學派，因此對其講學進行考察，可爲理解薛瑄提供一重要視角。

同中國古代許多眞儒一樣，薛瑄視講學爲一種現實的安身立命之道。其平生淡泊明志，官場進退不以爲意，唯一眞心所願之事就是任教職，設教授徒，以卒所學。薛瑄強調「教本於道，道本於性，性本於命」〔註40〕，認爲「法者，輔治之具，當以教化爲先」〔註41〕。薛瑄甚至於英宗正統十四年上《講學章》〔註42〕，向英宗系統陳述講學「有資於成大功，堪大難」的意義，強調講學是明朝初建時期「宜急行之而不宜緩焉者」，從事講學之廷臣則應「學術純正、持己端方、通達古今、明練治體」，尊奉朱子所注「《大學》、《論語》、《孟子》、《中庸》」之「四書」，以「正心」、「治道」爲首要，以正心誠意、修齊治平爲工夫次第，如此才能使個體有所挺立，使社會群體順適協調，從而使儒家道統有所傳承與彰顯。

薛瑄不僅對講學的意義有深刻的認識，更一生講學不輟，明理育人，對諸生「拳拳以復性正學爲教」〔註43〕，提撕引導之意甚切。薛瑄一生曾多次表示願就教職，且從四十歲開始走上仕途，至七十六歲逝世，三十六年間從事教育達十七年之久。期間包括任山東僉事提督學政，兩度「設教河汾」，於家鄉立私塾，授徒講學〔註44〕，並在講學過程中親爲力行，盡心竭力，因材施教，玉之於成，深受弟子及後生的感慕和尊重。史料中有明確記載的薛瑄正式講學活動主要在正統、天順年間。據記載，「國朝文清公敬軒薛先生，當

〔註39〕 〔清〕程嗣章：《明儒講學考》，影印清道光四年刻本。
〔註40〕 《薛瑄全集 讀書錄卷一》，第1018頁。
〔註41〕 《薛瑄全集 讀書錄卷九》，第1248頁。
〔註42〕 《薛瑄全集 薛文清公年譜》，第1718頁。
〔註43〕 《薛瑄全集 薛文清公書院記》，第1656頁。
〔註44〕 《明代理學大師──薛瑄》，第85頁。

正統、天順間，講道河汾，慨然自任斯文之重」〔註45〕。正統元年（1436 年），「時有言學政不舉者，詔遴選碩儒」，吏部尙書郭進首薦薛瑄，年已四十八歲的薛瑄對此表示了極大的熱情，欣然以此爲職事。《年譜》記載如下：

> 先生欣然曰：「此吾事也。」作《祗命山東》及留別趙彬、姚克修、院中諸友之什如山東通津驛，有詩：「六月官船發潞陽，水村煙樹共渺茫。天門忽已如天上，只見青山一帶長。」至山東，首以白鹿洞規開示學者，俾致知而力行，居敬以窮理，由經以求道。所至先詢行而後文詞，親爲解剖，告以爲人爲己之學。取人隨材器，或行步，或字畫，或講誦，或詩詞，各玉之於成。數者皆無，不得已使儒衣冠謝其祖，乃去之。有一生，以貧廢棄，屢舉不第，亟求退。學博亦曰：「宜罷之。」先生曰：「生祭日事何事？」僉曰：「擊磬耳。」先生曰：「磬在八音之中最難諧，能知之，亦可用也。」不聽去。後其人果登第。諸生無少壯賢愚，皆感慕先生，稱爲「道學薛夫子」焉。〔註46〕

薛瑄對此次任教職「欣然」接受，遂於「是月二十八日除督學僉事」。在任職過程中，薛瑄「首以白鹿洞規開示學者」，確立爲人大本，進而「俾致知而力行，居敬以窮理，由經以求道」，循循善誘、因材施教、隨才成就。「白鹿洞規」是朱子重修並講學於白鹿洞書院時所訂《白鹿洞書院揭示》，提出教育的目標、內容和途徑，規定爲學、修身、處事、接物等行爲的系統綱領和規範，目的是「講明義理以修其身，然後推己及人」，反映了儒家育人、修身的基本理念和程序，對後世影響深遠，亦爲薛瑄所沿用。因此，薛瑄在提督山東學政五年間，深受弟子後生的尊敬與愛戴，令「諸生感慕不已，至今談及，輒皆下泣。無老少賢愚，皆以『道學薛夫子』目之」〔註47〕。而在正統六年，薛瑄赴京師轉任他職時，「諸生一聞，涕泣遠送，徘徊不捨，爲牌位先生祀之」〔註48〕。

　　英宗正統八年（1443 年），五十五歲的薛瑄因仗義執言、剛正不阿、秉公辦事而得罪王振，下獄論死，後被削籍放歸田里。自此設教河汾，講學授徒，

〔註45〕　《薛瑄全集　行實錄卷三》，第 1654 頁。
〔註46〕　《薛瑄全集　年譜》，第 1710 頁。
〔註47〕　同上。
〔註48〕　《薛瑄全集　行實錄卷一》，第 1613 頁。

潛心研讀諸儒著述〔註49〕。英宗正統十四年（1449年），薛瑄更是潛心義理，專意講學。《年譜》記載：

> 時居家數年，閉門不出，雖鄰里罕見其面。而秦、楚、吳、越間來學者以百數。先生拳拳誨以小學以及大學，由掃灑應對至於精義入神，居敬以立其本，明經以求其道，不事言語文字，而必責諸躬行之實。問科舉之學，則默然不對。終日正衣冠危坐，如對神明。洛陽閻禹錫徒步來遊，及別，先生送之里門。謂曰：「程門教人以居敬窮理爲要，女歸勉之。」〔註50〕

此數年薛瑄潛心義理，專務講學，「家居數年，閉門不出，雖鄰里罕見其面」，「如對神明」，可見薛瑄已將生命收攝內斂，並將學問與生命融貫爲一，深契周、程、張、朱及孔孟宏旨。其拳拳教導諸生灑掃應對、精義入神、居敬立本、明經求道、責諸躬行，實依於程朱，契於孔孟，成己成人，內外一貫。而薛瑄此時的講學已與在山東時有所不同，據其門人張鼎在《敬軒薛先生文集序》中記載：

> 予嘗記先生設教河汾，一時及門之士，雲集川匯。……大抵先生剛方正大，以聖賢爲師，處己接物，不詭隨，不屈撓。講論經書，窮究義理，自一身一心，推之至於萬事萬物，然後約之以歸於一。其餘子史百家，靡不咽貫，究竟至極。尤邃於性理之學，《周易》、《太極圖》、《西銘》、《近思錄》，未嘗釋手，常瞑目端坐，思索有得，欣然見於顏面。其學蓋已至於樂之之地也。言動舉止，悉合規度，可爲人法。辭受取予，一決於義。終日衣冠危坐，忘之儼然可畏，雖燕閒亦然。居家孝悌忠信，對妻子如嚴賓，及至接人，和氣可掬。不語人其所未至，嘗以程門教人居敬窮理，接引後學。晚年造詣高明，踐履篤實，益至純熟。〔註51〕

此段所記應在英宗正統八年薛瑄返歸田里之後。在這一時期，薛瑄一方面由於剛正不阿的品質和滿腔爲民的熱情難以在複雜的官場中施展，反而屢遭排

〔註49〕 此段出於《薛瑄全集 年譜》，第1714～1715頁。而薛瑄門人王盛所撰《薛文清公書院記》亦有同樣記載，表明薛瑄正式設教河汾應該在英宗正統八年，此前薛瑄因險被大權獨攬的宦官王振所害，後被放歸爲民，遂潛心自修與專意講學。

〔註50〕 《薛瑄全集 年譜》，第1717頁。

〔註51〕 《薛瑄全集 行實錄卷四》，第1670頁。

擠陷害，得君行道的外王途徑不再暢通，另一方面其自身生命的積澱與澄汰、內向反省與提升更顯其意義。因此，薛瑄轉而專意潛修義理和講學授徒，並致「欣然」、「樂之」之境，使此心有所挺立和主宰，而心之所發、身之所行更「益至純熟」。

　　愈至晚年，薛瑄愈重「爲己之學」和先後淺深、循序漸進教人之法，潛修自省，拳拳育人。其於景泰三年（1452 年）曾在回覆弟子閻禹錫的書信中，自陳「某本世俗之學，中年稍知理趣，而卒有所未得，亦僅置於心不忘耳」，「竊惟古人爲己之學，於人之知不知、與夫毀譽之言，皆不足以動其心」，又言「學徒告以微渺，茫茫若夏蟲之疑冰，是誠然也。夫以子貢之高識，僅悟性天道於晚年，況他乎哉！程子終身不以《太極圖》示人，正謂是耳。故教人之法，最宜謹其先後淺深之序，若不量所至，驟語以高妙，不止不能入，彼將輕此理爲不足信矣」〔註52〕。全大順元年（1457 年），薛瑄已六十九歲。此年春英宗復辟，後于謙被害，薛瑄雖固爭之，卻無力可挽。面對道之不行的現實，薛瑄「即有去志」。後來更見政局頹變，曹吉祥、石亨亂國，絕非行道之時，薛瑄不願與諸同流，「遂決意求去」，多次上疏請告，後終得辭官返鄉。此後，薛瑄絕意仕途，全心向學與從教，時「家居八年，閉門不出，四方從學者日眾，至市館不能容」，教授諸生「拳拳以復性爲教」，言「學者讀書窮理，須實見得，然後驗於身心，體而行之。不然，無異買櫝而還珠也」〔註53〕。從天順元年回鄉至天順八年逝世，薛瑄生命最後的八年都在從事授徒講學事業。據王盛《薛文清公書院記》記載，薛瑄晚年講學於「文清書院」〔註54〕，「四方學者雲集」，弟子及答問者約七十餘人，範圍遍及山西、陝西、河南、甘肅、山東等地，其中著名者有李賢、張鼎、閻禹錫等人，形成「幾與陽明中分其盛」的「河東學派」，爲南宋以來衰落凋零的北方理學的重振起到重要作用，並開啓明代講學之風，實現了其「願就教職，以卒所學」的宏願。

〔註52〕　《薛瑄全集　年譜》，第 1720 頁。
〔註53〕　《薛瑄全集　行實錄卷一》，第 1617 頁。
〔註54〕　《薛瑄全集　行實錄卷三》，第 1655 頁。王盛《薛文清公書院記》記載：「河津縣城內大街西有文清薛先生舊宅一區，乃先生退休講學明理之處。……題其門曰『文清書院』」。「文清書院」由王盛於明弘治元年（1488 年）建於薛瑄講學故宅，既是薛瑄晚年河汾講學之所，也是河東學派的發源地和學術活動中心。

2.1.4 進退以義，光明峻潔

中國傳統儒家主「內聖」，亦重「外王」，主張「學而優則仕」，勇於擔當社會責任。因此在傳統社會中，入仕為官使成為儒家「內聖」之學得以向現實鋪展的「外王」途徑，也成為傳統儒者實現人格境界和價值信仰的現實道路。但在封建專制皇權體系中，擔負弘揚道統之任的儒者必須心存超越的人格追求，才能在殘酷渾濁的官場中保持一身一心之寧靜，並能從中超拔出來，求得人格的挺立和超然。薛瑄一生傾心理學，以復性為宗，以誠敬為本，負有儒者的擔當精神與救世情懷，亦將入仕作為「外王」的途徑，並以《中庸》「視民如傷」為座右銘，挺立自我道德主體，以仁愛之心臨民處事，勤謹恭肅，方剛正大，不役於外物，不阿附權貴，淡泊名利，廉潔無私，出處大節，光明俊偉，為官多年，持守如一，始終保持真性情的抒發。其謂「一命之士，苟存心於愛物，必有所濟。蓋天下事莫非分所當為，凡事苟可用力者，無不盡心其間，則民之受惠者多矣」〔註55〕，又言「心契乎性理之淵源，行蹈乎聖賢之軌轍。窮達一心，夷險一節」〔註56〕。在此襟懷之下，薛瑄為政以德，進退以義，可謂「澈表澈裏一般人」，亦成為有明一代從祀孔廟第一人。

（一）為政以德

薛瑄思行為一，學政不二，知行兩得，徹表徹裏。薛瑄認為「聖人之治天下，仁心仁政，本末具舉」〔註57〕，強調「仁心」為本，「仁政」為末，既有「仁心」，則有「仁政」。薛瑄亦有著稱於世的「居官七要」之論，即「正以處心，廉以律己，忠以事君，恭以事長，信以接物，寬以待下，敬以處事」，此「七要」以「正以處心」為居官首要〔註58〕，依《大學》次第，以「忠」、「恭」、「信」、「寬」、「敬」事君事長、待人接物、臨民處事，實為孔孟仁政與德治之顯發。薛瑄認為，儒家政體設官的本意無非「以其能治不能，以其賢治不賢」〔註59〕，教化民眾使之識性明理、依道而行，因此「正以處心」是在天人境界下以仁愛之心盡人道之實，「所謂王道者，真

〔註55〕《薛瑄全集　從政名言卷之二》，第1543頁。
〔註56〕《薛瑄全集　行實錄卷五》，第1682頁。
〔註57〕《薛瑄全集　讀書續錄卷二》，第1351頁。
〔註58〕《薛瑄全集　讀書錄卷七》，第1194～1195頁。
〔註59〕《薛瑄全集　讀書錄卷七》，第1196頁。

實愛民如子」〔註60〕，「爲政以愛人爲本」〔註61〕，「聖人子民之心，無時而忘」〔註62〕，保此仁愛之心，則「爲政清其源而流自潔」〔註63〕。

薛瑄主張爲治以德治爲本，認爲「帝王爲治之本在德，其次莫先於用賢才、修治法。治法者，禮樂刑政是也」，「三代王佐事業，皆本於道德；後世輔相事功，多出於才氣」〔註64〕，因此爲官者須德才兼具，誠敬爲要，仁愛爲本，公平正大，「以教化爲先」〔註65〕，「不欺君，不賣法，不害民」〔註66〕，「養民生，復民性，禁民非」〔註67〕，使人人自化於廉，向善於道。薛瑄亦強調「事無大小，皆當謹慎」〔註68〕，「作官一事不可苟」〔註69〕，並稱「惟親歷者知其味。余忝清要，日夜思念於職事，萬無一盡，況敢恣肆於禮法之外乎」〔註70〕。薛瑄無論身居何職，官處何地，皆以「戰戰兢兢，如臨深淵，如履薄冰」〔註71〕的謹慎之心於事之「至微至易」處皆謹慎處之，寬博忠厚，慎始慮終，廣施惠政，重視教化。其亦以「爲人不盡人道，爲官不能盡官道」爲憂〔註72〕，以事之處置得宜爲樂，自言「事少有處置不得其宜，心即不快。必皆得宜，心乃快然而足」〔註73〕。

儒者身居官位，義利取捨之問更見爲人風格與氣象。薛瑄爲政以德，淡泊名利，寡欲廉潔，不愧爲「實踐之儒」。其謂「天之道，公而已，聖人法天爲治，一出於天道之公，此王道之所以爲大也。」〔註74〕，「伊、傅、周、召，王佐事業大矣。自其心觀之，則若浮雲之默然無所動其心」〔註75〕，若心中

〔註60〕　《薛瑄全集 從政名言卷之三》，第 1549 頁。

〔註61〕　《薛瑄全集 從政名言卷之一》，第 1534 頁。

〔註62〕　《薛瑄全集 從政名言卷之三》，第 1551 頁。

〔註63〕　《薛瑄全集 讀書續錄卷三》，第 1379 頁。

〔註64〕　《薛瑄全集 從政名言卷之三》，第 1550 頁。

〔註65〕　《薛瑄全集 從政名言卷之二》，第 1546 頁。

〔註66〕　《薛瑄全集 從政名言卷之二》，第 1543 頁。

〔註67〕　《薛瑄全集 從政名言卷之一》，第 1537 頁。

〔註68〕　《薛瑄全集 從政名言卷之三》，第 1549 頁。

〔註69〕　《薛瑄全集 從政名言卷之三》，第 1546 頁。

〔註70〕　《薛瑄全集 讀書錄卷一》，第 1021 頁。

〔註71〕　〔清〕阮元：《十三經注疏 毛詩正義 小雅 小旻》，北京：中華書局，1980年版，第 449 頁。

〔註72〕　《薛瑄全集 從政名言卷之一》，第 1534 頁。

〔註73〕　《薛瑄全集 從政名言卷之二》，第 1539 頁。

〔註74〕　《薛瑄全集 從政名言卷之三》，第 1548 頁。

〔註75〕　《薛瑄全集 從政名言卷之三》，第 1547 頁。

有仁愛爲主、天道爲公，自然不爲外物毀譽所牽擾，從而「大丈夫心事，當如青天白日，使人得而見之可也」〔註76〕。薛瑄又強調「爲人須做徹表徹裏一般人」〔註77〕，「凡事分所當爲，不可有一毫矜伐之意」〔註78〕，「爲政當以公平正大行之，是非毀譽皆所不恤，必欲曲殉人情，使人人譽悅，則失公正之體，非君子之道也」〔註79〕，重視自我挺立與擔負。關於「廉」之義，薛瑄曾做分辨，指出「世之廉者有三」，即「有見理明而不妄取者，有尙名節而不苟取者，有畏法律、保祿位而不敢取者」。三者雖同爲「廉」，卻有高下之別：「見理明而不妄取，無所爲而然，上也；尙名節而不苟取，狷介之士，其次也；畏法律、保祿位而不敢取，則勉強而然，斯又爲次也」〔註80〕。其中，薛瑄最爲推崇的是「見理明而不妄取」之「廉」，此是在明理基礎上發自道德本心的自然而然的不妄爲，無纖毫私意的摻雜。對於趨利自私者，薛瑄深表厭惡。如其指出「人己一也，瀸人之脂膏以自肥，何其不仁如是哉」〔註81〕，「富貴貧賤莫不各有一定之命」，「取不義之財，欲爲子孫計者，惑之甚矣！」〔註82〕。因此，人應持守超乎功利之上的道德本心和人之爲人的本性。薛瑄爲官清廉恭謹，曾監湖廣沅州銀場，同列以爲獲得肥差而表示祝賀，薛瑄卻舉古詩「此鄉多寶玉，甚莫厭清貧」〔註83〕以警示，並在任中「所至多惠政」，「首絀貪墨，正風俗，奏罷採金宿蠹」，使沅民大悅〔註84〕。在京師任職數年，廉潔奉公，安貧樂道，「五年於茲，買宅京師，僅容臥榻。苦東壁暗甚，力不能辦一窗。子淳取車輪爲之」〔註85〕。天順元年六月，薛瑄致仕歸家，「至直沽，道中風雨大作，舟不能行，餱糧俱乏，日終猶未食，先生方賦詩吟嘯不輟。子淳慍，見出怨言。先生以杖擊之曰：『我身雖困，而道則亨也』。」〔註86〕，可見其以道爲求，心體浩然。

〔註76〕 《薛瑄全集 從政名言卷之三》，第1548頁。
〔註77〕 《薛瑄全集 讀書續錄卷九》，第1465頁。
〔註78〕 《薛瑄全集 從政名言卷之三》，第1547頁。
〔註79〕 《薛瑄全集 從政名言卷之一》，第1536頁。
〔註80〕 《薛瑄全集 從政名言卷之二》，第1542頁。
〔註81〕 《薛瑄全集 從政名言卷之三》，第1547頁。
〔註82〕 《薛瑄全集 從政名言卷之一》，第1532頁。
〔註83〕 《薛瑄全集 年譜》，第1704～1705頁。
〔註84〕 《薛瑄全集 年譜》，第1707～1708頁。
〔註85〕 《薛瑄全集 年譜》，第1709頁。
〔註86〕 《薛瑄全集 年譜》，第1726頁。

（二）進退以義

薛瑄雖身處官場複雜的政治漩渦之中，但心中自有所挺立與主宰，即惟義是守。薛瑄強調「出處去就，士君子之大節，不可不謹。《禮》曰：『進以禮，退以義。』孔子曰：『有命。』孟子不見諸侯，尤詳於進退之道。故出處去就之節，不可不謹」〔註87〕。因此無論在朝爲官，還是退居鄉里，均惟義是尚，更能進退以義，境界超然灑脫，氣象光明俊偉，從不阿附權貴，更不以榮辱生死爲意，體現超然之風骨與氣節。

宣宗宣德三年（1428 年），薛瑄被任命爲廣東道監察御史，監察湖廣銀場，這是他從政生涯的開始。周圍人都認爲監銀場是一個容易獲利的肥差，紛紛表示羨慕祝賀，薛瑄卻絲毫不以此爲求，並「上章願就教職，以卒所學」，請求不得而去赴任。當時，朝中地位顯赫、最具權勢的二楊〔註88〕聞其聲名，屢次相邀，欲識其面。薛瑄卻加以回絕，稱「某忝糾劾之任，無相識之理」〔註89〕，益得三楊讚歎。英宗正統六年（1441 年），在楊士奇的舉薦下，薛瑄受命京師大理寺左少卿，執掌刑獄。當時王振權傾朝野，而薛瑄能夠入朝爲官也多少與王振的推薦有關，因此三楊勸之曰：「時勢所在，雖某薦先生，彼亦素聞名，盍同謝之？」薛瑄卻毅然曰：「安有受爵公朝，拜恩私室耶？」〔註90〕後來朝臣議事東閣，見王振皆拜之，唯薛瑄獨立不爲動。王振反而揖之曰：「多罪，多罪！」有人稱「先生泥古，不知變通」。薛瑄此舉表面似爲「泥古」，實則堅持著儒者一腔錚錚正氣。

正統十四年（1449 年）至天順初年（1457 年），薛瑄再次得到重用，任北京大理寺右丞、南京大理寺卿、北京大理寺卿等職，所到之處秉公執法，多洗冤抑，「所平反全活無數」〔註91〕。《年譜》關於薛瑄任南京大理寺卿期間的兩段記載，頗能反映薛瑄的耿介：

> 景泰二年，升南京大理寺卿。……時太監興安袁誠鎮守南京，例該各部每月赴彼議事。都御史張純，先生同年也。謂先生曰：「初見太監，盍加禮焉？」先生至，興安降階，與分庭抗禮。興安退謂

〔註87〕　《薛瑄全集 讀書續錄卷十》，第 1472 頁。
〔註88〕　「三楊」即楊士奇、楊榮、楊溥，爲明代洪熙、宣德以至正統時期內閣的三位重要閣臣，被稱爲「三楊」。
〔註89〕　《薛瑄全集 年譜》，第 1705 頁。
〔註90〕　《薛瑄全集 年譜》，第 1714 頁。
〔註91〕　《薛瑄全集 年譜》，第 1723 頁。

> 人曰：「此人曾與王振作對頭，肯爲吾屈耶？」遇端午節，令人饋扇。
> 先生獨不受。曰：「此朝廷之禮，不敢受。」〔註92〕

及後：

> 太監金英以使至，及還諸司，祖道江上，先生不出。英謂眾曰：
> 「南京好官，惟薛卿耳！彼雖不吾送，吾不怪也。」〔註93〕

後來薛瑄調任北京大理寺卿，以仁愛之心臨民處事，嚴持節度，辨冤明理，不畏權勢。其處事無論大小，一切以禮爲要，嚴謹恭肅，如英宗天順元年（1457年），薛瑄升爲禮部右侍郎兼翰林院學士，直文淵閣：

> 一日，詔入便殿，上褻衣冠御，先生拱立不入。上遽易服，乃進見。語移時，皆正心誠意之言。左右竊聽之，曰：「此正薛夫子也。」〔註94〕

對於官員的逾閾越禮、阿諛諂媚薛瑄同樣極爲厭惡：

> 一日，將入閣，有達官摳同列衣以逾閾。先生曰：「昔有拂鬚參政，今有摳衣侍郎。」後人問之，終不言名氏。坐內閣，同列偶他去，先生問左右曰：「何往？」對曰：「適往謁中貴某耳。」比至，先生曰：「學者多說道，不知出門一步已錯了。」既又曰：「狐趨狗媚，吾所深恥。」〔註95〕

可見無論出處大節還是視聽言動，薛瑄「皆揆之以義」，將其所尊奉的儒家道統外化而爲日用踐履，不趨炎附勢，不諂媚權貴，不隨波逐流，超然挺立。

尤其在進退出處和死生之間，薛瑄更顯惟義是守、超然無繫的風骨。正統八年（1443年），在擔任大理寺左少卿期間，薛瑄任職數月即「辨錦衣衛大獄十餘案」，不徇私情，秉公斷案。但卻因此很快觸怒王振，險遭殺身之禍：

> 初，先生既卻振饋，又不一見振，與振遇，又違眾不爲禮，振滋不悅。會百戶某實病死，妾欲嫁其私人王山。山，振姪也。妻在，持妾弗得嫁。山教妾誣妻以魘魅殺夫，下御史獄，坐死。妻誣服，莫能白。先生察其冤，數救解之。調問者八道，皆畏振、山勢，因仍無所平反。先生奏下刑部議，郎中潘洪廉得其實冤，先生遂劾諸

〔註92〕《薛瑄全集　行實錄卷一》，第 1615 頁。
〔註93〕《薛瑄全集　年譜》，第 1720 頁。
〔註94〕《薛瑄全集　年譜》，第 1724 頁。
〔註95〕《薛瑄全集　年譜》，第 1725 頁。

御史官經訊者。都御史王文，素恨先生，欲以先生媚振，而庇諸侍
御。乃與指揮馬順交譖振前，振大怒，嗾諫官劾先生是非古今，妄
辨已成大獄。〔註96〕

薛瑄不畏王振、王山權勢，力辨官吏妻子之冤，並彈劾執法之官，因此得罪
都御史王义。王文夥同馬順「譖於王振」，陷害薛瑄，使王振大怒。而薛瑄能
夠入朝爲官，或多或少與王振念於同鄉的舉薦有關，薛瑄卻既不拜謁阿附王
振，又絲毫不徇私情，亦不畏其權勢，此種儒者的固守與超然符合儒家道德
義利之判。薛瑄卻因此遭王振憤恨，且加王文、馬順的誣陷，終被誣而下入
大獄，詔棄市之罪，後改下錦衣衛獄。生死危在旦夕，薛瑄卻超然無繫，「讀
《易》不輟」：

先是學士劉球上章忤振，下錦衣衛獄。振使人縛至暗壁中，斧
鑽暴下，支解其體。先生繼至，人皆危之。先生怡然曰：「死
生命也！」讀《易》不輟。通政李錫聞之，歎曰：「眞鐵漢也！」〔註97〕

薛瑄心有所主，超脫生死。後因王振見身邊一位與薛瑄同鄉的老僕聞其將刑
而哭泣，又有干偉等官員抗疏固爭，王振亦感其耿介清廉有可敬處，遂將其
削籍爲民，放歸山西。此事既見其風骨，也從一側面反應薛瑄之爲「實踐之
儒」在普通民眾中的深刻影響。景泰四年（1453 年），面對「眾莫敢言」的蘇
松饑民冤案，薛瑄再次「首抗章爭之」：

十月十日視事，適草場災，上怒，欲盡誅典首者，先生辨其冤。
蘇松饑民乞富室粟，不與，火其屋，蹈海避禍。太保王文往核之，
以誅叛論，籍平民家五百餘來京。眾畏文勢，莫敢言。先生首抗章
爭之，文大恨，思報先生。謂人曰：「此老倔強猶昔。」先生聞而笑
曰：「辨冤獲咎，死何愧焉！」爭益力。〔註98〕

面對王文的忌恨，薛瑄不但無所懼怕，反而「爭益力」，此亦可見薛瑄爲人的
耿介剛毅與特立獨行。天順元年（1457 年）正月，曹吉祥、石亨用事謀害忠
臣于謙，雖然形勢極爲險惡，薛瑄仍冒死抗辯：

中官曹吉祥、忠國公石亨，專恣無忌。曹用事，同列約相賀，
先生獨不往。亨與徐有貞誣於肅愍謙、王太保文謀危社稷，抵凌遲

〔註96〕《薛瑄全集 年譜》，第 1715 頁。
〔註97〕《薛瑄全集 年譜》，第 1715 頁。
〔註98〕《薛瑄全集 年譜》，第 1722 頁。

死。二十二日丁亥，同列皆衣紫。先生問之，同列曰：「不知耶？
欲刑某等耳。」先生驚曰：「此事人所共知，各有子孫。」亨憤然
曰：「事已定，不必多言。」會上召諸臣會議，諸臣皆默然。獨先
生曰：「陛下復登大寶，天也。今二臣之罪狀未著，且三陽發生，
不可用重刑。」有貞爭曰：「若不置謙等於死，今日之事爲何名？」
遂詔減一等。先生退而歎曰：「殺人以爲功，仁者不爲也。」即有
去志。〔註99〕

忠良于謙捲入皇權鬥爭的漩渦，被以謀反之罪陷害，因此人人自危，面對忠
良之死，「諸臣皆默然」，無人敢言。唯薛瑄意求抗辯，卻無奈力不能挽。在
缺乏約束的皇權之下，面對現實的無可奈何，薛瑄只能以辭去官職、遠離朝
廷、潛心義理、講學授徒作爲最終的選擇。在黑暗險惡的皇權政治體系中，
以求道爲志、以仁義爲尚的薛瑄只能艱難地在權力夾縫中生存，將儒家的道
德信仰和理想境界發顯爲治國、平天下的「外王」之舉，並以獨立的人格和
卓然的風骨保持對專制皇權的抗爭與不合作，終能進退以義，保持了光明峻
潔的人格。

（三）從祀之路

明代的廟學制度作爲當時教育制度和國家祀典制度的重要組成部分，對
社會影響深遠，因此從祀孔廟成爲帝制時期文人士大夫所能獲得的最高榮譽
〔註100〕。薛瑄成爲有明三百年從祀孔廟第一人，可見其學行影響之巨。薛瑄
弟子及後學、當朝及後世儒者多次上疏禮部請許薛瑄從祀孔廟，如弘治二年
（1489 年）張九功、嘉靖元年（1522 年）許贊、嘉靖十八年（1539 年）楊瞻、
嘉靖三十二年（1553 年）尙維持等人均曾上疏要求准許薛瑄從祀孔庭，以表
章其文行並重、德言兼優，進而模範世人。隆慶元年（1567 年）開始，要求
薛瑄從祀的呼聲更爲高漲，數人累疏要求薛瑄從祀，甚至此年六月前後即有
五人上疏。禮部關於請薛瑄從祀的奏章中對薛瑄言行的讚譽頗盛，任舉一例
如潘晟等人的上疏，從學問之大原、行履之大略、著述之大旨、樹立之大節
等方面對薛瑄進行了評價：

> 乃其力任斯道，卓然爲一代理學之冠者，則惟故禮部侍郎薛瑄

〔註99〕　《薛瑄全集 年譜》，第 1724 頁。

〔註100〕　〔新加坡〕許齊雄：《爲昭代眞儒辯護──明朝人討論薛瑄從祀問題的一個重
要側面》，《晉陽學刊》，2007 年第 4 期。

爲最焉。……其學以復性爲的，以居敬窮理爲功，以反躬踐履爲實。
潛心體玩，至老彌精，充養之純，超然自得。此其學問之大原可考
也。平生言動舉止，悉合於矩；辭受取與，一揆諸義。居家則孝友
無間，與人則樂易可親，中正足以矯枉律偏，剛直足以廉頑立懦。
此其行履之大略可稽也。所著有《讀書錄》，有《河汾集》，雖不專
以述作爲事，而隻簡片言，皆可師法；微詞奧義，悉合聖謨，至今
學者莫不尊信而誦習之。此其著述之大旨可窺也。至於立朝行己之
際，不折節於權門，不謝恩於私室，不屈法於貴近，不攝志於臨刑，
榮辱不以關其心，死生無以易其操。此其樹立之大節可紀也。故一
時信從者有「河東夫子」之稱，而後之追尊者有「一代眞儒」之許。
〔註 101〕

此評價反映了薛瑄爲人師法、承繼聖學的學問成就，及其進退以義、方剛正
大、不以死生榮辱爲意的爲人氣象，足見當時人對薛瑄學行的普遍肯定與尊
崇。潘晟等人也於隆慶五年（1571 年）上疏請許薛瑄從祀，稱「學貴心得，
道在躬行」，指出「不知講求於大明之後者爲功易，興起於絕學之後者爲力
難」，指明「國朝倡明此學者，則惟瑄爲首」〔註 102〕。不僅當時朝中多數官員
極力贊成薛瑄從祀孔廟，部分在野士人也對此問題表示了關注。如曾任山西
僉事並「里居四十餘年」、「肆力於學」〔註 103〕的李濂（1488～1566 年）曾作
《薛文清公從祀答問》，以其在山西短暫爲官期間對薛瑄德行聲望的瞭解，認
爲薛瑄「死生利害不動心，出處進退皆可師法」〔註 104〕，極力贊成薛瑄從祀。
甚至陽明弟子鄒守益（1491～1562 年）也作《薛文清公從祀疏》，論曰：

　　我列聖以道德禮樂化成天下，文章政事之臣，咸足以匹休往
古，勃然以理學爲宗，實自瑄倡之。瑄之深造自得於濂洛靜虛動直，
大公順應之旨，爲未敢妄許，然其自幼至老，篤志力行惓惓，亦自
以復性爲教，考其出處進退之間，不折節於權貴，不謝恩於私室，
不曲法於貴近，不攝志於臨刑，不濡滯於相位；一時翕然尊信，以
薛夫子目之，此豈可以聲音笑貌取者！揆之於古，其近狷者之流乎！

〔註 101〕　《薛瑄全集　行實錄卷二》，第 1645 頁。
〔註 102〕　《薛瑄全集　行實錄卷二》，第 1646 頁。
〔註 103〕　《明史　卷二百六十八　文苑二》，第 7360 頁。
〔註 104〕　〔明〕李濂：《嵩渚文集》，四庫全書存目叢書，濟南：齊魯書社，2001 年版。

世之議瑄未宜列於從祀者，或又以其見理未瑩，不足以傳斯道，則
雖顏、曾而下，已有不得其宗者，是責於瑄者大備矣，或又以其少
於著述，不足以羽翼聖經，則雖顏、曾之德其宗者，視後儒己有所
不逮，是求於瑄者又大淺矣。〔註105〕

明中期的鄒守益站在心學的立場對明初薛瑄躬行自得之學深表肯定，實見薛
瑄實踐之學的深刻影響。雖然亦有反對者認爲薛瑄著述有限，但薛瑄《讀書
錄》與《讀書續錄》以及《文集》諸作，雖因記錄性質所限體系不彰，但在
整個明初時代的學術環境下可謂所論精深，加之所行信偉，因此足爲世人之
範，可謂「一代眞儒」。也正因如此，當朝及後世幾代人不斷上疏請許薛瑄從
祀孔廟，是對薛瑄學行的肯定和褒揚，絕非流俗之舉。而至隆慶五年（1571
年）九月〔註106〕，歷經成化、弘治、正德、嘉靖、隆慶五朝，薛瑄終於死後
一百零七年准許從祀孔廟，成爲明代從祀孔廟第一人〔註107〕，以正統形式獲
得了認可，成爲世人之範。

綜觀薛瑄的爲學、爲官與爲人，表裏如一，學行不二，爲「澈表澈裏一
般人」。其力行不輟、進退以義、恭謹嚴肅、剛毅耿介之氣象有類伊川，峻潔
光明、心境灑脫、超然挺立亦似明道，確爲方剛正大的「實踐之儒」。薛瑄之
學以程朱爲宗，以復性爲本，繼承宋儒的天人視域，面向實然世界和生命踐
履，亦通過清修篤學與精思力踐，將儒家理想人格境界鎔鑄於生命過程。其
以講學爲安身立命之道，創立「河東學派」，重振明初北方理學，促使明代關
學中興，開端明代氣學，影響明代心學。其學篤，其行實，廣受當朝及後世
的敬重和推崇，《明史·儒林傳序》即言「英宗之世，河東薛瑄以醇儒預機政，
雖弗究於用，其清修篤學，海內宗焉」〔註108〕。薛瑄弟子李昶形容「先生之
怒也，如雷迅風烈；其過也，如雲消霧釋。剛毅絕肖伊川，其氣象亦類之」〔註
109〕，後學相世芳稱「薛文清公夫子，山川鍾秀，天與斯文，道統上接程、朱，

〔註105〕〔明〕鄒守益：《鄒守益集 薛文清公從祀疏》，江蘇：鳳凰出版社，2007年
　　　　版，第16頁。
〔註106〕《薛瑄全集 行實錄卷二》，第1646頁。
〔註107〕有明一代三百年間，從祀孔廟僅有四人，薛瑄爲第一人（1571年從祀），其
　　　　餘三位是胡居仁（1585年從祀），陳獻章（1585年從祀），王守仁（1584年
　　　　從祀）。
〔註108〕《明史 卷二百八十二 儒林傳》，第7221頁。
〔註109〕《薛瑄全集 年譜》，第1731頁。

相業遠宗周、孔。實我聖朝眞儒之首也」〔註110〕，雖不乏溢美之詞，亦足見薛瑄學業之深、德業之盛。薛瑄在透見與挺立儒家道德本心的前提下，將儒家義理重新納入到實踐脈絡與生命歷程中加以彰顯，返歸儒家日用踐履之旨，並以「天下事莫非分所當爲」的精神在廟堂內外實踐儒家內聖外王之學，這便是薛瑄之學的「自己學脈」。

在明初諸儒中，黃宗羲與其師劉宗周對吳與弼和曹端頗爲稱道，認爲吳與弼爲明初諸儒中唯一的「醇乎醇」者，並將曹端喻爲濂溪，贊其數十年見道之功，「方正學而後，斯道之絕而復續者，實賴有先生一人」〔註111〕。而對於薛瑄，劉、黃二氏卻頗有微辭，稱其「多困於流俗」，「無甚透悟」，此處不得不辨。曹端與薛瑄同爲明初北方朱學代表，義理同出於朱學正統，學風也相似，甚至可以說薛瑄是「聞先生（曹端）之風而起者」〔註112〕。但曹端思想影響甚微，且並未創立學派。薛瑄則以「實踐之儒」著稱於世，並爲明代從祀孔廟第一人，河東學派弟子遍及北方數省，並在明代幾與陽明氏中分其盛。薛瑄的人格、學問及學行成就與影響盛於曹端。同時代的江西學者吳與弼自陳「爲保性命」〔註113〕而拒不做官，選擇遠離廟堂的方式求得人格的自由。薛瑄與吳與弼分別以不同的生命路向與道路選擇共同彰顯著儒學宗旨。相比之下，能在險惡的官場中求得一身清介，並能廣施仁愛、仗義執言、進退以義的薛瑄，更顯人格的光輝、擔當的厚重與眞性情的抒發，其成就無論在思想還是踐履，均不亞於吳與弼。但爲什麼劉、黃卻對薛瑄評價很低呢？究其原因有三：一是對身處廟堂之儒者困境的不夠深體；二是所持心學立場的「門戶之見」；三是當時的時代格局使劉、黃二人難免更爲激憤，此激憤雖合情，卻未必合理。

劉宗周所不滿於薛瑄者主要在其爲人，對其爲學義理則較少論及，只稱其聞曹端之風而起。劉宗周認爲薛瑄在朱棣稱帝和于謙之死兩件事中未能「錚錚一論事」，「坐視忠良之死而不之救」。實際上，中國的官場歷來不免黑暗險惡的一面，政治鬥爭與權力更替絕非一介文官所能左右。薛瑄爲人耿介，其修身、齊家、爲政皆時刻以儒家仁義保持內心道德的卓然和出處進退的嚴謹。

〔註110〕《薛瑄全集　行實錄卷三》，第1660頁。
〔註111〕《明儒學案　師說》，第2頁。
〔註112〕同上。
〔註113〕《明儒學案　崇仁學案》，第16頁。

雖身處廟堂，仍能在權力鬥爭的核心中保持超然獨存的人格與境界，並在從政中以「內聖」之學行「外王」之事，將儒家道德規範與境界理想貫徹於實踐中，潛心靜修，拳拳為教，廣施惠政，絕不愧「實踐之儒」的美譽。當然，屢次進退、官至禮部右侍郎兼翰林院學士的薛瑄，與僅任山西霍州、蒲州學政的曹端以及終生絕意官場的吳與弼有著截然不同的外在際遇，身居廟堂的薛瑄比遠離權力中心的曹端和吳與弼少了些許自由與豪放，多了一份謹慎與責任。遠離黑暗紛爭的官場，固然無須面對複雜殘酷的權力鬥爭和臨事抉擇，較容易保持學術的自由與行事的超然無羈，卻逃避或遠離了儒家外王所必須深入與面臨的現實政治，從而難以體會身處其中的艱難複雜，更不易顯出儒家人格與理想在政治中推展的獨特面相。視天下事皆「吾分內事」的薛瑄則不能不面對，因此雖然屢次進退，險被處死，卻並不放棄為官以行外王的機會。至於為劉、黃所詬病的對忠良于謙之死的態度，薛瑄也不能說未盡其義。英宗復辟，于謙為忠良之士，被誣論死，朝中人皆知其死為皇權鬥爭的犧牲品，力不能挽，絕非一介臣子所能改變，因此「諸臣皆默然」〔註114〕，此時獨薛瑄「固爭之」，爭而不得，亦獨曰「陛下復登大寶，天也。今二臣之罪狀未著，且三陽發生，不可用重刑」〔註115〕，使「詔減一等」。一介臣子無法改變皇權的決定，更無力挽回忠良之死。這一殘酷現實也使薛瑄徹底感受到面對專制體制中至高無上皇權的無可奈何和個體生命的無所依託，只能「退而歎曰：『殺人以為功，仁者不為也』」，即有去志，並一月之內三次請告，決意求去，歸鄉從教，終能進退以義。即便是方孝儒那樣以節義鳴世的儒者，也只能以一己之身殉道，對於皇權專制體制之弊端毫無辦法。而要真正解決這樣的弊端，只有通過建立一種能夠對絕對皇權真正加以制衡與規約的新體制，那是近代以後的事了。因此，劉宗周與黃宗義的對明初薛瑄的批評，未免苛責於人，有失公允，不能掩沒薛瑄的獨立人格與操守，更不能因此抹煞薛瑄理學的深意與價值。

在為學上，劉宗周、黃宗義批評薛瑄義理「未見性」、「無甚透悟」、「困於流俗」，難免出於心學立場的門戶之見，《四庫全書總目》已指出此點。劉、黃二人主要站在陽明心學的立場，以心學之「高明」評點以下學踐履為要的薛瑄，指其「未見性」、「無甚透悟」，對心性的透悟與闡發不足。但劉、黃二

〔註114〕《薛瑄全集 年譜》，第1724頁。
〔註115〕同上。

人並未注意問題意識中心的轉換，亦未能透徹理解朱子理學篤實踐履的獨特學脈。明初諸儒皆面臨學術重振的困境與責任，因此各從不同的路徑從程朱理學內部開出新意，而理氣一元化和心性一元化則是明初諸儒共同的趨向。至於「門徒遍天下，流傳逾百年」的王學則成於明代中期，若以陽明心學爲視角總評明代理學，那麼爲異軍突起之王學所掩蓋的程朱理學自多光芒可言，以踐履躬行爲要的「實踐之儒」更難成爲肯定的對象。而從孔孟經典儒家來講，並未特別強調人心通貫天地、涵括宇宙的屬性，也並不直言「滿街都是聖人」，而是重在提斯人所固有的本然善性和「心之所同然者」，指出「人皆可以爲堯舜」的可能性。至於宋明儒在佛道的刺激與影響下高舉本體，掘發心性，將「理」、「氣」、「性」、「心」擴充、提升至超越的本體地位，則主要在宇宙論和本體論方面對儒家義理做了深化與拓展。但此亦同時產生偏神，其形上義理的彰著未免使傳統實踐宗旨稍嫌掩沒。薛瑄則繼承朱子，在不失天人視野和超越意識的觀照下，立基於復性工夫，將道德實踐的原動力回攝於人心，以「性天通」爲理想境界，以落腳於日用事爲之間的道德踐履爲歸向，回復儒學本眞，呈現出向孔孟儒學回歸的跡象，從而顯示出自身出於天理、本於人性、歸於實踐的獨特脈絡。而薛瑄之在實踐系統中傳承儒家道統，見諸畢生踐履之實，當然是以見道和見性爲前提的，而其對「性體至善」和「性」之「括盡天地萬物」的「大本大原」地位的凸顯，更顯其明性、復性之宗旨，其「性天通」之境界，則是其一生學問與踐履之根本所在。因此，正如錢穆所言，劉宗周與黃宗羲由於心學立場所限，既沒有眞正理解薛瑄自己的學脈，也「未能眞識敬軒之爲人也」〔註116〕。從而儘管薛瑄《讀書錄》與《讀書續錄》由於「蓋爲體驗身心，非欲成書」的記錄性質所限，內在義理似暗而不彰，但其以實踐爲特徵的「自身學脈」絕不應因此掩沒於心學立場「困於流俗」、「未見性」的評價之中。有關薛瑄的哲學思想將在後面詳細論述。

2.2 爲學進路

在理學問題意識轉換與生命實踐歸向的雙重因素作用下，薛瑄在哲學義理的苦讀精思與涵養省察的篤實踐履中，在爲學道路上經歷了從科舉之學到

〔註116〕《中國學術思想史論叢》第七冊，第 26 頁。

「慨然求道」，再到「專精性命」的轉變，並獲得學術與人格的雙向成就。薛瑄在宣宗宣德三年所作《與楊進道書》中，曾自陳爲學進路曰：

> 某七八歲時，侍先君子左右。聞其稱古人某爲大儒，今人某爲偉士。因記於心，曰：「彼亦人耳，人而學人，無不可及之理也。」又六七年，先君子見可教，授以諸聖賢書。始發奮篤專於誦習，晝不足則繼以夜，不諷諸口，則思諸心，雖人事膠擾，未嘗一日易其志。積十餘年，然後察夫聖賢千言萬語之理，無不散見於天地萬物之中，而天地萬物之理，無不統會於此心微密之地。自是以來，澄治本源，而恒懼夫邪念以淆之，篤專修習而不敢以他好奪之。積之既久，因以中之欲發者，發爲文辭，則但覺來之甚易，若有物以嘗於內而迫之於外也。後先君子命試有司，一往既得之。仰希大儒偉士雖不敢及，然韓子所謂在進士中粗爲知讀書者，竊以爲近似焉。今退居又六七年，遭值大故，哀痛之餘，尚懼玩愚荒怠，負先君子之大訓。因時取向所授書而溫繹之，但覺意味愈切，理趣愈深，有得於心而不能形於言者。此某之自少及長，勤苦既得，而猶不敢自己者也。〔註117〕

此自述中，不僅表明其自幼爲學、澄澈本源、體察聖賢、以心契道的實踐工夫，又大致勾勒出爲學道路轉進的軌跡。而縱觀薛瑄的一生，其爲學進路經歷了幾個關鍵的轉變點，並大致可以分爲三個階段：第一階段爲始厭科舉、確立「慨然求道」之志階段，第二階段爲潛心孔孟、寢寐程朱的精研階段，第三階段爲契道以心、體道以身的義理融貫與實踐圓熟階段。

2.2.1 始厭科舉，慨然求道

在明初程朱理學獨尊、思想高壓專制的時代環境下，科舉制度成爲朝廷選拔官員的主要路徑，作爲官方學術的程朱理學被定爲科考程序的規範，因此以程朱理學爲主導的科舉之學便成爲學人士子自然的共途和致思的框架。思想上的程朱一尊與政治上高壓專制愈加導致自由思想空間的狹窄。薛瑄生逢明初，由於整體時代環境的影響，自幼接受正統程朱理學的教育和薰陶，及長則習科舉之學，讀四書五經，並熱心詩賦草，頗顯才華，被視爲「薛天才」。但在中國儒家傳統與歷史中，凡有所成就者，必能脫於世俗之學，提升

〔註117〕《薛瑄全集集 年譜》，第 1704 頁。

人格境界，挺立超然心性，從而成就儒家的立言、立德或立行之功。並且雖然同在科舉制度下和科考規範中，人之所見有高下之分，有以科舉爲利祿仕途之方者，有透過科舉所定宋儒著作和孔孟經典直追聖賢眞義和儒家道體者，眞有霄壤之別。

薛瑄雖家學所承、耳目所接皆爲官方欽定的四書五經、程朱性理諸書，但其聰穎異常、好學精思、篤實力踐的品質使其表現出與一般學人士子的不同。薛瑄在接受家學正統教育的同時，受到先祖尤其是父親的學行影響和人格薰染，又同各地賢豪長者交遊，因此其學雖然始於科舉之學，卻能自幼樹立做「大儒」、成「偉士」的志向，不任才氣，不重俗學，於普通的科舉之學之外不乏超越的價值追求。在成聖成賢的志向指引下，薛瑄以無比驚人的毅力，廢寢忘食、夜以繼日閱讀聖賢之書，體察宋元諸儒及先秦孔孟的社會關切和人性關懷，從而逐漸厭棄追求功名利祿、無切於己之身心、將程朱理學本義異化的科舉之學，得以超越世俗功利，爲「爲己之學」，直承宋儒本義和儒家道統。在家學薰陶、賢豪交遊、潛思默體的基礎上，薛瑄的爲學道路在成祖永樂三年（1405 年）發生了第一次轉折，自此「始厭科舉之學，慨然以求道爲志」，確立了一生爲學的正途。《年譜》記載薛瑄此年的爲學進境曰：

> （薛瑄）始厭科舉之學，慨然以求道爲志。靳人陳宗問參政河南行部，至榮，舟中偶觸云：「綠水無憂風皺面。」因不得對句，語教諭公。公語先生，先生不思即曰：「青山不老雪白頭。」亟請見，不往。宗問異之，因訪於學舍，索詩稿觀焉。謂曰：「子所作，才泓氣昌，當爲大儒，非吾儕備員苟祿者比也。」欲以奇童薦諸朝，先生固辭，乃止。因贈詩，有「知汝晚來成大器，願修德業贊熙雍」之句。〔註118〕

年僅十七歲的薛瑄不僅展露出色的才華，更於言行中體現出恢宏的志向與超然的向道之心，難怪乎陳宗問贊之「才泓氣昌，當爲大儒」，並贈「知汝晚來成大器，願修德業贊熙雍」之語以示褒揚，且「欲以奇童薦諸朝」。但心中以「大儒」、「偉士」爲目標的薛瑄卻並未像一般人那樣欣然前往，反而「固辭」，體現出「以求道爲志」的不俗氣象。此一由科舉詩賦向「求道」正學的轉變，

〔註118〕《薛瑄全集 年譜》，第 1700 頁。閻禹錫所作《薛先生行狀》中也有同樣的記載，但時間爲永樂元年，比《年譜》早兩年，按記載的眞實性來看，應以《年譜》爲準。

對薛瑄體認天道性命精微義理、涵養踐履個體生命具有至關重要的作用。

在深得程朱和孔孟本義大旨、識得古聖相傳之儒家道體本根的基礎上，薛瑄自科舉之學轉出，亦深感科舉之學對人性彰顯和道體呈現蔽障甚深，造成諸多社會現實弊病。薛瑄指出，由於明初科舉程序的限制，學子多以追求功名利祿為目的，不知實理之所在，不能深切領會程朱、孔孟之旨，更不能切用於自家身心，因此僅限於「只是講說不曾實行」〔註119〕。對此，重視實行的薛瑄深表反對和厭惡，指出「言不及行，可恥之甚！」，「道之不明，科舉之學害之也」〔註120〕，深見科舉之學對人的弊害。薛瑄還強調性理為本，辭章為末，認為為學應超越功利目的和辭章之限，以追求古聖相傳之「道」為要，從事「為己之學」，求泰然之境。其謂「用力於詞章之學者，其心荒而勞；用力於性情之學者，其心泰然而樂」〔註121〕，「聖賢學性理，學其本；眾人學辭章，學其末」〔註122〕，「世人聞人論道學，不非笑之以為狂，則憎惡之以為矯。噫！使學不學道，則所學者果何事耶？」〔註123〕，強調為學必求其本。在此基礎上，超越科舉、追索儒學更根本的價值就成為薛瑄為學道路的必然走向。薛瑄也正是在這一透悟過程中，摒棄科舉之學，逐漸專意宋儒性理諸書，深悟周、程、張、朱本義和先秦孔孟本旨，超越文辭之間，慨然求道為志，以至「精思力踐，一言一動，必質諸書」，「微有不合，竟夜反側不成寐」〔註124〕。如此，「始厭科舉之學，慨然以求道為志」也就成為薛瑄為學道路的真正起點，決定其整個哲學體系和生命境界的走向。

2.2.2 寤寐程朱，潛心孔孟

有了求道之志，還需有正確的求道方法，方能走上為學正途。受明初的時代環境和家學影響，薛瑄所接觸到的主要是明初政府所頒佈三部大全，但慨然有「求道之志」的薛瑄並未落入一般人的科舉俗學，而是通過對《四書》、《五經》和宋儒義理著作的精研苦讀、踐履修為追尋更為深刻、內在的義理和價值，從而超越俗儒，尋得「道學正脈」──宋儒性理諸書，先秦孔孟之

〔註119〕《薛瑄全集 讀書錄卷四》，第1118頁。
〔註120〕《薛瑄全集 讀書錄卷八》，第1222頁。
〔註121〕《薛瑄全集 讀書錄卷三》，第1075頁。
〔註122〕《薛瑄全集 讀書錄卷六》，第1170頁。
〔註123〕《薛瑄全集 讀書錄卷七》，第1198頁。
〔註124〕《薛瑄全集 年譜》，第1700頁。

旨，並透顯其言外深意，思索諸儒所傳承之道統。

《年譜》記載，成祖永樂七年（1409 年），二十一歲的薛瑄隨父侍教在玉田，與當地賢豪長者交流講論，此一經歷對於薛瑄思想的轉進、爲學道路的確立有著深刻的影響。玉田賢豪長者與薛瑄「講論經書子史，泛及天文、地理、二氏之談」，並主論宋儒性理之學。在儒家經史、天文地理和佛道之學等諸多學問中，薛瑄反對佛道二教，獨契儒學，尤其是「宋儒性理諸書」，認爲「此道學正脈也」，於是「盡焚詩賦草，專精性命，至忘寢食」〔註125〕。從而此番與「賢豪長者」的結交和暢談以及交遊中的學行氣象影響，使薛瑄體會到宋儒性理諸書的境界與奧義，感受到儒學尤其是宋儒理學天人一貫、學行不二的特質和魅力，與自身多年所求的儒學眞精神深相契合，因此大受教益，更堅定宋儒性理之學爲「道學正脈」，從而也決定了其後來的爲學道路和追求指向。

對於「道學正脈」，薛瑄能超越科舉之學，自覺從對孔孟天道性心之學在客觀天道和主體心性層面的深入闡發的程朱理學之本義大旨出發，並沿流求源，循程朱本義而得孔孟實踐之旨，可謂「寢寐程朱，潛心孔孟」。從而薛瑄一方面保持天道領域的形上超越意識，彰顯程朱義理，一方面落歸於日用事爲之間的身心修養和道德實踐，形成在篤實踐履的生命過程中展開的「自己學脈」。在義理層面，薛瑄之學由程朱理學深入和展開，在思想規模和核心義理上也以程朱爲本，並在此基礎上對宋儒思想進行整體性的吸收。薛瑄所慕宋儒性理諸書以周、程、張、朱爲主，涵括周子《太極圖說》、《通書》，張載《正蒙》、《西銘》，二程《河南程氏遺書》，朱子《四書》、《語類》等，並多年刻苦奮勵，潛心玩誦，深思自得，以明宋儒之旨。薛瑄尤其曾於宣德七年（1432 年）前後數年間「日夕精研理學，寢寐聖賢，手錄《性理大全》，潛心玩誦，夜分乃罷」〔註126〕。在「專精性命」、精研宋儒之學的基礎上，薛瑄繼承朱子自《中庸》、《太極圖說》而展開的思想入路，主要從天道流行「所以然之故」構建人道「所當然之則」，爲人之道德踐履提供天道人性之必然依據，並以天理規定、統攝人性，以人性承載、返歸天道，保持著天人雙向觀照與互涵。在實踐層面，薛瑄篤實踐履、兢兢檢點之自得載於《讀書錄》與《讀書續錄》諸作中，因此讀書二錄除呈現出義理脈絡外，還潛存著對儒家道體

〔註125〕《薛瑄全集 年譜》，第 1701 頁。
〔註126〕《薛瑄全集 年譜》，第 1708 頁。

進行反躬踐履的獨特實踐脈絡，此爲薛瑄「自己學脈」。這一薛瑄「自己學脈」，正是經由程朱和其他宋儒返歸先秦孔孟儒學不離日用常行之實踐宗旨的獨特脈絡，也是其哲學體系之重要而獨特的面相。

2.2.3 專精性命，踐履爲要

面對宋末以來「辭章枝葉之學竟起」、儒家性之本體被遮蔽的現實，「以求道爲志」的薛瑄自覺擔負承繼儒家道統的責任，沿「道學正脈」而契悟宋代理學乃至整個儒學的性命之理和踐履宗旨，敬錄《性理大全》、「晝夜誦讀不輟」以明理，「約之於心身性理之間」以踐性，力學篤行可畏，並終其一生，唯此二事。後學張四維稱薛瑄「契道以心，體道以身」〔註127〕，可謂恰當。閻禹錫所作薛文清《行狀》中有一大段關於薛瑄與儒家道統的表述，引之如下：

> 自七十子喪，而仁義之道不明於天下。……孟子起而救之，論性善，論仁義，蓋所以遏人欲於橫流，存天理於既滅也。孟子既沒，而仁義之道爲之一蝕。至唐，韓愈獨能原性以示學者，天下仰之如泰山北斗。韓愈有功於名教也。有宋五星聚奎，眞儒輩出，周子者繪太極一圖，以明性理之淵源。程子謂「性即理也」之一言，乃窮本極源之至論。張子謂「形而後有氣質之性」，所以輔翼孟子性善之言。朱子集群賢之大成而折衷之，然後仁義之道大明於世。後學豈容再贊一辭。許魯齋獨能沿流求源，而專致力於躬行踐履之間，尊小學爲入德之門，蓋祖朱子之心學也。及宋末，辭章枝葉之學竟起，先生懼其末流遠而本源晦也，敬錄御製《性理大全》書，晝夜讀誦不輟，然後約之於心身性理之間。謂「太極即吾仁義禮知之性也」；謂「五經四書一『性』字括盡」；謂『今之學者，不知性之至，不踐性之至，非學也』。著讀書一《錄》，皆發明性理之旨。非徒言也，而又能踐其言。《文集》數千言，皆祖述聖賢之格言，非徒辭也，而皆根乎理。〔註128〕

此道統之論源自薛瑄，是河東學派共同的觀點，認爲歷代儒者對「性」之內涵的揭示、擴充、相承與踐履是儒家道統的核心脈絡，從孟子明性善，到韓

〔註127〕《薛瑄全集 行實錄卷三》，第 1664 頁。
〔註128〕《薛瑄全集 行實錄卷一》，第 1618 頁。

愈原性與明道統，再到宋儒雙重立體人性劃分和性之本體義的凸顯，乃至儒家四書五經之核心要義，皆是一性貫攝、一脈相承、踐履爲要。元儒許魯齋「專致力於躬行踐履之間」，此是「祖朱子之心學」，頗得薛瑄及河東學派讚譽。薛瑄對宋儒天人性命之理潛玩默體，並深察此心「微密之地」和天道性心的深刻意蘊，亦深知儒家道統的核心在於將道體融貫、彰顯於個體生命過程中，將心體、性體外發而爲道德踐履，且以隨時箚記的形式「發明性理之旨」。此外，薛瑄「非徒言也，而又能踐其言」，在個體生命歷程中潛會與彰顯儒家道統，既做體貼聖賢、涵養省察的內在修養工夫，又行進退以義、從政爲教的外向實踐工夫，成爲德行卓著的「實踐之儒」。

　　薛瑄認爲儒家垂訓之意和道統大旨在於開明純然至善、流行一貫的天理，並使人「反求諸身而得其實」。其曰：

> 聖賢之書，垂訓萬世，本欲開明天理，使人反求諸身心而得其實。自朱子沒，士子誦習其說者，率多以爲出身干祿之階梯，而不知反己以求其實，聖賢垂訓之意果安在乎？〔註129〕

聖賢本意在人之內在心性的挺立、提升與完善，因此爲學的關鍵與目的應在「爲己之學」和踐履實行，而非徒於誦習以爲利祿之階。正因有此識見，薛瑄無論修身行己、立朝爲官、設教授徒還是處鄉、居家、友朋，皆以「爲己之學」爲要歸，以切己躬行爲目的，德行廣盛，備受尊崇。

　　逮至晚年，薛瑄愈加專精性命和篤實踐履。正統六年，薛瑄五十三歲，作《報李文達書》曰：「屢承手書，切磨斯道。……是道之大，原於天，具於人心，散於萬事萬物，非格物致知不能明其理。故大學之教，以是居首。然此心非虛明寧靜，則昏昧放逸，又無以爲格物致知之本。程子所謂『涵養須用敬，進學則在致知』者，正欲居敬窮理，交互用力，以進於道也。……朱夫子有言：『愈細密，愈廣大；愈謹確，愈高明。』是則大節固當盡，而細膩工夫亦不可不勉也。……省察至此，極爲親切，更加以精辨持守之力，必能爲己而不爲人也，爲義而不爲利也」〔註130〕，足見其格物窮理與內在省察之切。英宗天順元年（1457 年），薛瑄任職京師，對新錄貢士皆告以「正學」爲本：

> 典會試天下貢士，得黎士淳等三百人。錄成，先生爲首序，略

〔註129〕《薛瑄全集　讀書錄卷八》，第 1222 頁。
〔註130〕《薛選全集　年譜》，第 1713 頁。

> 曰：「切惟爲治莫先於於得賢，養士必本於正學。正學者，復其固有
> 之性而已。性復，則明體適用，負經濟之任，釐百司之務，焉往而不
> 得其當。」有同考官謂先生曰：「『正學復性』數字，久不言，恐非時
> 文。請易之。」先生曰：「某平生所學，惟此數字而已。」〔註131〕

薛瑄強調復顯人所固有之善性爲「正學」，性復則「明體適用」，大本挺立，
應事無窮，可堪職任，並自言平生所學惟「正學復性」數字而已，可見其學
問要旨終以「復性」爲歸。又據《年譜》記載，英宗天順三年，「先生既反初
服，玩心高明，研究天人之奧，闡發性命之微，著爲《讀書續錄》」，並在《報
閻禹錫書》中稱「所要《讀書續錄》，但余老，自備遺忘耳，亦何足觀也」，
又言「由經以求道，乃進學之至要。蓋凡聖人之書皆經也，道則實理之所在，
苟徒誦習之上之經，而不求實理之所在，則經乃糟粕」〔註132〕。薛瑄也曾在
《答閻禹錫書》中稱：「瑄本世俗之學，中年稍知理趣，而卒有所未得，亦僅
置之於心而不忘耳」〔註133〕，此不免自謙之辭，亦足見學問之篤。在「求道
之志」與向道之心的挺立下，薛瑄多年精研宋代諸子的義理之學和先秦孔孟
經典儒學，以聖賢理想人格境界爲目標，晚年愈加收攝專精入性命之學，專
意切己反躬、提斯省察、講學明理之復性踐履，並以「復性」二字爲平生所
學之要。薛瑄在生命中追求超越的理想人格和「性天通」之理想道德境界，
成就了天人性命之理的深遠影響和個體生命氣象的卓然不群。

2.3 學脈傳承

　　薛瑄爲學除家學薰陶、隨父親侍教遊歷的收穫以及師友講論之外，主要
源自其本人研讀濂、洛、關、閩諸書，寢寐周、程、張、朱之道而得。其對
周敦頤、二程、朱熹、張載等宋儒著作數十年熟讀精思、潛玩默體，頗有「永
（詠）歌之不足，不知手之舞之，足之蹈之也」之境〔註134〕。薛瑄的思想來
源主要爲程朱理學，尤其以朱子理學爲主，並經由朱子理學融合張載關學，
吸收宋儒義理，得見儒家道統傳承譜系，最終復歸孔孟儒學。如其太極陰陽、
理氣不分、理一分殊的天道論，求仁爲本、格物窮理的復性工夫論本自程朱，

〔註131〕 《薛選全集　年譜》，第 1725 頁。
〔註132〕 《薛瑄全集　年譜》，第 1727 頁。
〔註133〕 《薛瑄全集　文集卷之十二》，第 667 頁。
〔註134〕 《十三經注疏　毛詩正義　國風　周南關雎序》，第 270 頁。

而「氣本氣化」之宇宙論、雙重立體人性架構和變化氣質之論則主要吸收張載。在宋明理學發展脈絡中，薛瑄以承繼道統爲己任，融合朱張，歸宗孔孟，爲「明初理學之冠」，著稱於當朝及後世。

2.3.1 承繼道統

古人爲學俱有脈絡相承。漢人重解經，尚講「師法」、「家法」；宋人重求道，尚言「道統」。唐代韓愈首提「道統」之說，將儒家一脈相承的道統勾勒出來。北宋五子則在佛道形上義理的刺激下援佛道入儒，稽天窮地，起而造道，從而分別開顯儒學「理」、「氣」、「性」、「心」之不同面相。南宋朱子集兩宋理學之大成，博大精微的理論體系，成爲宋末以降理學出發的共同母體和典範。以「求道」爲志向、以繼承道統爲己任的明儒薛瑄繼承道統意識，認爲儒家自堯、舜、禹、湯、文、武、周、孔、顏、曾、思・孟・周、程、張、朱有一脈相承的道統，因此其問題意識、觀照視角和「自己學脈」也便潛藏於道統論與對宋儒的品評之中。

薛瑄首先指出「道體」與「道統」之不同，認爲「道體於穆而不已，道統有絕有續」〔註135〕，「道體」爲萬古不變、周流不息的本體，「於穆而不已」，而「道統」則是歷代儒者對「道體」的闡釋和推明，只有深明「道體」者才能發顯與彰著之，即如「聖賢之文，自道中流出，如江河之有源，而條理貫通」〔註136〕。儒家由三代而始的道統至孔孟之後斷絕，漢唐之儒或重於解經，或浸淫佛老，無法接道統之續。韓愈也僅指出「道之用」，尚未眞正闡明「道」的義理和內涵。到了宋代濂、洛、關、閩諸家，才眞正以求道爲志，爲明道之學，將儒家天人性命之學深化，有功於聖門。薛瑄即屢言於此，如謂「孟氏統絕，漢、唐間言道者皆妄也，韓子亦止能言道之用耳」〔註137〕，「聖人之道蔽昧不明者，千五六百年，至周、程、張、朱而始明」〔註138〕，「濂、洛、關、閩數君子，雖所學成就不同，要皆有功於聖門者也」〔註139〕。基於濂、洛、關、閩對儒家道統有明道之功的整體表彰，薛瑄明「正學」與「異學」之分，指出「堯、舜、禹、湯、文、武、周、孔、顏、曾、思、孟、周、程、

〔註135〕《薛瑄全集　讀書續錄卷五》，第 1412 頁。
〔註136〕《薛瑄全集　讀書錄卷六》，第 1170 頁。
〔註137〕《薛瑄全集　讀書續錄卷二》，第 1344 頁。
〔註138〕《薛瑄全集　讀書續錄卷五》第 1412 頁。
〔註139〕《薛瑄全集　讀書續錄卷二》，第 1342 頁。

張、朱，正學也，不學此者，即非正學也」〔註140〕，尤以周、程、張、朱之
學爲「道統正傳」，謂「四書、五經，周、程、張、朱之書，道統正傳；捨此
而他學，非學也」〔註141〕，「濂、洛、關、閩之書，一日不可不讀；周、程、
張、朱之道，一日不可不尊。捨此而他學，則非矣」〔註142〕。薛瑄更明確指
出要爲聖人之學，不爲異端之學，稱「君子有所爲，有所不爲，如爲聖人之
學，則不爲異端之學。苟無所不爲，則其學雜矣」〔註143〕，而「爲學當謹守
聖人之道，雖未至是，亦聖人之徒也」〔註144〕，可見薛瑄強烈的道統意識。

在承繼儒家道統中，薛瑄能夠繼承宋儒，透見儒家所統所續之「道體」，
並著重從「切於人生日用之實」的視角進行體認，以孔子所言「中人」及「中
人以下」（《論語・雍也》）〔註145〕者爲致思對象。因而，薛瑄闡明天人性命之
理以顯發主體道德本心，從事「爲己之學」以挺立儒家道統，並以主體對儒
家道統的體認、挺立、內化與實踐爲重要觀照。這一觀照視域也決定了薛瑄
哲學重下學、篤踐履的特質和向先秦孔孟儒學回歸的旨向。薛瑄表彰宋儒的
一個重要方面就是「濂、洛、關、閩諸儒之書，皆根據至理，而切於人生日
用之實」〔註146〕，而宋儒中之朱子既有廣大精微的「至理」建構，又有教人
淺深之序、漸修漸進之方的實踐觀照，將四書置於五經之上，使「中人」進
德有可依據之地，更可「切於人生日用之實」。因此，宋儒及朱子揀擇表彰四
書之功最爲薛瑄所重。其指出：

> 漢、唐以來，正教與異學並行，而學者莫知所宗。自宋諸君子
> 表章四書、五經而發揮之，如日月經天，而爝火自息。有志之士，
> 宜熟讀精思而力行之，庶不負先正之教云。〔註147〕

又言：

> 周、程、張、朱有大功於天下，萬世不可勝言。於千餘年俗學
> 異端淆亂駁雜中，剔撥出四書來表章發明，遂使聖學晦而復明，大
> 道絕而復續，粲然各爲全書流佈四海，而俗學異端之說自不得以干

〔註140〕《薛瑄全集 讀書續錄卷二》，第1337頁。
〔註141〕《薛瑄全集 讀書錄卷五》，第1143頁。
〔註142〕《薛瑄全集 讀書續錄卷四》，第1395頁。
〔註143〕《薛瑄全集 讀書續錄卷四》，第1391頁。
〔註144〕同上。
〔註145〕《論語正義》，第126頁。
〔註146〕《薛瑄全集 讀書續錄卷四》，第1391頁。
〔註147〕《薛瑄全集 讀書錄卷五》，第1143頁。

正，其功大矣！〔註148〕

宋儒「剔撥出四書來表章發明」，實發明了儒家性體至善和主體復性踐履的天道人性依據，其功主要在天道統攝下的人性論的深化與完備，使孔孟義理空前宏闊而精微，使「大道絕而復續」，這既是薛瑄最爲推崇宋儒和程朱的重要理由，也是薛瑄所秉持的觀點。對此，錢穆曾做詳論，對於理解薛瑄頗有意義，摘引如下：

> 是敬軒亦明認四書在五經之上也。濂溪康節橫渠三人之著書立說，則不免有偏重周易一經之嫌。朱子雖亦同尊此三人，然明白昭示後人以入聖之門，以上接孔孟之傳統者，則周易一書，斷不能與語孟學庸四書爲比。故朱子尤特尊二程，而後世儒者又專以程朱聯稱，其中所以然，惟敬軒此條獨加闡發，則敬軒之於儒學大同及其精義所關，斷不能謂其無所見。然敬軒之自爲學，則實於康節濂溪橫渠三人有其用心獨至者。其學脈乃承月川來，李禎謂薛河東先生雅服月川，是矣。而黎洲乃謂敬軒讀書錄，不過爲太極圖說西銘正蒙之義疏，是實未深得敬軒爲學之要領與旨趣也。至敬軒又特提朱子之小學書，而以許魯齋爲繼朱子之統，此亦即敬軒自己學脈，接傳自當時北方之學統也。〔註149〕

薛瑄在宋儒中本於朱子和二程，在儒家經典中重四書勝過周易，並贊許衡篤實，顯見其學並非專注形上義理建構，而在「切於人生日用」的躬行踐履，此爲薛瑄「自己學脈」或曰「要領」與「旨趣」，也是「當時北方之學統」的特質，殊異於南方之學。錢穆先生所指薛瑄「自己學脈」，實爲正確理解和評價薛瑄的正途。而對於防檢白沙陽明心學崛起之偏裨，薛瑄之學更顯其獨特價值，對此，錢穆先生又有精到的論述，摘錄如下：

> 敬軒一尊朱學舊軌，於四書外，在五經中特提周易一經，主張於朱子手筆正文傳注熟之又熟，以待自得，不主捨書冊而求自得，則不致有白沙陽明之崛興。而較之草廬（吳澄），轉輕四書而殫精於五經，亦爲未失朱子矩矱。其所以於五經中特重周易者，則爲十翼談及宇宙論方面，可補四書之缺。修齊治平日常人生，重在四書，敬軒學貴踐履，體驗身心，讀書錄之偏重實在此。黎洲謂其僅爲太

〔註148〕《薛瑄全集　讀書錄卷五》，第1147頁。
〔註149〕《中國學術思想史論叢》第七冊，第23頁。

極圖説正蒙之義疏，是知其一未知其二也。至敬軒勸人讀語類不若
讀朱子手筆之書，可爲定論無疑，此亦從月川來。蓋敬軒爲學，篤
信謹守，不喜牽引論辯，其病若在少所闡發。此乃敬軒姿性所限，
亦因時會使然。適因白沙陽明未起，篤尊前規，固若規模未臻於宏
大，闡中未及於精微，要自不掩其所長。在孔門亦當在德行之列。
晚明以下，王學流弊日暴，反歸前哲，乃獨於敬軒無間言。醇謹，
縱恣，各趨一端，黎洲意存抑揚，亦終不能不於敬軒陽明兩人相提
並論，亦可見敬軒之所詣矣。〔註150〕

元至明初「各經四書注腳之注腳太繁多」，薛瑄並未陷入一般「述朱」者注目
書冊、專意注腳之限，獨能從朱子本旨出發，眞正將朱學歸向「切於人生日
用」的反躬實踐。其對經典的揀擇與對宋儒的評論皆從「學貴踐履，體驗身
心」的意識出發，面向「修齊治平日常人生」。錢穆此論並未沿襲黃宗羲所作
定論，較能恰切顯明薛瑄之學的獨特學旨，又能揭示其實踐之學的獨特意義。
其言薛瑄之學與陽明之學「醇謹，縱恣，各趨一端」，又指出黃宗羲雖意存抑
揚，「亦終不能不於敬軒陽明兩人相提並論」，甚至稱黃氏對薛瑄「只知其一
未知其二」，對於薛瑄之學獨特意義的顯發實爲難得。此論又可見薛瑄所承繼
的儒家道統，不僅在道體的洞識和道統譜系的明晰，更在「踐仁體道」之體
驗身心與反躬踐履。薛瑄繼宋儒而重四書，並屢述儒家道統，稍加摘引，以
窺其貌：

　　嘗觀周子、二程子、張子、邵子，皆與斯道之傳者也，而朱子
作《大學》、《中庸》序，惟以二程自繼孟氏之統，而不及三子，何
邪？蓋三子各自爲書，或詳於性命、道德、象數之微，有非後學造
次所能窺測；二程則表章《大學》、《中庸》、《語》、《孟》，述孔門教
人之法，使皆由此而進，自「灑掃應對」、「孝悌忠信」之常，以漸
及乎「精義入神」之妙，循循有序，人得而依據。此朱子以二程子
上繼孔孟之統，而不及三子歟？然朱子於《太極圖》、《通書》，則尊
周子；於《西銘》、《正蒙》，則述張子；於《易》則主邵子。又豈不
以進修之序，當謹守二程之法；博學之功，又當兼考三子之書邪？
及朱子又集《小學》之書，以爲《大學》之基本，注釋《四書》，以
發聖賢之淵微，是則繼二程之統者，朱子也。至許魯齋專以《小學》、

《四書》爲修己教人之法，不尚文辭，務敦實行，是則繼朱子之統
者，魯齋也。〔註 151〕

薛瑄評論北宋五子與南宋朱子，實際上依據「循循有序」、下學上達、切於
日用的實踐邏輯。相對於周子、張子、邵子「性命、道德、象數之微」，薛
瑄顯然更注重二程和朱子「述孔門教人之法」、「循循有序」的漸修之法和爲
學次第，並最爲肯定朱子「集《小學》之書，以爲《大學》之基本，注釋《四
書》，以發聖賢之淵微」，明「修己教人之法」，確立「不尚文辭，務敦實行」
之統。此段議論曾引起錢穆重視，稱「敬軒此條，語若平近，實乃發人所未
發，涵有獨特之見，亦爲敬軒自己學脈所在，當爲鄭重指出。蓋朱子在儒學
傳統上之大貢獻，其影響後世最深最大者，厥爲其注釋四書，使四書地位轉
踞五經之上，宋儒以下與漢唐儒之主要相異點即在此」〔註 152〕。錢氏所論
不僅揭示朱子明「修己教人之法」、重視實踐之功，史指出薛瑄平實言語中
體現出「敬軒自己學脈所在」，對於恰當理解朱子之學和薛瑄哲學獨特的實
踐邏輯和生命型態甚爲有益。此外，薛瑄心目中的儒家道統譜系，自堯、舜、
禹、湯、文、武、孔、顏、曾、思、孟、周、程、張、朱〔註 153〕之後，還
應包括許衡。在薛瑄看來，在朱子之後的宋末、金、元時代能夠真正繼朱子
之統、得朱子本義、傳續儒家道統者，最可推崇的似乎只有元代北方的許魯
齋。薛瑄指出：

許魯齋余誠實仰慕，竊不自揆，妄爲之言曰：其質粹，其識高，
其學純，其行篤，其教人有序，其條理精密，其規模廣大，其胸次
灑落，其志量弘毅，又不爲浮靡無益之言，而有厭文弊從先進之意，
朱子之後，一人而已。〔註 154〕

朱子之後，諸儒有失朱子之本義者，至魯齋許氏，尊朱子之學
至矣。〔註 155〕

自朱子沒，而道之所寄不越乎言語文辭之間，能因文辭而得朱
子之心學者，許魯齋一人而已。〔註 156〕

〔註 151〕《薛瑄全集　讀書錄卷一》，第 1026～1027 頁。
〔註 152〕《中國學術思想史論叢》第七冊，第 22～23 頁。
〔註 153〕《薛瑄全集　行實錄卷三》，第 1655 頁。
〔註 154〕《薛瑄全集　讀書錄卷一》，第 1025 頁。
〔註 155〕《薛瑄全集　讀書續錄卷七》，第 1445 頁。
〔註 156〕《薛瑄全集　讀書續錄卷八》，第 1222 頁。

不僅坦言對許魯齋「誠實仰慕」，並稱其爲「朱子之後，一人而已」。而薛瑄所仰慕於魯齋者，實在其源於朱子本義、越乎文辭之間、「不尙文辭，務敦實行」的篤實踐履和爲人氣象，並非在其立論之高妙與義理之精微。此論再次證明薛瑄之學的實踐觀照。當然，在學風切近之影響來看，明初北方大儒曹端對薛瑄亦有所影響。薛瑄幼於曹端十三歲，其學「聞曹端之風而起」，但薛瑄所獲致的義理透徹，所進行的講學傳揚，則是深刻、廣泛而又有開拓性的。薛瑄以「性體」之顯發和生命踐履爲視角與觀照，闡明儒家道統，表彰濂、洛、關、閩透見天道人性之功，肯定周、程、張、朱之學爲「正學」，並以繼承儒家道統爲己任，「不尙文辭，務敦實行」，既保持宋儒的形上超越意識和主體天人建構，又堅持「切於人生日用之實」的實踐觀照，並在義理與踐履層面雙向繼承了儒家道統。

2.3.2 融合關閩

薛瑄經由朱子之學總攝濂、洛、關、閩之學，前溯先秦孔孟之旨，求儒學體道之實，明儒家道統之要，在求道、體道、明道的觀照中形成了自身學脈和爲人爲學宗旨。薛瑄的思想淵源既包括兩宋濂、洛、關、閩之學，又涵括儒家思想源頭之先秦孔孟儒學，以及元代許衡、明初曹端等人的直接影響。薛瑄的哲學建構則以程朱理學爲綱維和主脈，亦將張載關學融入自己的哲學體系，構建「理氣無縫隙」之天道觀、以性爲本的人性論和復性工夫論。

在學脈傳承上，薛瑄之學的思想淵源、義理架構與爲學進路皆以程朱理學爲綱維大脈。朱子推明「理」爲萬事萬物超越的形上本體，規定並統攝天地萬物，「理」之下落於人而爲「性」，因此「性即理」，形上超越，涵具「仁、義、禮、智」四德，從而「復性」工夫與踐履便成爲人之必然不容已的責任。薛瑄之學大要皆本於程朱，尤其是朱子。無論其「太極」與「陰陽」、「理」與「氣」、「體用一源，顯微無間」、「理一分殊」的天道觀建構，「性即理」、心爲「氣之靈」、「天命之性」與「氣質之性」的人性論，還是格物窮理、靜存動察的工夫論，皆以程朱爲宗。在爲人爲學與人格氣象上，薛瑄也融合明道與朱子，嚴毅恭肅，又不乏灑脫光明，在畢生堅持的道德實踐中體現程朱的人格境界。在學宗程朱的同時，薛瑄也吸收與融合了張載的氣本氣化論和「天地之性」與「氣質之性」的雙重立體人性建構。張載指出「由太虛，有天之名；由氣化，有道之名；合虛與氣，有性之名；合性與知覺，有心

之名」〔註157〕，以清淨純一、湛然無暇的「太虛」爲本體，以氣之聚散變化解釋天地萬物的生成變化，認爲「道」是氣化流行順適自在的過程與狀態，「虛」（太虛）與「氣」合言則爲性，張載又將「性」劃分爲「天地之性」與實然「氣質之性」。「天地之性」是湛然純一的「太虛」本體之性，純粹至善；「氣質之性」則是「太虛」本體在氣化而成萬物的過程與結果中萬物所涵具之性，由於物稟氣昏濁偏全不同而善惡相混。張載以此雙重立體人性論解釋人性善惡問題，爲宋明儒廣泛接受，也爲朱子所繼承。朱子以「理本論」和理氣關係架構爲前提，指出人有「天命之性」（理之賦予人）與「氣質之性」（理爲氣質私欲蒙蔽）。張載的天道觀和雙重立體人性論經由朱子，爲薛瑄所繼承和融合。薛瑄在理氣關係上以程朱理學「理本論」爲主，亦將張載「氣本論」融貫其中，強調「理氣無縫隙」，甚至不惜言「一氣流行，一本也」，凸顯對實然之氣的重視。

在儒家經典文本的詮釋方面，宋儒以義理之學取代漢唐訓詁之學，使儒家四書、六經顯發精微的義理和相傳的道統，並在對經典進行詮釋的過程中，將主體的體貼與參與作爲極爲重要的向度。薛瑄繼承了宋儒的天人視域和詮釋方法，注重宋儒用以闡發天人之奧的《易》、《太極圖說》等，尤其重視由程朱揀擇升格的「四書」。對此，可舉其對《孟子》升格爲四書過程的論評：

> 《孟子》七篇，乃洙泗之正傳，經千餘載，世儒例以子書視之，而無知之者，獨唐之韓子曰：「孟氏，醇乎醇者也。」又曰：「軻之死，不得其傳焉。」又曰：「求觀聖人之道，必自孟子始。」又曰「孟氏之功不在禹下。」是則千載之間，知孟子者韓子一人而已。宋之大儒，有德業聞望於一世者，猶儕孟子於《法言》之後，尚何望於他人邪？惟河南程夫子倡明絕學，始表章其書，發揮其旨，而一時及門之士，遂相與翕然服膺其說，天下始曉然知其爲洙泗之正傳，而不敢妄議。至朱子又取程氏及群賢之說，會萃折衷，以釋其義，與《論語》、《大學》、《中庸》列爲四書，由是洙泗之正傳益以明備，千古入道之門，造道之閫，無越於此矣，有志者尚篤厥力哉！〔註158〕

薛瑄認爲《孟子》七篇「乃洙泗之正傳」，爲儒學正統，而唐代韓愈表彰孟子「醇乎醇者」、「聖人之道」，宋代二程「倡明絕學，始表章其書」，朱子集宋

〔註157〕《張載集　正蒙　太和篇第一》，第 9 頁。
〔註158〕《薛瑄全集　讀書錄卷七》，第 1186 頁。

儒群賢之說，提升《孟子》及《論語》、《大學》、《中庸》爲「四書」。薛瑄對此一過程的極爲推贊，亦見其學脈所承。薛瑄稱四書爲「千古入道之門」，而「造道之闊，無越於此矣，有志者尚篤厥力哉」〔註159〕，故強調「爲學以四書爲本」〔註160〕，並將程朱義理和張載氣本氣化論和《西銘》「民胞物與」的天人合一意蘊融入自己的哲學體系建構。薛瑄力求從著者本義出發對周、程、張、朱進行解讀和體貼，尤其是對朱子的體貼，是超越時儒之限、深於朱子本義的。薛瑄也能夠結合自己的體認與實踐，解悟逐漸被世俗異化了朱學本義和實踐宗旨，將窮理盡性、默識心通、躬行實踐作爲工夫切要和學脈根本，並將張載關學之北方學派躬行踐履、注重氣節的學風加以繼承和發揚，成就了自己的爲學氣象與道德生命。

2.3.3 歸宗孔孟

先秦孔孟儒學作爲中國文化的源頭，透徹人性本然之善，挺立人之超越內在的道德本心，以人之道德生命的挺立與提升爲理想境界，因此具有鮮明的「不離日用之實」的實踐特質。無論魏晉玄學、漢代經學、隋唐佛學還是哲學化的宋明理學，都以人性關切和人之內在道德主體性的提撕挺立爲重要觀照。兩宋理學尤其在「勇於造道」的意識下，越過漢唐魏晉，直承先秦孔孟儒學，掘發儒家形上義理，究天人之際，闡性命之微，將人性固有之善和主體之挺立作爲思考與掘發的重心，從而開拓了宏闊的宇宙論、本體論和心性論，爲儒學提供了更爲精深的天人性命根據。南宋朱子則集兩宋理學大成，以完備的形上理論體系爲其後儒學提供了典範和基礎。朱子之後尤其明代理學隨時代問題的轉換而將思考的重心轉向日用踐履與生命的完善，呈現出向先秦孔孟儒學踐履宗旨回歸的跡象。薛瑄清醒地認識到這一點，並面對被官方和社會異化了的朱學，獨能沿流求源，體證朱子本意，反對「以高妙示人」、「語人所不及」，以孔子「罕言性與天道」爲範，以涵養心性、切於日用爲歸的，遙契先秦孔孟儒學的眞精神。

首先，薛瑄對孔子仁民之心、聖賢之道有深刻的體察。要理解孔孟之旨乃至儒學宗旨，須從論者所觀照的問題出發。薛瑄即以此體察孔子，並謂：

> 孔子周流四方，欲行其道於天下，豈不如長沮、桀溺之徒，

〔註159〕《薛瑄全集 讀書錄卷七》，第 1186 頁。
〔註160〕《薛瑄全集 讀書錄卷五》，第 1143 頁。

知道之終不能行？但聖人仁民之心，即天地生物之心，天地不以窮
冬大寒而已其生物之心，聖人亦豈以時世衰亂而已其行道之心乎？
〔註161〕

　　孔子「述而不作」。學聖賢之道，不述聖賢之言，而自立新奇
之說，去道遠矣！《老子》、《莊子》不述前聖之言，自爲新奇之說，
所以爲異端也。〔註162〕

　　聖人仕、止、久、速皆徇乎理之自然，觀孔子可見也。〔註163〕

薛瑄認爲孔子以天地生物之心爲根據，徇乎天理之自然，爲聖賢之道，仁民
愛物，踐履爲要，實在是一種極爲可貴的「知其不可而爲之」的精神。雖有
些悲壯的意味，但對於人世來說，這是一種宗教般的救世精神，其中所透顯
的理想人格和行爲規範既爲歷代眞儒所仰慕與致力，也成爲中國人幾千年日
用不離的生活宗教。孔子的「述而不作」、罕言「性與天道」，無不顯示出其
所開創之儒學的眞正意旨並非在「言」，而在於「行」。「言」或曰「理論」是
對道統、天人關係、道德價值根源的闡述與表達，是載道的媒介而並無獨立
的意義，亦非目的本身，終究要落實爲人之「體道」、「行道」的道德實踐方
爲眞言眞知。在薛瑄看來，南宋朱子及兩宋諸儒雖在佛道形上義理勢壓下多
言「性與天道之妙」，但也是「不得已而爲之」。其謂：

　　朱子答學者之問，多告之以性與天道之妙，乃聖賢接引後學不
得已之盛心也。必若待中人以上之資始告之以此，則可告者亦少矣。

　　是則孔子所言者，教人之正也；朱子之接引後學者，權也。〔註164〕

朱子所言「性與天道」明人固有之善和天人一理，實是經過權衡之後的接引
後學之言，所論本身並非學問宗旨與目的所在。延展至整個宋儒，他們所面
對和關注的也同樣是明辨天人性命之理以爲道德實踐提供更爲深刻的基礎。

　　其次，薛瑄對孟子「性善」有深入的體證。人性問題是儒家文化關注的
核心，孟子在歷史上首次明確提出「性善」，以人人固有之善的透徹與超越的
道德本體的挺立確定了整個儒家文化的基調和根核。孟子又以「仁義」爲核
心要旨，以「盡心、知性、知天」爲實現天人貫通、天人合一的途徑，以成
聖成賢爲理想人格境界，爲後世儒者提供了天人雙向觀照視野。薛瑄對孟子

〔註161〕《薛瑄全集　讀書續錄卷三》，第1381頁。
〔註162〕《薛瑄全集　讀書續錄卷四》，第1395頁。
〔註163〕《薛瑄全集　讀書續錄卷三》，第1380頁。
〔註164〕《薛瑄全集　讀書續錄卷二》，第1336頁。

表示了尤為深切的認同，肯定孟子「性善」論「於道之大本大原見之至明」，指出《孟子》一書「首言仁義以拔本塞源」，並吸收孟子性善論和仁義思想，進一步將「性」放大為宇宙與學問之「大本大原」，且以知性、復性之反躬踐履為學問歸的，表現出歸宗於孔孟的意向。薛瑄指出：

> 孟子言「性善」，於道之大本大原見之至明矣，故其一言一理皆自此出。荀、揚諸子，不明道之本原，雖多言愈支矣。〔註165〕

> 滔滔趨利之勢力不已，必至於亂，非聖賢孰能救之？此《孟子》之書首言仁義以拔本塞源也。〔註166〕

> 《孟子》七篇，託始於仁義，誠能默識而旁通之，則全書之旨不外是矣。〔註167〕

孟子道「性善」二字，透過人之自然人性而見本然之性，因而儒家所透徹之人的道德本心、至善本性和人格理想與道德規範才成為可能和必要，儒學本體論、宇宙論和修養論的建構才得以成立。孟子指出人人固有「惻隱」、「羞惡」、「是非」、「辭讓」四善端，即仁、義、禮、智之德，四者之中「仁」為首要與最根本者，「仁」統攝四德。薛瑄對孟子關於「性善」與「仁」的透徹與顯發、對道體的呈露及其言行踐履極為讚譽，謂孟子首言「仁義」以「拔本塞源」，定立儒家「人之所以為人」的根本。又稱「《孟子》一書，皆從仁、義、禮、知中流出，所以為聖賢之言，所以為王者之道」〔註168〕，「《孟子》之言，光明俊偉，如《答景春大丈夫章》，讀之再三，直使人有壁立萬仞氣象」〔註169〕，又謂「《孟子》言仁、義、禮、智之性，惻隱、羞惡、辭讓、是非之情，道之體用全具，古今天下之理，不外乎此」〔註170〕。從薛瑄對孔孟的體察讚譽中，可見其對孔孟人性透徹與踐履宗旨的契悟。而其在整個哲學體系建構中，以天道流行「所以然之故」挺立人道運作「所當然之則」，以「本然之性」為「大本大原」和天人貫通的樞紐，並在工夫論中尤為突出知行兩得、學行不二的生命面相和踐履依歸，從而在義理和實踐層面體現出向孔孟儒學心性顯發與踐履本旨的回歸。

〔註165〕《薛瑄全集 讀書續錄卷五》，第1419頁。
〔註166〕《薛瑄全集 讀書錄卷十》，第1257頁。
〔註167〕《薛瑄全集 讀書續錄卷七》，第1187頁。
〔註168〕《薛瑄全集 讀書續錄卷三》，第1376頁。
〔註169〕《薛瑄全集 讀書錄卷六》，第1179頁。
〔註170〕《薛瑄全集 讀書續錄卷四》，第1389頁。

2.3.4 批判異端

儒家的學問作爲「生命的學問」，既透見道體之實，又有維護道統、內聖外王的責任自覺，因此儒者的思想也多以褒貶古人、評論諸家的方式表現出來。以求道、明道和維護儒家道統爲觀照，薛瑄深體孔子「述而不作」之旨，指出聖人教人「未嘗極論高遠」，「未嘗輕以理之本原語人」〔註171〕，而是「多教人以下學人事」，而「古者《詩》、《書》、《禮》、《樂》多就事上教人，而窮理亦就物上窮究，古所學精粗本末兼該而無弊。後世或論理太高，學者踐履未盡粗近，而議論已極精深，故未免有弊也」〔註172〕。因此，薛瑄強調「精粗本末兼盡，所以爲聖賢之學；若捨粗而求精，厭末而求本，所謂語理而遺物，語上而遺下，鮮不流爲異端」〔註173〕。在此觀照下，薛瑄對孔孟之後尤其是宋儒論理太高之弊表示警覺與反對，批評陸九淵心學主靜坐工夫而忽讀書窮埋，指出「象山謂人讀書爲『義外工夫』，必欲人靜坐先得此心。如若其說，未有不流於禪者」〔註174〕，因此「不可不察」〔註175〕。同時，薛瑄視佛老爲「異端」，力辨二者之弊。薛瑄批評佛道既棄絕人倫，又將超越的視野落在人之自然生命的「不生不滅」上，不明幾所固有之善，不做求道爲己之學，故爲「異端」。其言「身體髮膚受之父母，不敢毀傷，人之大孝也；夫婦配偶，所以承先世之重，延悠遠之續，人之大倫也。釋氏乃使人禿其髮，絕其配，不孝絕倫之罪大矣」〔註176〕，指出「老、釋二家務潔其身，清其心，棄絕倫理而不恤，正韓子所謂『欲治其心，而外天下國家』者也」〔註177〕，佛道「必求一超出陰陽之外不生不滅之說，有是理乎？」〔註178〕，「老莊雖翻騰道理，愚弄一世，奇詭萬變，不可模擬，卒歸於自私，與釋氏同」〔註179〕。薛瑄更指出「邪說異端」危害甚大，不僅「惑世誣民，充塞仁義」，也使宋儒「惑於異端」，如其指出「異端邪誕妖妄之說，惑世誣民，充塞仁義，爲害不可勝言，自古如此」〔註180〕，「宋之時不惑於異

〔註171〕《薛瑄全集 讀書錄卷九》，第 1253 頁。
〔註172〕《薛瑄全集 讀書錄卷五》，第 1146 頁。
〔註173〕《薛瑄全集 讀書錄卷四》，第 1110 頁。
〔註174〕《薛瑄全集 讀書錄卷五》，第 1144 頁。
〔註175〕《薛瑄全集 讀書錄卷九》，第 1246 頁。
〔註176〕《薛瑄全集 讀書錄卷七》，第 1210 頁。
〔註177〕《薛瑄全集 讀書錄卷七》，第 1190 頁。
〔註178〕《薛瑄全集 讀書錄卷五》，第 1143 頁。
〔註179〕《薛瑄全集 讀書錄卷一》，第 1025 頁。
〔註180〕《薛瑄全集 讀書續錄卷二》，第 1339 頁。

端者無幾，雖名士公卿亦陷溺其中，道之難明也如此夫！」〔註181〕，因此強調「邪說異端，斯須不可近，為害至大」〔註182〕。可見薛瑄主要從「異端」之說的「惑世誣民」、棄絕人倫的弊害進行批評，也對兩宋諸子不避佛老的態度表示不滿。在薛瑄思想中，儒家思想的義理透徹與道德實踐不容分割，求道之要在於「明道」、「體道」與「躬行踐履」，因此儒家道統的核心在於對儒家倫理道德規範的實踐。在此觀照意識下，薛瑄既未主動出入佛老以返歸儒家，也無意對佛道本身的形上義理做細緻的辨析與批判，而是專意於「性善」的闡發和「復性」之踐履，以挺立與傳承儒家道統。

2.4 著述情況

薛瑄被尊為「開明代道學之基」、「明初理學之冠」，以「實踐之儒」著稱於世。薛瑄為學雖不以成書為目的，但受張載「心中有所開，即便箚記，不思還塞之矣」的啓發，故「讀書至心有所開處，隨即錄之，蓋以備不思還塞也」。因此其在一生精思力踐的學行過程中，將所思所得加以記錄，亦有大量的自得之語傳世。薛瑄仿張載《正蒙》而成《讀書錄》十一卷，《讀書續錄》十二卷，均已著錄。有《薛文清公文集》二十四卷，及《理學粹言》、《從政名言》、《薛文清公文章》、《策問》等。其中《讀書錄》、《讀書續錄》為其平生研讀和體悟宋元諸儒之書所作的讀書筆記和思考心得，集中反映了薛瑄的理學思想及其演變進程，正如張伯行所稱「先生一生事業，包舉於斯錄」〔註183〕。因此讀書二錄是本文研究薛瑄哲學思想所依據的重要文本。其著述情況如下：

1、著錄情況。

（1）《明史》

卷九十六·志第七十二·藝文一：著錄薛瑄《定次孝經今古文》一卷。

卷九十八·志第七十四·藝文三：著錄薛瑄《讀書錄》十卷，《續錄》十卷。

卷九十九·志地七十五·藝文四：著錄薛瑄《敬軒集》四十卷、詩八卷。

〔註181〕《薛瑄全集 讀書續錄卷二》，第 1339 頁。
〔註182〕《薛瑄全集 讀書續錄卷二》，第 1337 頁。
〔註183〕〔清〕張伯行：《薛文清公讀書錄序》，錄自《叢書集成初編 正誼堂文集 卷七》，收入《薛瑄全集 讀書錄讀書續錄 附錄一》，第 1498 頁。

卷二百八十二・列傳第一百七十：作《薛瑄傳》。

（2）《四庫全書總目》

卷六十・史部十六・傳記類存目二：著錄《薛文清行實錄》五卷（江蘇巡撫採進本），謂「明王鴻撰。鴻，河津人，官石灰山關稅大使，薛瑄之曾孫婿也。是編第一卷為瑄像贊、行狀、神道碑、事實。二卷為《請從祀疏》七篇。三卷為祠堂、書院諸記六篇，祭文三篇。四卷為《讀書錄》、《文集》諸序四篇，詩五首。第五卷則雜錄柱聯之類，而附以《薛氏歷世科貢傳芳圖》。前有《喬宇序》，作於正德辛未。而奏疏有隆慶五年，祭文有萬曆二十六年，所記科貢有崇禎壬午、癸未。則瑄後人以次續入，非鴻之舊也」；著錄《薛文清年譜》一卷（江蘇巡撫採進本），謂「舊本題明楊鶴撰。鶴字修齡，武陵人，萬曆甲辰進士，官至兵部尚書，總督陝西三邊軍務，事蹟具《明史》本傳。考是書後有鶴《白跋》，稱本薛瑄門人張鼎所編。歲久版佚，瑄八代孫上宏偶以舊本示滿朝薦及鶴。朝薦屬鶴訂定，鶴因命其子嗣昌重以《瑄集》考正年月，並採《集》中詩文佚事補之。然則此本雖題鶴名，實出嗣昌手耳。嗣昌字文弱，萬曆庚戌進士，官至東閣大學士，事蹟具《明史》本傳」。

卷九十三・子部三・儒家類三：著錄《讀書錄》十一卷、《續錄》十二卷（浙江巡撫採進本），稱「其書皆躬行心得之言。兩錄之首皆有自記，言其因程子心有所開、不思則塞之語，是以自錄隨時所得，以備屢省。其後萬曆中有侯鶴齡者，因所記錯雜，更為編次，刪去重複，名《讀書全錄》。然去取之間，頗失瑄本意。今仍錄原書以存其舊。嘗言《樂》有雅、鄭，《書》亦有之。《小學》、《四書》，六經、濂、洛、關、閩諸聖賢之書，雅也，嗜者常少，以其味之淡也。百家小說，淫詞綺語，怪誕不經之書，鄭也，莫不喜談而樂道之，蓋不待教督而好之矣，以其味之甘也。淡則人心不而天理存，甘則人心迷而人欲肆。觀瑄是錄，可謂不愧斯言矣」。

卷九十五・子部五・儒家類存目一：著錄《從政名言》二卷（江蘇巡撫採進本），「案瑄年譜，宣德元年四月，服闋至都，上章願就教職。宣宗特擢為御史，尋差監沅州銀場。此書第二條，稱吾居察院；第四條，稱余始白京師來源南；則作於奉使沅州時也。其言皆切實通達，然精要已見《讀書錄》中，此其緒餘矣」；著錄《薛子道論》一卷（編修程晉芳家藏本），謂「舊本題明薛瑄撰。皆自《讀書錄》中摘出，別立此名，以炫俗聽。蓋明末詭誕之習，凡屬古書，多改易其面目以求售。雖習見如《讀書錄》者，尚不免刪竄

以市欺也」。

卷一百七十五‧集部二十八‧別集類存目二：著錄《河汾詩集》八卷（浙江汪汝瑮家藏本），稱「是集第一卷載賦五篇，餘皆古今體詩。其孫禛於成化間裒拾遺稿而成，門人閻禹錫爲之序。今考所載詩賦，皆已編入全集中，此猶其初出別行之本也」。

卷一百七十‧集部二十三‧別集類二十三：著錄《薛文清集》二十四卷（大學士于敏中家藏本），謂「是集爲其門人關西張鼎所編。初，瑄集未有刊本。瑄孫刑部員外郎禛以稿付常州同知謝庭桂，雕板未竟而罷。宏治己酉，監察御史暢亨得其稿於毗陵朱氏，鼎又從亨得之。字句舛訛，多非其舊。因重爲校正，凡三易稿而成書。共得詩文一千七百篇，釐爲二十四卷。鼎自爲序，引朱子贊程子『布帛之文，菽粟之味』二語爲比，殆無愧詞。考自北宋以來，儒者率不留意於文章。……明代醇儒，瑄爲第一。而其文章雅正，具有典型，絕不以俚詞破格。其詩如《玩一齋》之類，亦間涉理路。而大致沖澹高秀，吐言天拔，往往有陶、韋之風。蓋有德有言，瑄足當之。然後知徒以明理載道爲詞，常談鄙語，無不可以入文者，究爲以大言文固陋，非篤論也」。

（3）《續修河津縣志》〔註184〕卷十四：收錄《讀書錄》二十卷及《河汾集》。

2、版本情況。《讀書錄》與《讀書續錄》的版本情況如下：

（1）河津本。明萬曆年，侯鶴齡編。

（2）石門本。明嘉靖年，石州張公刻。

（3）洛陽本。明成化年，薛瑄弟子閻禹錫編。

（4）乾隆本。薛瑄裔孫薛天章「慮及原存河津之舊版歲久漫漶磨滅，寢不可識」，乃對照前面版本重新刊刻。

（5）一九九〇年孫玄常、李元慶、周慶義、李安綱依照乾隆本作底本，「除全部保留原本校注外，又對照河津本、石門本作了復校」，搜集《四庫全書總目》相關提要及明清以來數種版本序跋，並與薛瑄文集等合校爲《薛瑄全集》，由山西人民出版社 1990 年出版。本文研究所依據的重點文本爲孫玄常等人所點校的《薛瑄全集》，尤以《讀書錄》和《讀書續錄》爲主。

〔註184〕〔清〕茅丕熙：《續修河津縣志》，光緒六年刻本。

第 3 章　理氣無縫隙：天道觀之總體架構

　　中國哲學是「生命的學問」〔註1〕，中國傳統儒家對天人性命和人性本質有深刻而獨到的洞見，以至善「性體」為「人之所以為人」的本質特徵，並為人所固有之善的必然性追索本體宇宙之天道根據，亦重在主體心性的澄澈和道德生命的無限性。宋儒尤其在「勇於造道」的意識下，以天人為視域，援佛道入儒，闡發《易傳》、《中庸》、《論語》、《孟子》、《大學》之義，分別以「理」、「氣」、「心」、「性」諸視角透見並凸顯儒學的不同面相，構建各自的天道觀、本體宇宙論和人性論。宋儒雖然極為重視天人性命諸形上範疇的思考，但並非以建立龐大的形上哲學體系為目標，亦不會徒然構建所謂本體論、宇宙論和天道觀，而是以「人」的挺立和成就為目的和立足點，在「生命的學問」觀照下探索主體向善的理論根據和現實途徑。宋代理學之程朱理學在天地大化流行中透見「天人一理」，認為「天」具「元、亨、利、貞」四象，「性」涵「仁、義、禮、智」四德，天道之發用流行、化育萬物至善無偽，人「性」作為天之所賦、人之所受亦純粹至善，因此主體應體察道德踐履之「不容已」，並以天道流行為根據和參照，從事工夫踐履，超克氣質私欲，全盡本然善性，成就「人之所以為人」的本質，實現「天人合一」的理想人格境界。因而，宋儒在天人統攝下，以道德之天、義理之天的「德」、「仁」、「命」之發用流行為依據和參照，以「性」為貫通天人的樞紐，將人生、人性的立足點無限向內伸展，將道德實踐的根本動力建立在「人」之主體性上，煥發

〔註1〕　牟宗三：《生命的學問　自序》，臺北：三民書局，1970 年版，第 2 頁。

主體「為仁由己」的道德責任擔負，從而使主體的道德生命獲得無限的延展。

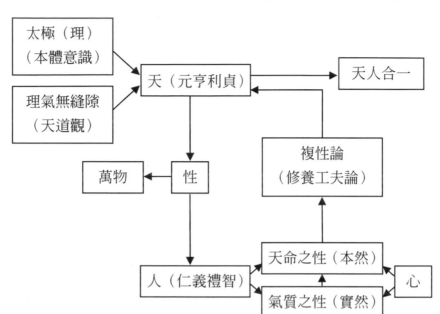

圖1：薛瑄哲學天人建構圖示

　　薛瑄以繼承道統為己任，學宗程朱，涵攝張載，融合兩宋理學，沿著宋儒天人視域進一步探索和解決人生問題，並伴隨時代環境的變遷進行問題意識的轉換，將程朱所高揚的形上本體建構拉回實然世界和內在心性的觀照，復歸人倫日用和道德踐履。薛瑄在天人視野下，構建以「太極」（理）為統攝天地萬物的天道本體和以「理氣無縫隙」之理氣關係為天道間架的「體用無間」、「理一分殊」的天道觀，以「性」為道德本體、「心」為一身百體主宰的人性論，以靜存動察、內外交修、知行兩得為要的工夫論。薛瑄認為「天人一理」，「理」之賦於人物者為「性」，人之通達於天亦通過「性」的復返，因此「性」為天人貫通的樞紐。天為「元、亨、利、貞」，性涵「仁、義、禮、智」，因此主體以天道流行之「仁」與「善」為根據和參照，通過靜存動察、知行兩得的踐履工夫，克服私欲氣質，全盡本然善性，達到「性天通」亦即「天人合一」的理想境界。薛瑄以「理氣無縫隙」的天道觀統攝、觀照人性論，以人性論落實、呈現天道觀，天人互現，渾合無間，保持了天人雙向觀照，亦凸顯出重視內在心性與工夫踐履的特質。此即薛瑄哲學的基本理論架構。

3.1 天道觀之新思路

　　「天人合一」是中國古代哲學的突出特色，天人關係則是歷代哲學家的共同視域。自北宋始，周、張、程、朱「稽天窮地」，「勇於造道」，著重闡發《易傳》、《中庸》之義蘊，更在天人視域中以強烈的宇宙本體意識分別從「理」、「氣」、「心」、「性」之不同把握視角建立起博大精微的哲學體系，高揚宇宙本體和孔孟以來隱微而內在超越的道德本體，在更為宏闊的架構中掘發與承繼由唐代韓愈所明晰的儒家道統。周敦頤吸收《易傳》始作《太極圖說》以揭示宇宙生成的整體圖式，為宋明儒提供了宇宙生成論的框架，解讀《中庸》作《通書》以明「誠」為聖人之本、萬物之源，為超越道德本體的成立提供了依據。繼而，張載建立「太虛」本體論和「太虛即氣」、氣聚氣散的天道觀，程朱以理氣關係解釋天道並建立「理」本論，使儒家的天道觀和本體論獲得空前的深化。明初理學則在時代條件和思想環境的作用下，呈現出從形上本體論向實然宇宙論和內在心性論的轉向，這一轉向在薛瑄哲學中有清晰具體的呈現。薛瑄繼承儒家道統和宋儒天人視域，沿《易傳》、《中庸》「天命之謂性」的入路，從辨析周敦頤《太極圖說》之「太極」範疇始，以「初無精粗本末之間」的「無極而太極」為天地萬物始源、混沌初開狀態，將「太極」即「至極之理」作為宇宙本體，並賦予太極「能為動靜」的屬性，在理氣關係上則以「理氣無縫隙」為宇宙論框架，突出理氣無間，將理氣並重，呈現出由宋代形上本體論向明代實然宇宙論轉向的痕跡。在天道觀的觀照與統攝下，薛瑄以「性」或「性體」（本然之性）為貫通天人的樞紐，以「心」為人自作主宰的載體，主張通過靜存動察的復性修養工夫「澄澈本源」，擴充、彰顯、回復至善的本然之性，最終達到「天地萬物一體」、「性天通」與「天人合一」的理想境界。薛瑄在為人之道德尋找終極依據的觀照下，從天道流行、天人萬化中透見理與氣、太極與陰陽的本末統攝與流行發用，從而自太極與陰陽、理與氣之關係辨析展開天道人性論述。

3.1.1 太極解義

　　「太極」一詞最早見於《易傳·繫辭上》：「《易》有太極，是生兩儀，兩儀生四象，四象生八卦。」《禮記·禮運》曰：「是故夫禮必本於太一，分而為天地，轉而為陰陽，變而為四時，列而為鬼神。」「太極」具有幽深玄遠的本源、本體涵義，因此被儒家用以描述和論定宇宙之創生開端的宇宙生成論

或世界萬物本源、根據的本體論〔註2〕。宋明儒在宏闊的天人宇宙視野觀照下，尤其注重「太極」的本體論和宇宙論雙重意義，並特別重用其闡發本體義。周敦頤在《太極圖說》開篇即言「無極而太極」，「太極動而生陽，動極而靜；靜而生陰，靜極復動。……五行一陰陽也，陰陽一太極也，太極本無極也」〔註3〕，描述了由「太極」動靜而成陰陽、五行、萬物的宇宙生成圖式，以及萬物、五行、陰陽一於「太極」、本於「無極」的歸本圖式，為宋明儒提供了宇宙論視域和本體論向度思考的可能性。但周子並未對「太極」的具體涵義及其與動靜、陰陽的關係進行詳細論述，導致宋明儒出現不同的理解與理論差異。朱子在宋儒中最為重視「太極」範疇，認為「太極」是「無方所、無形體、無地位可頓放」的形上之理、萬物本體，又認為「太極只是天地萬物之理」〔註4〕，「太極者，合天地萬物之理而一名之耳」〔註5〕，「蓋太極是理，形而上者；陰陽是氣，形而下者」〔註6〕，彰顯形下天地萬物背後形上之理的終極性和根本性，從而「太極」、「理」成為朱子龐大理學體系的根基，統攝其人性論和工夫論，規定著朱子理學的樣貌。

薛瑄哲學大要以程朱尤其是朱子為宗，在天道觀上亦主要繼承朱子，認定宇宙天地萬物背後存在「合當如此」的統一根據，並始終保留萬物「本體」、「本原」的考察向度。薛瑄認為，要顯發儒家道統所維護的真正價值，為人的道德實踐提供必然的理論依據和真實動力，首先須對「不可得而形容」〔註7〕的「大本大原」即儒家義理建構所依據的天道本體有一清晰的認識，從而勾勒「太極」與「陰陽」、「理」與「氣」、「理一分殊」之萬物生成變化的總體圖式，方可依此建構性體心體和工夫論，否則「大本大原無所見，淺矣！」〔註8〕。薛瑄曾有詩曰：「借問天源深幾許？古今常只是滔滔。年年成就無邊物，本體何曾減一毫！」〔註9〕儒家所言「本體」一方面指天地萬事萬物產生、

〔註2〕 楊宗禮：《薛瑄太極論初探》，載《薛瑄學術思想研究論文集》，太原：山西古籍出版社，1997年版，第73頁。

〔註3〕 〔宋〕周敦頤：《周敦頤集 太極圖說》，北京：中華書局，2009年版，第3～4頁。

〔註4〕 〔宋〕朱熹：《朱子語類 卷一》，北京：中華書局，1986年版，第1頁。

〔註5〕 《薛瑄全集 讀書錄卷十一》，第1272頁。

〔註6〕 《朱子語類 卷五》，第84頁。

〔註7〕 《薛瑄全集 讀書續錄卷三》，第1386頁。

〔註8〕 《薛瑄全集 讀書續錄卷三》，第1386頁。

〔註9〕 《薛瑄全集 讀書錄卷三》，第1097頁。

存在與如是運作的終極形上根據，恒常而遍在，超越而挺立，合而言之爲「太極」之體，分而言之爲「理」、「道」、「性」、「心」之體，與形下可見之「象」、「氣」、「器」相對；另一方面指「人之所以爲人」的根本依據，與「工夫」相對。薛瑄則既保留了宋儒所開拓的超越本體意識，又以反躬踐履和現實生命爲依歸，在天與人、本體與工夫之雙向觀照中構築天道觀、人性論和工夫論，形成在「太極」（理）本體統攝下理氣渾然、性氣無間的整體架構和理論特質，也爲主體眞實生命與道德實踐的展開提供了深刻的理論依據。

薛瑄從「初無精粗本末之間」之天地元初出發，認爲太極與陰陽不可分，然若從義理辨析的角度而言，則須對其「太極」之本體義加以說明。薛瑄從周子《太極圖說》「見天人合一之妙」〔註10〕，繼承朱子的「太極」（理）本體論，指出「萬物一木，舉目可見」〔註11〕，認爲天地萬事萬物背後存在著一種規定性的力量，使萬物各順其則、各得其所，而萬物也最終歸本於此，即「萬物一木」，而此「一本」就是「太極」。「太極」並非高深玄妙不可捉摸，其本身「即是理」〔註12〕，是「理之別名」〔註13〕、「萬理之總名」〔註14〕，是宇宙間萬理之統括的稱謂，爲「統體之理」、「至極之理」。「太極」的屬性如下：

> 無窮盡，無方體，太極是也。〔註15〕

> 太極渾然，其大無外，其小無內，無物不有，無時不然，實未嘗分也。但就萬物各有一太極而言，則似乎有分，然渾然者，則未嘗不統也。〔註16〕

> 萬物盡，天地老，超然獨存，再造天地萬物者，其太極乎！

〔註17〕

從渾全、統體角度來講，「太極」是宇宙元初、萬物所據的理氣、體用渾然未分狀態，「無窮盡」、「無方體」、「無形象」，又「無物不有」、「無時不然」，在空間上無窮，在時間上無限。「太極」是天地萬物成爲其自身並如此運作的形

〔註10〕 《薛瑄全集 讀書錄卷十》，第1260頁。
〔註11〕 《薛瑄全集 讀書續錄卷四》，第1404頁。
〔註12〕 《薛瑄全集 讀書錄卷六》，第1169頁。
〔註13〕 同上。
〔註14〕 《薛瑄全集 讀書錄卷五》，第1130頁。
〔註15〕 《薛瑄全集 讀書錄卷八》，第1230頁。
〔註16〕 《薛瑄全集 讀書續錄卷四》，第1400頁。
〔註17〕 《薛瑄全集 讀書錄卷四》，第1125頁。

上本體和終極根據，規約、統攝天地間萬物萬事的運作流行，同時又與天地萬物渾然無間、不可分割。由「太極」（理）本體「初無精粗本末之間」、渾然一體不分之統攝，太極與陰陽、理與氣、道與氣、性與氣、心與性、本體與工夫皆源於一本、歸於一本、一體無間。從而薛瑄整個哲學體系也呈現出鮮明的渾合無間、融貫一體的特徵。至於頗受爭議的周子之「無極」，薛瑄將之視爲「太極」無聲無臭的狀態描述，如其言「『無極而太極』，非有二也。以無聲無臭而言，謂之『無極』，以極至之理而言，謂之『太極』；無聲無臭而至理存焉，故曰：『無極而太極』」〔註18〕，其中「『無極』是虛字，正以無聲無臭明太極之無形耳」〔註19〕，見其具有眞實意義的是作爲「至極之理」、「性理之尊號」的「太極」。

作爲天地萬化形上本體和終極依據的「太極」既統貫天地萬物，又統攝人倫日用、一身百體。薛瑄指出，「寒暑往來有一定之節，萬物生育有一定之形，人倫綱常有一定之理，是皆太極爲之主，窮天地亙古今而不易者也」〔註20〕，認爲「寒暑往來」、「萬物生育」、「人倫綱常」的變化運作均有「一定」的內在節度，而這些內在的節度「皆太極爲之主」，以「太極」爲終極根據。因此「太極」本體作爲事物存在根據的理之本然和性之本然，「至大，至極，至精，至妙」，如同「上天之載，無聲無臭」。但形上之「太極」並非高深玄遠不可把握，也非孤懸無用的死理。如薛瑄言：

> 太極理雖至妙，而其實不外乎身心、動靜、五常、百行之間；後人論太極，即作高遠不可紏詰之理求之，去道遠矣！只於身心口鼻耳目手足動靜應事接物至近至小處看太極尤分明，不必專論於千古之上，六合之外也。然近者、小者既盡，則遠者、大者可默識而一以貫之矣。〔註21〕

「太極」不僅貫徹天地萬物，更「行乎陰陽、五行、男女、萬物之間」〔註22〕，貫乎身心、動靜、五常、百行之實，見於天地萬物，切於人倫日用，一以貫之，無所不在。薛瑄保留「太極」本體的意義不在於炫耀其高深玄遠，而在於爲人的現實生命與道德實踐提供更爲深刻穩固的內在根據與動力，因而強

〔註18〕 《薛瑄全集 讀書錄卷一》，第 1017 頁。
〔註19〕 《薛瑄全集 讀書錄卷二》，第 1053 頁。
〔註20〕 《薛瑄全集 讀書錄卷八》，第 1222 頁。
〔註21〕 《薛瑄全集 讀書錄卷四》，第 1124 頁。
〔註22〕 《薛瑄全集 讀書錄卷七》，第 1211 頁。

調「太極本只是天地萬物自然之理，不外乎人倫日用之間，學者因見其立名之高，欲以玄遠求之，誤矣」〔註23〕。

太極之理統攝萬物，貫徹古今，因此歷代眞儒無不對太極之理加以闡發，雖名不同，本體則一貫。對此，薛瑄論曰：

> 「誠者聖人之本」，誠爲太極。「太極之有動靜，是天命之流行也」，天命爲太極。「天下無性外之物，而性無不在，」性爲太極。「一陰一陽之謂道」，道爲太極。「聖人定之以中正仁義而主靜，立人極焉」，仁義中正即太極。「以主宰而言謂之帝」，帝即太極。「以理而言謂之天」，天即太極。「德無常師，主善爲師；善無常主，協於克一」，一爲太極。「喜怒哀樂未發謂之中」，中爲太極。「心統性情」，心爲太極。「惟皇上帝，降衷於下民」，衷爲太極。「繼之者善也」，善爲太極。太極者，至大，至極，至精，至妙，無以加尚，萬理之總名也，與「上天之載，無聲無臭，至矣」同。〔註24〕

又謂：

> 誠、命、性、理、太極、道，名雖殊實一理也。〔註25〕
>
> 《大學》之「至善」，《論語》之「一貫」，《孟子》之「性善」，
> 《中庸》之「誠」，周子之「太極」，言雖殊而其義一也。〔註26〕

「太極」既爲儒家「至極之理」，因此歷代儒家對宇宙本原、道德本體之天人性命與道統的眞實顯發均可謂「太極」，如「誠」、「天命」、「性」、「道」、「德」等，一貫相通，從而「太極」之統攝義也就通過不同的範疇折射出來。而此儒家一貫之理，則是儒家道統所持守與傳承的根本脈絡，也爲薛瑄所透見與著重顯發。

3.1.2 太極能爲動靜

太極動靜是宋明理學解釋作爲本體論或宇宙論的「太極」如何化生萬物、規定萬物的重要命題，關涉形上本體界與實然現象界的溝通問題，也是朱子理氣論容易產生爭議的一個重要問題。周子《太極圖說》指出「太極動而生陽，動極而靜；靜而生陰，靜極復動。一動一靜，互爲其根；分

〔註23〕《薛瑄全集　讀書錄卷六》，第 1178 頁。
〔註24〕《薛瑄全集　讀書續錄卷一》，第 1303 頁。
〔註25〕《薛瑄全集　讀書續錄卷二》，第 1354 頁。
〔註26〕《薛瑄全集　讀書錄卷七》，第 1202 頁。

陰分陽，兩儀立焉」〔註27〕，指出太極動靜產生陰陽、五行、男女、萬物，萬物歸本於太極，構建了一套完整的宇宙生成和歸本圖式，對宋明儒宇宙生化論、本體論的建構產生深刻的影響。但是，動靜是太極本體自身具有的發動流行之功用與顯現，還是太極本體之外的陰陽變化狀態？形上本體如何規定、作用於形下實然世界？萬物生變的原動力是否在「太極」本體？或曰作為本體的「太極」能否動靜？如何動靜？這些問題引起宋明儒的爭論，也為薛瑄所思考。

朱子重視從邏輯思辨和價值角度判分形上本體世界與形下現象世界，認為形上本體之「太極」、「理」作為事物背後的「所以然之故」和「所當然之則」，規定、統攝實然現象界，實然世界則以本體為依據並反映本體界，二者雖然在現實中無法分割，但在邏輯上分屬兩個世界，在價值上也有先後之分，無法直接相通，更不會具有相生的關係。因此，朱子發明《易》與周子《太極圖說》之「太極」義，但對周子「太極動而生陽……靜而生陰」的解釋著重「太極」之形上本體義，認為動靜是形下可見實然「陰陽」與「氣」的屬性，形上本體之「太極」則無分動靜。其論「太極」、「理氣」動靜如下：

> 太極，理也；動靜，氣也。氣行則理亦行，二者常相依而未嘗相離也。太極猶人動靜猶馬，馬所以載人，人所以乘馬。馬之一出一入，人亦與之一出一入。蓋一動一靜，而太極之妙未嘗不在焉。〔註28〕

從實然層面而言，「太極」（理）與氣之間「常相依而未嘗相離」，然從本然層面而言，「太極」（理）與實然之「氣」是截然分屬兩個不同世界的，朱子尤重此義，指出：

> 太極，理也。理如何動靜？有形則有動靜，太極無形，恐不可以動靜言。〔註29〕

> 太極只是理，理不可以動靜言。〔註30〕

> 蓋天地之間只有動靜兩端循環不已，更無餘事，此之謂易。而其動其靜則必有所以動靜之理焉，是則所謂太極者也。……動靜陰

〔註27〕 《周敦頤集 太極圖說》，第3～4頁。
〔註28〕 《朱子語類 卷九四》，第2376頁。
〔註29〕 〔宋〕朱熹撰，朱傑人主編：《朱子全書 朱文公文集 卷五十六 答鄭子上》，上海古籍出版社，安徽教育出版社，2003年版，第2668頁。
〔註30〕 《朱子語類 卷九四》，第2370頁。

陽，皆是形而下者。然動亦太極之動，靜亦太極之靜，動靜非太極
耳。〔註31〕

朱子反覆強調「太極」（理）作爲形上本體是「本然之妙」、「寂然不動」、無
方所、無造作的，絕然是事物背後隱微不可見的形上根據，是「所以動靜之
理」，決定、規約著形下之氣的流行運作，但並非形下可見之動靜本身，因此
「不可以動靜言」。誠如牟宗三先生所言，朱子將「太極」（理）理解爲「抽
象地只是理──但理」，是「超越的靜態的所以然」的形上之理，爲「只存有
而不活動」者，不具「創生妙運之神用」〔註32〕。在此思路下，朱子又強調
「謂太極含動靜則可（以本體而言也），謂太極有動靜則可（以流行而言也）。
若謂太極便是動靜，則是形而上下者不可分，而易有太極之言亦贅矣」〔註
33〕。其所謂「太極」（理）有動靜是從實然之「陰陽」與「氣」的動靜變化推
究出的「所以動靜之理」，「太極」（理）本體並不具有能爲動靜的屬性，而是
靜態地涵具動靜之理、決定陰陽與氣的周流變化。對於萬物「動靜」之源，
朱子指出「太極者，本然之妙；動靜者，所乘之機」〔註34〕，「太極之有動靜，
是天命流行也」，將「動靜」之源動力歸於「所乘之機」和「天命流行」。「所
乘之機」微妙難測，「天命流行」爲宇宙大化之總體，因此朱子所重者在「太
極」的形上超越和本體義，是「但理」。至於動靜之源和本體與現象界的溝通
問題在朱子理學中不成其爲問題，也不是其理論重心。但到了明初，理論重
心日漸轉向實然世界和內在人性，因此「理」之形上本體與實然形下之「氣」
的溝通，亦即本體與現象界的溝通之觀照凸顯出來，陰陽動靜之源亦被追索。
於是在明初儒者看來，朱子哲學在凸顯「太極」本體和形上之「理」的絕對
性、構建儒家本體論的同時，產生本體與現象界、理與氣「決是二物」的「縫
隙」。而儒家「天地萬物一體」、「天人合一」的總體視野又始終追求「萬物一
體」、「渾合無間」的圓融認知與渾然境界，加之明代儒者問題意識的轉換，
使本體與實然世界的溝通成爲朱子之後尤其是明儒所思考的重要問題。

　　明初諸儒對朱子「太極」「陰陽」和理氣論表示了不同程度的懷疑。曹端
即於《辯戾》中指朱子「馬之一出一入，人亦與之一出一入」的理氣人馬之

〔註31〕《朱子全書 朱文公文集 卷四十五 答楊子直》，第 2071 頁。
〔註32〕牟宗三：《心體與性體》（上），上海：上海古籍出版社，1999 年版，第 316
　　　　頁。
〔註33〕《朱子全書 朱文公文集 卷四十五 答楊子直》，第 2072 頁。
〔註34〕《朱子語類 卷九四》，第 2370 頁。

喻導致「人爲死人」，「理爲死理」〔註35〕，認爲「理」應爲駕馭和統攝「氣」的「活理」。薛瑄也對實然世界和「太極」動靜問題表示了較多的關注。薛瑄極重周子《太極圖說》，認爲「動靜者，陰陽也；所以動靜者，太極也。蓋太極有動之理，故動而生陽；太極有靜之理，故靜而生陰」〔註36〕，認爲形下實然「陰陽」與「氣」之所以動靜、屈伸、流行運作，原因在於涵具動靜之理的「太極」的規定，形上本體之「太極」是「所以動靜者」，並作爲天地萬化的總根據，「只在乎動靜而已」〔註37〕。這些觀點與朱子一致。但薛瑄對朱子太極動靜論並不滿意，認爲朱子所論太極雖然涵有所以動靜之理並規約形下陰陽之動靜變化，但關於太極本體究竟在何種意義上規定動靜、陰陽動靜究竟如何產生與作用、形上本體如何眞實作用於形下世界的變化等問題，朱子並未明辨，在明儒看來未免存在「縫隙」。薛瑄則從周子《太極圖說》本意出發，指出「太極」本體並非靜態的「死理」，而是作爲宇宙生化之源和萬物變化運作的原動力，具有啓動發用的功能，即「能爲動靜」。唯其如此，五行、萬物得以化生周流的眞實性才能得到圓滿的解釋。對於元代吳澄以「太極無動靜」對太極動靜說的解釋，薛瑄甚爲反對，指出：

> 臨川吳氏曰：「太極無動靜，故朱子釋《太極圖》曰：『太極之有動靜，是天命之流行也。』此是爲周子分解太極不當言動靜，以天命有流行，故只得以動靜言。」竊謂天命即天道也，天道非太極乎？天命既有流行，太極豈無動靜乎？朱子曰：「太極，本然之妙也；動靜，所乘之機也。」是則動靜雖屬陰陽，而所以能動靜者，實太極爲之也；使太極無動靜，則爲枯寂無用之物，又焉能爲「造化之樞紐，品匯之根柢」乎？以是而觀，則太極能爲動靜也明矣。〔註38〕

薛瑄明確反對「太極無動靜」之說，並針對朱子「太極之有動靜，是天命之流行也」一語指出：

> 天命，元、亨、利、貞也。動者，「元、亨，誠之通」；靜者，「利、貞，誠之復」。天命之流行，是即太極之流行。太極，天命，其理一也。〔註39〕

〔註35〕 〔明〕曹端：《曹端集 辯戾》，北京：中華書局，2003 年版，第 23 頁。
〔註36〕 《薛瑄全集 讀書錄卷九》，第 1244 頁。
〔註37〕 《薛瑄全集 讀書錄卷十一》，第 1272 頁。
〔註38〕 《薛瑄全集 讀書錄卷九》，第 1252 頁。
〔註39〕 《薛瑄全集 讀書續錄卷二》，第 1341 頁。

又引張載神化之義，批評吳澄「太極不會動靜」〔註40〕之說曰：

> 張子曰：「一故神」，神即太極也。或者謂：「太極不會動靜」，
> 則神爲無用之物矣，豈所以爲「造化之樞紐，品匯之根柢」哉！
> 〔註41〕

薛瑄強調「太極，天命，其理一也」，「天命既有流行，太極豈無動靜乎？」，此語針對吳澄，亦對朱子「太極之有動靜，是天命之流行」而發。薛瑄認爲，朱子之「天命」即是「太極」，「天命」之流行即是「太極」之動靜，因此「太極」不僅是形上超越的本體，亦具「能爲動靜」的創生義和本原義。如果像朱子和吳澄那樣視太極爲「寂然不動」、「高高在上」的絕對本體，則「太極」只是萬物的形上根據，成爲「枯寂無用」的「死理」，無法對形下萬物發生眞實的作用，更無法成爲「造化之樞紐，品匯之根柢」。在薛瑄看來，「太極」既然是大地萬物共同的本體和「動靜」的終極根據，那麼只有具備了流行發用、能爲動靜的屬性，才能眞正統攝萬事萬物，成爲「造化之樞紐，品匯之根柢」，不再是孤懸無著、枯寂無用之物，因此「太極能爲動靜也明矣」。薛瑄自覺以程朱爲宗，因此對朱子的質疑是非常愼重的，雖對朱子太極動靜論微有不滿並加以修正，但也同時認爲「太極能爲動靜」是朱子應有而未發之意。

薛瑄對「太極」「能爲動靜」的規定與闡發，較朱子「只存有不活動」之靜態超越的「太極」（理）凸顯「即存有即活動」的動態創生義，在一定程度上恢復並凸顯了周子「太極」的創生義，消解了朱子賦與「太極」和「理」的絕對形上本體義，凸顯出對「太極」之本體與創生雙重含義的重視，在宋明學問脈絡中呈現出由形上本體論向實然宇宙論的轉向，從而成就的氣象也更接近於明道。在義理上，薛瑄「能爲動靜」之「太極」一方面作爲天地萬物的終極根據而貫徹於「天道」、「誠」、「善」、「性」、「心」，使其哲學體系呈現出「天人一貫」、「渾合無間」、「一體渾融」的整體特徵，另一方面也作爲人道根源，成爲主體踐仁體道、恭敬謹肅、默識心通、篤志力行的源動力。

3.1.3 道與道體

儒家在天地大化、人道運作中透見天生萬物「於穆不已」、天道流行生生不息和「天地萬物一體之仁」的「道」與「道體」，歷代眞儒求道、體道、傳

〔註40〕　〔元〕吳澄：《吳文正集　卷二　答王參政儀伯問》，文淵閣四庫全書本。
〔註41〕　《薛瑄全集　讀書錄卷七》，第 1211 頁。

道而形成「道統」。自唐代韓愈闡明儒家「道統」譜系之後，對「道」與「道體」的顯發和儒家道統的繼承成爲宋明儒自覺的選擇和共同的觀照，北宋五子與南宋朱熹無不洞見道體並「勇於造道」。薛瑄繼承了宋儒的「造道」訴求，以繼承儒家道統爲己任，並對「道」與「道體」多所透見與描述。在薛瑄哲學中，「道」是與「太極」、「理」居於同一層次的形上範疇，其言「道」乃「太極之謂」〔註42〕，「道即理也」〔註43〕，「道」是「動靜之合乎理者」、「天下至貴者」、「天地萬物精粗無間者」〔註44〕。「道」與「道體」以「體用一源，顯微無間」的形式統攝並遍在於天地萬物。簡言之，「道」是天地間萬事萬物混融一體、於穆不已、各得其所、順適合宜、恰到好處的圓滿節度與狀態，「道」之流行充塞天地，貫徹古今，統攝天人。「道」的特徵如下：

> 天下至貴者道，得之則生，失之則死，爲天下至貴不亦宜乎？〔註45〕

> 舉天下之物皆不及道之貴，是何也？以出於天而充塞宇宙，貫徹古今也。知道之大，其尊無對，則知眾物之小矣。〔註46〕

> 道不爲堯存，不爲桀亡，萬古常如此。〔註47〕

> 道無聲臭，取之不竭，用之無窮。〔註48〕

> 萬物皆有始終，惟道無始終。〔註49〕

「太極」或「理」是天地萬物運作變化背後的根據，規定萬物變化的產生和運作，與「陰陽」、「氣」相對。「道」則是天地萬事萬物周流運作、混融一體的終極根據，亦是萬物運作順適自在、圓滿無缺之境。「道」是天下「至大」、「至貴」者，「出於天而充塞宇宙，貫徹古今」，無聲無臭，無始無終，無形無跡，是極至的完滿情態，具有涵育萬物、生意無窮、宏大超越的終極意蘊，故「其尊無對」。「道」有體用之分。「道體」作爲「道」的本根與核心，是「道」恒常不變、寂靜無爲、天人共據的形上本體和「太極」、「天道」生長發育、涵養萬物之「仁」且「善」的狀態，統攝並遍在於萬物。「道體」是中國儒家

〔註42〕《薛瑄全集 讀書錄卷五》，第1142頁。
〔註43〕《薛瑄全集 讀書續錄卷二》，第1345頁。
〔註44〕《薛瑄全集 讀書續錄卷三》，第1373頁。
〔註45〕《薛瑄全集 讀書錄卷七》，第1213頁。
〔註46〕《薛瑄全集 讀書續錄卷三》，第1368頁。
〔註47〕《薛瑄全集 讀書續錄卷五》，第1418頁。
〔註48〕《薛瑄全集 讀書續錄卷五》，第1425頁。
〔註49〕《薛瑄全集 讀書續錄卷七》，第1449頁。

所透見之天地萬物的超越性終極根據及對人之主體性的提撕挺立而致天人合一之境，構成儒家哲學的核心，爲歷代眞儒所闡明、持守與傳承。如《詩》所言「上天之載，無聲無臭」〔註50〕、「維天之命，於穆不已」〔註51〕，如韓愈所言「澄其源而清其流，統於一而應於萬」〔註52〕，亦如莊子所言「通於一而萬事畢」（《莊子・天地》）〔註53〕，皆爲形容「道體」之言。由於時代環境、生命際遇與問題意識所繫，歷代儒者對「道體」之人本大原的體認、理解與發明不盡相同，甚至偏離「道」的體認與彰顯，以至儒家「道統有續有絕」〔註54〕。自孟子後儒家道統晦而不彰，至宋明則重新復蘇了強烈的求道意識並「勇於造道」，使儒家道統得以挺立延續。正如薛瑄所言「道體無內外，無古今」〔註55〕，作爲宇宙萬物至極統攝力量的「道體」是於穆不已、恒常不變、毫無間斷的。

薛瑄深知「道體本深遠難言」〔註56〕，但亦對「道體」有所透見。其認爲「道體」是儒家追求的「萬物一體」、「天人合一」、各得其所、渾全融貫、至善至德的極致情態，亦即「太極」、「理」的實現狀態，而儒家所挺立的天人性命之學無非是對這一極致之境與幽深意蘊的通悟、洞達與追求。薛瑄以《論語》「逝者如斯夫！不捨晝夜」作喻，認爲孔子此言「是就水言道之往者過，來者續，無一息之停也。所謂『道體』正在水上，水尤易見道體，故發以示人」〔註57〕，發明道體幽深綿延、萬古常存之意。此外，薛瑄還以「無爲」形容「道體」，指出「凡涉於有爲者皆氣，其無爲者道體也」〔註58〕，說明「道體」順適自在、自然無爲的特徵和深刻意蘊。

薛瑄哲學中與「太極」之體相對的是「陰陽」之用，與「理」相對的是「氣」或「象」之用。「道」雖從至極之境上說「其尊無對」，但自形上行下

〔註50〕　《十三經注疏　毛詩正義　大雅　文王》，第 505 頁。
〔註51〕　《十三經注疏　毛詩正義　周頌　維天之命》，第 583 頁。
〔註52〕　〔唐〕韓愈：《韓昌黎全集　卷三十八　爲韋相公讓官表》，上海：世界書局，1935 年版，第 448 頁。
〔註53〕　〔清〕郭慶藩：《莊子集釋　莊子　天地》//世界書局：《諸子集成》，上海：世界書局，1936 年版，第 182 頁。
〔註54〕　《薛瑄全集　讀書續錄卷五》，第 1412 頁。
〔註55〕　《薛瑄全集　讀書續錄卷九》，第 1469 頁。
〔註56〕　《薛瑄全集　讀書錄卷六》，第 1173 頁。
〔註57〕　《薛瑄全集　讀書續錄卷一》，第 1285 頁。
〔註58〕　《薛瑄全集　讀書續錄卷一》，第 1310 頁。

和發用流顯而言，有道器之對和體用之分。與萬物相對，「道體」為體，萬物為用，涵括宇宙間萬事萬物，見諸形下有形之氣，體現為天之晝夜陰陽、人之語默動靜。與「器」相對，形上之「道」為體，形下之「器」為用，如《易‧繫辭上》所言「形而上者謂之道，形而下者謂之器」，即「無形皆是道，有形皆是氣。氣，形而下者也；道，形而上者也」〔註59〕，形下之氣皆「與道為體，運行而不息也」〔註60〕。「道」在不同的領域呈現為不同的面相，在宇宙論領域自其源於天、出於天、本於天而言為「天道」，落實到人倫日用、動靜語默、四肢百體之人生領域即為「人道」。而天人之間，「大道之要，不過元、亨、利、貞之命，仁、義、禮、知之性而已」〔註61〕。然而道之體用、道與器皆是一時俱有、不可二之的，即「物有本末，不可分本、末為二物；道有體用，不可分體、用為二致」〔註62〕，「『體用一原，顯微無間』，見道、器合一之妙」〔註63〕，「體用一源，不可分體用為二；顯微無間，不可分道器為二」〔註64〕。在薛瑄哲學中，「道」在人的生命面向中更顯其真實意義，因此人須依天之「元、亨、利、貞」，率己所固有之「仁、義、禮、智」之德，完具至善的本性，便是「道」的境界，便是「天道，人倫，渾合無間」〔註65〕。

3.1.4 體用一源，顯微無間

「體用一源」可謂程朱理學的宗旨與核心。程頤在《伊川易傳》中論《易》之理與象之間的關係稱「至微者，理也；至著者，象也。體用一源，顯微無間」〔註66〕，指隱藏在事物背後的無形之「理」幽深隱微不可見，因此「至微」；形下之「象」則有形跡可見，因此「至著」。「至微」之「理」為體，「至著」之「象」為用，有其體必有其用，有其用必涵其體，二者統一，毫無間隙。對程頤此論，朱子極為推崇，並屢釋之曰：

> 「體用一源」者，自理而觀，則理為體、象為用，而理中有象，

〔註59〕 《薛瑄全集 讀書錄卷六》，第 1160 頁。
〔註60〕 《薛瑄全集 讀書續錄卷一》，第 1297 頁。
〔註61〕 《薛瑄全集 讀書續錄卷三》，第 1372 頁。
〔註62〕 《薛瑄全集 讀書續錄卷一》，第 1315 頁。
〔註63〕 《薛瑄全集 讀書錄卷九》，第 1243 頁。
〔註64〕 《薛瑄全集 讀書錄卷八》，第 1227 頁。
〔註65〕 《薛瑄全集 讀書錄卷六》，第 1176 頁。
〔註66〕 〔宋〕程顥，程頤：《二程集 伊川易傳 序》，北京：中華書局，1981 年版，第 689 頁。

是一源也；「顯微無間」者，自象而觀，則象爲顯、理爲微，而象中有理，是無間也。〔註67〕

又謂：

其（程頤）曰「體用一源」者，以至微之理言之，則沖漠無朕，而萬象昭然已具也。其曰「顯微無間」者，以至著之象言之，則即事即物，而此理無乎不在也。言理則先體而後用，蓋舉體而用之理已具，是所以爲一源也。言事則先顯而後微，蓋即事而理之體可見，是所以爲無間也。然則所謂一源者，是豈漫無精粗先後之可言哉？況既曰體立而後用行，則亦不嫌於先有此而後有彼矣。〔註68〕

亦進一步結合周子《太極圖說》闡發其義：

「體用一源」，體雖無跡，中已有用。「顯微無間」者，顯中便具微。天地未有，萬物已具，此是體中有用。天地既立，此理亦存，此是顯中有微。〔註69〕

朱子認爲「理」爲體，「象」爲用，但理象不分，體用無間，並理中有象，象中有理，體中有用，用中有體，理、體微密，象、用有跡，用與象同源於理與體。從邏輯分辨和價值觀照上言，理與象、體與用又相區別而不可混同。形上之「理」與「體」雖不可見，但實存於天地萬物中並統攝「象」與「用」之天地萬物。形下可見之「象」與「用」雖具足運作，但爲形上之「理」與「體」所規定與統攝，同時又彰顯著形上之「理」與「體」。因此，在形上之「理」與「體」的統攝下，體用、理象（氣）實存並流行於天地間，從容周遍，顯微無間。從而朱子將體用、理象關係更嚴密地建立在以理爲本的基礎上，闡明理氣無間、源於一本的體用關係。同時，體用無間、體用不二也是中國古代哲學家共同的思維方式，決定著儒家哲學的獨特邏輯和天人觀照。

薛瑄繼承程頤和朱子「體用一源，顯微無間」之說，用以表述和解釋萬物一源、天人一理、體用不二的涵義，同時結合周子《太極圖說》「無極而太極」之論，對最具本體義的「太極」、「理」「道」之體用關係進行更爲細密的闡釋。首先薛瑄闡明體用涵義和「體用一源，顯微無間」之義。其謂：

自天地萬物有形之理觀之，而無聲無臭之理皆寓其中，故曰「顯

〔註67〕《朱子全書　朱文公文集　卷四十　答何叔京》，第 1841 頁。
〔註68〕《周敦頤集　太極圖說　附辯》，第 10 頁。
〔註69〕《朱子語類　卷六十七》，第 1654 頁。

微無間」也；自無聲無臭之理觀之，天地萬物之象悉具於中，故曰「體用一源」。〔註70〕

> 即理而物在其中，即物而理無不在。如未有此宮室已有此宮室之理，及有此宮室而理即在宮室之中；如未有天地萬物已有天地萬物之理，及有天地萬物而理即在天地萬物之中。所謂「體用一源，顯微無間」也。〔註71〕

「體」指事物背後形上超越、隱微不可見的本原，「用」是本原在現象界的呈露與表現，「體」與「用」凸顯事物背後隱微不可見的形上本原與形下可見的現象之間相合無間的關係。「體用一源」是從體上言、自本然層面看，天地萬物皆以「太極」、「理」為本體，因此同出於一源、歸於一源；「顯微無間」是從用上說、自實然層面看，天地萬事萬物均在變化周流、千差萬別之中，本體之理雖與形下之物一時具有、同時存在，但隱含在事物背後，隱微不可見，需進行價值的觀照和邏輯的辨析才能實見與把握，因此「顯微無間」。亦即從體上言，體用同源於「理」，本體分明；從用上言，體用同存於物，二者一時具有，微密無間，言體而用在其中，言用而體在其中。

薛瑄在對實然世界和內在心性的觀照中，為人之內在主體挺立和道德踐履向天道人性尋找必然根據，並將這一根據建立在天道本體之「理」和人道本體之「性」上，認為天理流行之則通過「性」之下落與涵具而成為人道運作的根據，人則可通過「性」的全盡復現「天理」，成就大我，與天合一。因而，薛瑄的天道宇宙與人性建構自天道之「太極」、「理」始，下落至人道的「性」、「心」，推展至工夫踐履，體用一源，渾融一貫。在此認識的基礎上，薛瑄哲學的整體建構從「無極而太極，初無精粗本末之間」的本源狀態界定出發，追溯至天地萬物產生的根源處，即在陰陽未分、萬物未成的「沖漠無朕」之宇宙元初狀態，以此為天道與人道的構築與貫通提供終極的宇宙論和本體論依據，並從此出發展開理論的建構與道德的實踐。薛瑄指出：

> 未有天地萬物，而天地萬物之理已具於沖漠無朕之中；未有兩儀、四象、八卦，而兩儀、四象、八卦之理已具於太極之內。乃所謂「體用一源」也。〔註72〕

〔註70〕 《薛瑄全集 讀書續錄卷三》，第 1375 頁。
〔註71〕 《薛瑄全集 讀書錄卷十一》，第 1271 頁。
〔註72〕 《薛瑄全集 讀書錄卷八》，第 1230 頁。

沖漠無朕之中萬象森然已具，「體用一源」也；即事即物而理
無不在，「顯微無間」也。〔註 73〕

即在「未有天地萬物」之元初狀態中，萬象之理已具，本體與現象渾融不可
分。待陰靜陽動、萬物產生之時，作爲至極之理的「太極」隨在、涵具於萬
事萬物之中，體現爲萬物分殊之理，無處不在，無時不有。因此「太極」之
體統貫天人之理，遍在於天地萬物，萬物則涵具、彰顯太極之理，統體之理
（太極）與萬殊之理、本體之理與現象之氣相即不離、一時具有，故「體用
一源，顯微無間」。由於人與萬物皆從「天地大化之本原來」，「故天人一理」
〔註 74〕，因此「體用一源，顯微無間」之義不僅體現於「太極」、「理」、「道」、
「性」諸範疇，更自天道貫徹人道，統貫「陰陽」、「五行」、「男女」、「萬物」，
以至人之一身百體和念慮發動，天人萬物，莫不一貫。如「人之一身，四肢、
百骸，『顯』也。而莫不各有自然之則，所謂『微』也。即顯而微不能外，故
曰『無間』」〔註 75〕，「『體用一源』，以至微之理言之，如人心未發之時，雖
沖漠無朕而萬事萬物之用已具，故曰『體用一源』；『顯微無間』，以至著之象
言之，如人之一身，以至君臣、父子、萬物、萬事而理無不在，故曰『顯微
無間』」〔註 76〕。

薛瑄哲學對「太極」與「陰陽」、「理」與「氣」之間「初無毫髮之間」、
不雜不離、混融一體的屬性透徹，及對「體用一源，顯微無間」的突出，決
定了其哲學體系體用不二、一體無間的整體面貌，也體現出不同於朱子判分
形上形下、凸顯「理」之形上超越本體義的學問方向。如薛瑄所言，「『顯』
者器也，『微』者道也。器不離道，道不離器，故曰『無間』」〔註 77〕，「『體
用』、『顯微』不曾間斷相離爲二物」〔註 78〕，「蓋『體』與『微』皆以理言，
『用』與『顯』皆以象言，理中有象，象中有理，初無毫髮之間也」〔註 79〕，
凸顯道器不離、體用不二、毫髮無間之意蘊。總之，薛瑄從「初無精粗本末
之間」並「能爲動靜」的太極本體出發，透徹太極陰陽、理與氣、道與器之

〔註 73〕　《薛瑄全集　讀書錄卷九》，第 1243 頁。
〔註 74〕　《薛瑄全集　讀書續錄卷十一》，第 1483 頁。
〔註 75〕　《薛瑄全集　讀書續錄卷三》，第 1375 頁。
〔註 76〕　《薛瑄全集　讀書續錄卷三》，第 1374 頁。
〔註 77〕　《薛瑄全集　讀書續錄卷三》，第 1375 頁。
〔註 78〕　《薛瑄全集　讀書續錄卷二》，第 1326 頁。
〔註 79〕　《薛瑄全集　讀書續錄卷三》，第 1375 頁。

「體用一源，顯微無間」的特質與關係，並將之滲透在整個哲學體系中，呈現出渾融一貫、一體無間的特徵。這也是薛瑄始終保持的視角與觀照。

3.2 理氣關係之新詮釋

由於「太極」即「理」，「陰陽」為「氣」，因此由「太極」與「陰陽」的關係派生出理氣關係，對理氣關係不同的解釋與回答決定著宋明儒的理論走向。在先秦孔孟儒學被漢唐諸儒經學化而致道統「絕喪」後，宋儒以「苦心極力」之象「勇於造道」，援佛道入儒，在宏闊的天人視域中掘發儒家哲學的本體論和宇宙論，為儒家理想的實現提供更為深刻的天人性命之理論依據。在強烈的「求道」、「造道」意識下，源於《周易》、解釋宇宙大化與萬物關係的周子《太極圖說》成為宋儒宇宙論和本體論出發的共同視角，「太極」、「陰陽」、「理」、「氣」等範疇逐漸被宋明理學家重用以解釋天地萬物的生成變化。北宋張載以「太虛即氣」為宇宙本體，以「氣」之聚散變化解釋萬物差異與生滅；二程提升「理」的客觀向度與形上性，以理、氣關係建構宇宙本體論，確立程朱理學的基本架構；南宋朱子則更注重體貼天地萬物背後統一的形上根據——「理」，以二程「理」本論為基，融入張載的氣本氣化論，突出「理」對「氣」的邏輯先在性和價值優先性，建立了理本氣末、理先氣後的宇宙本體論。至明初諸儒，雖大要以程朱理學為宗，但大都著意突出理與氣的「不離」、不可「二分」、「無縫隙」的特質，既不否認但也不再像朱子那樣強調「理」對「氣」的超越性和根本性，在理氣關係這一程朱理學中心問題上呈現出新的趨向。如曹端即堅持「理氣一體」、「理氣未嘗有間隙」〔註80〕。薛瑄則更加明顯，突出理氣「無縫隙」、「無間斷」、「決不可二分」，並在這一宇宙意識下構建心性論和工夫論。此一重氣消理趨向發展至明中後期的羅欽順、王廷相、王夫之等人則逐漸轉成為以「氣」本體的「氣學」，將程朱「理本氣末」的理氣關係完全反轉，彰顯出程朱理學的內在發展邏輯和轉變軌跡。這一過程頗耐人尋味，而薛瑄哲學中已見其端緒。

要理解薛瑄的理氣論，首先要闡明薛瑄對「理」的涵義界定。作為程朱理學高舉的重要範疇，朱子對「理」進行了多方闡釋並賦與「理」統貫天地萬物的形上本體地位。薛瑄對「理」的涵義界定繼承了程朱，並以「太極即

〔註80〕《曹端集 辯戾》，第23頁。

是理」總括之。其謂：

> 太極者，萬理之總名。〔註81〕
>
> 「太極」者，合天地萬物之理而一名之耳。〔註82〕
>
> 太極者，理之別名，非有二也。〔註83〕
>
> 太極即是理。就太極上愈生議論，去道愈遠。〔註84〕

「太極」是宇宙間天地萬物的形上本體和終極根據。雖然「太極即是理」，「太極」是「萬理之總名」、「理之別名」，但「太極」是就宇宙萬化之總體而言，偏重於「統體之理」、「至極之理」，與「陰陽」相對；「理」則偏重於天地萬物具體之理，與「氣」相對。薛瑄在透徹天地萬物總根源和至極處時言「太極」與「陰陽」，在具體展開宇宙論和天道流行時則言「理」與「氣」，並在具體言「理」時又顯出「太極」所無法呈顯的意義來。薛瑄在讀書二錄中對「理」做過大量的表述，其中有　段較為全面的闡述如下：

> 天地之間，物各有理。理者，其中脈絡條理合當是如此者是也。大而天之所以健而不息，地之所以順而有常，皆理之合當如此也；若天有息而地不寧，即非天地合當之理矣。以萬物觀之，如花木之生，春夏秋冬之各有其時，青黃赤白之各有其色，萬古常然不易，此花木合當之理也；若春夏者發於秋冬，秋冬者發於春夏，青黃者變為赤白，赤白者變為青黃，即非花木合當之理矣。以至昆蟲鳥獸，莫不各有合當之理。以人言之，自一心之所存，以至一身之所具，皆有降衷秉彝之性而不可易者，乃合當如是之理也；不如是，則非人之理矣。以至君之仁，臣之敬，父之慈，子之孝，夫婦之別，皆合當如是之理也；凡此一有不盡，則非人倫合當之理矣。此理之所以「無物不有，無時不然」，「語大，天下莫能載，語小，天下莫能破也。」〔註85〕

從此段論述中可見，薛瑄認為「理」是天地間萬物「其中脈絡條理合當是如此者」，即萬事萬物得以成為其自身並如此周流運作的根據或法則，是「太極」之理的具體化。具體而言，　方面，「理」是萬事萬物產生的根據，「凡大小

〔註81〕《薛瑄全集 讀書錄卷四》，第 1130 頁。

〔註82〕《薛瑄全集 讀書錄卷十一》，第 1272 頁。

〔註83〕《薛瑄全集 讀書錄卷六》，第 1169 頁。

〔註84〕同上。

〔註85〕《薛瑄全集 讀書錄卷一》，第 1022 頁。

有形之物，皆自理氣至微至妙中生出來，以至於成形成著」〔註86〕；另一方面，「理」又是事物「所以然之故」、「所當然之則」和「其中脈絡條理合是如此者」，即事物成為其自身並如此運作的根據。其謂：

理無形，只是事物所當然、所以然者。〔註87〕

理真實無名。既曰理，夫復何言？只是人物之所以然者便是也。〔註88〕

理無方體，無窮盡。〔註89〕

理是天地萬物之極至處，更復何言？〔註90〕

只是合當如是便是理。〔註91〕

「理」無所不在，真實無名，無形無象，是「天地萬物之極至處」，超越時間和空間之限，永恆常存，無生無滅，恒具產生和規定萬物萬事的屬性。如：

理無所不有。如天地之初，都無一物，只有此理，而天地萬物自能生。假使後世天地萬物一時俱盡，而此理既常存，又自能生萬物。可謂萬物必待有種而後能生乎！〔註92〕

「理既常存，又自能生萬物」，超越自在，無所不有。「理」又隱微不可見、微密極難說，貫徹、妙運於天地萬物之中。又如：

一理一切穿透，又不黏帶，其妙不可言。〔註93〕

理極難說，大抵神妙不測，不問遠近、幽深、大小、精粗，無乎不在。〔註94〕

理直是難說，謂無形則須有理，謂有形則又無形，惟默識之可也。〔註95〕

「理」作為貫徹天人、超越而遍在於萬物的天人萬物之總根據，規定、統攝

〔註86〕《薛瑄全集 讀書錄卷二》，第1049頁。
〔註87〕《薛瑄全集 讀書續錄卷七》，第1445頁。
〔註88〕《薛瑄全集 讀書錄卷六》，第1175頁。
〔註89〕《薛瑄全集 讀書錄卷九》，第1250頁。
〔註90〕《薛瑄全集 讀書錄卷六》，第1164頁。
〔註91〕《薛瑄全集 讀書錄卷四》，第1119頁。
〔註92〕《薛瑄全集 讀書錄卷六》，第1181頁。
〔註93〕《薛瑄全集 讀書錄卷六》，第1165頁。
〔註94〕《薛瑄全集 讀書錄卷四》，第1130頁。
〔註95〕《薛瑄全集 讀書錄卷四》，第1119頁。

與貫通天道、人倫和一身百體，自天地流行、萬物生長、四季輪替、昆蟲鳥獸，到人之「一心所存」、「一身所具」之「降衷秉彝之性」，再到君臣、父子、夫婦、朋友之人倫道德規範，「一理一切穿透」，「神妙不測」、「無物不有」、「無時不然」。「理」既是天人萬物存在的根據，更是人倫道德得以成立的依據，使萬物周流運作和人倫日用各有「合當是如此」之理。「理」對萬物的「穿透」與「不黏滯」表現「理」對萬物的統攝，又顯「理」與萬物「體用一源，顯微無間」之融貫義。從而「太極」與「理」作為宇宙萬化和社會人倫的形上根據，成為薛瑄哲學體系得以建構的邏輯起點和基礎，為薛瑄所重視。

3.2.1 理氣先後

　　理氣先後是宋明理學探討的重要命題，朱子將理氣關係作為其哲學體系的重要建構，並對理氣先後問題進行了細緻探討，但其所論並非圓滿無缺。朱子認為「理形而上者，氣形而下者」〔註 96〕，理氣不離亦不雜。然而在理與氣「不離」、「不雜」的關係中，朱子所尤為重視的是理氣之「不雜」，凸顯「理」的絕對形上本體地位。朱子在論證理氣不相離的同時，反覆強調「理」「氣」之間存在形上、形下的根本區別，甚至為凸顯「理」的絕對本體地位，不惜言「理與氣決是二物」。如朱子所言，「所謂理與氣，此決是二物。但在物上看，則二物渾淪不可分開各在一處，然不害二物之各為一物也。若在理上看，則雖未有物，而已有物之理。然亦但有其理而已，未嘗實有是物也」〔註 97〕。朱子本意是突出「理」的絕對形上本體地位，在價值上和邏輯上而非實存意義上講理與氣「決是二物」和「理先氣後」，但這一論定畢竟代表整個朱子理學的核心部分與大要宗旨。朱子在理氣先後問題上，承認理氣在時間上和實然層面一時俱在、渾合無間、無先後可言。《朱子語類》中記載朱子與弟子有關理氣先後的答問如下：

> 　　或問：必有是理然後有是氣，如何？曰：此本無先後可言，然必欲推其所從來，則須說先有是理。然理又非別為一物，即存乎是氣之中；無是氣，則是理亦無掛搭處。〔註 98〕

朱子強調理氣「本無先後可言」，防止截理氣為二，這是從實然層面言。但如

〔註 96〕《朱子語類　卷一》，第 3 頁。
〔註 97〕《朱子全書　朱文公文集卷四十六　答劉叔文》，第 2146 頁。
〔註 98〕《朱子語類　卷一》，第 3 頁。

果僅指出理氣「本無先後可言」，則難明本體之理和實然之氣的形上形下之分，因此須在邏輯上「推其所從來」，亦須在價值上凸顯「理」的優先性，從而明辨理氣先後之別。如：

> 或問：「有是理便有是氣，似不可分先後？」曰：「要之，也先有理。只不可說是今日有是理，明日卻有是氣；也須有先後。且如萬一山河大地都陷了，畢竟理卻只在這裡。」〔註99〕

> 理未嘗離乎氣，然理形而上者，氣形而下者，自形而上下言，豈無先後？〔註100〕

> 未有天地之先，畢竟也只是理，……有理便有氣，流行發育萬物。〔註101〕

朱子認爲雖然「從物上看」即從實然層面言理氣「本無先後可言」，但「從理上看」即「自形而上下言」或從超越的價值層面看，則理氣有鮮明的本末、先後之別。「理」對「氣」具有邏輯上先在性和價值優先性，「理」是形上超越、永恆遍在的，統括一切天地萬事萬物，「氣」則爲「形而下者」，由「理」所派生和規定，有形有象，有始有終。因此，保有濃厚造道意識和宏闊天人視域的朱子一方面承認實然層面的理氣不分，另一方面凸顯「理」之形上超越本體義，並就其整個哲學體系重心而言，尤以形上超越之「理」爲本體，亦以形上之「理」和形下之「氣」爲間架建立哲學體系。朱子對「理」之形上本體義的透見是其對儒學形上義理建構的貢獻。但朱子亦因其對「理」之本體義的著意凸顯而使其成爲「只存有而不活動」的靜態超越之「理」，亦如牟宗三所說「但理」〔註102〕。這一範疇界定自明初開始遭遇到來自程朱理學內部的懷疑與修正，並進而被分蘗扭轉向實然宇宙和內在心性之不同方向。

薛瑄對朱子的理氣關係體認較深，但對朱子理氣關係難以彌合的「縫隙」存在不滿，認爲朱子以「理」爲絕對的形上本體，堅持理與氣的分際，導致「理」無法真正作用並決定形下之氣的產生、存在和變化，存在著不合之處。因此，與朱子堅持「理先氣後」、「理本氣末」的判分不同，薛瑄突出理氣「決不可分先後」〔註103〕、「無須臾之相離」、「真無毫髮之縫隙」、渾然與物無間

〔註99〕《朱子語類 卷一》，第4頁。
〔註100〕《朱子語類 卷一》，第3頁。
〔註101〕《朱子語類 卷二》，第1頁。
〔註102〕《心體與性體》（上），第316頁。
〔註103〕《薛瑄全集 讀書錄卷二》，第1070頁。

的關係，並對朱子「理先氣後」說進行了辯駁，尤其針對於朱子「未有天地之先，畢竟先有此理。有此理便有此天地」〔註104〕之語指出：

> 竊謂理氣不可分先後。蓋未有天地之先，天地之形雖未成，而所以為天地之氣，則渾渾乎未嘗間斷止息，而理涵乎氣之中也。及動而生陽，而天始分，則理乘是氣之動而具於天之中；靜而生陰，而地始分，則理乘是氣之靜而具於地之中。分天分地，而理無不在；一動一靜，而理無不存。以至「化生萬物，萬物生生而變化無窮」。理氣二者蓋無須臾之相離也，又安可分孰先孰後哉？孔子曰「易有太極」，其此之謂與！〔註105〕

朱子「未有天地之先，畢竟先有此理」之語意在顯明「理」對「氣」的形上超越義，凸顯「理」的邏輯現在性和價值優先性，在此意義上，朱子理氣關係確可謂「理先氣後」。薛瑄所理解的朱子「理先氣後」同樣是在邏輯和形上意義上的，並非落在實然層面的曲解。但與朱子重「理」不同，薛瑄所關注的理論重心在實然世界的運作，而非形上義理的凸顯。因此，薛瑄關注形上之「理」的「掛搭」、「止泊」與向實然世界的落實處，並由人極陰陽而至人人萬物、一身百體，無不強調理氣無先後、一體無間之意。薛瑄認為，推極至「未有天地之先」、「沖漠無朕之中」，理氣即一時俱有、不可二分，因此理氣「決不可分先後」、「真實不可分先後」。對「理氣無先後」的強調在讀書二錄中隨處可見，如：

> 理只在氣中，決不可分先後。〔註106〕
>
> 理與氣一時俱有，不可分先後。若無氣，理定無止泊處。〔註107〕
>
> 沖漠無朕之理，與昭然之萬象一時俱有，非先有理而後有象也。〔註108〕
>
> 理氣真實不可分先後。〔註109〕
>
> 理氣間不容髮，如何分孰為先，孰為後？〔註110〕

〔註104〕《朱子語類 卷一》，第 1 頁。
〔註105〕《薛瑄全集 讀書錄卷三》，第 1074 頁。
〔註106〕《薛瑄全集 讀書錄卷四》，第 1120 頁。
〔註107〕《薛瑄全集 讀書續錄卷二》，第 1324 頁。
〔註108〕《薛瑄全集 讀書續錄卷二》，第 1326 頁。
〔註109〕《薛瑄全集 讀書續錄卷二》，第 1329 頁。
〔註110〕《薛瑄全集 讀書錄卷三》，第 1097 頁。

薛瑄「理氣眞實不可分先後」諸說大要皆針對朱子「理先氣後」說而言，顯見其在理氣關係上與朱子之不同。薛瑄承認理氣形上形下之別，但所重者在於實然層面的理氣一時俱有、無分先後。推究至理氣關係的根源處亦即「太極」本體的至極處，可更顯示其與朱子理論重心的不同。在「未有天地之先」、「沖漠無朕之中」即萬物未分未成的宇宙元初狀態中，薛瑄顯發「初無精粗本末之間」並「能爲動靜」的「太極」本體之「即存有即活動」的一體創生義，朱子之「太極」則偏於「只存有不活動」的靜態超越的本體義。薛瑄認爲在「未有天地之先」，構成天地萬物形體之「氣」充塞天地，其所以然之根據之「理」則「涵乎氣之中」，理氣「無須臾之相離」、沒有縫隙、無分先後。朱子則認爲在此極至狀態中「要之，也先有理」。薛瑄在「體用一源，渾合無間」的總體原則下，認爲自太極本體及其從天道領域直貫人道領域、遍在於天人萬物之中，同樣渾合無間、一時俱有、無分先後。如此，薛瑄在理氣關係的根源、根本處確認了「無先後」、「無縫隙」、「無間斷」的屬性，與「無極而太極」的「初無精粗本末之間」相貫通，將朱子所明確堅持的理氣形而上下的「分際」消解，繼「太極能爲動靜」後再次消解了朱子「理」的絕對形上本體地位，顯示出薛瑄彌補朱子理氣先後及形上形下兩世界劃分的「縫隙」、在理氣之間進行溝通的努力，使理氣關係更加圓融貫通，亦凸顯出薛瑄由朱子形上本體論向實然宇宙論之理論重心轉向的跡象。

理氣雖「不可分先後」，但畢竟要在學理上加以辨明。薛瑄也清楚這一點，指出「理氣本不可分先後，但語其微顯，則若理在氣先，其實有則俱有，不可以先後論」〔註111〕，「理、氣雖不可分先後，然氣之所以如是者，則理之所爲也」〔註112〕，「須看無物之先，其理如何？」〔註113〕，又言「太極即理也」〔註114〕，「理爲氣主」，承認「理」對「氣」的形上性、超越性和統攝性。如其謂：

> 理雖微妙難知，實不外乎天地、陰陽、五行、萬物，與夫人倫日用之常，善觀理者與此默識焉，則其體洞然矣。〔註115〕

> 有此理則有此物，及有物，則理又在物中。〔註116〕

〔註111〕《薛瑄全集 讀書錄卷二》，第 1070 頁。
〔註112〕《薛瑄全集 讀書錄卷四》，第 1118 頁。
〔註113〕《薛瑄全集 讀書錄卷七》，第 1192 頁。
〔註114〕《薛瑄全集 讀書續錄卷一》，第 1289 頁。
〔註115〕《薛瑄全集 讀書錄卷四》，第 1123 頁。
〔註116〕《薛瑄全集 讀書錄卷七》，第 1208 頁。

　　　　　理萬古只依舊，氣則日新。〔註117〕

「理」為形上者，「其體洞然」，微妙難知，超越常存，貫徹併發顯於天地、陰陽、五行、萬物以及人倫日用諸形下之「氣」中，即「理為氣主」。可見薛瑄在辨析理氣關係時，強調理氣「不可分先後」，但既未抹煞「理」的「脈絡條理合當是如此者」的形上超越義，又未取消「理」對「氣」的邏輯先在性和價值優先性，不會將本體之「理」與實然之「氣」相混同。但就其哲學天道觀和理氣關係的整體而言，薛瑄的本體意識已明顯弱化，無意強調「理」對「氣」的絕對優先性，而是更多地在氣之「脈絡條理合當是如此者」的實然宇宙論意義上使用「理」，並強調理氣「無縫隙」、「決不可分先後」、「不離不雜」之意，甚至對朱子看重的「理在氣先」只給予了極為有限的肯定，也始終沒有正面表明「理在氣先」。從而可見，薛瑄哲學既不失超越的本體意識，又保有濃厚的實然宇宙關懷，呈現出明顯的一體融貫的思想特徵。

3.2.2 理氣聚散

　　「太極」、「理」統攝天地萬化，天地萬事萬物的生成變化和周流運作則通過本體之理隨具並統攝實然之氣的聚散變化而實現。北宋張載以「太虛」為本體，以「氣」之聚散變化解釋萬物生成變化，認為「太虛不能無氣，氣不能不聚而為萬物，萬物不能不散而為太虛」〔註118〕，其「太虛」本體與聚散變化之「氣」同屬「氣」，因此並無滯礙。朱子在明辨理氣形上形下之分的前提下，指出「夫聚散者，氣也。若理，則只泊在氣上，初不是凝結自為一物。但人分上所合當然者便是理，不可以聚散言也。……氣有聚散，理則不可以聚散言也」〔註119〕。薛瑄繼承朱子理氣聚散之說，吸收張載氣本氣化論，認為「有形者可以聚散言，無形者不可以聚散言」〔註120〕，指出「氣有聚散，而理無聚散」〔註121〕，並以「日光飛鳥」作喻：

　　　　　理如日光，氣如飛鳥。理乘氣機而動，如日光載飛鳥背而飛。
　　　鳥飛而日光雖不離其背，實未嘗與之俱往，而有間斷之處，亦猶氣
　　　動而理雖未嘗與之暫離，實未嘗與之俱盡，而有滅息之時。〔註122〕

〔註117〕《薛瑄全集　讀書續錄卷十一》，第 1485 頁。
〔註118〕《張載集　正蒙　太和篇第一》，第 7 頁。
〔註119〕《朱子語類　卷三》，第 37 頁。
〔註120〕《薛瑄全集　讀書錄卷四》，第 1121 頁。
〔註121〕《明儒學案　河東學案上》，第 112 頁。
〔註122〕《薛瑄全集　讀書錄卷五》，第 1145 頁。

理如「日光」，恆存而遍照世間萬物；天地萬物則如「飛鳥」，受日光的照射，為形上之理統攝與遍照。但萬物所稟之氣各有偏全之不同，因此所受「日光」亦有不同。飛鳥存在時，日光不離其背，即「理」遍在於形下之「氣」中，與「氣」不相離；飛鳥消失，日光卻並不與其一同消失，即「氣」有生滅、有窮盡，「理」為超越並遍在於「氣」的形而上者，具有相對於「氣」的獨立性和優先性，萬古長存沒有消息。薛瑄以此「日光飛鳥」之喻明晰「理氣無間斷」和「氣有聚散，理無聚散」之理氣不離不雜的關係，強調聚散變化只是形下之「氣」的屬性，如「細看天地萬物，皆氣聚而成形」〔註123〕，形上之「理」則獨立、超越於氣之聚散變化，恆存遍在，對形下實然之「氣」具有統攝、規定作用，並與形下之「氣」相即不離。對於薛瑄此喻所示之理氣關係，明中葉的羅欽順更進一步發展，認為「氣之聚便是聚之理，氣之散便是散之理。惟其有聚有散，是乃所謂理也」〔註124〕，指出「氣」之聚散變化的本身是「理」，「理」存在於實然之「氣」的聚散變化過程中，並不是在超越於形下之「氣」的統攝者。因此，羅欽順認為薛瑄「日光飛鳥」之喻仍未免以「理」、「氣」為二物。其評薛瑄曰：

> 薛文清《讀書錄》甚有體認工夫，然亦有未合處。所云「理氣無縫隙，故曰道亦器，器亦道」，其言當矣。至於反覆證明氣有聚散，理無聚散之說，愚則不能無疑。夫一有一無，其為縫隙也大矣，安得謂之器亦道，道亦器耶？蓋文清之於理氣，亦始終認為二物，故其言未免時有窒礙也。〔註125〕

羅欽順將「理」完全融貫、依附於「氣」之聚散變化中，批評薛瑄雖言「理氣無縫隙」，但終未解決理氣「為二物」的問題。薛瑄確以理氣「不相離」、「無先後」、「無縫隙」為重要觀照，但並未失其超越的形上本體意識，承認「太極」、「理」相對於「氣」的形上性、統攝性、超越性和優先性，從而以「日光飛鳥」表明理氣之間「不離」、「不雜」的關係。羅欽順則比薛瑄更徹底地突出理氣渾一、消理歸氣，將朱子具有絕對形上本體義的「理」消落於實然之「氣」的聚散變化、生滅流行過程中，也將朱子高揚和薛瑄所保留的「理」的超越本體義消解，全然落向實然之「氣」一邊。此種意義上的理氣渾一，

〔註123〕《薛瑄全集 讀書錄卷四》，第1119頁。
〔註124〕〔明〕羅欽順：《困知記 卷下》，北京：中華書局，1990年版，第39頁。
〔註125〕《明儒學案 諸儒學案》，第421～422頁。

雖然似乎克服了「截理氣爲二物」之弊，但未免將理氣並作一物，將程朱所著意透見的儒家形上本體消歸於實然之氣，未免所見「不明」。有如吳孟謙所言，羅欽順「不留餘地的將理氣說成是一物，用心雖苦，卻不免在言語上拘執太過、不若敬軒融通」〔註126〕。明末黃宗羲也在《明儒學案》中對於薛瑄「日光飛鳥」之喻提出了質疑：

> 羲竊謂理爲氣之理，無氣則無理，若無飛鳥而有日光，亦可無日光而有飛鳥，不可爲喻。蓋以大德敦化者言之，氣無窮盡，不特理無聚散，氣亦無聚散也。以小德川流者言之，日新不已，不以已往之氣，爲方來之氣，亦不以已往之理，爲方來之理，不特氣有聚散，理亦有聚散也。」〔註127〕

黃宗羲與明末其他儒者一樣皆將「理」理解爲「氣之理」，取消了天道觀中「理」的超越性和形上性，並依此指薛瑄分理氣以爲二物。因此，黃宗羲與羅欽順一樣未免在理氣關係上將偏落向實然之氣，見「理」不融通，論理不完備。薛瑄自太極本體而至天地萬物、人倫身心皆在在突出「理氣無縫隙」之一體渾融的整體意識，反對分理氣爲二物，其「日光飛鳥」之喻、「理氣無間斷」和「理無聚散，氣有聚散」之說則保持了「理」的形上超越性和實然理氣「未嘗暫離」的雙向觀照，其仍在自覺地對程朱及宋代理學進行全面的繼承與融合，保留程朱理學「理」之超越本體使之不致完全滑落至實然之氣和自然人性，從而在形上本體論與實然宇宙論之間保持了一種平衡和兼取，更顯圓融和通達。

從「氣有聚散，理無聚散」出發，薛瑄反覆強調形下可見之「氣」的聚散變化和形上超越之「理」的規定與統攝。薛瑄指出，形下之「氣」的聚散變化、消息盈虛形成天地萬事萬物並產生萬物善惡精粗之不齊，而「氣」之所以如是聚散變化的主宰與統攝則是超越形上之「理」，即「理爲氣主」。薛瑄強調「消息盈虛，皆氣之流行，而理爲之主也」〔註128〕，「天下古今萬物萬事，皆陰陽之變化，而理爲之主」〔註129〕，「理爲主，氣爲客，客有往來，皆主之所爲，而主則不與俱往」〔註130〕，「天地間只一動一靜，而理爲之主。萬

〔註126〕 《默識天人之際——薛敬軒理學思想探微》，第 57 頁。
〔註127〕 《明儒學案 河東學案上》，第 112 頁。
〔註128〕 《薛瑄全集 讀書續錄卷四》，第 1389 頁。
〔註129〕 《薛瑄全集 讀書續錄卷一》，第 1301 頁。
〔註130〕 《薛瑄全集 讀書錄卷五》，第 1148 頁。

化皆由是出，萬物皆由是生」〔註131〕，「『天之生物，一本。』故理無不同」〔註132〕。薛瑄也一再強調形下之「氣」萬變不齊、有生有滅、有聚有散，形上之「理」則自在完滿、「一定不易」、常存不變、超越遍在，具有相對於實然之氣的獨立性。其謂「此理爲氣所挾持，或善或惡，至於萬變之不齊，而其體則一也」，「萬變不齊者，皆氣之所爲，而理則自若也」〔註133〕，「理本齊，而氣不齊」〔註134〕，「氣則萬變不齊，理則一定不易」〔註135〕，又言「理無窮氣亦無窮，但理無改變而氣有消息。如溫熱涼寒，氣也；所以溫熱涼寒，理也。溫盡熱生，熱盡涼生，涼盡寒生，寒盡溫復生，循環不已，氣有消息，而理則常主消息而不與之消息也。『氣有聚散，理無聚散』，於此又可見」〔註136〕，「所以陰陽變易者，固理之所爲，而理則一定而不易，所謂『恒』也」〔註137〕，「氣有消息，理無窮盡」〔註138〕，「消息者氣，所以消息者理」〔註139〕，「理既無形，安得有盡？〔註140〕」，「萬化常自然，理自如此」〔註141〕。可見薛瑄之理氣關係中，「氣」有聚散變化、偏全不齊、消息盈虛，爲形上之「理」所統攝；形上之「理」則作爲超越之本體統攝、規定「氣」之聚散變化，但「理」之本身則恒常不易、超越遍在，因此理氣既不相雜，又不相離，一體無間。

3.2.3 理氣無間

在薛瑄哲學整體天人視域中，「天理」、「天命」之流行，或曰「大德之敦化」之「於穆不已」、「隨處充滿」、「純粹至善」是其天人建構、名義分辨、工夫踐履和境界通達的出發點和觀照視野。在此視域下主體可體「萬物一體之仁」、「天地萬物畢貫爲一」，見理氣「渾渾然」、「無縫隙」、「無間斷」、「無先後」。首先，薛瑄認爲「天理」或「天命」是天地萬化流行的根源，至善無

〔註131〕《薛瑄全集 讀書續錄卷四》，第 1404 頁。
〔註132〕《薛瑄全集 讀書續錄卷四》，第 1403 頁。
〔註133〕《薛瑄全集 讀書錄卷五》，第 1151 頁。
〔註134〕《薛瑄全集 讀書錄卷五》，第 1152 頁。
〔註135〕《薛瑄全集 讀書錄卷四》，第 1130 頁。
〔註136〕《薛瑄全集 讀書錄卷六》，第 1162 頁。
〔註137〕《薛瑄全集 讀書錄卷六》，第 1170 頁。
〔註138〕《薛瑄全集 讀書錄卷九》，第 1251 頁。
〔註139〕《薛瑄全集 讀書錄卷五》，第 1145 頁。
〔註140〕《薛瑄全集 讀書錄卷四》，第 1121 頁。
〔註141〕《薛瑄全集 讀書錄卷六》，第 1170 頁。

僞，其言「天命即天理也」〔註142〕，「天命之流行，即天理之流行也」，「元亨利貞之流行，即天理之流行，無一息之間斷，無一毫之欠缺。所謂『天理流行，隨處充滿』，可以心悟，不可以目睹也」〔註143〕。「天理」流行，萬物稟氣賦形，構成天地萬物基本要素之「理」、「氣」一時完具，同時存在，充塞天地萬物。薛瑄指出：

> 渾渾然理氣無窮盡，無方體，而天地萬物畢貫爲一。〔註144〕
>
> 上下四方，理氣充塞，無窮盡，無方體。〔註145〕
>
> 天地萬物，渾是一團理氣。〔註146〕
>
> 天地間無別事，只一理、陰陽、五行化生萬物而已。〔註147〕
>
> 天下無無理之物，亦無無物之理。〔註148〕

又謂：

> 人與天地萬物，混然一理一氣，但分有不同耳。〔註149〕
>
> 理氣之外無一物。易是氣，道是理，隨時變易以從道。氣在是，而理亦在是也。如人之一動一靜，易也。動靜合理，即從道也。〔註150〕
>
> 天地間只有理氣而已，其可見者氣也，其不可見者理也。〔註151〕

從天地大化流行而言，宇宙天地間無非一理一氣之充塞周流，「渾渾然理氣無窮盡，無方體」。而薛瑄所極爲重視的周子《太極圖》所示太極、陰陽、五行、萬物之生化圖式同樣「一言以蔽之，曰理氣而已」〔註152〕。充塞天地之「理」、「氣」不雜不離，理爲本氣爲末，故「不雜」，理氣一時俱在、理規定氣、氣涵具並彰顯理，故「不離」。對於理氣之「不離不雜」，薛瑄隨處強調，並尤重理氣「不離」與「無間」義。如其謂「天理流行，即陰陽動靜而太極無不

〔註142〕《薛瑄全集 讀書續錄卷一》，第 1310 頁。
〔註143〕《薛瑄全集 讀書續錄卷二》，第 1322 頁。
〔註144〕《薛瑄全集 讀書續錄卷二》，第 1326 頁。
〔註145〕《薛瑄全集 讀書錄卷十》，第 1266 頁。
〔註146〕《薛瑄全集 讀書錄卷三》，第 1081 頁。
〔註147〕《薛瑄全集 讀書錄卷四》，第 1123 頁。
〔註148〕《薛瑄全集 讀書錄卷七》，第 1193 頁。
〔註149〕《薛瑄全集 讀書續錄卷十》，第 1476 頁。
〔註150〕《薛瑄全集 讀書續錄卷七》，第 1386 頁。
〔註151〕《薛瑄全集 讀書錄卷一》，第 1017 頁。
〔註152〕《薛瑄全集 讀書錄卷三》，第 1073 頁。

在，理雖不雜乎陰陽，亦不離乎陰陽也」〔註153〕，「理雖不雜乎氣，亦不離乎氣」〔註154〕，「蓋理氣雖不相雜，亦不相離，天下無無氣之理，亦無無理之氣，氣外無性，性外無氣，是不可『二之』也。若分而『二之』，是有無氣之性，無性之氣矣」〔註155〕。雖然在邏輯分辨上，形上超越、規定並統攝事物「合當是如此」之「理」與形下可見之「陰陽」與「氣」分屬不同的層域而不雜，但二者「亦不相離」，不可二之，即「天下無無理之物，亦無無物之理」，理不離氣，氣不離理。可見在理氣關係中，與朱子重視理氣形上形下之分辨不同，薛瑄所尤其重視的是理氣相即不離、一體無間義。其指出：

> 理氣密匝匝地，眞無毫髮之縫隙。〔註156〕
>
> 理氣無縫隙，故曰「器亦道也，道亦器也。」〔註157〕
>
> 渾然天理，而與物無間。道、器合一也。〔註158〕
>
> 一氣一理，渾然無間。萬物各得一氣一理，分之則殊，合之則一。〔註159〕
>
> 無大，無小，無內，無外，一以貫之。〔註160〕
>
> 太極即在陰陽之中，陰陽不在太極之外，理氣渾然而無間。若截理氣爲二，則非矣。〔註161〕

天地萬事萬物均由理氣構成，「渾然天理」與其所統攝之萬物合一無間。自天道而至人道，萬事萬物之理氣「密匝匝地，眞無毫髮之縫隙」，渾然無間，一以貫之。因此由太極與陰陽不離，故理氣不離、道器不離，故性氣不離、動靜不離。從而薛瑄哲學理氣先後、理氣聚散、理氣動靜諸問題，及性氣關係、本體與工夫等問題，均凸顯出理氣渾融無間的特質，亦體現出「體用一源，顯微無間」之意，凸顯理氣之間互相涵有、即體即用的關係，因此處處見天人一貫、渾合無間、渾然一體之妙。

薛瑄以「天地萬物畢貫爲一」、「初無精粗本末之間」之「太極」本體的

〔註153〕《薛瑄全集 讀書續錄卷二》，第1332頁。
〔註154〕《薛瑄全集 讀書錄卷五》，第1151頁。
〔註155〕《薛瑄全集 讀書續錄卷十二》，第1491頁。
〔註156〕《薛瑄全集 讀書錄卷八》，第1228頁。
〔註157〕《薛瑄全集 讀書錄卷六》，第1164頁。
〔註158〕《薛瑄全集 讀書續錄卷一》，第1315頁。
〔註159〕《薛瑄全集 讀書續錄卷一》，第1298頁。
〔註160〕同上。
〔註161〕《薛瑄全集 讀書續錄卷一》，第1285頁。

包涵理象、不離陰陽、渾融無間的屬性，形成「理氣無縫隙」的整體宇宙意識，並自「太極」本體而至天地萬物、人倫日用、一身百體，無不凸顯渾融一貫、一體無間之義。其云：

> 太極本無極，初無精粗本末之間。則理、氣不相離者，可見矣。〔註 162〕

> 沖漠無朕而萬象昭然已具。蓋才有理即有象，初非懸空之理與象分而爲二也。〔註 163〕

> 太極在陰中，其體立；太極在陽中，其用行。太極隨陰陽而無不在，果不可分也。〔註 164〕

在「初無精粗本末之間」、「沖漠無朕」、陰陽未判、混沌未開的宇宙初始狀態中，「太極」與「陰陽」、「理」與「氣」即渾然一體、本末無間、毫無縫隙、不可二分。天人一理，故由「太極」之渾然一體決定埋氣、天人萬物、身心性命之一體無間：

> 周子曰：「太極動而生陽，靜而生陰。」朱子解曰：「太極，本然之妙也；動靜，所乘之機也。」是太極即在陰陽之中。周子又曰：「陽變陰合而生水火木金土。」朱子解曰：「五行各一其性，而渾然太極之全體無不各具於其中。」是太極即在五行之中也。以太極生兩儀言之，兩儀、陰陽而太極無不在，即所謂「太極，本然之妙也；動靜，所乘之機也。」以兩儀生四象言之，四象即水、火、木、金，而太極無不在，即所謂「五行各一其性，而太極渾然之全體無不各具於一物之中」也。由八卦至六十四卦，三百八十四爻，每卦每爻，無非奇偶陰陽，卦卦有太極，爻爻有太極，氣之所在，理隨在焉，夫豈有虧欠間隔哉？〔註 165〕

太極爲至理，形而上者；陰陽爲可見之氣，形而下者。太極不離陰陽，理不離氣。太極與陰陽、動靜之間密切無間隔，太極爲「渾然之全體」、「本然之妙」，其動其靜生陽生陰，又同時存在於實然的陰陽、五行、萬物變化過程中，因此太極與陰陽五行、本體與實然萬物相即不離、元無間隔。推之於天地萬事萬物周流運行、動靜變化的始終，萬物中有太極，太極中有萬物，氣中有

〔註 162〕《薛瑄全集　讀書續錄卷二》，第 1344 頁。
〔註 163〕《薛瑄全集　讀書續錄卷一》，第 1324 頁。
〔註 164〕《薛瑄全集　讀書續錄卷四》，第 1403 頁。
〔註 165〕《薛瑄全集　讀書續錄卷一》，第 1308 頁。

理，理中尤有氣，理氣相即不離、無間無隔。即如其所言「太極，理也，生物之本；陰陽五行，氣也，生物之具。男女萬物皆自此出，而理氣則渾融無間也」〔註166〕，「五行之外無陰陽，陰陽之外無太極，太極之外無性與天道。精粗本末，渾然一致也」〔註167〕，「性，天道，太極，陰陽，五行，渾然理氣無間也」〔註168〕。從而相較而言，朱子重理氣形上形下之別和理氣之「不雜」，突出的是「理」的形上超越性；薛瑄則在保持「理」的形上超越義，避免將混理氣爲一物的前提下，重視理氣之「無縫隙」、「無間斷」、「不相離」，突出理與氣之相融無間、一體不分，顯示出向實然宇宙論轉向的趨向。

3.2.4 理在氣中

　　薛瑄在本於程朱、保留形上本體之「太極」與「理」的同時，吸收張載「太虛即氣」和氣本氣化思想，將實然宇宙作爲重要關懷向度，消解「理」的形上本體義，提升實然之「氣」的地位，以「陰陽」與「氣」的周流變化解釋天地萬物的變化流行、社會倫常與一身百體之運。在「太極能爲動靜」和「理氣無縫隙」的宇宙論統攝下，薛瑄從天地萬化的實然層面將「氣」作爲天地萬物產生的始源，指出「天地萬物一氣之流行」、「理只在氣中」、「一氣流行，一本也」〔註169〕，以實體之氣解釋實然宇宙的變化流行。薛瑄指出：

> 原夫前天地之終靜，而太極已具；今天地之始動，而太極已行。是則太極或在靜中，或在動中，雖不雜乎氣，亦不離乎氣。若以太極在氣先，則是氣有斷絕，而太極別爲一懸空之物，而能生夫氣矣。是豈「動靜無端，陰陽無始」乎？以是知前天地之終，今天地之始。氣雖有動靜之殊，實未嘗有一息之斷絕，而太極乃所以主宰流行乎其中也。」〔註170〕

從宇宙萬化之根本講，「氣」雖有動靜變化之殊，「實未嘗有一息之斷絕」。薛瑄所論「氣有消息」，實由氣之聚散變化而成之有形之物，自有清濁偏全與消息生滅，然「氣」之總體並無所謂消息斷絕，而是貫徹古今、充塞天地、流

〔註166〕《薛瑄全集 讀書錄卷十》，第 1265 頁。
〔註167〕《薛瑄全集 讀書續錄卷五》，第 1422 頁。
〔註168〕《薛瑄全集 讀書續錄卷三》，第 1372 頁。
〔註169〕《薛瑄全集 讀書錄卷三》，第 1077 頁。
〔註170〕《薛瑄全集 讀書錄卷三》，第 1074 頁。

行不息，與張載「太虛」有相通意蘊。薛瑄論「氣」有兩方面涵義，一是從實然天地萬化方面「天地萬物一氣流行」，二是在氣本氣化過程中「理只在氣中」。

　　從天地萬物的生成變化之實然方面看，薛瑄認爲可見的天地萬事萬物、萬變萬化本身「純是氣化」，皆以「一氣流行」爲「一本」〔註171〕，即「本一氣而有動靜耳」〔註172〕。其謂：

　　　　天地之初，人物無種，純是氣化；自人物有種之後，則形化雖盛，而氣化亦未嘗息。自今觀之，人與禽獸、五穀之類，凡有種者皆形化，至若昆蟲、草木之類，無種而生者尚多。試以一片白地驗之，雖掘至泉壤，暴曬焚燒其土，俾草木之遺種根蘖皆盡，然一得雨露滋澤，風日吹晅，則草木復生其處，此非氣化而何？又若腐草爲螢，朽木生蠹，濕氣生蟲，人氣生蝨之類，無非氣化也。〔註173〕

實然之氣充塞天地、周流不息，構成有形萬事萬物，萬物之生成變化皆氣化爲之。薛瑄又指出「天地間只一氣，因有動靜，故有陰陽剛柔之分」〔註174〕，「遍天下皆氣之充塞，而理寓其中」〔註175〕，「陰陽之外無一物」〔註176〕，「『在天成象，在地成形』，皆一氣也」〔註177〕。薛瑄又因讀張載「天地之塞，吾其體」之「塞」字，「益知上下四方氣之充塞無絲毫之空隙」〔註178〕。天地萬物的變化生滅、流行運作皆是「氣」之變化，其謂「統天地萬物，一氣之變化」〔註179〕，「五行之氣，只是陰陽二氣，而陰陽二氣又只是一氣分動靜耳」〔註180〕。而氣化的動因則爲「氣機」，即「萬物皆氣機之所爲」〔註181〕，「氣機」作用使「氣」凝聚形成有形萬物，並產生萬物善惡、精粗之不齊，使萬物依自身氣稟盛衰消息，如「萬物皆氣之凝聚，而理亦賦焉」〔註182〕，「萬物善惡、

〔註171〕《薛瑄全集 讀書錄卷三》，第 1077 頁。
〔註172〕《薛瑄全集 讀書續錄卷六》，第 1440 頁。
〔註173〕《薛瑄全集 讀書錄卷四》，第 1126 頁。
〔註174〕《薛瑄全集 讀書續錄卷一》，第 1301 頁。
〔註175〕《薛瑄全集 讀書錄卷一》，第 1019 頁。
〔註176〕《薛瑄全集 讀書錄卷十》，第 1259 頁。
〔註177〕《薛瑄全集 讀書續錄卷四》，第 1398 頁。
〔註178〕《薛瑄全集 讀書錄卷十》，第 1262 頁。
〔註179〕《薛瑄全集 讀書續錄卷一》，第 1301 頁。
〔註180〕《薛瑄全集 讀書續錄卷三》，第 1363 頁。
〔註181〕《薛瑄全集 讀書錄卷七》，第 1197 頁。
〔註182〕《薛瑄全集 讀書續錄卷四》，第 1393 頁。

精粗不齊者，皆氣之爲也」〔註183〕，「一盛一衰，一消一息，氣化之自然也」〔註184〕。由於「氣機」作用永恆無息，天地間萬物之聚散變化亦生意無窮、周流不息，如薛瑄所言：

> 氣機無須臾之止息。如雲在空中飛揚，上下浮遊往來，萬起萬滅，頃刻不暫停止，亦可見其一端。〔註185〕

> 天地間遊塵紛擾，無須臾止息，無毫髮間斷，是皆氣機使然，觀日射窗屋之間可見。因有詩曰「日射屋山內，煙華幾丈虹。遊塵從此見，長滿太虛中」。〔註186〕

薛瑄認爲天地間「皆氣之充塞」及其「太虛」之語應源自張載，其所描述「沖漠無朕」、「遊塵紛擾」、「無須臾止息」、「無毫髮間斷」，萬物渾然未成之狀態，亦與張載「太虛」相通。天地萬物的產生、萬事萬物之善惡精粗不齊皆由充塞天地，周流不息之「一氣」的動靜、聚散、變化即「氣機」使然。可見薛瑄所言之「氣」既有統括天地萬物之義，又有流行運作、聚散變化的能動義，因此「氣」之充塞周流更顯道體意蘊。如薛瑄所言「無物非氣，無氣無道」〔註187〕，「充滿天地皆元氣流行，此仁道所以爲大也」〔註188〕，「氣化流行未嘗間斷，可見道體無一息之停」〔註189〕，從而「氣本」與「氣化」之流行充塞天地，呈現出「於穆不已」、「生生不息」之「道體」和大道流行之滾滾不已、毫無間斷。

從形上超越之「太極」與「理」之層面而言，薛瑄認爲「太極」與「理」雖爲天地萬事萬物「合當是如此者」並統攝天地萬物，但「理只在氣中」。「理」並不是憑空存在、孤懸空洞的範疇，而是「掛搭」在「氣」上，「止泊」於「氣」中才有所著落和依存，同時主體也只有透過實然之「氣」才能識得其背後所依據之理，並使其在人生日用層面具有真實的意義，因此「理只在氣中」，與實然之氣體用不二、一時俱有、不可分割，自「太極」、「陰陽」而至天地萬物無不如此。薛瑄指出：

〔註183〕《薛瑄全集 讀書錄卷十》，第1258頁。
〔註184〕《薛瑄全集 讀書錄卷六》，第1180頁。
〔註185〕《薛瑄全集 讀書錄卷七》，第1188頁。
〔註186〕《薛瑄全集 讀書錄卷十》，第1268頁。
〔註187〕《薛瑄全集 讀書續錄卷十》，第1472頁。
〔註188〕《薛瑄全集 讀書續錄卷一》，第1306頁。
〔註189〕《薛瑄全集 讀書續錄卷六》，第1442頁。

　　　　蓋未有天地之先，天地之形雖未成，而所以爲天地之氣，則渾
　　渾乎未嘗間斷止息，而理涵乎氣之中也。及動而生陽，而天始分，
　　則理乘是氣之動而具於天之中；靜而生陰，而地始分，則理乘是氣
　　之靜而具於地之中。〔註190〕

推本至「未有天地之先」，其「所以爲天地之氣」則「渾渾乎未嘗間斷止息」，
此時「理」即已「涵乎氣之中」，無間斷止息。在陰陽動靜、分天分地、化生
萬物之實然過程中，則「理」乘「是氣」之動靜變化而隨具於有形萬事萬物
中，從而理氣未嘗相離。又如：

　　　　太極，理也；陰陽，氣也。理只在氣中，非氣之外懸空有太極
　　也。〔註191〕

　　　　理即在氣中，不可脫去氣而言理。〔註192〕

　　　　太極不離陰陽，爲陰陽中之理。〔註193〕

　　　　太極不在陰陽外。〔註194〕

「太極」只在「陰陽」中，「理」只在「氣」中，「太極」與「陰陽」、「理」
與「氣」既不可分先後，又無須與相離。若無「氣」則「理」既無法獨立存
在，又無從彰顯呈現。因此，薛瑄認爲天地萬物「一本」於「氣」，天地萬物
同本於理，即「萬物惟其同一氣，故皆同一理」〔註195〕。

　　薛瑄從實然宇宙論層面闡明宇宙萬化「一氣流行，一本也」，對「氣」表
示了極大的推重。薛瑄認爲統體之氣（太虛）「無毫髮間斷」、「無須臾止息」，
氣之聚散變化形成天地萬物並使萬事萬物精粗美惡不齊，形上之理則「只在
氣中」，與氣相合不離。相較朱子而言，薛瑄重氣有其特殊意義。薛瑄在有限
的程度上一方面消解朱子所高揚的「理」的本體地位，另一方面抬高實然之
「氣」的地位，在保持朱子形上本體意識的同時，凸顯理氣關係重心的轉向
和理氣合一的宗旨，並儘量達致理氣之間的平衡，可謂繼曹端之後開啓程朱
理學內在轉向之路。這在明初朱學獨尊、思想專制的環境中是甚爲難得的，

〔註190〕《薛瑄全集　讀書錄卷三》，第 1074 頁。
〔註191〕《薛瑄全集　讀書續錄卷二》，第 1324 頁。
〔註192〕《薛瑄全集　讀書續錄卷七》，第 1446 頁。
〔註193〕《薛瑄全集　讀書錄卷三》，第 1074 頁。
〔註194〕《薛瑄全集　讀書錄卷十一》，第 1277 頁。
〔註195〕《薛瑄全集　讀書續錄卷一》，第 1298 頁。

具有開端明代重氣之風的作用。同時，薛瑄亦能自覺體證朱子本義，保持形上超越意識，不若明中後期的羅欽順、王廷相、王夫之等人則愈加偏落實然之氣一邊，最終全然取消了朱子形上本體之「理」，偏離了程朱理學的核心，走向以「氣」爲本的明代「氣學」。

　　儘管如此，從整個哲學體系建構而言，薛瑄哲學並非「氣本論」〔註196〕。薛瑄指出，「氣機之運必無差爽，但其理微，而人自不察耳」〔註197〕，「是皆物形雖異而理則同」〔註198〕，因此微密、統體之「理」是「氣」之運動變化背後更爲根本的存在。在理氣對言時，薛瑄十分突出理氣「無縫隙」、「無先後」、「無間斷」，但亦以「理」爲本、「氣」爲末，如其所言「以氣中有太極，則可，以氣即太極，則不可」〔註199〕，保持住了「理」之形上本體義和朱子的超越意識，是對程朱理學的內在繼承。

3.2.5 理一分殊

　　「理一分殊」〔註200〕是程頤在概括張載《西銘》思想意蘊時提出來的，程頤指出：

> 《西銘》明理一而分殊，墨氏則二本而無分（老幼及人，理一也，愛無差等，本二也）。分殊之蔽，私勝而失仁；無分之罪，兼愛而無義。分立而推理一，以止私勝之流，仁之方也；無別而迷兼愛，至於無父之極，義之賊也。〔註201〕

張載《西銘》「天地之塞吾其體，天地之帥吾其性」、「民吾同胞，物吾與也」、尊長慈幼等語體現出天地萬物同源一德、同屬一氣的思想，程頤以「理一分

〔註196〕有學者認爲薛瑄爲「氣本論」，如施忠連在潘富恩等主編的《中國學術名著提要 哲學卷》中，認爲薛敬軒是「氣本論」。但若就薛瑄哲學整體建構來看，「理」爲形而上者，「氣」爲形而下者，形上之「理」規定、統攝形下之「氣」，其「一氣流行，一本也」之論是在實然層面對萬物變化流行的考察，所謂「氣本」也僅在實然宇宙層面成立，因此就其哲學根本而言仍爲「理」本論。但薛瑄哲學重「氣」傾向在明初諸儒中是非常突出的，具有彰顯程朱理學嚮明代氣學轉變的早期痕跡。

〔註197〕《薛瑄全集 讀書錄卷七》，第1199頁。

〔註198〕《薛瑄全集 讀書錄卷六》，第1173頁。

〔註199〕《薛瑄全集 讀書錄卷十一》，第1479頁。

〔註200〕關於「理一分殊」，可參見蒙培元：《理學範疇系統》，北京：人民出版社，1989年版，第77頁。

〔註201〕《二程集 河南程氏文集卷第九 答楊時論西銘書》，第609頁。

殊」概括《西銘》之旨，認爲其以「基本的道德原則表現爲不同的具體規範」〔註202〕，闡明「萬物一體之仁」的「理一」（普遍的道德原則）和具體有序的人倫道德之「分殊」（具體的道德規範）之間的統一關係。朱子發展了程頤這一思想，既在倫理學意義上、又結合周子《太極圖說》在本體論和宇宙論意義上使用「理一分殊」，並融合佛教「一即一切、一切即一」和「月印萬川」思想，提出「統體一太極」、「一物一太極」之說〔註203〕，言「天地之間，人物之眾，其理本一，而其分未嘗不殊也」〔註204〕，「理氣在天地，爲公共之物；一麗於形，則萬殊矣」〔註205〕，闡發形上本體之理與萬物各具之理之間一本萬殊的關係。

　　薛瑄對張載和程朱「理一分殊」思想頗爲重視，並潛玩默會，屢加闡發，突出「統體之太極」與「各具之太極」、「統體之理」與「各具之理」之間的「理一分殊」關係。薛瑄強調「天地間理無縫隙，實不可分」〔註206〕，「人物從天地大化之本原來，故天人一理」〔註207〕，認爲由於人物皆出於天地大化之本原，故天人萬物具有共同的形上根據——「太極」、「理」，因此「物我彼此渾然」，天人萬物「渾合無間」。但萬物所稟受於天之「氣」有清濁偏全之不同，從而萬物所涵具之理各有分殊，即「其中自有條理」、「所得之分各殊」。薛瑄指出：

> 　　人物皆得天地之氣以成形，所謂「天地之塞，吾其體」；皆得天地之理以成性，所謂「天地之帥，吾其性」。體、性，人與物皆同，所謂「理一」也。然人得其氣之正而理亦全，而物得氣之偏而理亦偏。聖人尤得其氣之最清最秀者，故性極其全，與天地合德。賢者稟氣次乎聖人，故其德出乎凡民，皆「分殊」也。〔註208〕

薛瑄認爲《西銘》的「天地之塞」作爲一種實體構成天地萬物的形體，「天地之帥」作爲一種精神成爲天地萬物的本性，並由氣稟之偏全而有人物之異，由得氣之清濁而有人之賢愚通塞之別。自宇宙大視野而言，「天地萬物，分明

〔註202〕陳來：《朱子哲學研究》，上海：華東師範大學出版社，2009 年版，第 112 頁。
〔註203〕《周敦頤集　太極圖說》，第 6 頁。
〔註204〕《朱子全書　第六冊　孟子或問卷一》，第 925 頁。
〔註205〕《薛瑄全集　讀書錄卷三》，第 1076 頁。
〔註206〕《明儒學案　河東學案上》，第 124 頁。
〔註207〕《薛瑄全集　讀書續錄卷十一》，第 1483 頁。
〔註208〕《薛瑄全集　讀書錄卷十》，第 1262 頁。

一體」，因此主體之人須提斯道德本心，以張子「民胞物與」和程子「天地萬物一體之仁」的境界求仁、踐仁，以實現太虛之湛然和天理之渾全。薛瑄又謂：

> 萬物皆自「天地之塞、之帥」來，所謂一理也。至散而爲萬物，則分殊矣。〔註209〕

> 萬物各具一理，物物各具一太極也；萬理同出於一原，萬物統體一太極也。〔註210〕

> 物我彼此渾然一理，但所得之分各殊耳。〔註211〕

> 天地人物之理渾合無間，但其中自有條理，所謂「理一分殊」也。〔註212〕

> 渾然一理至大，而燦然條理至密。〔註213〕

「統體之理」至大無外、貫徹天人、渾然一體、渾合無間，隨具在有形萬物之中則「燦然至密」、「各有分殊」，爲「分殊之理」，此即「理一分殊」。薛瑄亦承朱子「月映萬川」形容「太極」或「至極之理」與眾理的關係，謂：

> 先儒「月映萬川」之喻，最好喻太極。蓋萬川總是一月光，「萬物統體一太極也」；川川各具一月光，「物物各具一太極」也。其統體之太極，即各具之一本；其各具之太極，即全體之萬殊。非有二太極也。〔註214〕

又謂：

> 太極之理，其大無外，其小無內，上下四方無一毫空缺之處，而天地萬物自不能外，此太極常包涵乎天下萬物，如大海之水包涵夫水之百物，所謂「萬物統體一太極」也。就天地萬物觀之，各有一太極，如海中之百物各得海水之一，所謂「萬物各具一太極」也。〔註215〕

作爲形上本體的「太極之理」統攝「天地萬物」，自天理至人道，「無一毫空

〔註209〕《薛瑄全集 讀書續錄卷四》，第1405頁。
〔註210〕《薛瑄全集 讀書錄卷七》，第1192頁。
〔註211〕《薛瑄全集 讀書續錄卷二》，第1333頁。
〔註212〕《薛瑄全集 讀書續錄卷二》，第1335頁。
〔註213〕《薛瑄全集 讀書續錄卷四》，第1397頁。
〔註214〕《薛瑄全集 讀書錄卷九》，第1243頁。
〔註215〕《薛瑄全集 讀書續錄卷一》，第1307頁。

缺處」。具體而言，「分殊之理」包括天人萬物及人倫日用、一身百體。薛瑄指出：

> 統天地萬物言之，一理也；天地萬物各有一理，分殊也。就天言之，天，一理也；而天之風、雲、雷、雨之屬各有一理，其分殊也。就地言之，地，一理也；而地之山、川、草、木之類各有一理，其分殊也。就人一家言之，一理也；而人之父子、夫婦、長幼之類各有一理，分殊也。就人一身言之，一理也；而四肢、百骸各有一理，分殊也。就一國天下言之，莫不皆然。就一草一木言之，一理也；而枝幹花葉之不同，分殊也。「理一」行乎分殊之中，「分殊」不在「理一」之外，「一本萬殊，萬殊一本」也。〔註216〕

> 天地萬物皆一理也，天地萬物各有其一分，分殊也。〔註217〕

包含乎天下萬物的「統體之太極」與被萬物分有涵具的「各具之太極」之間呈現「理一分殊」、「月映萬川」的關係，自山川草木、風雲雷雨，到人倫日用、四肢百體，再到仁義禮智之德及一身百體所發，莫不既有自身順適的流行運作，又有整體渾全的歸依，無不遵循「理一分殊」的存在與運作方式，因此「一本萬殊，萬殊一本」。雖然「理一」與「分殊」存在邏輯上的分辨，但實爲「一理」：

> 舉天地萬物總而言之，只是一理，即「理一」也；就天地萬物分而言之，各有一理，即「分殊」也。「理一」貫乎「分殊」之中，「分殊」不在「理一」之外。〔註218〕

統體之「太極」（理）與各具之「太極」（理）是同一形上本體依不同分解而言，故『統體』、『各具』之太極，非有二也」〔註219〕，「理一」貫乎「分殊」之中，「分殊」不在「理一」之外，「實爲一本」，「非有二也」。

　　還需闡明的是，「統體之太極」與萬物「各具之太極」、統體之理與各具之理體現爲「理一分殊」，那麼是否太極之理被萬物分解？「太極」是否還是整全的本體？朱子與弟子問答中對此曾有所論：

> 問：「『理性明』章注云：『自其本而之末，則一理之實，而萬物分之以爲體，故萬物各具一太極。』如此，則是太極有分裂乎？」曰：

〔註216〕《薛瑄全集　讀書錄卷十》，第 1267 頁。
〔註217〕《薛瑄全集　讀書錄卷十》，第 1223 頁。
〔註218〕《薛瑄全集　讀書續錄卷一》，第 1315 頁。
〔註219〕《薛瑄全集　讀書錄卷六》，第 1169 頁。

「本只是一太極，而萬物各有稟受，又自各全具一太極爾。如月在天，只一而已；及散在江湖，則隨處而見，不可謂月分也。」〔註220〕

鄭問：「《埋性命章》何以下『分』字？」曰：「不是割成片去，只如月映萬川相似。」〔註221〕

對朱子此言，薛瑄認為：

以朱子之言觀之，太極渾然一理，其大無外，其小無內，人物雖各得一理，似乎分矣，合而言之，又渾是一理，實未嘗分也。天地間總是一月光，萬川雖各得一月光，又總是一月光也。太極不可分，於是可見矣。〔註222〕

「太極」本體「渾然一理」，「其大無外，其小無內」，因氣化流行而隨在、涵具於天人萬物聚散變化、周流運作之中，彰顯為「分殊之理」，但小大分殊之理皆是統體渾然之理在萬物中的投射，作為天地萬物總根據的「太極」本體則超越遍在、渾全不可分，「理一」統攝「分殊」，「分殊」本於「理一」，又是「理一」的具體展現。

薛瑄反覆闡明天人一理、物我無間、「理一分殊」，意在從邏輯分辨層面透顯「統體之理」與「分殊之理」之間一而萬、萬而一的關係，凸顯形上之「理」以「理一分殊」的方式超越、遍在並統攝實然之「氣」，實然之氣則分有統體之理。從主體對萬物的體知上看，若僅從紛紜萬物見萬事萬物各具之理，則無以見天地本原和本體之理；若只見本體之理，則又難免使之孤懸而與萬物相離。因此，只有在邏輯上辨明「統一之理」和「分殊之理」一體含攝關係，才能闡明本體之「理」與實然之「氣」不離不雜的關係，不至流於一偏。因此，「理一分殊」與「體用一源，顯微無間」與「天地萬物渾然一體」、「天人一理」、「物我無間」相貫通，成為薛瑄天道人性建構的重要觀照視野。

總之，由於時代環境影響和自身問題意識所繫，薛瑄哲學繼承了朱子理學大旨，並在明初諸儒中較多地對理氣關係進行了探討。薛瑄整個哲學體系在天道觀領域以「太極」、「理」為終極宇宙本體，認為「觀眾水之流，當知其一源；觀萬物之生，當知其一本；觀群聖之言，當知其一理」〔註223〕，因

〔註220〕《朱子語類 卷九四》，第 2409 頁。

〔註221〕同上。

〔註222〕《薛瑄全集 讀書續錄卷五》，第 1420 頁。

〔註223〕《薛瑄全集 讀書錄卷五》，第 1148 頁。

此可從根本上說「瑄學一本程朱」。但在歸本朱子、保持朱子以「理」爲形上本體之超越意識的同時，薛瑄對理氣先後、理氣聚散、「理一分殊」等問題進行了新的詮釋，呈現出理氣「無縫隙」、「無先後」、「無間斷」、相即不離、一體渾融的新趨向，對程朱子理學有所修正與疏離。具體而言，薛瑄一方面以實然宇宙論消解本體論，由朱子形上本體凸顯轉向實然宇宙之偏重。朱子高揚「太極」、「理」的絕對形上本體地位，突出「太極」與「陰陽」、「理」與「氣」的形上形下與本末劃分，爲儒家構建「潔淨空闊」的本體論。但朱子形上本體與形下實然兩界的溝通則微有不合，爲明儒所反覆思索並力圖彌合。薛瑄處在朱子理學響明代轉向的開端時期，保留了「太極」、「理」的形上本體義，但同時賦予「太極」以「能爲動靜」、統攝天道人倫的功用，突出「太極」與「陰陽」、「理」與「氣」之間「無縫隙」、「無先後」、「不可分」、「決不是二物」之相即不離、渾合無間的特質，並較多地吸收了張載的氣本氣化思想，提升實然之「氣」的地位，在很大程度上以實然宇宙論意識消解了朱子佔有絕對形上本體地位之「理」的本體意涵，努力在理、氣之間達到適當的平衡，此一理論方向已明顯不同於朱子。至其後的羅欽順、王廷相、王夫之則逐步將「理」的形上本體義徹底消解，使之消落爲「氣之理」，最終轉而以「氣」爲本體，偏離程朱理學以「理」爲本的理論核心。另一方面，薛瑄以「性」之凸顯提升儒家道德本體論，回歸人倫日用與生命踐履。朱子對超越、外在、寂然不動、潔淨空闊、統攝萬物之形上之「理」的過分重視和形上形下兩界的劃分，就總體而言未免偏重外向，對心性擴充則稍嫌不足。薛瑄則對「性」格外突出，其所建構的天道以「太極」、「理」爲本體，以天所賦於人並規定人倫日用、一身百體之「性」爲道德本體，並以「性」爲統攝人倫、貫通天人的「大本大原」和樞紐。於是，作爲薛瑄重要指向的主體道德實踐也具有了「不容已」的必然性，「太極」之理下落、體現於人倫日用亦更爲淺近、平易。這兩個方面的轉向決定了薛瑄哲學在形上超越意識下關注實然世界和內在心性的整體面貌和實踐特色。

　　需要指出的是，關於薛瑄的理氣關係，學界有理本論和氣本論之爭，但多數學者同時指出薛瑄在理氣觀上存在著深刻的「矛盾」。然而，這些「矛盾」究竟是薛瑄哲學本身客觀存在的內在矛盾，還是由解讀者的詮釋視角造成的外在「矛盾」則有待斟酌。我們如果深入薛瑄的主體選擇與問題意識來看，其「理氣無縫隙」、「性爲大本大原」之對「氣」與「性」的分別突出，與其

說是內在的矛盾，不如說是一種主動的選擇和理論轉向，即由朱子以「理」為絕對形上本體，轉向消解「理」的形上本體意涵，凸顯理氣並重、理氣不二、一體無間義，力圖溝通形上形下兩界，從而使理學義理更多地轉向實然世界和現實生命，呈現出由形上本體論向實然宇宙論轉向的跡象。薛瑄對理氣關係的新詮釋決定了其心性論與工夫論的實踐特色，在客觀的結果上也繼曹端之後開啟朱子理學嚮明代氣學轉換之端緒。總之，薛瑄哲學本身是一個圓融的整體，若能基於其主體的問題意識與關懷面相進行詮釋與解讀，方可揭露其思想的本真，那麼「理」、「氣」何為本體、其理氣觀乃至人性論有無矛盾之爭也就不再具有實際的意義。

第 4 章　性體心體：天人合一之樞紐

　　宋明儒所關注的中心問題，正如牟宗二所說，「首在討論道德實踐所以可能之先驗根據（或超越的根據），此即心性問題是也。由此進而復討論實踐之下手問題，此即工夫入路問題是也。前者是道德實踐所以可能之客觀根據，後者是道德實踐所以可能之主觀根據」，而「宋、明儒心性之學之全部即是此兩問題」〔註1〕。作爲程朱理學正宗繼承者的明初薛瑄，同樣在宋儒所開創的恢宏宇宙論和本體論規模下將心性問題作爲思考的重心。薛瑄認爲「聖人之言性與天道，雖曰『不可得而聞』，然與諸弟子言仁義、孝悌、忠信、天命、仁聖之類，與凡不言之教，何莫非性與天道之妙哉？」〔註2〕，又謂「人皆知夫子爲聖，而不知夫子所以爲聖；欲知夫子所以聖，則默契化育之妙，有非言語所能及也」〔註3〕，也因此對「性與天道」有深刻的關懷與建構。薛瑄稱程朱、宋儒及至先秦孔孟的學問本旨，以「天人一理」、「天人合一」爲總體視域，認爲天道之「元、亨、利、貞」與人道之「仁、義、禮、智」一理貫徹、合一無間，天道統攝人道，人道以天道爲根據並彰顯、歸本天道，並在工夫指向上更多地將宋儒所重之形上義理建構轉向面向生活現實的心性涵養與生命踐履。

　　薛瑄認爲「天人一理」、「萬物一體」。其指出「人物從天地大化之本原來，故天人一理」〔註4〕，「天人合一之理，流通往來之理無間」〔註5〕，又溯「天

〔註1〕　《心體與性體》（上），第 7 頁。
〔註2〕　《薛瑄全集　讀書續錄卷五》，第 1419 頁。
〔註3〕　《薛瑄全集　讀書錄卷二》，第 1057 頁。
〔註4〕　《薛瑄全集　讀書續錄卷十一》，第 1483 頁。
〔註5〕　《薛瑄全集　讀書續錄卷一》，第 1290 頁。

人合一」、「天人一理」之思想源流曰：

> 天人一理。湯曰：「惟皇上帝，降衷於下民。」武王曰：「惟天
> 地，萬物父母；惟人，萬物之靈。」《詩》曰：「天生烝民，有物有
> 則。」孔子所謂「性與天道」，子思所謂「知性知天」，皆有以見天
> 人之一理。後世大道不明，論天者不及於人，言人者無涉於天，由
> 是分天人爲二致。惟董子有「道之大原出於天」之言，亦可見天人
> 之一理。至周子作《太極圖》，明人物出於造化之一原，而張子、程
> 子、朱子，各有發明天人一理之說，大道於是復明。〔註6〕

由湯武至先秦孔孟，由漢代董仲舒到兩宋諸儒，皆有一脈相承的天人合一、
天人一理觀照，這也是歷代儒家共同的宇宙意識和價值關懷。薛瑄對儒家「天
人合一」的根核觀念有清晰的透徹和自覺的繼承，並在「天人一理」的總體
視野下，認爲天道領域之「太極」、「理」、「道」必然直下落實到社會人倫與
個體生命之人道領域，才能成爲眞實的著落，而人的生命須有天道、天理的
統攝與依歸才能超越「小我」而成就天地之「大我」。天道之落實於人、人道
之通達於天，必有一樞紐與中介方能實現，此即心性。在薛瑄，則尤以天所
賦予人、人所稟受於天之「性」作爲貫通天人的樞紐和道德本體，認爲「性」
之本然爲人之道德生命與修養工夫提供必然性依據。薛瑄指出「太極即是
性」、「性即理」、「性即道」，儒家道統所繫、千古聖賢所言亦無非是一「性」
字，此種對「性」的凸顯在宋儒中實爲少見。對於「心」，薛瑄則繼承朱子，
認爲是「氣之靈而理之樞」〔註7〕，是主體挺立自身、貫通萬理並上達天道的
載體和動源。其言「『心性爲天下之大本，必涵養純一寧靜，則萬事由此而出』
者，皆天理之公矣」〔註8〕，因此在天人雙向觀照下，人以天理、天道爲統攝，
以「至善性體」爲根本，以「虛明心體」爲載體，通過道德踐履工夫實現主
體心性的涵養與洞達，最終達至「性天通」、「天人合一」的理想人格境界。
在此天道、人性與工夫建構下，薛瑄哲學既在義理上呈現體用一源、物我無
間、知行兩得、復性踐履之特色，又在生命形態上自覺「從事於心學」，涵養
心性，篤實踐履，成就一代德行卓著的「實踐之儒」，而其臨終「七十六年無
一事，此心惟覺性天通」之語可謂心性踐履的生動寫照。

〔註6〕 《薛瑄全集 讀書續錄卷十》，第 1476 頁。
〔註7〕 《薛瑄全集 讀書錄卷六》，第 1170 頁。
〔註8〕 《薛瑄全集 讀書續錄卷二》，第 1337 頁。

4.1 儒家人性論溯源

　　人性論或心性論是儒家哲學的核心範疇之一〔註 9〕，歷來眾說紛紜，爭論不休。唐君毅曾指出，「世皆知中國思想，素重人性問題之論述，而於人性善惡之辨，尤似為各家學術分異之關鍵所在」〔註 10〕。對人性善惡問題的思考與詮釋決定著不同儒學理論體系的獨特邏輯和致思方向，孔孟尤其孟子對人性「本善」的透徹是經典儒家對人類生命的內在心性之一面的獨特開拓，成為後世儒者天道人性建構和道統相傳的根基，也是儒家對人類的最大貢獻。〔註 11〕

　　《中庸》開篇即言「天命之謂性，率性之謂道，修道之謂教」（《中庸·第一章》）〔註 12〕，自「天命」即「性」之天道根源而言「性」。先秦孔子直就事上論人，雖「夫子之言性與天道，不可得而聞也」（《論語·公冶長》）〔註 13〕，但孔子指出人之「性相近也，習相遠也」（《論語·陽貨》）〔註 14〕，確立了人所共有之「性」，並肯定「性與天道」的關聯，為後世人性有「本」和「性本」善惡問題的聚訟爭辯確立了基調。孟子與告子、荀子的人性善惡之爭彰顯出人性之本然與實然兩層面。孟子指出人的本性獨指「人之所以異於禽獸者」和「心之所同然者」，雖然只有微小之「幾希」，卻是「人之所以為人」的根本，純善無惡，涵具「惻隱」、「羞惡」、「辭讓」、「是非」四端，發顯為「仁」、「義」、「禮」、「智」四德（《孟子·告子上》）〔註 15〕。孟子從孔子隱微之「性」透見人性本然層面之「善」，為人之道德主體性的生發提供內在超越的人性根據。進而孟子又言「心之所同然者何也？謂理也、義也。聖

〔註 9〕　儒家人性論與心性論所指相近，但亦有所不同。前者重指人與動物相區別的「人之所以為人」的本質屬性，後者則重在心性關係的探討。早期儒家主要探討的是人性論，至唐宋時才將「心」的範疇凸顯出來，從而對人性論的探討更多地體現為心性論。本文概以人性論稱之。

〔註 10〕　唐君毅：《中國哲學原論　原性篇》，北京：中國社會科學出版社，2005 年版，第 1 頁。

〔註 11〕　牟宗三在《心體與性體》中對性體、心體的涵義做了深入闡述，可以更好地理解儒家心性理論。

〔註 12〕　〔宋〕朱熹：《四書章句集注　中庸章句集注》，北京：中華書局，1983 年版，第 17 頁。

〔註 13〕　《論語正義》，第 98 頁。

〔註 14〕　《論語正義》，第 267 頁。

〔註 15〕　〔清〕焦循：《孟子正義》//世界書局：《諸子集成》，上海：世界書局，1936 年版，第 446 頁。

人先得我心之所同然耳。故理義之悅我心，猶芻豢之悅我口」（《孟子·告子上》）〔註16〕。正因「心之所同然」的存在，主體若能擴充和彰顯先天固有的本然善性，「盡心、知性、知天」，「得我心之所同然者」，則「人皆可以爲堯舜」（《孟子·告子下》）〔註17〕。因此，孟子「性善」論作爲一種深刻的體認與人性透見，彰顯出先哲對人性極深刻的關切和憂患意識。「性善」論既爲人的道德踐履提供必然的內在根據，又將實踐的原動力構築在主體內在心性，表現出對主體生命的尊重和道德本心的挺立。孟子「性善」論形成並深化了儒家以至善的道德之天爲根據、以心性修養爲工夫、以成德成聖爲理想境界的思想根核，使歷代儒者共同的天人視域、工夫踐履、人格挺立、境界追求與體認傳道成爲可能和必然，也使獨立於政統之外的儒家道統得以傳續不絕。相反，與孟子同時代的告子則以「生之謂性」、「食色性也」，謂「性無善無不善」或「可以爲善可以爲不善」（《孟子·告子上》）〔註18〕，荀子以「生之所以然者謂之性」（《荀子·正名》）〔註19〕，西漢董仲舒亦謂「如其生之自然之資，謂之性」〔註20〕，皆僅從實然層面持論，是「論氣不論性」，爲「不明」之論，並未對儒家人性論的內在超越義有所透顯，亦未從「人之所以爲人」、「異於禽獸」的本質意義上論定人性。隋唐時期，佛教「大道精微之理」對以日用常行爲重心、以修身實踐爲方法、以聖人人格爲理想境界的儒家理論形成勢壓，韓愈、李翱等人開始從不同層面思考人性問題，如韓愈性三品說，李翱復性說，皆在對人性進行深層次的挖掘與突破，雖未實現義理之創建，但開啓雙重立體人性論之端緒。韓愈尤將歷代相傳的道統譜系明晰指出，爲宋明儒提供了縱深的歷史視野。

自北宋開始，理學家們所面臨的一個共同時代問題，就是如何從天道視野和宇宙本體視域中凸顯儒家形上學，掘發並深化儒學形上本體和宇宙論、心性論，挺立道德主體性，爲現實人生的安頓和儒家理想人格的實現提供深刻的理論依據，從義理層面回應隋唐以來佛道形上義理的衝擊。儒家對人性的考察始終保有天道宇宙的觀照視野，正如張岱年先生所言，「人性論皆是

〔註16〕《孟子正義》，第451頁。
〔註17〕《孟子正義》，第477頁。
〔註18〕《孟子正義》，第434、437、441頁。
〔註19〕王先謙：《荀子集解》//新編朱子集成，北京：中華書局，1988年版，第412頁。
〔註20〕〔漢〕董仲舒：《春秋繁露 卷十 深察名號》，文淵閣四庫全書本。

從宇宙論推衍出來的，不僅就性論性，更向宇宙論尋求根據」〔註21〕，因此，張載、程朱、陸九淵等宋儒在「造道」的整體問題意識下，一方面批判佛道之弊，另一方面立足於孟子性善論，以各自的視角「援佛道入儒」，極大地深化了對「天」、「道」、「性」、「心」、「理」、「氣」諸範疇的洞徹與思考，並在天人視域中以宏闊的宇宙論和深刻的本體論為統攝，將人性論作為思考的重心，凸顯人性、心性之立體、超越層面，使儒家人性論的透見達到了前所未有的高度和深度。如北宋張載建立「太虛即氣」的本體論和「氣不能不聚而為萬物，萬物不能不散而為太虛」〔註22〕的宏闊本體宇宙論，提出「氣質」概念，區分湛然太虛之氣聚化而成的本然「天地之性」和氣稟偏裨而成的實然「氣質之性」，在中國哲學史上首次對人性進行了本然與實然兩層面的雙重立體劃分，較為全面地解釋了儒家人性善惡問題，為人之主體道德實踐提供了更深刻的天道人性基礎，也成為後世儒者人性論建構的總體格局參照。程朱以「理」（太極）為宇宙本體，以「理本氣末」、「理一分殊」為宇宙論建構，見「性即理」。二程尤其強調「論性不論氣，不備；論氣不論性，不明。二之則不是」〔註23〕，認為須性與氣兼論，才能真正闡明人性。二程此論成為宋明理學人性論的綱領之語，使宋明儒在人性論上保持全面的雙向觀照。南宋朱子繼承孟子性善論，又稱讚張載氣質之說「極有功於聖門，有補於後學」〔註24〕，並將張載、二程人性論融入其以「理」為本體的哲學體系中，指出「理」賦於物人者為純粹至善的「天命之性」、「本然之性」，受私欲蒙蔽和氣質所拘則呈現為善惡相混的「氣質之性」，以「本然之性」與「氣質之性」的立體存在解釋人性本然實然及其善惡。如此可見，張載與程朱對人性論的思考已經達到了一個新的境界與深度，使作為倫理學範疇的「性」具有了本體論的意涵，並將「性」雙重立體劃分為本然「天命之性」、「本然之性」和實然「氣質之性」、「氣稟之性」，既使人之「善」的共性有了本體論、宇宙論依據，又使實然人性的善惡之分得到了解釋，極大地推進了儒家人性論的完備與圓融。

〔註21〕 張岱年：《中國哲學大綱》，北京：中國社會科學出版社，1982 年版，第 210 頁。
〔註22〕 《張載集　正蒙》，第 7 頁。
〔註23〕 《二程集　河南程氏遺書卷第六》，第 81 頁。
〔註24〕 《朱子語類　卷四》，第 70 頁。

在宋儒人性透見基礎上，薛瑄在人性論上繼承程朱，融合張載，並尤其顯發孟子「人之所以異於禽獸」之「性」和「心之所同然」之義，甚至較程朱及兩宋儒者更突出「性」的地位，將「性」提升至「太極」、「理」、「道」的高度，認爲「性即理」、性體「至善」，以「性」爲遍在而周全的「萬理之統宗」和「學問大本大原」，亦將人性劃分爲天賦於人、純然至善的「天命之性」、「本然之性」和爲氣質私欲所拘的「氣質之性」，從而爲個體生命的境界提升和道德實踐的展開提供了更爲深刻的人性論依據。薛瑄對「性」之本體和統攝義的空前凸顯與明中葉王陽明對「心」之本體的顯發，正代表理學由兩宋形上本體論和宇宙論嚮明代心性論轉變的眞實軌跡。

4.2 至善性體

「太極」、「理」下貫於人物而爲「性」，命於人則爲人之「性」。自「性」之源於「天命」、「天理」、「天道」而言，爲「天命之性」、「本然之性」，因此「性即理」、「性即道」、「性即善」，「性體至善」。自天人雙向視域而言，「性」爲天人貫通的樞紐和中介，既是「天理」、「天道」在人的投射與下貫，又是統攝人倫的「至善」之道德本體，由天之「元、亨、利、貞」四象而涵具「仁、義、禮、智」四德，統攝人倫日用與一身百體，是主體道德踐履工夫得以展開與輻射的根據和出發點。因此，「性」上通天道，下貫人倫，全面貫涉本然「天命之性」（本然之性）和實然「氣質之性」，故爲學問「大本大原」。

4.2.1 性即理與性體之至善

宋儒建構天道觀、本體論或宇宙論，目的是爲人之日用倫常和道德踐履提供必然的理論依據，使個體生命安頓順適。薛瑄同樣保持此一視域，繼承程朱天道觀和理本論，從《中庸》「天命之謂性」和《周易》「天所賦爲命，人所受爲性」〔註25〕出發，認爲形下可見的天地萬物背後存在一形上、超越的「理」（太極），「理」作爲天地萬事萬物的「所以然之故」和「所當然之則」，統攝天地萬物，並隨「陰陽」、「氣」之聚散變化而隨具與遍在於萬物中，使之順其自身恰當順適的方式率性而行、運作周流。在「太極」、「理」之統攝下，「太極」與「陰陽」、「理」與「氣」之間「無縫隙」、「無先後」、「渾合無

〔註25〕《十三經注疏 周易 上經上 乾》，第13頁。

間」，萬物一體，畢貫於一。由於「天人一理」，因此天人之間必有可以貫通處，此即源於天理、具於人道之「性」。明辨貫徹天地萬物的統體之「理」，則可深刻體認天人之間的通貫不二、渾然無間，透徹人性的本然。

　　薛瑄承宋代理學人性論的一貫傳統，稱程朱「性即理也」之一言「足以定千古論性之疑」〔註26〕，又吸收張載「性者萬物之一源」〔註27〕，認為天人萬物只是一理貫通，「理」之流行運作不容已的屬性為「道」，關乎人者為「命」，賦於人物者為「性」。薛瑄謂「此理在天，未賦於人物謂之善，已賦於人物謂之性」〔註28〕，「性」是天所賦予人物之必然不容已的根據。天地萬物之中，物有窒礙而不能通，唯有「萬物之靈」的人才能通達天人之理，復返本然善性，因此「性」的真實意義落於人之主體方可顯現，故「性」之本體涵義之要在人。自天所賦而言，「理」賦於人者固然是「天命之性」。如薛瑄以顏子「仰之彌高，鑽之彌堅，瞻之在前，忽焉在後」（《論語・子罕》）〔註29〕形容「理」，指出「理者何？即天命之性具於聖人之心，率性之道由於聖人之身者也」〔註30〕，「舉目見天地萬物之理，皆『活潑潑地』，何止『鳶飛魚躍』！理者何？即天命之性是也。所謂洞見道體者，恐不過如此」〔註31〕。天理流行至善，因此源自「理」的「天命之性」流行發用純善無偽、順適自在。自人所受而言，人稟受天地之理而為本性，稟受天地之氣以成形體，從而「人心所具之性，即天地之理；人身所稟之氣，即天地之氣」〔註32〕。「性」是天理落實於人且為「人之所以為人」的本質根據和形上道德本體與價值之源，貫通天道與人道，統攝人性與人倫，使主體具備了超越自然人性之拘限、挺立人之道德主體性、通達天道流行之本體、實現天人合一道德境界的可能性和必然性。因此，「性」來源於理、彰顯於理、終極於理，可謂「性即理」、「性即道」、性即「太極」，至善無偽。「性」與「理」之間一體相通、毫無二致，薛瑄謂「『性即理也』，滿天地間皆性也」〔註33〕，「天下之理，再無加於

〔註26〕　《薛瑄全集　讀書錄卷三》，第 1073 頁。
〔註27〕　《張載集　正蒙　誠明篇第六》，第 21 頁。張載認為「性者萬物之一源，非有我之得私也」，其所論之「性」是以「太虛即氣」的宇宙論觀照下的人性狀態。
〔註28〕　《薛瑄全集　讀書續錄卷一》，第 1297 頁。
〔註29〕　《論語正義》，第 182 頁。
〔註30〕　《薛瑄全集　讀書錄卷六》，第 1169 頁。
〔註31〕　《薛瑄全集　讀書續錄卷五》，第 1429 頁。
〔註32〕　《薛瑄全集　讀書續錄卷四》，第 1400 頁。
〔註33〕　《薛瑄全集　讀書續錄卷九》，第 1464 頁。

性分之外者」〔註34〕，「內外合一，性與理無二致」〔註35〕，「理無空缺，與人心之性渾合無間」〔註36〕。其又謂「性即太極也」〔註37〕，「太極只是性」〔註38〕，「太極者，性理之尊號」〔註39〕，「太極是性之表德」〔註40〕，「天命之性，太極之理也」〔註41〕，「太極者，至極之理也，誠而已矣，性而已矣」〔註42〕，「後學不知太極即是性，因見其名異駭而不敢求其說，大道隱矣」〔註43〕。薛瑄又指出命、性為一，謂「教本於道，道本與性，性本於命。命者，天道之流行而賦於物者也」〔註44〕，「在天為命，在人為性，一而二，二而一者也」〔註45〕，「命、性一理也。天人無二，內外無間」〔註46〕。總之，「性」與「太極」、「理」、「道」等範疇一樣，並非形下有形之物，而是與「天道」相通的形上範疇，即「天命，天道，天理，天性，天德，一也」〔註47〕，「性與天道，內外合一，其大無窮」〔註48〕，不過「性」更加落實並內在於人之主體，成為人道內在超越的形上依據。

具體言之，「性」自其來源而言為「天命之性」，自其內在並統攝人之人倫日用和一身百體而言為「本然之性」，自其實然而言為「氣質之性」。張載「合虛與氣」之「性」由氣之全偏、清濁而分「天地之性」和「氣質之性」，並非有一個清明的本體在其中。薛瑄則認為，人性之實然「氣質之性」受私欲蒙蔽和氣質之拘而善惡相混，但「理」、「善」是性之體，「善即性」，「性即善」，有一至善清明的本體──「性體」存在，此即自天道直下落入人之「天命之性」、「本然之性」。正因「天理之極」與天地之大化流行至善無偽，作為「人所受於天理」的「天命之性」、「本然之性」亦即「性體」是「至善無偽」

〔註34〕　《薛瑄全集　讀書續錄卷五》，第 1419 頁。
〔註35〕　《薛瑄全集　讀書錄卷五》，第 1151 頁。
〔註36〕　《薛瑄全集　讀書錄卷十》，第 1256 頁。
〔註37〕　《薛瑄全集　讀書錄卷十一》，第 1273 頁。
〔註38〕　《薛瑄全集　讀書續錄卷一》，第 1310 頁。
〔註39〕　《薛瑄全集　讀書續錄卷一》，第 1296 頁。
〔註40〕　《薛瑄全集　讀書錄卷八》，第 1234 頁。
〔註41〕　《薛瑄全集　讀書續錄卷一》，第 1297 頁。
〔註42〕　《薛瑄全集　讀書續錄卷三》，第 1359 頁。
〔註43〕　《薛瑄全集　讀書錄卷六》，第 1169 頁。
〔註44〕　《薛瑄全集　讀書錄卷一》，第 1018 頁
〔註45〕　《薛瑄全集　讀書錄卷十》，第 1256 頁。
〔註46〕　《薛瑄全集　讀書續錄卷十一》，第 1480 頁。
〔註47〕　《薛瑄全集　讀書續錄卷一》，第 1312 頁。
〔註48〕　《薛瑄全集　讀書續錄卷八》，第 1461 頁。

的。薛瑄指出，「太極即吾仁義禮智之性也」〔註49〕，「太極乃未分之五性，五性乃已分之太極。天下之萬善，皆自此出」〔註50〕，又如「《論語》凡告門弟子『問仁』、『一貫』、『求仁』、『得仁』、『禮義』、『善性』之類，皆天理也，天理即性善也」〔註51〕，「《論語》雖不明言性善，凡言仁、義、孝、弟、道、德、天命之類，無非性善也」〔註52〕，因此「太極」、「天理」皆為「性善」，一貫相通。薛瑄又指出「天理本善，故人性無不善」〔註53〕，「『大哉乾元』元者，性善之源也」〔註54〕，「在造化為善，在人物為性」〔註55〕，「『一性散為萬善，萬善原於一性』，一本萬殊，萬殊一本也」〔註56〕，「善、性無二理也」〔註57〕。這樣，「性即理」與「至善性體」成為支撐薛瑄整個哲學體系和道德踐履的關鍵。

「性」源自天道，「天人一理」，因此具有與「太極」、「天理」、「天道」相通的屬性，至善「天理」表現為「元、亨、利、貞」之常，至善「性體」則涵具「仁、義、禮、智」之德，表現人倫之「五常」。薛瑄謂：

> 性者，人所受之天理，仁義禮知之性是也；天道者，天理自然之本體，元亨利貞之常是也。性、命一理也。〔註58〕

> 「至善」之所在，在天為元、亨、利、貞，在人為仁、義、禮、智，在人倫為「五常」，以至一事一物，莫不有天理之極，是皆「至善」之所在也。〔註59〕

「性體」至善，「性」涵具「仁、義、禮、智」之四德，即孟子之性善，發顯流行而為萬善，即「只是一個『性』，分而為仁、義、禮、智、信，散而為萬善」〔註60〕。進而，薛瑄指出「善最大，以『性無不在也』」〔註61〕，因此薛

〔註49〕　《薛瑄全集　讀書錄卷一》，第 1618 頁。
〔註50〕　《薛瑄全集　讀書續錄卷三》，第 1361 頁。
〔註51〕　《薛瑄全集　讀書續錄卷五》，第 1424 頁。
〔註52〕　同上。
〔註53〕　《薛瑄全集　讀書續錄卷五》，第 1421 頁。
〔註54〕　《薛瑄全集　讀書續錄卷七》，第 1444 頁。
〔註55〕　《薛瑄全集　讀書續錄卷七》，第 1387 頁。
〔註56〕　《薛瑄全集　讀書續錄卷四》，第 1404 頁。
〔註57〕　《薛瑄全集　讀書續錄卷九》，第 1464 頁。
〔註58〕　《薛瑄全集　讀書續錄卷二》，第 1326 頁。
〔註59〕　《薛瑄全集　讀書續錄卷七》，第 1448 頁。
〔註60〕　《薛瑄全集　讀書錄卷八》，第 1228 頁。
〔註61〕　《薛瑄全集　讀書續錄卷五》，第 1421 頁。

瑄不僅繼承程朱「性即理」，明「性體至善」，更將此義推向極至，認為源自「太極」、「天理」、「天命」、「天道」的「至善」之「性」不僅具備形上超越之質性，更貫通天地萬物，統攝天地萬理，是「萬理之統宗」、「萬理之樞」、萬理之「總匯處」、「物理之極處」，亦是「學問大本大原」。其謂：

> 仁義禮智即是「性」，非四者之外別有一理為性也；「道」只是循此性而行，非性之外別有一理為道也；「德」即是行此道而有得於心，非性之外別有一理為德也；「誠」即是性之真實無妄，非性之外別有一理為誠也；「命」即是性之所從出，非性之外別有一理為命也；「忠」即盡是性於心；非性之外別有一理為忠也；「恕」即推是性於人，非性之外別有一理為恕也。然則「性」者，萬理之統宗歟！「理」之名雖萬殊，其實不過一性。〔註62〕

涵「仁、義、禮、智」之「性」統括天人關涉道德之諸範疇如「道」、「德」、「誠」、「命」、「忠」、「恕」，諸者之理皆是「性」之發顯與流行運作，天人一貫。因此，「性」為「萬理之統宗」、「萬理之樞」〔註63〕，萬殊之理「其實不過一性」，「天地萬物，惟『性』之一字括盡」〔註64〕，「天下萬理，一『性』字包括之」〔註65〕。可見「性」統攝、貫通、遍在於「天地萬物」、「天下萬理」。如薛瑄謂：

> 萬事萬物，一理貫之，理即性也。性之仁，貫乎父子之親，仁民愛物之類；性之義，貫乎君臣之義，尊賢之等，事物之宜；性之禮，貫乎長幼之序，天秩之節文儀則；性之智，貫乎夫婦之別，是非、善惡、賢否之分；性之信，貫乎朋友之交，五常萬事之實。只一性，貫乎萬事萬物。〔註66〕

「性」之所涵所發為「仁、義、禮、智」之德，總括天地萬物、天下萬理，其所統攝之要歸則在人道，發貫乎父子、君臣、長幼、夫婦、朋友之五常之間，正如朱子所言「渾然一理，而泛應曲當，用各不同」〔註67〕。自人道而言，仁、義、禮、智、道、德、誠、命諸範疇均統會於一「性」，即其所謂「學

〔註62〕《薛瑄全集 讀書錄卷五》，第1151頁。
〔註63〕《薛瑄全集 讀書續錄卷二》，第1345頁。
〔註64〕《薛瑄全集 讀書錄卷二》，第1053頁。
〔註65〕《薛瑄全集 讀書續錄卷三》，第1370頁。
〔註66〕《薛瑄全集 讀書續錄卷十》，第1473頁。
〔註67〕《四書章句集注 論語集注卷二 里仁第四》，第72頁。

要識總匯處，即性是也」〔註68〕，「知性善，則天下之道皆自此出」〔註69〕，
尤稱「吾得性之善，念念不忘」〔註70〕。因此，「性」是學問「總匯」處和「大
本大原」，也是主體爲人爲學的指導原則和仁義禮智、道德忠恕等一切人倫價
值的總匯處，由此可透見天人一理、物我無間。

　　宋儒保有獨特的「本體──工夫」視域，所言工夫必由本體統攝，所言
本體則必有工夫的落實。薛瑄也繼承了宋儒這一思考向度，以「本體」與「工
夫」爲一體不分、互爲觀照、同時呈現的範疇，可謂「即本體即工夫」。薛瑄
認爲，至善「性體」決定、統攝工夫踐履，工夫踐履則彰顯、復返至善「性
體」。在「性即理」和至善「性體」的統攝下，主體工夫之要既在主敬涵養之
內修工夫，以使心、性之所發從容中道、無過無不及，又要做格物窮理的動
察工夫，而使性體有所落實與彰顯。薛瑄強調「中者，性命之理也，千古道
學之源本於此」〔註71〕，認爲「性體」與「未發之中」既是心性涵養工夫的
重要層面，又是整個復性踐履工夫的根本和關鍵。儒家理想人格之聖賢境界，
無非是能夠全盡本然至善的「性體」，使身心所發中和無偏、同於天理之流行。
如薛瑄謂「聖人雖罕言命，而《論語》所言者無非命之理；雖罕言仁，而所
言者無非仁之道。蓋命即元、亨、利、貞，賦於人爲仁、義、禮、智之性。
聖人一言一事，豈有出於性命之外者？學者默而識之可也」〔註72〕，又謂「聖
人數人百行萬善，性以貫之」〔註73〕，「堯、舜、禹、湯、文、武治天下，皆
不出性分之外」〔註74〕，即古今聖賢無非全盡此「性體」之善和「性」之本
然，使此心性之所發純善無僞，圓融貫通。人人固有清明至善之「性體」，但
中人需面對和克制人性實然之私欲和氣質之拘，體認「善即性也，爲善即所
以盡性也，爲不善則失其性矣。『性』之一字，無所不包，當時時體認而力行
之〔註75〕，即對「性體」時時體認力行，爲善勿怠，去惡勿疑，才能成其爲
本質的人，否則「人不爲善，何以爲人？」〔註76〕。薛瑄在明「性體」至善

〔註68〕《薛瑄全集　讀書續錄卷三》，第 1370 頁。
〔註69〕《薛瑄全集　讀書續錄卷六》，第 1439 頁。
〔註70〕《薛瑄全集　讀書續錄卷七》，第 1449 頁。
〔註71〕《薛瑄全集　讀書續錄卷五》，第 1430 頁。
〔註72〕《薛瑄全集　讀書續錄卷五》，第 1424 頁。
〔註73〕《薛瑄全集　讀書續錄卷五》，第 1425 頁。
〔註74〕《薛瑄全集　讀書續錄卷四》，第 1396 頁。
〔註75〕《薛瑄全集　讀書續錄卷四》，第 1390 頁。
〔註76〕《薛瑄全集　讀書續錄卷七》，第 1387 頁。

與性之本然的前提下，主張既要尊「大學之道」、「明德」、「新民」、「止於至善」而行，又須保養性體、率任本性、復歸本性，如此才能所行所發「無非盡己盡人之性，各造其極」〔註77〕，使一身百體、念慮發動自然順適，貫通無礙，與天相通。

4.2.2 本然之性與氣質之性

儒家從天道大化流行透徹「天人合一」之理，洞見「性體」至善，但同時亦須對人性的實然之惡作出解釋，才能爲人之道德踐履的必要性和必然性提供深刻的天道依據和內在根據。先秦孔子之「性相近」確定人所共有之性，孟子之「性善」發明人所固有的「仁、義、禮、智」四德，確立儒家道統的人性論根基，但孟子性善論仍未有效解釋惡之所從來，所論未免「不備」。告子、荀子、董仲舒等人皆僅見實然人性之惡，未明本然人性之善，故所見未免「不明」。至北宋五子在造道視野下窮究天人、援佛道入儒，以「天地之性」、「天命之性」、「本然之性」明本然性善，以「氣質之性」明實然性惡，從而以雙重立體人性架構重新闡釋人性問題，開拓了儒家人性建構既「明」且「備」的新視野。薛瑄繼承孟子性善論和張載〔註78〕、程朱雙重立體人性論，由天道觀和宇宙論直貫而下至人道領域，既闡明人性的天道根據和至善「性體」，又兼論「氣質之性」解釋實然人性之惡，保持了本然與實然的雙向觀照。

首先，明本然之性。薛瑄自天道觀之太極陰陽、理氣動靜和「性即理」出發，指出太極陰陽動靜變化生成天地萬物，人稟天地之氣以成形體，受天地之理以爲本性，在天而言爲「天理」、「天道」、「天命」，在人而言則爲「性」爲「心」。天人一理，萬物一體，性命不二，故「凡言天理者，皆性命之謂也」〔註79〕，「天者，性之所自出，即天命之性也」〔註80〕，從而萬物源於一理，性命源於天道，萬物本於一性。自人與物同、人與人同而言，人與物共同擁

〔註77〕《薛瑄全集 讀書續錄卷五》，第 1429 頁。
〔註78〕 薛瑄以氣稟之清濁偏全解釋人性善惡，但與張載所依據的宇宙論根據不同。張載認爲「太虛本體」氣化過程中形成人與萬物的「天地之性」與「氣質之性」，人之善惡皆在稟氣之清濁偏全。薛瑄則繼承程朱，認爲始終有一形上純善之理統攝並遍在於萬物，氣稟之偏全背後有清明至善的性體即本然之性，並非全然天地之性的下貫。
〔註79〕《薛瑄全集 讀書續錄卷三》，第 1374 頁。
〔註80〕《薛瑄全集 讀書續錄卷七》，第 1448 頁。

有根源於天、至善無僞的「性體」。自人與物異而言，物有滯礙不能通，人則可通悟與反省「人之所以爲人」的至善「性體」，即「本然之性」。因此，感物而通、貫通天人的任務也就只能落在人的身上，道德規範與理想境界的透見和規定也只有以人爲主體才具有眞實的意義。從此意義上來講，薛瑄乃至整個宋明理學、儒家哲學都是以人爲主體探討天人性命問題，無論宇宙論、本體論的建構，還是工夫論與修養論的闡述，無不以主體之人爲根本載體，以主體心性修養與境界提升爲依歸。具體對人而言，「性」是天所賦於人、人所稟受於天者，「性體」自其源自「天道」、「天理」而言，謂之「天命之性」，以其內落於人並規定人性而言，爲「本然之性」。「天命之性」或「本然之性」皆是「性」之本體，是由統攝天地萬物的形上之「天理」（理）直下流注到天地萬物中並成爲萬物的規定者，其根源在个體之「太極」、「天道」，其落實在人性與人倫。因此，「性」既可上通大道，又可下貫人倫，純粹至善，清明純一，內外無間，亦是「人之所以爲人」的本質規定和儒家道統相傳相續的根本。與「太極」、「理」落實爲人之「天命之性」、「本然之性」相對，由「陰陽」運作與「氣」之聚散變化而產生世間萬事萬物的千差萬別、人與人之各不相同，此即「氣質之性」。人之「氣質之性」善惡相混、通塞不齊，是儒家修養工夫和道德實踐克制與超越的對象。於是，作爲揭示人性本然與實然兩層面的哲學範疇，「本然之性」（天命之性）與「氣質之性」便成爲薛瑄人性論的重要架構，也是其返歸天道與踐履工夫成立的依據。「天命之性」、「本然之性」作爲人之共同本性，彰顯、投射於主體日用常行之方方面面，「日用無時無處不發見，但人自不察耳」〔註81〕，而人道日用常行之自然全在「天命之性」、「本然之性」的規定與涵具，對此須時時體認並力行之，方可見天人之一貫。

其次，論氣質之性。人性之至善本體既明，人性實然之惡也必須加以正視與解釋。程子即指出「論性不論氣，不備；論氣不論性，不明。二之則不是」〔註82〕，此說既批評荀子、告子偏於自然人性而不見「大本大原」，又補充孟子性善論對性惡闡釋之「不備」，爲宋明儒廣泛認同。薛瑄極爲贊同此說，並將性之本然實然、私欲氣稟兼論，指出「私欲爲人性之蔽，張程皆論『氣質之性』……人性之蔽不獨私欲，而亦拘於氣質。故朱子論人性之蔽，必兼

〔註81〕《薛瑄全集 讀書續錄卷九》，第 1469 頁。
〔註82〕《二程集 河南程氏遺書卷六》，第 81 頁。

私欲氣稟言之」〔註83〕，認爲人性實然之惡的產生一方面爲形下之氣的聚散變化而形成的氣稟之拘，一方面是人心之念慮發動而產生的私欲之蔽。在氣質之拘方面，薛瑄認爲，自天而言，在「太極」統照下，「陰陽」動靜與「氣」之聚散變化使萬物形體完具，「理」亦在此過程中賦於萬物，成爲萬物各具之「性」，即「太極」、「理」隨賦並遍在於萬事萬物之中。此一過程既賦予人物以至善清明的共同「性體」，又使萬物因有形之氣化而產生通塞之異與偏全之別，從而產生人物之別和人與人之異。與物相比，「人得其全，物得其偏」，而稟氣之全的「人」又有氣質「昏明」、「強弱」之不齊，故有人的善惡之分、氣質清濁之異和物欲淺深之別。如薛瑄所言：

> 天以一理賦與萬物，人得其全，物得其偏。於全之中又有氣質昏明、強弱之不齊；惟生知上聖氣得其清，於全者無所蔽；中人以下則氣質昏濁而全者不能無蔽，與物之偏者無異，此人有近於物者。物於偏之中又有得其一端之明者，如雌雄有別，蜂蟻群臣之類，此物有近於人者。〔註84〕

又如：

> 萬物各受此理，如眾水各受此日光。但物之清者，受此理而理亦明；物之昏者，受此理則理亦昏。昏非理昏也，由物之昏蔽之也。如水之清者，受此日光則光亦明；水之濁者，受此日光則光亦暗，暗非光暗也，水之濁以淆之也。以是觀之，則「性本善而無惡」可知，其惡者皆氣質之拘也。〔註85〕

> 人之物欲淺深，由於氣質之有清濁也。氣質極清者，自無物欲之累，其次雖或有之，亦淺而易去。氣質極濁則物欲深，而去之難也。〔註86〕

薛瑄認爲萬物稟受同一理，故「性本善而無惡」；各稟實然之氣，則昏蔽清濁不同，「其惡者皆氣質之拘也」。自人而言，生於天地間，稟「太極」之理而成「天命之性」、「本然之性」，隨「陰陽」動靜與「氣」之聚散變化而稟氣賦形。「性體」至善，「氣質之性」則有清濁偏全。此是從天道人性之落實而言

〔註83〕《薛瑄全集 讀書續錄卷九》，第 1464 頁。
〔註84〕《薛瑄全集 讀書續錄卷九》，第 1252 頁。
〔註85〕《薛瑄全集 讀書錄卷七》，第 1209 頁。
〔註86〕《薛瑄全集 讀書續錄卷七》，第 1447 頁。

人性實然之惡的形成。而人性現實層面之「善」、「惡」的具體表現則需一定的現實條件，即「人心之感」、念慮發動、與物相接。薛瑄指出「天理本一也，由陰陽之運，參差而不齊；人性本一也，由人心之感，而善惡有異」〔註87〕，「性之本體，未感物時渾是善，到感物而動之初，則有善有不善，周子所謂『幾』也」〔註88〕，至善天理隨陰陽變化而產生萬物的千差萬別，人之至善「性體」則由於「人心之感」而凸顯善惡之分。但人心之念慮發動和氣質所拘雖產生善惡之異，卻並無礙於本體的清明至善，如「性本善，反之而惡。如水性本下，搏擊之可使過顙在山，亦反水之性也，然其就下之性終在。故反性為惡，而本善常在」〔註89〕。

對於氣質之拘和念慮發動所表現的人性之「惡」，薛瑄表示了充分的重視，贊成程子「惡亦不可不謂之性」之語，認為「惡亦是性」，稱「性如水，水本清，被泥沙濁了便濁了，也只得謂之水；性本善，被氣質夾雜惡了便惡了，也只得謂之性」〔註90〕，「惡亦是性，只是性翻轉了便為惡，非性之外別有一物為惡也」〔註91〕。雖然「惡」是人性的構成層面，但並非人力無法左右，而是能夠並應當通過心性修養與道德踐履工夫變化「不美」之氣質，克制主體私欲，「引之」復返清明的本性，通達至善的天理。對此，薛瑄承朱子「性如水，流於清渠則清，流於污渠則濁」〔註92〕之意，以水之流向作喻：

> 性譬如一源水，引去清渠中則水亦清，亦猶氣清而性亦明也；
> 引去濁渠中則水亦濁，亦猶氣昏而性亦昏也。是則水有清、濁者，
> 渠使之然，而水則本清；性有昏、明者，氣使之然，而性則本明。

〔註93〕

「本然之性」作為人倫道德規範得以成立和道德踐履工夫必然不容已的前提，決定了工夫踐履的起點和方向。因此，主體若能在人心未發已發之間、念慮發動「幾微」之處做修養工夫，在日用常行間行道德實踐工夫，就可變化氣質，摒除私欲，揚善抑惡，恢復和彰顯「本明」之本然善性，將其「引

〔註87〕《薛瑄全集　讀書錄卷三》，第 1075 頁。
〔註88〕《薛瑄全集　讀書錄卷五》，第 1149 頁。
〔註89〕《薛瑄全集　讀書續錄卷八》，第 1456 頁。
〔註90〕《薛瑄全集　讀書錄卷九》，第 1253 頁。
〔註91〕《薛瑄全集　讀書路卷五》，第 1153 頁。
〔註92〕《朱子語類　卷四》，第 73 頁。
〔註93〕《薛瑄全集　讀書錄卷五》，第 1152 頁。

去清渠中」，使此心所發純爲天理流行之善，使主體之人與「天道」、「天命」、「天理」爲一，顯豁「人之所以爲人」、「人之所以異於禽獸」的本質，實現傳統儒家獨特視野的道德義理與人格境界的天人合一。這既是薛瑄爲學的終極目標，又是其突出復性踐履之下學工夫的重要原因，也是其篤實踐履、精思力踐之個體生命的眞實寫照。

其三，性氣不離不雜。薛瑄自天道觀之「太極」不離「陰陽」、「理氣渾然無間」直貫到人道領域，規定「性」與「氣」、純粹至善之「本然之性」和實然善惡相混之「氣質之性」既不相離、又不相雜的關係，並反覆闡明程子「論性不論氣，不備；論氣不論性，不明」之論，強調「性」、「氣」兼論、性氣不離方爲完備。薛瑄指出：

> 太極，性也；陰陽，氣也。論太極而不言陰陽，則徒知太極爲至善之性，而不知氣有昏明、清濁之殊，故曰：「論性，不論氣，不備」；論陰陽而不言太極，則徒知陰陽之氣有昏明、清濁之異，而不知太極爲至善之性，故曰「論氣，不論性，不明」。〔註94〕

又謂：

> 「無極而太極」，天地之性也；「太極動而生陽，靜而生陰」，氣質之性也。天地之性，以不離者言之，故曰「無極而太極」，「○」是也；氣質之性，以不離者言之，故曰「太極動而生陽，靜而生陰」，「◎」是也。然「無極而太極」，即陰陽中之太極；陰陽中太極，即「無極而太極」。太極雖不雜乎陰陽，亦不離乎陰陽。天地之性，氣質之性，一而二，二而一者也。〔註95〕

宇宙本體狀態之「無極而太極」是純然至善、渾然無間的，其作爲天地萬物根本的「天地之性」、「至善之性」之源，超越而又實存；「氣質之性」則是陰陽動靜、氣化萬物過程中「天地之性隨在氣質中」者，兼理氣而言，爲形而下者。「太極」與「陰陽」、「理」與「氣」是分別從本然和實然之不同層面而言，其實則爲一。「太極」與「陰陽」、「理」與「氣」不離不雜、「渾然而無間」，因而人之「性」與「氣」、「天地之性」與「氣質之性」同樣相即不離，如其所謂「人之性與氣，有則一時俱有，非有先後也」〔註96〕。「天命之性」

〔註94〕 《薛瑄全集 讀書續錄卷一》，第 1285 頁。
〔註95〕 《薛瑄全集 讀書錄卷二》，第 1061 頁。
〔註96〕 《薛瑄全集 讀書錄卷二》，第 1065 頁。

與「氣質之性」是一性依儒家獨特的邏輯分解思路在形上形下不同分際而言，一時俱在、不離不雜、一而二、二而一，並非兩種不同的性。薛瑄人性論時時觀照「性」、「氣」之兩層面，反覆強調性、氣「非有二也」，如謂「以不雜者言之，謂之『本然之性』，以不離者言之，謂之『氣質之性』，非有二也」〔註97〕，「就氣質中指出仁、義、禮、智不雜氣質而言，謂之『天地之性』；以仁、義、禮、智雜氣質而言，故謂『氣質之性』。非有二也」〔註98〕，保持對「性」的全面觀照。「性」、「氣」不相離，亦不相雜，「氣」兼善惡，「性」則純善。對此，薛瑄指出：

　　　　氣質之性，以理在氣中而言。氣質之濁者，理爲之蔽，性固有不善；氣質之清者，理無所蔽，性焉有不善乎？〔註99〕

　　　　水爲搏激之可使過顙在山，而就下之性常在；性爲氣質物欲拘蔽爲惡，而善之性常在。〔註100〕

「本然之性」或「性體」是從性之本體層面而言、「以不雜者言之」，「氣質之性」是從性之實然層面而言、「以不離者言之」。人由於氣稟之拘和私欲蒙蔽而表現爲實然善惡相混的「氣質之性」，但「本然之性」是實存於人性並超然至善的，即「性焉有不善乎？」，即便有「氣質物欲拘蔽爲惡」，但「善之性常在」。因此依儒家獨特的形上與形下、本體與實然之分解來看，性氣不離不雜。「本然之性」的透見使人之理想人格和道德境界的實現具備了可能性，也使儒家修養工夫論具有了天道根據和復歸天道本體的途徑，從而「性」（本然之性、天命之性）也就眞正成爲貫通天人的樞紐。「氣質之性」的存在則使人的道德修養與踐履工夫成爲必要，人作爲「異於禽獸」的生命存在，須以「天命之性」、「本然之性」和太極之理爲本體依據，通過明性復性、靜存動察的修養工夫，變化昏駁氣質，摒除一己私欲，提斯和擔負「人之所以爲人」的責任和使命，擴充與彰顯己所固有的「本然之性」，最終使「氣質之性」與「本然之性」、「天命之性」合而爲一，達致「性與天通」、「天人合一」之境，成就道德意義上的眞正的人。因此，薛瑄闡明性氣之不離不雜，使主體既有對人性超越至善的洞徹，又可挺立內在道德主體性，自覺而爲「變化氣質」的踐履工夫。此一知性復性的雙向涵攝也是薛瑄哲學的整體觀照視野。

〔註97〕《薛瑄全集　讀書錄卷七》，第 1208 頁。
〔註98〕《薛瑄全集　讀書續錄卷七》，第 1447 頁。
〔註99〕《薛瑄全集　讀書續錄卷七》，第 1450 頁。
〔註100〕《薛瑄全集　讀書續錄卷九》，第 1466 頁。

4.2.3 論性是學問大本大原

薛瑄以「太極」（理）本體論和理氣「無縫隙」、「理一分殊」的天道觀爲根據，建立了「性即理」、「本然之性」與「氣質之性」相即不離的雙重立體人性論，將「性」作爲上通天道、下貫人倫的樞紐，據此擴充「性即理」的內涵與外延，鋪展心性理論和工夫論。進而在認定儒家道統核心在於「性」之顯發、體認與踐履的基礎上，薛瑄指出「天以一理而貫萬物，聖人以一性而貫萬事」〔註101〕，並遵循孟子「先立乎其大者」（《孟子‧告子上》）〔註102〕的入路，特別發明「性」之無所不包、無所不統的本體義，進一步將「性善」推至儒學「大本大原」地位。自性之天道根源處而言，薛瑄認爲「太極即性」、「理即性」、「天命於人者爲性」，即「性」之終極根源在天道本體。「性」源自「天道」、「天命」，因此「是則太極也，天命也，道也，誠也，善也，性也，一理也」〔註103〕，即「性」與「太極」、「理」、「天命」同屬形上超越範疇，同時下貫於人道領域，規定人性、統攝人倫。自「性」之貫通天人而言，「性」既與「太極」、「理」、「道」、「命」相涉，又在人道、人性、人倫領域眞實規定與統攝。正因如此，在人之學問根本上，可謂「性是學問大本大原」，明識「性體至善」和「天命之性」、「本然之性」與「氣質之性」，以及「性」之天人貫涉，則可明天理之統照遍在、性體之至善規定與人道發用之必然，明識「天道」、「天理」、「天命」經由「性」下貫至人道，人道通過復性工夫經由「性」之洞達全盡而上達天道的雙向貫通，亦自可通悟「性者萬物之一原」和「天地萬物一體之仁」的境界。在此雙向觀照下，人之踐仁體道、主敬復性便自然可爲，人之個體生命亦自然安頓順適，無妄無僞。

具體而言，「性」既是「萬理之統宗」，又是主體一身百體之統攝，也是儒家道體之實，因此可謂「性」爲學問「大本大原」。薛瑄對此義極爲突出，並云：

> 論性是學問大本大原，知此則天下之理可明矣。〔註104〕
>
> 學問大本，原在天命之性，於此所見不差，則天下之理不差矣。〔註105〕

〔註101〕《薛瑄全集 讀書續錄卷三》，第 1369 頁。
〔註102〕《孟子正義》，第 476 頁。
〔註103〕《薛瑄全集 讀書續錄卷五》，第 1419 頁。
〔註104〕《薛瑄全集 讀書續錄卷六》，第 1437 頁。
〔註105〕《薛瑄全集 讀書續錄卷十》，第 1476 頁。

　　　　蓋性者，大本也，言性惡則大本已失；道者，率性之謂，不識
　　性，更說甚道？〔註106〕

儒家「學問大本」在於透過實然天地萬化和善惡相混的「氣質之性」洞見「天命之性」、「至善性體」和「天人一理」之意蘊，並以此作爲人得以挺立自身主體性和提升生命境界的根據，從而「於此所見不差，則天下之理不养矣」。「性」爲「萬理之統宗」之義前面已有所論，下面從主體心性和儒家道統層面加以論述。

　　自人之一身百體而言，薛瑄認爲「性」是人之形上超越的、本來固有的至善本體，「天道」、「天理」之流行自然無僞、「於穆不已」，天所賦、人所受之「天命之性」作爲人的「本然之性」和「至善性體」，成爲關涉於人的本體和規定人倫道德規範的依據，從而人之主體針對實然「氣質之性」的道德修養和工夫踐履便成爲「不容已」的必然，因此爲湛然天理之在人投射的儒家理想人格境界便全在「明此性」、「全此性而已」。自主體之透見發用而言，主體應明識源於「天道」、「天理」之「性」爲人一身之「人本大原」和上通天道的樞紐，體認「天道」與「天理」之必然實爲人之道德實踐的必然，進而自覺以儒家聖賢理想人格境界爲追求，從事心性修養和踐履工夫，完具天所賦予人的本性，使人一身所發所行純爲天理流行，自然無僞，順適無礙，與天爲一。這才是眞正的「明性」和「知性」。

　　從儒家道統傳承的角度而言，自孔子言「性相近」、孟子明「性善」開始，人性「本善」便成爲彰顯儒家對人性與生命本原的深刻洞見，也是使儒家道德理性得以彰著的根本。此後，這一深刻見識便以「道統」的形式爲歷代眞儒所傳承延續、持守挺立，而儒家道統所傳續之本、古聖賢所明所言之道，皆在「大本大原」之「性」的明辨。薛瑄對此有清晰的認識，並屢屢述及。如其強調「千古聖賢之言，一『性』字括盡」〔註107〕，「聖人相傳之心法，性而已」〔註108〕，「聖人之所以爲教，賢者之所以爲學，性而已」〔註109〕，顯發儒家道統對「性」之「大本大原」義的深刻透見，並以能否揭示「性」之本原義評判歷代儒者。薛瑄指出：

　　　　聖賢萬世所傳之道，只是天命之性。自伏羲、神農、黃帝、堯、

〔註106〕　《薛瑄全集　讀書續錄卷十二》，第 1490 頁。
〔註107〕　《薛瑄全集　讀書錄卷四》，第 1107 頁。
〔註108〕　《薛瑄全集　讀書續錄卷六》，第 1437 頁。
〔註109〕　《薛瑄全集　讀書錄卷三》，第 1073 頁。

> 舜、禹、湯、文、武、周、孔、顏、曾、思、孟以至周、程、張、朱，雖垂世立教之言有不同，而其理則豈有異哉？〔註110〕

亦謂：

> 道學相傳，非有物以相授也。蓋「性者萬物之一原」，而天下古今公共之理，即所謂道也。但先覺者能明是道，行是道，得其人而有以覺之，使之明是道，行是道，則道得其傳。無其人，則道失其傳矣。〔註111〕

薛瑄認為，從整個儒家道統來看，自堯、舜、禹、湯、文、武、周公、孔子、顏、曾、思、孟，至周、程、張、朱，古聖相傳之道，道統所繫之實，並非「有物以相授」，而「只是天命之性」、「性者萬物之一原」，是對源於天道、人所固有並統攝人道的超越至善之本「性」的提斯與發見。作為傳道載體的儒家聖賢之言，如《中庸》、《論語》、《孟子》、《大學》和宋儒周敦頤《通書》、《太極圖說》、張載《西銘》、朱子《四書集注》等，亦無非是對純然至善的「天地（天命）之性」和「本然之性」的闡釋與顯發。對於儒家道統譜系之聖賢真儒對「性」的闡發，薛瑄尤為重視，並極為肯定孟子「性善」論昭示儒家「大本大原」以及宋儒首提「氣質」之說明分「天地之性」與「氣質之性」。薛瑄指出，「孔子教人多就事上用功，鮮有指出本原者，至孟子則指出本原矣」〔註112〕，「孟子言『性善』，於道之大本大原見之至明矣，故其一言一理皆自此出。荀、楊諸子，不明道之本原，雖多言愈支矣」〔註113〕，認為孟子道「性善」分辨「人之所以異於禽獸」的隱微而根本的差別，確立「人之所以為人」的根本特質，挺立起儒家道統之「大本大原」。而孟子之後，人之本然善性隱沒不彰，儒學偏於自然人性，或陷於訓詁章句，或掩於佛道義理，致使儒家道統為「百姓日用而不知」。對此，薛瑄指出「孟子之後道不明，只是『性』之一字不明」〔註114〕，因不識性，而不明性，道體蒙蔽。其曰：

> 自孔孟後，皆不識性。荀子謂「性惡」，楊子謂「善惡混」，先儒固已辨其非矣。唐韓子《原性》，以仁、義、禮、知、信論「性」，以喜、怒、哀、懼、愛、惡、欲論「情」，獨於「性情」為有見「三

〔註110〕《薛瑄全集 讀書續錄卷三》，第1378頁。
〔註111〕《薛瑄全集 讀書續錄卷五》，第1429頁。
〔註112〕《薛瑄全集 讀書續錄卷六》，第1437頁。
〔註113〕《薛瑄全集 讀書續錄卷五》，第1419頁。
〔註114〕《薛瑄全集 讀書續錄卷七》，第1445頁。

品之說」。蓋孔子「唯上智與下愚不移」之意，兼氣質而言也，是雖不明推出「氣」字，而意已在其中矣。竊謂自孟子後，論性惟韓子爲精粹，又豈荀、楊偏駁者可得同年而語哉！〔註115〕

薛瑄指出孔孟之後，如「荀子以人性爲惡，則是誣天下萬世之人皆爲惡也，其昧於理如是之甚」〔註116〕，僅從自然人性立足，掩沒儒家超越而內在的道德本體和至善的本然之性，因此「不明」性而導致道統斷絕。孟子推明「性善」，然並未充分重視和論證人性實然之惡，稍嫌「不備」。因此到了宋儒，不僅溯源孔孟，以「性即理」倡明「性善」，而且提出「氣質」之說以闡明實然人性之惡，兼論「天命之性」與「氣質之性」、「性」與「氣」，既「明」且「備」，昭見「大本大原」，起承道統，大有功於天下。薛瑄贊宋儒之功曰：

> 宋道學諸子，有功於天下，萬世不可勝言，如「性」之一字，自孟子以後，荀、楊以來，或以爲「惡」，或以爲「善惡混」，議論紛然不決，天下學者莫知所以。至於程子「性即理也」之言出，然後知性本善而無惡；張子「氣質之論」明，然後知性有不善，乃氣質之性，非本然之性也。由是「性」之一字大明於世，而無復異議者，其功大矣！〔註117〕

對宋儒尤其程朱言「性即理」並分明「本然之性」與「氣質之性」的雙重立體人性建構，薛瑄極爲贊同，認爲宋儒人性論既顯發了儒家道統的至善「性體」和「天命之性」、「本然之性」，又以「氣質之性」解釋不善、不美之實然人性，此「明」且「備」的人性論是宋儒恢宏義理架構下的識見，不僅完滿地解決了人性善惡問題，更確立了「性」爲「學問大本大原」的核心地位與深刻涵義，也是整個儒學建構、傳承與挺立的核心要旨。如《山西通史》曾指出，「在人性問題上，薛瑄認爲宋明理學家們對儒學復興的最大貢獻之一，就是從理論上討論了人性，將大本大原昭示明白，斷絕了人性問題上的迷惑。……程朱要爲性找一個本體，這就是理，薛瑄則要將性本身作爲本體」〔註118〕，並指出薛瑄學說的中心和支點就是「復性」說，此分析與評價可謂恰當，道出薛瑄哲學的重心與要旨。

〔註115〕　《薛瑄全集　讀書錄卷一》，第 1042～1043 頁。
〔註116〕　《薛瑄全集　讀書續錄卷六》，第 1440 頁。
〔註117〕　《薛瑄全集　讀書錄卷三》，第 1080 頁。
〔註118〕　劉澤民：《山西通史》卷五，山西史志研究院編，太原：山西人民出版社，2001 年版，第 391 頁。

4.3 虛明心體

儒家哲學工夫論得以成立和實現的關鍵不僅在「本體」的涵攝，更在主體之「心」。「心」之體認與涵養工夫能夠使主體能夠擔負「人之所以為人」的責任，並將「天人合一」的理想人格境界作為內在自覺的道德追求，從而超越自然「小我」的拘限，擴充主體的道德生命。若無「心」的提斯省察，則儒家對於宇宙、天道的透徹只能淪為外在的空談，懸無著落，與己毫無關涉。歷代真儒無不重「心」，亦無不在本體論或工夫論意義上凸顯主體之「心」的主宰義。朱子以「理」為本體，亦言「理即是心，心即是理」，「心與理一」，並強調「心之全體湛然虛明，萬理具足，無一毫私欲之間；其流行該遍，貫乎動靜，而妙用又無不在焉」〔註119〕，注重保持主體的「虛」、「明」以通達萬理。薛瑄繼承朱子，言「心體」「至虛至明」，賦予「心」以知覺思慮、一身主宰和道德本心三種主要涵義，認為心之發動由湛然心體、至善「性體」和純善天理所規約與涵攝，依儒家天之「元、亨、利、貞」的節律和人之「仁、義、禮、智」的道德規範而作用，既賦予「心」以自作主宰義，使主體擔負起自我道德反省、變化氣質和超克物欲的責任，又以源於天道的人倫道德確保心之所發有所規約和收攝，避免肆意外馳，無所收攝。

4.3.1 心之涵義

在薛瑄哲學中，「心」的涵義源於朱子，主要有三種。其一為知覺思慮、作為運用之意。薛瑄認為「心」是人身所具的形下感覺器官，但又不同於一般的人身之官，是「氣之靈而理之樞」。薛瑄認為「心比性則微有跡，比氣則自然又靈」，「心是氣之精爽」，「心者，氣之靈而理之樞也」〔註120〕，指出「心」「微有跡」，卻「比氣則自然又靈」，為一身百體之中「最靈」者，即「氣之靈而理之樞」。「心」實介於形上形下之間，是主體「知性」、「明性」、「復性」、與天為一的關鍵載體，具備知覺思慮、作為運用的「神明妙用」，即「人心萃理氣之靈，有作為運用之妙」〔註121〕，能夠感通物我、貫徹內外、通達天地。對於「心」的作用，薛瑄又指出：

> 理如物，心如鏡。鏡明則物無遁形，心明則理無蔽跡。昏則反

〔註119〕 《朱子語類 卷五》，第 94 頁。
〔註120〕 《薛瑄全集 讀書錄卷六》，第 1170 頁。
〔註121〕 《薛瑄全集 讀書錄卷六》，第 1159～1160 頁。

是。萬事猶可力爲，只此理非力所及。〔註122〕

「理如物，心如鏡」，意即「理」是天地萬物的形上根據，客觀、實然地存在於萬物之中，但萬物及「理」的存在及其意義須有「心」的認知、透徹與體察方能有所呈現。具有知覺思慮作用的「心」能夠反映、投射萬物之理，並能感知、化通天地萬物之理，使「統體之理」與「分殊之理」以及「天理」、「天命」、「天道」的彰顯成爲可能，進而能夠透徹人性的本然，體知天地萬物一體之仁，使有形萬事「可力爲」。

其二爲主宰之意。既然「心」爲「氣之靈而理之樞」，能夠知覺感通、作爲運用，那麼融合物我、貫通性命之全體的關鍵皆在人之一「心」的工夫，從而能否顯發主體本來固有之善、袪除氣質私欲之蔽、實現儒家理想道德境界也就繫於「心」對一身百體的提斯主宰。朱子言「心最靈，而有以通貫乎性命之全」〔註123〕，薛瑄進一步指出「心，性，命，一埋也」〔註124〕，認爲「心」作爲「氣之靈」者，不同於一般可見的形體，區別於一身耳、目、口、鼻之官，不僅主宰一身百體，更可通過對事物的認知、體察而感通「性」、「命」、「理」之一貫。即如薛瑄所言「視其色在目，而知其色之理在心；聽其聲在耳，而知其聲之理在心；食其味在口，而知其味之理在心；聞其香在鼻，而知其香之理在心。此心所以爲一身之主宰也」，「耳、目、口、鼻各專一事，而心則無不通」〔註125〕。此外，薛瑄也認爲人與萬物一體，因此人有「心」，物也同樣有「心」，而且物之「心」也是物的主宰，如「細看植物亦似有心，但主宰乎是，使之展葉開花結實者，即其心也」〔註126〕。薛瑄此論源於對「天地生物之心」、「萬物一體之仁」在宇宙大化流行中的體證與通達，實爲一種規定、主宰萬物之生發變化的內在力量，與人「心」的自作主宰之意有本質的不同。人之「心」作爲一身百體之主宰，可通過主體存心、養心、明性、復性的內修工夫，爲善去惡，變化氣質，使「心」之所存所發皆依「天理」與「性體」之自然而達中和無偏、「中正仁義」、「無過無不及」。因此，在薛瑄看來，「心」實爲主體一身百體的主宰力量與道德動力的生發之源，「心」之省察與涵養則是復性踐履、與天相通之工夫論的核心要旨。如果沒有「心」

〔註122〕《薛瑄全集　讀書錄卷五》，第 1145 頁。
〔註123〕《朱子全書　第十三冊　西銘解》，第 142 頁。
〔註124〕《薛瑄全集　讀書續錄卷九》，第 1464 頁。
〔註125〕《薛瑄全集　讀書錄卷七》，第 1212 頁。
〔註126〕《薛瑄全集　讀書錄卷五》，第 1150 頁。

之明覺與自作主宰，儒家內在超越之道德境界的實現也就無從談起。

其三為虛明靈覺的本體。在朱子哲學中，「心」的主要涵義是知覺，同時也有主宰義和「作為一般意識活動主體的知覺思慮之心」〔註127〕的本體義。薛瑄更多發揮了朱子之「心」的主宰義和本體義，以「太極」本體和陰陽動靜之變易描述人「心」的「虛明靈覺」和「心體」的「至虛至明」，如謂「天不以隆冬大寒而息其生物之機緘，人不以熟寢大寐而息其虛靈之知覺」〔註128〕，明「心」之虛靈明覺。其將「心」與「太極」並提，與張子「太虛」相擬，賦予「心」以本體意涵。如其謂：

> 萬物本諸天，萬理本諸心。〔註129〕
>
> 心所具之理爲太極，心之動靜爲陰陽。〔註130〕
>
> 萬起萬滅而本體湛然有常者，其心之謂歟？〔註131〕
>
> 貞元動靜，人心動靜，一也。〔註132〕

「天」包萬物，「心」統萬理，「心」對天下萬理的統攝與「太極」對天地萬物的統括其實「一也」，「心」之動靜亦類於「陰陽」動靜。薛瑄所謂「本體湛然有常者，其心之謂歟」，尤以明「心」之本體義。「心體」的特徵是超越內在、通貫天地、統攝萬理，又與天理、道體一樣「湛然有常」、「光明潔淨」、內外無間。「天地萬物所全具之理」、「天下古今所共由之道」及個體身心之修養踐履之德，諸天下萬理「皆本諸心」。不僅如此，薛瑄受張載「太虛即氣」宇宙本體論的影響，將「心體」比喻爲「太虛」本體。其云「雷電風雨，參錯交動於下，而太虛之本體自若；萬事萬變，紛紜膠擾於外，而吾心之本體自如」〔註133〕，「太虛」是宇宙超然的本體，「心」則是人可自作主宰者，如果主體能夠摒棄私欲，使此心所發純是天理，則「心體」如同「太虛」本體一樣超然自若，即「私欲盡而心體無量」〔註134〕。

知覺思慮、一身主宰與虛明本體之心，是人所獨具的「微密之地」，此「心」之存在與反省使主體可覺知天地萬物，透見萬物萬化背後的形上之

〔註127〕《朱子哲學研究》，第 213 頁。

〔註128〕《薛瑄全集 讀書錄卷七》，第 1210 頁。

〔註129〕《薛瑄全集 讀書錄卷五》，第 1146 頁。

〔註130〕《薛瑄全集 讀書錄卷八》，第 1227 頁。

〔註131〕《薛瑄全集 讀書錄卷六》，第 1179 頁。

〔註132〕《薛瑄全集 讀書續錄卷五》，第 1425 頁。

〔註133〕《薛瑄全集 讀書錄卷九》，第 1241 頁。

〔註134〕《薛瑄全集 讀書錄卷六》，第 1167 頁。

理，體認「性體」之人所固有和本然至善，透徹儒家聖賢義理和道統根脈，從而爲儒家哲學工夫論的成立提供了現實載體。天下萬物萬理也只有通過「心」的體認才能眞實呈現。因此，作爲「氣之靈而理之樞」的「心」，便自然成爲一身百體和天下萬理之統攝載體，承載著傳續儒家道統和實現儒家道德理想的重大使命。而對天人之理的體察亦「實不外乎吾心」，如薛瑄論宋儒義理之要曰：

> 周子挺生南服，建《圖》立《說》，以明造化之源，性命之微，傳之二程，以當時無受之者，遂不以語人。至朱子，既即其《圖》以剖析其旨，又即其《說》以盡發其奧，由是周子建《圖》立《說》之意大明。學者誠欲求其意，當即朱子之《解》以求周子之《說》，熟讀精思，潛玩默體，期以數十年之功，俟其融會貫通，超然有得於圖像之表，庶幾造化之源，性命之微，天人之理，畢貫於　　，而其實不外乎吾心矣。〔註135〕

薛瑄「期以數十年之功」而「融會貫通」周子《太極圖說》及朱子《太極圖說解》諸著作，明「造化之源，性命之微」，見「天人之理，畢貫於　」之妙。而對於「造化之源」、「性命之微」的體悟與貫通，「其實不外乎吾心」。推至儒家道統、道體與天人性命之學、天人合一之聖賢境界的體認，不在文辭之間，不在具體知識的獲得，而在於「吾心」之契悟與自覺的傳承。可見薛瑄在極大的程度上突出了主體之「心」的主宰義，並將之作爲「性與天通」、「天人合一」之全副工夫論的載體，體現明初重「心」之趨向。

4.3.2 心體至虛至明

「心」有知覺思慮、一身主宰、虛明心體三種涵義，薛瑄以「心體」義最爲重要，並對「心」、「性」、「情」以及心之未發已發、道心人心多有所論。薛瑄認爲天理流行，萬物化生，人稟氣賦形，「心與性俱生」，一時具有，不相分離，但「性體」作爲源自天理的道德本體，規定人性之本然和主體的道德踐履，超越而內在，至靜「無爲」。「心」則「有覺」，能夠體知天地萬物及一身之理，並能通過工夫踐履復返性之本然與天道之自然，是一身主宰和主體可用力處。薛瑄指出：

> 天理流行，命也，命賦於人，性也。心與性俱生者也。性體無

〔註135〕《薛瑄全集　讀書續錄卷五》，第 1410 頁。

爲，人心有覺，故「心統性情」。〔註136〕

　　言心即有性，言性即有心，心、性不相離也。〔註137〕

薛瑄「無爲」之「性體」是人的全部道德的根據與歸攝，「心」亦不是全然自在的思慮發動，而是既有一個輻輳的歸結點，又有其所涵攝的天地萬物與天人萬理，即「心」有體用之分。「心體」至虛至明，是人人具有的「心之所同然者」或曰「道德本心」，如其謂「一息之運，與古今之運同；一塵之土，與天地之土同；一夫之心，與億兆之心同」〔註138〕，是人挺立自我、「皆可以爲聖賢」的主觀依據。「心」之用即爲知覺思慮，可識天下萬物、明天下萬理，亦可自作主宰，決定主體之道德方向。關於「心體」與「心」之用，薛瑄具體指出：

　　未應物時，心體只是至虛至明，不可先有忿懥、恐懼、好樂、憂患在心。事至應之之際，當忿懥而忿懥，當恐懼、好樂、憂患而恐懼、好樂、憂患，使皆中節，無過不及之差。及應事之後，心體依舊至虛至明，不留前四者一事於心。故心體至虛至明，寂然不動，即喜怒哀樂未發之「中」、「天下之大本也」；心之應物，各得其當者，感而遂通，即喜怒哀樂發而中節之「和」，「天下之達道也」。心之寂，即「利、貞，誠之復」；心之感，即「元、亨，誠之通」。一感一寂，動靜循環無端，心之體用，其妙如此。〔註139〕

其所言「心體」與「道體」、「性體」之超越形上義不同，是在人道領域「應物」、「應事」之時保持心體根源處寧靜純一、虛明無私，以使此心不爲外物牽繞奔騰，有所收攝與涵養。薛瑄言「心體至虛至明」，即指沒有任何思慮干擾、排除任何主觀臆念的「虛」且「明」的心理狀態，亦是念慮未發的本然心理狀態。「虛」是此心潔淨、體知萬理、全具仁德的前提，「明」是此心妙應萬物、感通中節、實現「性與天通」的前提，即「心明則理無蔽跡」〔註140〕。「心」須有「體」，方可發動得當、有所收攝，否則「肆意外馳」、善惡無所收攝。主體若能體察、保持此心之「至虛至明」，使所存所發「純乎天理之公」，則可與天爲一，爲聖爲賢。如薛瑄謂：

〔註136〕《薛瑄全集 讀書續錄卷四》，第1395頁。
〔註137〕《薛瑄全集 讀書續錄卷十一》，第1480頁。
〔註138〕《明儒學案 河東學案上》，第125頁。
〔註139〕《薛瑄全集 讀書續錄卷三》，第1367～1368頁。
〔註140〕《薛瑄全集 讀書錄卷五》，第1145頁。

在一心之理與在萬事之理，本無二致。「惟聖人一心之理能通萬事之理」者，以其純乎天理之公也。〔註 141〕

心虛涵萬理。〔註 142〕

人心貴乎光明潔淨。〔註 143〕

太極中無一物，外物於吾何有？〔註 144〕

天地萬物之理是客觀的存在，是主體之「心」覺知、通達的對象，因此「一心之理」與「萬事之理」「本無二致」。「太極中無一物」，因此「心體」亦是「至虛至明」。「心」愈「虛明」、愈「光明潔淨」，愈能體涵攝萬物之「理」，並可全盡天地萬物之理，使此心所發「純乎天理之公」，與天為一。

「至虛至明」之「心體」是主體體認天理、全盡天理的根據與歸攝。首先，「萬事萬物之理，吾心之體用無不該，故曰：『吾道一以貫之』」〔註 145〕，天地萬物之理及聖賢千言萬語之理「無不統會於此心微密之地」，因此「吾心所知無不至矣」。主體之「心」可以體認、通達源於大道又貫徹大人、「無形聲之可接」的「天理」、「天命」、「性」、「命」、「道」、「德」、「仁」、「義」、「禮」、「智」之天地萬物之理。薛瑄指出：

察夫聖賢千言萬語之理，無不散見於天地萬物之中；而天地萬物之理，無不統會於此心微密之地。自是以來，澄治源本，而恒懼夫邪慮以淆之；篤專修習，而不敢以他好奪之。積之既久，間因以其中之欲發者，發而為文辭，則但覺來之之甚易，若或有物以出之於內，而迫之於外也。〔註 146〕

又謂：

物理之極處，即性之一原也。天下之物，皆造乎極處，則吾心所知無不至矣。〔註 147〕

知一人之性，十人之性、百人之性、千萬億人之性，無不同也；知一物之性、百物之性、千萬億物之性，無不同也。知人物古今之

〔註 141〕《薛瑄全集　讀書續錄卷二》，第 1345 頁。
〔註 142〕《薛瑄全集　讀書續錄卷八》，第 1461 頁。
〔註 143〕《薛瑄全集　讀書錄卷四》，第 1106 頁。
〔註 144〕《薛瑄全集　讀書錄卷五》，第 1151 頁。
〔註 145〕《薛瑄全集　讀書續錄卷三》，第 1369 頁。
〔註 146〕《薛瑄全集　文集卷之十二　與楊秀才書》，第 652 頁。
〔註 147〕《薛瑄全集　讀書續錄卷五》，第 1430 頁。

性，無不同，心之全體大用無不該貫，初無限量之可言矣。〔註148〕

性命之理，散見於聖賢之書，天地之間，反之吾心至精至密之地，而無不可見也。〔註149〕

天地萬物之理無限，天人萬物同爲一性，因此主體若能「澄治本源」，保持此心「虛明」，就可將萬物之理「統會於此心微密之地」，體認天人一理、萬物一體、「性者萬物之一源」，從而使「心之全體大用無不該貫，初無限量可言也」。薛瑄又引老子《陰符經》解人心之妙曰：

經曰「天道」、「天行」、「五賊」、「天性」、「人心」，一也。天道者，元亨利貞；天行者，春夏秋冬；五賊者，仁義禮智信；天性者，即天道、天行、五賊之德具於人心者也。人心萃理氣之靈，有作爲運用之妙。「觀天道，執天行，見五賊，而施行於天，囊括宇宙而造化在我」，皆由此心而已。〔註150〕

「天道」、「天行」、「五賊」（五德）、「天性」與「人性」爲共通的形上範疇，只有通過「萃理氣之靈」、「有作爲運用之妙」之「人心」的體認，才能明天人性命之理、行道德踐履之實，從而「囊括宇宙而造化在我」、「皆由此心而已」。益加證明「心體」之妙用。

其次，「心」之用的發動與作用無不以心體爲歸攝。結合宋儒「心統性情」之論，薛瑄指出「在人始有『心』之名，在天則渾然是理。理具於人心，乃可言『心統性情』」〔註151〕，並認爲「心」與「性」、「情」相對而言，「性」（天命之性）作爲道德本體規約著主體之念慮發動和立身行事。「性體無爲」，情爲已發，因此惟涵具萬理、「至虛至明」的「心」足以體認「性體」之貫通天人和管攝情之發動作用，即「所以具天命之性，行率性之道，得仁、義、禮、知之德，全天理之體用者，皆本於心」，故「心統性情」。對此，薛瑄有一段重要的論述，其言：

天命、性、道、德，皆天理也。分而言之，自其出於天者謂之「天命」，元亨利貞是也；天命賦於人者謂之「性」，仁、義、禮、知是也；率性而行，莫不各有仁、義、禮、知，父子、君臣、夫婦、長幼之道，所謂「道」也；行是道而得仁、義、禮、知於心，所

〔註148〕《薛瑄全集 讀書錄卷六》，第1177頁。
〔註149〕《薛瑄全集 讀書續錄卷五》，第1425頁。
〔註150〕《薛瑄全集 讀書錄卷六》，第1159～1160頁。
〔註151〕《薛瑄全集 讀書續錄卷四》，第1395頁。

　　謂「德」也。合而言之，莫非天理也。然所以具天命之性，行率性
　　之道，得仁、義、禮、知之德，全天理之體用者，皆本於心。故張
　　子曰：「心統性情」。〔註152〕

對「天命」、「性」、「道」、「德」之「天理」的體認與全具「皆本於心」，即只
有通過人之主體「心」的工夫才能對天人之理有所體察並全盡之，因此對
「性」、「情」之統亦須由「心」來實現，此即「心統性情」。進而，也只有心
體「至虛至明」，才能保持應事應物之前及過程中「不預置任何情感情緒」〔註
153〕，使心之念慮發動有所涵攝並所發皆爲本然之性的呈露亦即「發而皆中
節」。對薛瑄而言，「心」作爲知覺思慮之官和自作主宰、虛明靈覺的一身之
體，是管攝天下「浩浩無窮」之天理、踐行「仁、義、禮、智」之德、復返
純粹至善之本性的載體，因此「心」是薛瑄哲學乃至整個儒家哲學工夫論得
以成立和實現的關鍵。白孔孟以至宋明，皆以「誠意」、「正心」爲「立本」
工夫，強調主體必先有一超越的道德本心和理想境界的洞識，才能使主體有
所挺立與主宰，進而將天人之理外化而爲道德實踐，在道德意義上上通達聖
賢境界。在此認識基礎上，薛瑄強調「心性爲天下之人本，必涵養純一寧靜，
則萬事由此而出者，皆天理之公矣」〔註154〕，主張「澄治本源」、「篤專修習」
的工夫踐履。薛瑄也在心性工夫中深體心學之妙，如謂「惟從事於心學，則
氣完體胖，有休休自得之趣。惟親歷者知其味，殆難以語人也」，對於辭章之
學則認爲「疲敝精神，荒耗志氣，而無得於己」〔註155〕。薛瑄還認爲，不僅
個體道德之挺立在「心」，天下國家之本、古今興亡治亂皆繫於一「心」。如
其言「聖人論治，有本有末。正心修身，其本也；建制立法，其末也」〔註156〕，
「天下之本在國，國之本在家，家之本在身，身之本在心。心正、身修、家齊、
國治、天下平，王道不過如此」〔註157〕，又謂「尹（伊）傅（說）告君之辭：
曰德，曰仁，曰誠，曰敬，曰明命，曰一，曰道，皆歸於人君之一心」〔註158〕，
「唐、虞三代之治，皆自聖人一心推之，無非順天理因人心而立法也」〔註159〕，

〔註152〕《薛瑄全集 讀書續錄卷二》，第 1354 頁。
〔註153〕陳來：《宋明理學》，上海：華東師範大學出版社，2004 年版，第 182 頁。
〔註154〕《薛瑄全集 讀書續錄卷二》，第 1337 頁。
〔註155〕《薛瑄全集 讀書錄卷二》，第 1069 頁。
〔註156〕《薛瑄全集 讀書錄卷四》，第 1130 頁。
〔註157〕《薛瑄全集 讀書續錄卷一》，第 1297 頁。
〔註158〕《薛瑄全集 讀書續錄卷二》，第 1341 頁。
〔註159〕《薛瑄全集 讀書錄卷六》，第 1173 頁。

「自古興亡治亂之幾，皆由於心之存亡」〔註160〕，認爲天下國家興亡治亂的根本在於爲治者能否「正心」、「存心」。正由於一身所存、天下國家所繫，皆在主體之「心」的存養與擴充，薛瑄提出「立心爲本」，並將之作爲工夫之要，甚至在潛修工夫中深體「心」之神明妙用，如其謂「如來且將早作，而中夜屢寐屢寤，警惕不安者，心之神明使然也」，「人心至爲神明。如來日將早作，今夕雖熟寐之甚，及至其期而自覺，豈非心之神明乎？」〔註161〕。可見以「性體」、「心體」和「工夫」爲對攝，薛瑄在工夫論上較朱子更突出了「心」的自作主宰、內向收攝、無欲自得的作用與特徵，強調日用常行之間的道德踐履和身心修養，並將道德實踐的動力更加內在於人心。

需要說明的是，在心性論上，薛瑄主張「性即理」，卻不會提出「心即理」。程朱理學重視形上形下兩世界的劃分，薛瑄亦是如此，認爲「理」是萬事萬物「合當是如此者」，爲有形萬事萬物背後的形上根據和律則；「性」爲「天理」在人的下貫和人道領域之道德本體，是天人貫通的樞紐，亦爲形上者，因此「性即理」。「心」則作爲能知覺思慮、作爲運用的感覺之官，與耳、目、口鼻一樣，屬形而下者。但「心」又與其他感覺器官不同，是「氣之靈而理之樞」，能知覺思慮、作爲運用，遂爲人一身之主宰，成爲主體體貼「天人一理」和「至善性體」、從事踐履工夫、上達天道的載體。薛瑄所言之「心」亦有體，即「至虛至明」、湛然有常的「心體」，是對天地萬物、天下萬理的統攝與觀照，也人心念慮發動的收攝與根據。但薛瑄所言之「心」本身並非「理」，而是體貼、彰顯「理」的載體。薛瑄之「心」與「心體」涵義與陸九淵「心皆具是理」以及王陽明「虛靈不昧，眾理具而萬事出，心外無理，心外無事」〔註162〕等將道德法則直接拉入主體內心的界定有很大的差別。薛瑄「心體」涵義源於朱子，雖然包含道德意識方面的意義，但主要從心未感事物時心性的倫理活動和認識活動出發〔註163〕。因此，薛瑄人性論中具有道德本體義的是「性」而非「心」，只謂「性即理」、「性是本來固有之理」〔註164〕，將道德踐履工夫的完滿情態歸結爲源自「天理」的「性」（性體），因此踐履所依據

〔註160〕《薛瑄全集 讀書錄卷七》，第 1210 頁。

〔註161〕同上。

〔註162〕〔明〕王陽明：《王陽明全集 傳習錄上》，上海：上海古籍出版社，1992 年版，第 15 頁。

〔註163〕參考陳來《朱子哲學研究》，第 213～221 頁。

〔註164〕《薛瑄全集 讀書錄卷三》，第 1090 頁。

的律則並非源自內心的道德律令，而是天地大化流行之「理」和性體涵攝的「所以然」之理。

4.3.3 道心人心與未發已發

　　「心體」雖類「道體」、「太虛」而「至虛至明」，可體認、收攝天人萬物與天下萬理，但「性純是理，故有善而無惡；心雜乎氣，故不能無善惡」〔註165〕。「雜乎氣」、「微有跡」的「心」與超越形上的「太極」、「理」、「道」、「性「不同，與形下之「氣」有所牽連與結合，因此並非純粹至善、「不能無善惡」。「心」之所存所慮、所動所發「一轉移」於善惡間，至精至密，妙用難測。因此，至善「天理」與「性體」的統攝、規定使主體必要通過靜存動察、內外交修的踐履工夫才能超克此心私欲，克服氣質之拘，使「心」之所發「中止仁義」、「無過無不及」、「中和無偏」。因此，宋明儒心性論的重要命題還包括對心之未發、已發與道心、人心的探討，從心之「幾微」處和「此心微密之地」詳加分辨，追至心之發動的根本與源頭處做工夫。多年「從事於心學」的薛瑄對「此心微密之地」亦有清醒的認識，深知「作聖作狂，此心一轉移之間耳」〔註166〕，因而同樣對道心人心、未發已發進行了分辨，以明心源之微密、辨私欲之始端。

　　「道心」、「人心」是儒家心性論的一對重要範疇。《尚書·大禹謨》言「人心惟危，道心惟微，惟精惟一，允執厥中」〔註167〕，二程將「道心」、「人心」納入理學心性論體系，指出「人心，私欲也；道心，正心也。危言不安。微言精微。惟其如此，所以要精一。『惟精惟一』者專要精一之也。精之一之始能『允執厥中』，中是極至處」〔註168〕，又言「『人心惟危』，人欲也。『道心惟微』，天理也」，「人心私欲，故危殆。道心天理，故精微。滅私欲則天理明矣」〔註169〕。朱子繼而指出「夫謂人心之危者，人欲之萌也，道心之微者，天理之奧也；心則一也，以正不正而異其名耳。非以道為一心，人為一心，而又有一心以精一之也」〔註170〕，「如有天命之性，便有氣質。若以天命之性

〔註165〕《薛瑄全集 讀書續錄卷八》，第 1458 頁。
〔註166〕《薛瑄全集 讀書錄卷七》，第 1211 頁。
〔註167〕《十三經注疏 尚書正義 大禹謨》，第 136 頁。
〔註168〕《二程集 河南程氏遺書卷第十九》，第 256 頁。
〔註169〕《二程集 河南程氏遺書卷第二十四》，第 312 頁。
〔註170〕《宋元學案 晦翁學案》，第 1509 頁。

為根於心，則氣質之性又安頓在何處！謂如『人心惟危，道心惟微』，都是心，不成只道心是心，人心不是心！」〔註171〕。程朱指出「道心」是在天而言的純善全盡的道德本心，是「正心」，「人心」則為在人而言的混雜私欲的實然之心，是「私欲」。「道心」即純善天理，是工夫的目的，「人心」是私欲之雜，是工夫提撕與超克的對象，「道心」與「人心」實為一心，「以正不正而異其名耳」。

「未發」、「已發」也是儒家尤其是宋儒心性論探討的重要範疇。《中庸》曰：「喜怒哀樂之未發，謂之中；發而皆中節，謂之和。中也者，天下之大本也；和也者，天下之達道也」〔註172〕。宋明儒更將「未發」、「已發」作為「心」之體用詳加闡發，以明此心之「微密」。程子《論中書》指出「凡言心者，皆指已發而言」〔註173〕，以「心」為已發之用。胡宏在程頤觀點的基礎上提出「未發只可言性，已發乃可言心」〔註174〕，「聖人指明其體曰性，指明其用曰心。性不能不動，動則心矣」〔註175〕，認為「性」為本體，「性」動為「心」，「心」是「性」本體的發動、表現和作用。朱子和張栻早期接受程頤和胡宏觀點，指出「《中庸》未發已發之義，前此認得此心流行之體，又因程子凡言心者，皆指已發而言，遂目心為已發，性為未發」〔註176〕，此即朱子「中和舊說」。後來朱子又認為「此云性不能不動，動則心矣，語尤未安」，並提出「未髮指性」、「已髮指情」及「心統性情」的「中和新說」〔註177〕。

薛瑄繼承前儒「道心」、「人心」和「未發」、「已發」之論，體察心性之微。薛瑄指出「『道心』即仁、義、禮、智之心，性是也」〔註178〕，「『人心』，即食色之性；『道心』，即天命之性」〔註179〕，又認為《尚書》所言「人心惟危，道心惟微」「皆指心之用言」〔註180〕。可見薛瑄將「道心」理解為「有善而無惡」、涵具未發的「本然之性」，將「人心」理解為「不能無善惡」、已發

〔註171〕《朱子語類 卷四》，第64頁。
〔註172〕《四書章句集注 中庸章句》，第18頁。
〔註173〕《二程集 河南程氏文集卷第九 與呂大臨論中書》，第608頁。
〔註174〕〔宋〕胡宏：《胡宏集》，北京：中華書局，1987年版，第115頁。
〔註175〕《宋元學案 五峰學案》，第1376頁。
〔註176〕《朱子全書 朱文公文集 卷六十四 與湖南諸公論中和第一書》，第3130頁。
〔註177〕參見陳來《朱子哲學研究》，第160～182頁。
〔註178〕《薛瑄全集 讀書續錄卷五》，第1426頁。
〔註179〕《薛瑄全集 讀書續錄卷九》，第1465頁。
〔註180〕《薛瑄全集 讀書續錄卷十一》，第1486頁。

之「氣質之性」或「食色之性」。「道心」通「天理」，「人心」之惡爲「人欲」，二者皆爲「心」之發用。但「人心」的發動作用也爲「至虛至明」的心體所涵攝，心之體用體現於「心」之未發已發之間。程子曾指出「沖漠無朕，萬象森然已具，未應不是先，已應不是後」〔註181〕之說，對此，薛瑄認爲「雖未發之不偏不倚，而實爲已發無過不及之本體，故曰『未發不是先』；雖已發無過不及，而實未發不偏不倚本體之所爲，故曰『已發不是後』」〔註182〕，「蓋未應，有已發之理具，故不是先；已應，有未發之理在，故不是後」〔註183〕。若細分辨之，則未應物、未發動時，「心」之「本體」涵具「仁、義、禮、智」四德，湛然自若、至虛至明、中和無偏，無過無不及。已應物、已發見時，心之用呈現，善惡始分，即「性之本體，未感物時渾是至善，到感物而動之初，則有善有不善，周子所謂『幾』也」〔註184〕。「未發」是「已發」「不偏不倚」的本體，規約與涵攝「已發」，而「心」之發動雖微妙不測、難以收攝，但受「心體」、「性體」與「天理」的統攝與該管。面對微妙難測、跡不可判、善惡難定的「心」之發動，將「心」之所發引向純善實爲艱難，即「人於動處難得恰好，才動便有差，所以『發而中節』爲難也」〔註185〕，「人心一息之頃，不在天理，便在人欲，未有不在天理人欲而中立者也」〔註186〕。但由於「未發」之「心體」的統攝與主宰，以及源自「天道」、「性體」的道德律則的內外規約，主體之仁須通過踐履工夫力使此心「發而皆中節」、純爲天理流行之善、中和無偏、無過無不及，從而全盡本性，與天爲一。此是儒家心性工夫的關鍵，亦是儒者立言與立德的目的所在。儒家主體身心「發而皆中節」、「中和」、「中庸」情態的實現關鍵「只在心」，如薛瑄所言「『中』者，天地萬物所全具之理；『和』者，天下古今所共由之道。只『中』、『和』二字，包括無窮之理，其要只在心」〔註187〕，「『中』只是性情未發已發，不偏不倚，無過無不及便是，非性情之外別有中也；『庸』只是此中平常之理便是，非中之外別有庸也。已發之中無過不及者，便是『和』，非已發之中，中節之外別

〔註181〕《二程集 河南程氏遺書卷十五》，第 153 頁。
〔註182〕《薛瑄全集 讀書續錄卷三》，第 1367 頁。
〔註183〕《薛瑄全集 讀書續錄卷一》，第 1309 頁。
〔註184〕《薛瑄全集 讀書錄卷五》，第 1149 頁。
〔註185〕《薛瑄全集 從政名言卷之二》，第 1543 頁。
〔註186〕《薛瑄全集 讀書錄卷一》，第 1018 頁。
〔註187〕《薛瑄全集 讀書續錄卷一》，第 1299 頁。

有和也」〔註188〕。因此，薛瑄強調通過在「心」之未發已發處做工夫，操存省察，涵養萬理，感通天人，摒除私欲之蔽，使萬事萬理順適自在，使心、性、情「發而皆中節」，達致「中和」、「中庸」之境，使「人心」純爲「道心」。主體所能達到與實現的最圓融的心性工夫，即是心之已發未發無分先後、一體渾然、純粹至善之境，此即聖人境界。如薛瑄所言「聖人之心，應物即休，元不少動」〔註189〕，「聖人之心，寂然不動，隨感而應，所謂『神』也」〔註190〕，「聖人只以仁義禮智之心，應天下之事」〔註191〕，以湛然心體妙應萬物。

　　總之，薛瑄結合明初的思想背景和時代問題，在宋儒所開創的宇宙論、本體論和天人視野下，繼承先儒人性論，依「理氣無縫隙」、「理一分殊」的天道觀構建以性爲本的人性論，將源於至善「天理」、「天命」之「性」作爲上通天道、下貫人道的道德本體，以「本然之性」（天命之性）和「氣質之性」解釋人性本然之善和實然之善惡相混，並透見「至善性體」、「性即理」及雙重立體人性論是歷代眞儒所傳、儒家道統所繫的學問「大本大原」。在以「性」爲人道本體的基礎上，薛瑄以「氣之靈而理之樞」的「心」爲主體一身百體的主宰和感通天地萬事、統照天下萬理的載體，並將源於天理、涵具「仁、義、禮、智」四德的至善「性體」和虛明「心體」作爲主體身心所發的內在根據。因此，在「未發」、「已發」之間做靜存動察、內外交修的道德踐履工夫，力使此身心「發而皆中節」、中和無偏便成爲「人之所以爲人」的必然要求，此即薛瑄工夫論。儒家理想人格之聖人境界的實現在於全盡至善的「本然之性」並率性而行，而面向中人及以下者發言的儒家人性論，在以天道爲根據預設理想人格境界和道德理性的同時，爲中人及以下者提供了道德實踐的天道人性之必然依據和內在超越的踐履之方即工夫論，使主體通過內外交修的修養工夫，「盡心」、「知性」、「知天」，使「心」之所發純爲天理流行、純善無僞，全盡「人之所以爲人」的本性，進而在道德意義上伸展主體的無限生命，實現道德意義上的「性與天通」、「天人合一」。也正是在此種觀照下，薛瑄展開了復性工夫論的建構和個體生命的篤實踐履。

〔註188〕　《薛瑄全集　讀書續錄卷一》，第 1306 頁。
〔註189〕　《薛瑄全集　讀書錄卷六》，第 1160 頁。
〔註190〕　《薛瑄全集　讀書續錄卷四》，第 1398 頁。
〔註191〕　《薛瑄全集　讀書續錄卷十一》，第 1484 頁。

第 5 章　復性踐履：理想境界的展開與實踐追求

　　薛瑄繼承《中庸》、《易傳》「天命之謂性」的思想進路和宋儒向天道尋人性本原的總體天人視野，在「理氣無縫隙」之天道觀的統攝下，以「理一分殊」、「體用一源，顯微無間」為整體詮釋，將「太極」、「天理」下貫於人之「性」作為上通天道、下貫人道的樞紐，為「天理」落實於人倫、「天道」貫徹於「人道」提供了現實途徑與載體，也為主體反躬踐履、踐仁體道、變化「氣質之性」、恢復「本然之性」、通達「天地之性」提供了內在根據。性體至善，人心微密，人之純然至善的「本然之性」為氣質之拘和私欲蒙蔽，呈現為善惡相混的實然人性，因此主體須通過持敬立誠、主靜存心、格物窮理、反躬踐履的內外交修、靜存動察、敬義夾持的復性修養工夫，恢復和彰顯人所固有的本然善性，從人性從實然走向應然，使「人之所以為人」的本真完全呈露，從而超越自然「小我」的拘限，成就道德意義的「大我」，達致「性天通」與「天人合一」的理想人格境界，這既是薛瑄哲學復性工夫論的觀照與旨向，也是薛瑄之生命與實踐展開的真實過程。薛瑄一方面對宋儒尤其朱子的義理解悟甚深，另一方面對實然人性（氣質之性）與現實之惡有清醒深刻的認識，因此稱「自考亭以還，斯道已大明，無煩著作，直須躬行耳」[註1]，直在個體生命與道德實踐上落腳，以獨特的實踐脈絡繼承儒家道統，從而使整個哲學體系呈現出圍繞一「性」展開靜存動察之工夫實踐的實學特質，而其踐履所得之《讀書錄》與《讀書續錄》更是其哲學體系極為重要的組成

〔註1〕　《明史　卷二百八十二　薛瑄傳》，第 7229 頁。

部分。薛瑄哲學工夫論可總括爲「復性」，即恢復、擴充、彰顯人的本然之性，工夫之要則包括在天人貫通與一「性」統攝下踐仁體道的內向省察之靜存工夫和反躬踐履之動察工夫。

5.1 復性爲宗，踐仁體道

薛瑄由天道之「所以然」而建立人道之「所當然」，保持天理對人道的統攝、遍照與「本然之性」對天理的投射與呈現，同時也對實然人性的氣質之拘和私欲蔽障有深刻的認識，並面對人性與社會現實的「滔滔趨利之勢」，以強烈的憂患意識和擔當精神致思立論，認爲只有通過儒家的道德修養工夫才能救正人性與現實之蔽，強調通過下學人事以上達天理，使人成爲符合其本質的眞正的人。因此，薛瑄雖重「下學」與「踐履」，然並非「困於流俗」，亦非「無所透悟」，其「復性踐履」繼承了宋儒「即本體即工夫」或曰「本體（理、性）──工夫」的一貫思路，既有天理本體的投射，又有「性」之道德本體的統攝。薛瑄認爲，「聖賢千言萬語，皆說人身心上事，誠能因其言以反求諸身心，猛醒而擺脫盡私累，則身心皆天理，而大可知矣」〔註2〕。因此，薛瑄在以理爲本、理氣無間的天道觀和「性即理」、「本然之性」與「氣質之性」的人性論建構下，確立「不可毫髮間斷」、「不可一日或怠」〔註3〕的以居敬爲本、靜存動察、內外兼修的復性工夫論，並以篤實的生命踐履體證學行不二與內外一貫，實現性與天通的理想人格境界。

5.1.1 復性爲宗

《中庸》開篇即言「天命之謂性，率性之謂道」，薛瑄承此一路，堅持「理氣無縫隙」、「天地萬物一體之仁」的總體天人視域，將客觀存在又具「藹然生物之心」、「即存有即活動」的渾全至善之「天理」、流行不息之「天道」作爲人道的客觀、形上根據，認爲「天理」隨氣之凝聚而賦於萬物之「性」上通天道，下貫人道，統攝人倫，是貫通天人的樞紐，也是人倫道德生發之源，即從天道生生不已之「所以然」挺立人倫道德之「所當然」。由於「天命有善而無惡」〔註4〕，因此「性」（性體、本然之性）亦純善無惡，並作爲天地萬

〔註2〕　《薛瑄全集　讀書錄卷一》，第 1024 頁。
〔註3〕　《薛瑄全集　讀書錄卷五》，第 1151 頁。
〔註4〕　《薛瑄全集　讀書續錄卷六》，第 1438 頁。

理之極和萬物本來固有的共同屬性，括盡天下萬事和天地萬理，既是「學問大本大原」，又是主體道德踐履之必然「不容已」的天道根據和下學上達的根本載體，更顯天人一貫、一體無間、一性貫涉的真實意義。因此，對主體之人來講，「性」只是作為一種超越的本體、潛在的至善為人所共有，即「性是本來固有之理，惟存之又存，則道義由是而出矣」〔註5〕，從而在外在天理流行與內在道德律則的共同統攝與規約下，主體須以「天理」、「天道」、「天性」為根據，明識人所固有的源於天道、純然至善的「本然之性」，正視與面對人性中的實然氣質之偏蔽，在人道之現實土壤中通過靜存動察、敬義夾持、下學上達的復性修養工夫，摒除氣質私欲之蔽，挺立主體道德本心，透顯與復返人性之本然，擔當並履行「人之所以為人」的根本責任，進而通達天道與天理的必然，超出小我的拘限，撐起天地境界，成就大我的生命。在「性」之「本體」與「大本大原」義的觀照下，薛瑄哲學顯示出重視人倫日用與躬行踐履的重要向度，將從人性實然走向應然的現實途徑——「復性」作為整個哲學體系的關鍵和歸宗部分，強調「求復仁、義、禮、智之性，即是『道學』」〔註6〕，「復性可以至堯舜之道」〔註7〕。在此基礎上，薛瑄也指出「復性」是古今聖賢所言、儒家道統所傳承的關鍵，謂「聖人千言萬語，雖有精粗本末不同，皆說從性上來，學者當默識而旁通之」，「千古聖賢教人之法，只欲人復其性而已」〔註8〕，「聖賢垂世立教之意，大要欲人復其性而已。而後之學者讀聖賢之書，但資以為詞章之用，利祿之階，而不知一言之切於身心。聖人垂世立教之意果何在哉？」〔註9〕，又謂「盡性者聖人，復性者賢人至於聖人，聖人相傳之道，不過於此」〔註10〕。

　　總體而言，薛瑄工夫論和學問要旨可用「復性」二字加以概括。具體而言，其「復性」工夫論「所包者廣」，既包括持敬立誠、主靜存心、澄澈本源的靜存工夫，也涵括格物窮理、明性盡性、反躬踐履的動察工夫。其所強調的「毫髮無間」的「靜存動察」、「內外交修」、「敬義夾持」的修養工夫皆為識性、明性、養性，要歸則在「復性」，即恢復、擴充、彰顯天所賦予人之純

〔註5〕　《薛瑄全集　讀書錄卷三》，第 1090 頁。

〔註6〕　《薛瑄全集　讀書續錄卷十一》，第 1480 頁。

〔註7〕　《薛瑄全集　讀書續錄卷八》，第 1460 頁。

〔註8〕　《薛瑄全集　讀書續錄卷五》，第 1423 頁。

〔註9〕　《薛瑄全集　讀書錄卷七》，第 1202 頁。

〔註10〕　《薛瑄全集　讀書續錄卷五》，第 1426 頁。

然至善的「本然之性」，達到孟子所謂「盡心，知性，知天」和儒家「天人合一」、「性天通」的理想境界。這既是「初無精粗本末之間」的太極（理）本體、「理氣無縫隙」的宇宙論、「體用不二、渾合無間」的「天道」、「天理」在「人道」層面的輻射與落實，同時也是人性對天道的復歸與彰顯。

薛瑄在「復性」工夫論上重視爲學次第，又以持敬爲本。從爲學次第上看，薛瑄承朱子而來，主張修養工夫自《大學》「格物」、「致知」入手，認爲「道之大，原於天，具於人心，散於萬事萬物，非格物致知，則不明其理，故《大學》之教，以是二者居八條目之首」〔註11〕。而天地萬物一本萬殊之條理與律則是主體應窮究與洞達的對象，因此「致知」、「格物」亦是「窮理」——窮通天地萬物之「所以然」，挺立人倫道德之「所當然」。從學問根本入手看，薛瑄實以「居敬」爲「窮理」之本，以「靜存」、「涵養」爲「動察」之本。薛瑄以「性」爲道德本體，又言「立心爲本」，指出「然非此心大段虛明寧靜，則昏昧放逸，無以爲格物致知之本，程子所謂涵養須用敬，進學則在致知者，正欲居敬窮理交互爲用，以進於道也」〔註12〕，即須將「此心大段虛明寧靜」之「居敬」工夫作爲主體挺立道德本心的根本，與「格物致知」之「窮理」工夫交互爲用，才能「進於道」。可見薛瑄雖然以《大學》「格物致知」爲學問次第，但以「澄澈本源」的「尊德性」事爲學問大本和至要，在此基礎上重「下學」之彰顯，又以純然至善的天理爲依歸。儘管薛瑄並未將此一方向繼續拓展、深化下去，仍視「澄澈本源」爲涵養工夫，但將之深刻鋪展於道德踐履之中，顯示出明初重視心性的趨向。如黃宗羲《明儒學案》即指出薛瑄之學「以復性爲宗，濂、洛爲鵠」〔註13〕，薛瑄弟子塗宗濬也稱其「爲學以復性爲宗，以無欲爲要」〔註14〕，道出薛瑄哲學由「性」之本原地位而體現的「復性」工夫之核心要旨。

5.1.2 踐仁體道

「仁」是先秦孔孟所透見與開創的核心範疇，是天生萬物之「誠」德內化於主體心性並外發而爲道德踐履的道德根源，統「仁」、「義」、「禮」、「智」四德，流行發用於日用常行間。孔子直接從先秦禮崩樂壞、滔滔趨利的人道

〔註11〕 《薛瑄全集 文集卷之十二》，第663頁。
〔註12〕 同上。
〔註13〕 《明儒學案 河東學案上》，第111頁。
〔註14〕 《薛瑄全集 行實錄卷三》，第1666頁。

現實出發，從內在道德的角度定義人之爲人的本質，謂「仁者，人也」（《中庸》）〔註15〕，「爲仁由己，而由人乎哉？」（《論語・顏淵》）〔註16〕，將道德行爲的原動力建立在主體的自覺上，確立了儒家以內在超越道德爲本體、以成聖成賢爲工夫的生命基調和文化旨向。孟子超越人倫道德領域，從「性與天道」的層面界定「人之所以異於禽獸者」——性善，即人人先天固有本然善性，表現爲惻隱、羞惡、辭讓、是非四種善端，發而爲仁、義、禮、智四德，並指出「惻隱之心，仁之端也」（《孟子・公孫丑上》）〔註17〕，將孔子的「仁」推進到「性」，「拔本塞源」〔註18〕，推明仁義，確立儒家道德本體論和修養工夫的根本。宋儒則在更爲宏闊的天人視域中將孟子的「性」雙重立體劃分爲本然「天命之性」（本然之性）和實然「氣質之性」，明確儒家的道統本體是純然至善、源於天道的「本然之性」，善惡相混的「氣質之性」則是人之修養工夫超克的對象，使儒家人性理論既「明」且「備」。而無論是孟子還是宋儒，都將「性」作爲道德本體，以「仁」爲「誠」的卜落和主體道德實踐的核心與根源。

　　薛瑄依天命人性進路，指出天之道爲「元、亨、利、貞」，人之道爲「仁、義、禮、智」，天人一理，因此「天道，『元』而已；人道，『仁』而已」〔註19〕，「仁之道大。仁即天地之元也，元於天之四德無不統，仁於人之四德無不貫，其大可知」〔註20〕，「仁從『乾元』大本大原中流出，所以爲眾善之長」〔註21〕，「元」是天地萬物的根本和始源，「仁」源於天之「元」，統貫仁、義、禮、智四德和天地眾善，是天下國家和人之爲人亦即人道的根本，具有「不容已」之道德必然。因此，「仁道至大，是萬善皆仁也。看來天地之道只一『元』字都括盡，人道只一『仁』字括盡」〔註22〕，「元始統天，仁道統人」〔註23〕，「生理無不貫者，仁也」〔註24〕，可見「仁」即「天理」、

〔註15〕《四書章句集注　中庸章句　右第十九章》，第 28 頁。
〔註16〕《論語正義》，第 262 頁。
〔註17〕《孟子正義》，第 139 頁。
〔註18〕《薛瑄全集　讀書錄卷七》，第 1257 頁。
〔註19〕《薛瑄全集　讀書續錄卷六》，第 1442 頁。
〔註20〕《薛瑄全集　讀書續錄卷一》，第 1315 頁。
〔註21〕《薛瑄全集　讀書續錄卷五》，第 1430 頁。
〔註22〕《薛瑄全集　讀書續錄卷一》，第 1285 頁。
〔註23〕《薛瑄全集　讀書續錄卷五》，第 1422 頁。
〔註24〕《薛瑄全集　讀書錄卷四》，第 1105 頁。

至道，為天地藹然生物之心之在人道的彰顯，無私而至善，貫通人倫道德領域。對人來講，「仁」是「天命之性」、「天理」、「天道」落實於人者，是統攝天下國家和人之一身的根本，更是人之道德實踐的生發之源，但「蓋仁即天理也，人欲熾，則天理不行，必克去己私，事事皆復於禮，則天理流行而為仁矣」〔註25〕。因此，主體依天道流行而立仁、求仁、為仁、踐仁成為復性修養工夫和體道、求道之本。薛瑄指出「仁道之大莫能御」，「仁推之千萬億物無不通」〔註26〕，主體反躬踐履、克去己私、仁民愛物，使事事皆符合「仁」的規定，使此心所發全然為本心、本性之呈露，最終達致乾元之境，並能培育天下國家之根本，實現修身、齊家、治國、平天下的目的。如其謂「親親而仁民，仁民而愛物，皆仁也。於親曰親，於民曰仁，於物曰愛，仁之施各得其宜者，義也。此仁之理一，貫乎分殊之中；義之分殊，不在理一之外」〔註27〕，「天下國家，當大培根本。何以培之？仁而已」〔註28〕，「仁是嫩物，譬之草木，嫩則生，老則枯」〔註29〕，皆為保存、涵養此仁愛之心。薛瑄具體的踐仁工夫包括持敬立誠、主靜存心與格物窮理、反躬踐履之全部工夫踐履。其曰，「余思仁數日，未得其說，忽於惻然隱恤慈良之端，似可即用以窺體：有一毫忮害之心，即非仁矣」〔註30〕。不僅「人之所以為人」的本質要求主體踐仁，古聖賢亦無不以求「仁」為要，如其謂「千古聖賢之心，仁而已」〔註31〕，「聖人只教人求仁。蓋人之性雖有四而仁無不統，能求仁而克盡己私，復還天理，則四者之性無不全，而天下之萬善豈復有加於此哉？」〔註32〕

薛瑄又謂「實有向道之心，則道必進」〔註33〕，其復性工夫除體仁、求仁、踐仁之外，還需對天理流行之「道」有所體認。薛瑄承《中庸》與朱子之統，指出「率仁義禮知之性謂之道。聖門專論求仁為本心之全德，求仁得仁，即仁義禮知在其中，而率性之道不外是矣」，「道者率性而已，皆出於天

〔註25〕 《薛瑄全集　讀書錄卷三》，第 1077 頁。
〔註26〕 《薛瑄全集　讀書錄卷四》，第 1105 頁。
〔註27〕 《薛瑄全集　讀書續錄卷五》，第 1429 頁。
〔註28〕 《薛瑄全集　讀書續錄卷五》，第 1412 頁。
〔註29〕 《薛瑄全集　讀書錄卷八》，第 1220 頁。
〔註30〕 《薛瑄全集　讀書錄卷三》，第 1077 頁。
〔註31〕 《薛瑄全集　讀書續錄卷十》，第 1472 頁。
〔註32〕 《薛瑄全集　讀書續錄卷一》，第 1308 頁。
〔註33〕 《薛瑄全集　讀書錄卷一》，第 1039 頁。

之元亨利貞」〔註34〕，「性外無道，率性即道也」〔註35〕，「仁義禮智之謂性，率性而行之謂道，行道而有得於心之謂德，全是德而真實無妄之謂誠」〔註36〕。「道」並非高深玄遠不可捉摸者，其對天地而言是萬事萬物各得其所、順適自在之狀，對人而言則是人克盡己私、率性而行、使源於天道的本然之性全然呈露與彰顯的至境，此即聖人所達致的天理流行之狀態。而就人的道德修養而言，「蓋道即仁，而義即仁之用得其宜處，非仁之外又有義也」〔註37〕，踐履「四德之統」之「仁」，即是盡性與體道，因此踐仁與體道一體無間、一時呈現。對「仁」與「道」的踐履須以通達其義為前提，於此薛瑄所論「知覺」有特別的意蘊。其曰「道不離人，人懵然無知覺者，氣質拘之，物欲蔽之也」〔註38〕，「『知覺』不可以訓『仁』，所以能知覺者，仁也」，「仁則『滿腔子是惻隱之心』，故有知覺；不仁，則此心頑然無知覺矣」〔註39〕。薛瑄所謂「知覺」並非感覺器官的反應和對客觀知識的認知，而是對天理流行之「純亦不已」和人道發用之本的覺解，即對「天地萬物一體之仁」、「性者萬物之一源」的天人之際之大道意蘊的體悟與體證。主體在此知覺的基礎上挺立主體道德本性，提升覺知與觀照世界的境界，從而自覺以天道為根據擔當主體之所以為人的責任，踐仁體道，與天相通。正因「道無處不在，故當無處不謹」〔註40〕，「時時皆道，處處皆道，事事皆道，道不可離。如此，存養省察之功，不可須臾或間也」〔註41〕，「其來源源無窮。人能常存此性，則天命無時不流注，而其本無窮矣」〔註42〕，故「道不可須臾離也」〔註43〕，「程子所謂『豁然有覺處』，覺者，悟此理，精粗本末渾然一致也」〔註44〕。雖然如此，若「體認未至終，未能與道合一」〔註45〕，因此主體須做「不可毫髮間斷」的存養省察工夫，方能存心復性、踐仁體道，如其所謂「性雖無物不有，無

〔註34〕《薛瑄全集　讀書續錄卷一》，第 1291 頁。
〔註35〕《薛瑄全集　讀書錄卷六》，第 1175 頁。
〔註36〕《薛瑄全集　讀書錄卷五》，第 1149 頁。
〔註37〕《薛瑄全集　讀書續錄卷一》，第 1287 頁。
〔註38〕《薛瑄全集　讀書續錄卷五》，第 1418 頁。
〔註39〕《薛瑄全集　讀書錄卷九》，第 1251 頁。
〔註40〕《薛瑄全集　讀書續錄卷三》，第 1375 頁。
〔註41〕《薛瑄全集　讀書錄卷十》，第 1266 頁。
〔註42〕《薛瑄全集　讀書續錄卷九》，第 1463 頁。
〔註43〕《薛瑄全集　讀書續錄卷九》，第 1465 頁。
〔註44〕《薛瑄全集　讀書續錄卷二》，第 1333 頁。
〔註45〕《薛瑄全集　讀書錄卷四》，第 1104 頁。

時不然，然或心有不存，則不能體是性而與之相違矣。故道雖不可離，而存養省察之功不可間也」〔註46〕。具體而言，薛瑄的修養工夫既包括立誠主靜、存心自得的靜存工夫，又包括格物窮理、識性盡性、反躬踐履的動察工夫，以「敬」為本，兼攝動靜，如薛瑄所言「聖人方靜之時，百體收斂，一心湛然，而萬理咸具；及其動也，隨感而應，動容周旋中禮。耳目有聰明之理，手足有恭重之理，以至人倫之間各有仁義禮智信之理，夫豈待言而後著哉？」〔註47〕，此即工夫之至處。

5.2 持敬主靜的靜存工夫

薛瑄工夫論以天人貫通為視域，在復性為宗、踐仁體道的總體觀照下，以「敬」為工夫入手、用力之要和挺立道德主體的根本，強調「『居敬』以立本，『窮理』以達用」〔註48〕。薛瑄在以「敬」立「本」的前提下，根據「君子敬以直內，義以方外」〔註49〕、「敬、義夾持，直上達天德」〔註50〕的儒學傳統，將「用敬」與「致知」相結合，主張內外夾持、交修並進。如其所言「『敬以直內』，戒慎恐懼之事；『義以方外』，知言集義之事。內外夾持，用力之要莫切於此」〔註51〕，「當於心、意、言、動上做工夫，心必操，意必誠，言必謹，動必慎，內外交修之法也」〔註52〕。因此，薛瑄之「主敬」、「持敬」、「居敬」皆以內修與靜存工夫「立本」，又涵括進退出處、作止語默之外修實踐和下學工夫，內外一體，兼攝動靜，即其所謂「靜而敬，以涵養喜怒哀樂未發之中；動而敬，以省察喜怒哀樂中節之和。此為學之切要也」〔註53〕。因而，主體就要做「靜存動察」〔註54〕的工夫，用力於此心微密之地和日用事為之間，以彰顯本性，上通天道。如薛瑄所強調「『進將有為，退必自修』，君子出處，惟此二事」〔註55〕，「《中庸》示人靜存動察，功已密矣，周子又

〔註46〕 《薛瑄全集 讀書續錄卷四》，第1390頁。
〔註47〕 《薛瑄全集 讀書錄卷十一》，第1274頁。
〔註48〕 《薛瑄全集 讀書錄卷三》，第1083頁。
〔註49〕 《十三經注疏 易 坤卦 文言》，第19頁。
〔註50〕 《二程集 河南程氏遺書卷第五》，第78頁。
〔註51〕 《薛瑄全集 讀書續錄卷三》，第1374頁。
〔註52〕 《薛瑄全集 讀書錄卷一》，第1039頁。
〔註53〕 《薛瑄全集 讀書續錄卷五》，第1424頁。
〔註54〕 《薛瑄全集 讀書續錄卷三》，第1382頁。
〔註55〕 《薛瑄全集 讀書錄卷九》，第1248頁。

發出動靜之間『幾』字，教人於此用力，又功之至密至密者也」〔註56〕。從根本處言，立本才能達用，從而在動、靜工夫之間，靜存工夫更為根本，亦更為艱難，因此更應為人所警醒用力，如薛瑄所謂「涵養省察，雖是動靜交致其力，然必靜中涵養之功多，則動時省察之功易也」〔註57〕，「涵養之深，玩索之久，煥然冰釋，怡然理順矣」〔註58〕。

5.2.1 持敬至要

《周易‧繫辭》曰「敬以直內，義以方外」，《論語‧雍也》言「居敬而行簡」，朱子稱「敬，只是此心自作主宰處」〔註59〕，「學者工夫，唯在居敬窮理二事。此二事互相發；能窮理，則居敬工夫日益進；能居敬，則窮理工夫日益密」〔註60〕。容肇祖《明代思想史》則根據程頤之「涵養須用敬，進學則在致知」將宋儒工夫概括為「用敬」與「致知」兩條路子〔註61〕，進而將明初朱學分為「博學或致知派」和「涵養或躬行派」，並將薛瑄歸入後者，頗能反應薛瑄哲學重視涵養與踐履的學問宗旨。薛瑄強調「讀書貴知要。只顏子『四勿』，心不絕想，口不絕念，守之勿失，循之勿違，豈有差錯？泛觀天下之書而不知用力處，雖多亦奚以為？」〔註62〕，認為為學為人貴在「知要」，找準「用力處」。而在薛瑄看來，為學之要與「用力處」在於「居敬窮理」，且以「居敬」為本。薛瑄指出「為學之要，居敬窮理而已」〔註63〕，「蓋人能恭敬，則心肅容莊，視明聽聰，乃可以窮眾理之妙；不敬，則志氣昏逸，四體放肆，雖粗淺之事尚茫然而不能察，況精微之理乎！以是知『居敬』、『窮理』二者不可偏廢，而『居敬』又『窮理』之本也」〔註64〕，又謂「蓋莊敬則志以帥氣，卓然有立，為善娓娓不倦，而不知老之將至；安肆則志氣昏惰，柔懦無力，玩愒歲月，悠悠無成矣」〔註65〕。於是，薛瑄在寖寐程朱、潛心孔孟、篤實踐履的過程中，確立「居敬」為「窮理」之本，「持志」為「養氣」之本，收斂身心為尋思義理之本，

〔註56〕　《薛瑄全集　讀書續錄卷二》，第 1338 頁。
〔註57〕　《薛瑄全集　讀書續錄卷二》，第 1337 頁。
〔註58〕　《薛瑄全集　讀書錄卷三》，第 1075 頁。
〔註59〕　《朱子語類　卷第十二》，第 210 頁。
〔註60〕　《朱子語類　卷第九》，第 150 頁。
〔註61〕　容肇祖：《明代思想史》，臺灣：開明書店，1983 年版，第 5 頁。
〔註62〕　《薛瑄全集　讀書錄卷五》，第 1148 頁。
〔註63〕　《明史　卷二百八十二　儒林傳》，第 7230 頁。
〔註64〕　《薛瑄全集　讀書錄卷六》，第 1172 頁。
〔註65〕　《薛瑄全集　讀書錄卷六》，第 1175 頁。

認爲「敬」可挺立主體，自作主宰，持志養氣，妙應眾理，因此以「敬」爲工夫入手和本原。薛瑄強調「敬」爲「萬世爲學之要」、「百聖傳心之要」和「學者至要至要」〔註66〕，「千古爲學要法無過於『敬』，敬則心有主而諸事可爲」，「敬則卓然」，「敬則光明」〔註67〕，「敬則立，怠則廢」〔註68〕，「從事於『主敬』者，斯得太極之妙」〔註69〕，「爲學之要，無越於此」〔註70〕。薛瑄又將「敬」、「一」、「無欲」並提，認爲「『敬』字、『一』字、『無欲』字，乃學者至要至要」〔註71〕，意即「敬」則可凝定爲一，收斂此心而無欲。其曰：「主一，則作事不差，才二三，則雖動作小事亦差矣，況大事乎！」〔註72〕。可見，薛瑄工夫論繼承程朱而由「主敬」入手，以「敬」爲入德之門和挺立道德主體的根本，是決定內向涵養之靜存工夫和外向實踐之動察工夫的大本。薛瑄對於「敬」的強調，正如陳榮捷所指出的，「程頤、程顥以及朱子，無不以敬爲教」，「但在程朱，敬爲德行修養諸德目之一德目，而在薛瑄則屬唯一之目」〔註73〕，此語可謂恰當。不僅如此，薛瑄甚至以「敬軒」自號，其弟子楊瞻也稱「先生反躬好古，眞知實踐，以誠敬爲入門，以復性爲實地」〔註74〕，可見「敬」對於薛瑄之重大意義。

薛瑄之通過「持敬」、「主敬」、「居敬」以立本是通過對心的操存與挺立來實現的。薛瑄指出，「心如鏡，敬如磨鏡。鏡才磨，則塵垢去而光彩發；心才敬，則人欲消而天理明」〔註75〕，「常『主敬』則心便存，心存則應事不錯」〔註76〕，「只『主於敬』，才有『卓立』，不然，東倒西歪，卒無可立之地」〔註77〕，「不輕妄則厚重，不昏塞則虛明，其要在『主敬』」〔註78〕。只有保持對天道流行和人道規範的敬畏，涵養、操存此心，使此道德本心卓然挺立，才

〔註66〕 《薛瑄全集 讀書錄卷五》，第 1152 頁。
〔註67〕 《薛瑄全集 讀書錄卷六》，第 1163 頁。
〔註68〕 《薛瑄全集 讀書錄卷六》，第 1175 頁。
〔註69〕 《薛瑄全集 讀書錄卷四》，第 1125 頁。
〔註70〕 《薛瑄全集 讀書續錄卷三》，第 1373 頁。
〔註71〕 《薛瑄全集 讀書錄卷五》，第 1152 頁。
〔註72〕 《薛瑄全集 從政名言卷之一》，第 1533 頁。
〔註73〕 《朱學論集 早期明代之程朱學派》，第 221 頁。
〔註74〕 《薛瑄全集 年譜》，第 1730 頁。
〔註75〕 《薛瑄全集 讀書錄卷五》，第 1155 頁。
〔註76〕 《薛瑄全集 讀書續錄卷一》，第 1293 頁。
〔註77〕 《薛瑄全集 讀書錄卷六》，第 1163 頁。
〔註78〕 《薛瑄全集 讀書續錄卷七》，第 1451 頁。

能使此心依天道流行與「本然之性」而呈露、發用，並恰當自然、中和無偏。
尤其要自日常進退出處、持己接物處以「敬」為要，由微至著，切己篤實。
薛瑄深體於此，稱「持己得一『敬』字，接物得一『謙』字。敬以持己，謙
以接人，可以寡過矣」〔註 79〕，又謂「有官君子於臨政處事之際，所當極其
恭敬，而不可有一毫傲忽之心。不惟臨眾處事為然，退食宴息之時，亦當致
其嚴肅，而不可有頃刻褻慢之態。臨政持己，內外一於恭敬，則動靜無違，
人欲消而天理明矣」〔註 80〕，即無論退而自修還是進將有為，皆須以「敬」
挺立、凝定自我道德本心為前提和大本原，從而使人以志養氣，光明卓然，
進而自可格物窮理、躬行踐履。否則，「人不持敬則心無頓放處」，「人不主敬，
則此心一息之間，馳騖出入，莫知所止也」〔註 81〕。此道德本心不能收斂、
凝定、挺立，則此心悠悠蕩蕩、外馳無著，人尚且定立不住，遑論格物窮理
及其他。若能「持敬」、「主敬」、「居敬」，則此心光明，本體挺立，志勝於氣，
天理煥發，使人內修外養有所依憑，復性踐仁有所根據。

5.2.2 立誠為本

「誠」的觀念主要出自《中庸》，其中謂「誠者，天之道也；誠之者，人
之道也」（《中庸》）〔註 82〕，「誠者，非自成己而已也，所以成物也。成己，
仁也；成物，知也。性之德也，合內外之道也」（《中庸》）〔註 83〕。孟子亦曰：
「誠者天之道也，思誠者人之道也」（《孟子·離婁上》）〔註 84〕。可見「誠」
是天人共通的範疇，是天道流行的真實無妄與至善無偽，以及人法天、人道
依於天道之流行而全盡己性、真實不欺之意。人雖生於天地間，自當法天之
「誠」，但人之實然由於氣質、私欲之蔽而未能誠，因此要「求誠」、「思誠」、
「誠之」，以全盡己之本性，進而盡天地之性，「贊天地之化育」、「與天地參」，
達到天之真實無妄的「誠」的境界。周子稱「誠者，聖人之本」〔註 85〕，「聖，
誠而已矣」〔註 86〕。張載則將「性」與「誠」作為人道的出發點和天人合一

〔註 79〕　《薛瑄全集　讀書錄卷六》，第 1167 頁。
〔註 80〕　《薛瑄全集　從政名言卷之一》，第 1536 頁。
〔註 81〕　《薛瑄全集　讀書錄卷三》，第 1085 頁。
〔註 82〕　《四書章句集注　中庸章句》，第 31 頁。
〔註 83〕　《四書章句集注　中庸章句》，第 34 頁。
〔註 84〕　《孟子正義》，第 299 頁。
〔註 85〕　《周敦頤集　通書》，第 15 頁。
〔註 86〕　《周敦頤集　通書》，第 13 頁。

的樞紐〔註87〕，朱子指出「誠者，眞實無妄之謂，天理之本然也」〔註88〕，並且天理本然的眞實無妄落實於人心，從而「誠」既是「理之實」，也是「心之實」〔註89〕。「誠」也就逐漸成爲使人的實然人性與「本然之性」合一、與天合一併眞實無妄的工夫。陳淳《北溪字義》釋「誠」曰：

> 誠字本就天道論，維天之命於穆不已，只是一個誠。……就人論，則只是這實理流行付予於人，自然發見出來底，未說到做工夫處。……如「君子誠之爲貴」「誠之者，人之道」，此等就做工夫上論，蓋未能眞實無妄，便須做工夫，要得眞實無妄。〔註90〕

可見由《中庸》而至宋儒，「誠」之論說正如張岱年先生所指出的，《中庸》所謂「誠」主要在天道領域，以「誠」爲內外合一之道，到了宋儒則更多被作爲人的本然之性來使用〔註91〕。因此宋儒及其後之明儒所言「誠」既是天道流行之眞實無妄，又是人道妙運之眞實無妄，且落向工夫論。聖人可盡天道之「誠」，賢人可盡人道之「誠」，凡人則需做主敬、立誠、存心的「誠之」工夫，涵養身心所發，使本然之性全然呈露，使天道、實理「自然發見出來」，成己成物，眞實無妄，此即人道之「誠」。

薛瑄繼承《中庸》及宋儒言「誠」之意，從「性即理」出發，更多地從「性」之眞實無妄的人道領域和工夫論角度使用「誠」之範疇。薛瑄，強調「性」之眞實無妄本身即是「誠」，更將「誠」內在於「性」。其指出「蓋《中庸》一書不過一『誠』，而『誠』即性命之實理推之萬事者也」〔註92〕，「『誠』爲《中庸》之樞紐，即此性之實也，非性之外別有一物爲誠」〔註93〕，「『誠』是性之眞實無妄，非性之外別有誠也」〔註94〕。薛瑄又由天道流行眞實無妄之「誠」，推出人道性命實理、人性本然之「誠」，指出「『維天之命，於穆不已』者，誠而已」〔註95〕，進而「天人之理，誠而已」〔註96〕，「『誠』爲萬

〔註87〕 丁爲祥：《虛氣相即——張載哲學體系及其定位》，北京：人民出版社，2000年版，第88頁。

〔註88〕 《四書章句集注 中庸章句》，第31頁。

〔註89〕 《朱子全書 四書或問 中庸或問》，第598頁。

〔註90〕 〔宋〕陳淳：《北溪字義》，北京：中華書局，1983年版，第32、33、34頁。

〔註91〕 《中國哲學大綱》，第332頁。

〔註92〕 《薛瑄全集 讀書續錄卷二》，第1326頁。

〔註93〕 《薛瑄全集 讀書續錄卷五》，第1426頁。

〔註94〕 《薛瑄全集 讀書續錄卷一》，第1298頁。

〔註95〕 《薛瑄全集 讀書續錄卷十》，第1472頁。

理之樞，故曰『誠者，聖人之本』」〔註97〕，「『誠』即『五常』之實理，非五常之外別有誠也。如實有是仁，實有是義，實有是理，實有是智也」〔註98〕。與「敬」相比，薛瑄強調「『敬』是方做工夫，『誠』是已成就處」〔註99〕，即認為「敬」是內在挺立的動態進行，時刻保持對自我本心的提斯與警醒，「誠」則是挺立主體內在道德本心的真實無妄、圓融通達之至境和「已成就處」，為人心性所發、上達天理提供一種心體的純粹情態和境界。自儒家個體修身及治國、平天下之人道大視野而言，薛瑄認為儒家千古聖賢所求所愛者無非真實無妄之「誠」，其謂「千古聖人之心，惟是誠而已」〔註100〕，「聖人接人，惟一誠」〔註101〕，「誠心父母斯民，為王道；有一毫不誠，即非王道矣」〔註102〕。三代君臣人己皆以「至誠」之純然理想的道德與人倫境界相與，自漢初以來則詐而不誠，王道隱沒，如其謂「王道君臣以至誠相與，如虞舜、皋、夔、稷、契、湯武、伊、傅、周、召是也。自漢初君臣皆以詐而不以誠，王道降矣」〔註103〕。於是，薛瑄面對為氣質所拘和私欲蒙蔽的實然人性以及「王道降矣」的社會現實，強調「學道以誠心為本」〔註104〕，指出《易》所言「立誠」〔註105〕、《大學》所言「誠意」「乃為學第一工夫」，認為主體應通過內修外養工夫「立誠」、「誠意」、「誠心」、「誠身」，力使一心所發、一身所動「純乎天理而不雜」〔註106〕，皆出於「誠」，進而成己成物，即如孟子所言「反身而誠」。「立誠」之工夫貫於一身動靜與仁、義、禮、知、信之人倫五常，其要則在「慎獨」。薛瑄強調：

> 誠意之要，在乎謹之於幽獨隱微之處，以禁止其苟且自欺之意。而凡心之所發，如曰「好善」，則必由中及外，無一善所好之不實也；如曰「惡惡」，則必由中及外，無一惡所惡之不實也」。〔註107〕

〔註96〕　《薛瑄全集　讀書續錄卷十》，第 1471 頁。
〔註97〕　《薛瑄全集　讀書續錄卷二》，第 1345 頁。
〔註98〕　《薛瑄全集　讀書錄卷十一》，第 1271 頁。
〔註99〕　《薛瑄全集　讀書錄卷五》，第 1155 頁。
〔註100〕《薛瑄全集　讀書續錄卷五》，第 1421 頁。
〔註101〕《薛瑄全集　讀書續錄卷十二》，第 1492 頁。
〔註102〕《薛瑄全集　讀書續錄卷十》，第 1472 頁。
〔註103〕《薛瑄全集　讀書續錄卷三》，第 1377 頁。
〔註104〕《薛瑄全集　讀書續錄卷十二》，第 1492 頁。
〔註105〕《薛瑄全集　讀書續錄卷四》，第 1390 頁。
〔註106〕《薛瑄全集　讀書續錄卷十》，第 1477 頁。
〔註107〕《薛瑄全集　讀書續錄卷三》，第 1370 頁。

「幽獨隱微」之處要「謹之」,「禁止其茍且自欺之意」,此為「愼獨」,從幽獨隱微、心之未發的最根本處用力,使身心所發純粹為善,毫私無有,眞實無妄,即「純則誠,雜則僞,天地聖人之道,誠而已」,「誠譬之精金,無銅鐵之雜。金有一分銅鐵之雜則不精,德有一毫人僞之雜則不純矣」,「一念之妄非誠也,一語之妄非誠也,一動之妄非誠也。必念慮、語言、動作皆出於無妄,斯為誠矣」〔註108〕,「克盡己私為誠;有一毫之私未盡,則非誠矣」〔註109〕,「妄念邪念息,則意自誠矣」〔註110〕,「不敢有邪心,漸近於『誠』」〔註111〕。只有在幽微獨處「一念」動靜之間「立誠」,完全摒棄私欲和妄念,才能使一心所發純乎天理之善,才是眞正的「誠心」、「盡性」。獨處如此,念慮發動、作止語默間更須以克盡己私、切己體道、反身而誠為根本和前提。薛瑄強調讀書明理須以「誠意」、「誠身」為根本,指出「雖盡明五經、四書之理,而反諸身不誠,猶未有得也」〔註112〕,「知至而意未誠,是明善未能誠身也。未能誠身,則所明者不能實有諸己矣」〔註113〕。進而,薛瑄認為處己接物更當以誠敬為主,指出「處己接物,事上使下,皆當以誠敬為主」〔註114〕,「接人當以誠意」,「於人之微賤,皆當以誠敬待之,不可忽慢」,「處鄉人皆當敬而愛之,雖三尺童子,亦當以誠心愛之,不可侮慢也」〔註115〕。因此,自一身之念慮發動、身心動靜、持己接物以至家國天下,提斯此心純乎天理流行,心體洞達,眞實無妄,達致「盡性」與「至誠」之境界,既是內省、自修、持己工夫的最高境界,也是人能夠與天「合一」的完滿情態。因此,天之至誠使萬物各得其所,人之至誠則使萬事萬理順適恰當,這是踐履工夫一體融通的根據與前提。

5.2.3 主靜涵養

先秦孔子強調「為仁由己」,孟子注重義理之辨,《中庸》主「愼獨」,《大學》重「誠意」、「正心」,正統儒家歷來明辨善惡之分、義利之別,最重內省

〔註108〕《薛瑄全集 讀書續錄卷三》,第 1377 頁。
〔註109〕《薛瑄全集 讀書續錄卷十》,第 1477 頁。
〔註110〕《薛瑄全集 讀書續錄卷七》,第 1387 頁。
〔註111〕《薛瑄全集 讀書錄卷四》,第 1106 頁。
〔註112〕《薛瑄全集 讀書續錄卷七》,第 1447 頁。
〔註113〕《薛瑄全集 讀書續錄卷三》,第 1370 頁。
〔註114〕《薛瑄全集 讀書錄卷六》,第 1177 頁。
〔註115〕《薛瑄全集 讀書續錄卷三》,第 1373 頁。

自修與持己工夫。至宋儒，更在天人架構中將理欲之辨作為解決現實人性問題的關鍵，並將摒除私欲、復返至善天理作為工夫修養目標。宋儒以形上超越的本體宇宙論為根據、以純善的「本然之性」規定「人之所以異於禽獸」的本質特徵，確立人必須保持對內在心性的修養提升和外在萬事萬物的統照，按照依天理流行所構建的人倫道德規範立身行事，而不能按照自然法則全然任一己私欲的放縱。而無論是主體德性的提升還是作止語默之間的省察，均須在在「靜」的情態中時刻提斯本心、煥發本性。周子即言「聖人定之以仁義中正而主靜（自注：無欲故靜）」〔註116〕，以「靜」凝定、檢束、涵攝身心以為立身行事之本。薛瑄亦重視主靜工夫，認為天道流行一體無間、微密難測，因此人心須寧定專一，才能在未發已發、念慮發動之隱微根本處做工夫，去惡揚善，使此心所發中和無偏，純為人理至善。因此，薛瑄愈加將工夫論的方向扭轉向內，注重主靜自得和超然無欲，強調「造化翕寂專則發育萬物有力；人心寧靜專一，則窮理做事有力」〔註117〕，「主靜以立其本，慎動以察其幾」〔註118〕，指出「日用體認仁義禮知之性於所存所發之際，最是為學之切要」〔註119〕，將「主靜」、「無欲」作為「立天下之大本」，並以「靜」為涵攝，做靜存動察的修養工夫。

薛瑄「主靜」工夫之要在性體心體的收攝、保存與凝定，包括「默識心通」與「慎獨」。薛瑄認為，主體應對天地萬化、天人一理有一渾全的視野與體悟，對人心發動及人倫道德則應用力其間。薛瑄指出「於聖賢言『理』處，若天理，若人心，若性、命、道、德、誠、善、忠、恕、一貫、太極之類，要當各隨其旨而知所以異，又當旁通其義，而知所以同也」〔註120〕，即對於天理流行、宇宙萬化及天命、性、道、德之類，應「默識心通」、「潛玩默體」，不僅默識於心，更要在潛會變化中觸類旁通，即「默識心通。『活潑潑地』，『無物不有，無時不然』」〔註121〕。對於人倫道德，薛瑄則強調「慎獨」，在念慮發動、未發已發之間做工夫，使此心所發純為天理至善。薛瑄指出，「不善之端，豈待應物而後見邪？如靜中一念之刻即非仁，一念之貪即非義，一念之

〔註116〕《周敦頤集 太極圖說》，第 6 頁。
〔註117〕《薛瑄全集 讀書路卷三》，第 1083 頁。
〔註118〕《薛瑄全集 讀書續錄卷三》，第 1369 頁。
〔註119〕《薛瑄全集 讀書續錄卷二》，第 1334 頁。
〔註120〕《薛瑄全集 讀書錄卷二》，第 1059 頁。
〔註121〕《薛瑄全集 讀書續錄卷一》，第 1292 頁。

慢即非禮，一念之許即非智，此『君子貴乎慎獨』也」〔註122〕，「天理無內外、隱顯之間，故貴乎『謹獨』，獨處而不能謹而徒飾於外，僞也」〔註123〕，「聖賢成大事業者，皆以『戰戰兢兢』之小心來」〔註124〕。以性體「仁、義、禮、智」之德在「靜」中深體心之未發已發，力使念慮所發皆爲正，亦使性體之本然呈露。薛瑄也強調靜時存養、動時省察，且以靜存爲本，認爲只有對天人之理默識心通、涵養凝定，才能自作主宰、應物有力。對此，薛瑄反覆指出，「心，靜不存則放逸，動不察則差錯」〔註125〕，「人心只是當靜時不存，當動時不察，所以靜時放逸，動時差錯」〔註126〕，「自有靜時，自有動時，若當靜時心亦馳於外，是不能『立天下之大本』矣」〔註127〕，「學問實自靜中有得，不靜則心既雜亂，何由有得？」〔註128〕，「水動盪不已則不清，心動盪不已則不明，故當時時靜定其心，不爲動盪所昏可也」〔註129〕，「凝定、靜密，自不外馳」〔註130〕，「簡默、凝重以持己」〔註131〕，「常主靜，物來應之」〔註132〕。薛瑄又以聖人之心證之曰：「聖人之心，方其靜時，至虛至明，所謂『寂然不動』者也；事至物來，應之各有條理，所謂『感而遂通』者也。是其未應之時，初無一毫妄念之起，所謂『無意』也；既應之後，隨事而休，所謂『無必』、『無固』、『無我』也」〔註133〕。從而「靜」則「凝定最有力」〔註134〕，深於自得，大本挺立，自信自守，所動所發有所收攝，應事接物貫通無窮。

關於「主靜」省察的具體途徑，薛瑄也主張「靜坐」工夫：

> 靜坐默存，未發之中，萬化皆從此出。〔註135〕

> 靜坐中覺有雜念者，不誠之本也。惟聖人之心，自然眞一虛靜，

〔註122〕《薛瑄全集 讀書錄卷五》，第1148頁。
〔註123〕《薛瑄全集 讀書錄卷一》，第1018頁。
〔註124〕《薛瑄全集 讀書續錄卷十》，第1476頁。
〔註125〕《薛瑄全集 讀書續錄卷三》，第1359頁。
〔註126〕《薛瑄全集 讀書續錄卷三》，第1368頁。
〔註127〕《薛瑄全集 讀書續錄卷四》，第1393頁。
〔註128〕《薛瑄全集 讀書續錄卷二》，第1326頁。
〔註129〕《薛瑄全集 讀書續錄卷三》，第1361頁。
〔註130〕《薛瑄全集 讀書續錄卷一》，第1294頁。
〔註131〕《薛瑄全集 讀書續錄卷三》，第1363頁。
〔註132〕《薛瑄全集 讀書續錄卷三》，第1369頁。
〔註133〕《薛瑄全集 讀書續錄卷二》，第1352頁。
〔註134〕《薛瑄全集 從政名言卷之一》，第1535頁。
〔註135〕《薛瑄全集 讀書續錄卷四》，第1393頁。

　　無一毫之雜念。〔註136〕

　　　　靜坐洗心，殊覺快愜。〔註137〕

於靜坐中「守約」、「洗心」、「默存」、「收斂」、「表裏澄澈」、摒除雜念，即是「蕩滌私邪，存養心性，端謹容節」〔註138〕之工夫，是踐仁與復性的重要途徑。但薛瑄所主張的「靜坐」以讀書、集義為前提，以澄定此心、確立根本為目的，與陸象山「靜坐」說和李延平的「默坐澄心」不同，也不會象陳白沙那樣強調「靜中坐養出個端倪」。在薛瑄看來，「象山謂人讀書為『義外工夫』，必欲人靜坐先得此心。若如其說，未有不流於禪者」〔註139〕，認為象山直指本心，缺少天道之所以然的根據和必要的讀書集義之格物致知工夫，未免「流於禪」。可見薛瑄雖言「靜坐」，但只將其作為澄澈本原、收斂身心、摒除私欲的方法，並不以之為良知生發和工夫的根本。因此，相較陸象山而言，薛瑄一開始就有意避免「流於禪」的弊端，以「格物致知」、「靜存動察」的修養工夫收攝心性，使心性所發所動有所根據與規約，並彰顯出躬行踐履的實學特徵。

5.2.4 無欲近理

　　薛瑄「主靜」的目的是摒除私欲，即「無欲」。薛瑄認為，人所固有的「本然之性」是純善的，因此若就源於「天地之性」的「本然之性」而言，「蓋天下雖大，不能加性分之毫末」〔註140〕，但現實中為氣質所拘和私欲蒙蔽而呈現為實然的「千病百病」，因此工夫的目的就是要袪除氣質私欲之蔽障以復返純善之本性。薛瑄指出「理只為氣所蔽隔，故不明。去其蔽隔，則天理明矣」，「掃卻浮雲而太虛自清，撤去壁障而天理自著」〔註141〕，而「有一毫私欲之間雜，即非仁矣」〔註142〕，「為善須表裏澄澈，方是真實為善；有纖毫私意夾雜其間，即非真為善矣」〔註143〕，因此「為學大抵就其分上去其本無之私欲，全其固有之天理耳」〔註144〕，即主體須以「天理」、「本然之性」提斯、檢束

〔註136〕《薛瑄全集　讀書續錄卷一》，第 1293 頁。

〔註137〕《薛瑄全集　讀書續錄卷二》，第 1338 頁。

〔註138〕《薛瑄全集　讀書續錄卷四》，第 1402 頁。

〔註139〕《薛瑄全集　讀書錄卷五》，第 1144 頁。

〔註140〕《薛瑄全集　讀書續錄卷二》，第 1327 頁。

〔註141〕《薛瑄全集　讀書錄卷五》，第 1153 頁。

〔註142〕《薛瑄全集　讀書續錄卷五》，第 1411 頁。

〔註143〕《薛瑄全集　讀書錄卷五》，第 1154 頁。

〔註144〕《薛瑄全集　讀書錄卷三》，第 1095 頁。

此心，摒除氣質之拘和私欲之蔽，避免循欲無涯，無所收攝。自孔孟而至宋儒，義與利、天理人欲、君子小人是判然分別的，薛瑄也同樣重視此一道德境界的分別，指出：

> 人心一息之頃，不在天理，便在人欲，未有不在天理人欲而中立者也。〔註145〕

> 自有之私，皆足爲心累。如自有其善，便爲善所累；自有其能，便爲能所累；自有其貴，便爲貴所累；自有其富，便爲富所累；凡自有者，皆足以爲心累。惟聖人之心，廣大光明，無一毫之私累，眞與太虛同體也。〔註146〕

> 聖賢循天理，而天理即仁、義、禮、知之性也；小人徇人欲，而人欲即耳目口鼻百體嗜好之私也。〔註147〕

又謂：

> 世人信占卜小術，以爲己有富貴之命，一切不修人事，恣縱妄爲，僥然倖所獲，蓋有不遂所欲，而反罹咎者多矣，命其果可恃乎！惟君子則不然，反百（事）恐懼修省，惟義是守，而貧賤富貴一聽於自然，命蓋有所不計也。〔註148〕

儒家所透見與強調的聖賢與凡人的區別不在知識，不在財富，不在地位，而在能否全盡天所賦予、人所固有的本然善性，即能否在道德境界上澄澈與完善。如能克盡己私、心體光明、全盡本性者即爲聖爲賢，若蒙昧循欲、不能煥發與保持人之本性者則爲凡人。這在儒家是一獨特深刻的洞見，極大地影響著中國文化和個體生命的方向。薛瑄認爲，在儒家道統中，聖人爲治、千古聖賢所宗所統，只要人祛除己私，復返本然善性，彰顯天理流行之至善。如其謂「聖人千言萬語，只要人存天理，去人欲」〔註149〕，「千古聖賢之學，惟欲存天理，遏人欲而已」〔註150〕，又謂「蓋天理即仁、義、禮、智也，四者一有失焉，則非人矣」〔註151〕，「不知仁義道德爲美，其所事者皆外物也。

〔註145〕《薛瑄全集 讀書錄卷一》，第 1018 頁。
〔註146〕《薛瑄全集 讀書續錄卷三》，第 1359 頁。
〔註147〕《薛瑄全集 讀書續錄卷三》，第 1368 頁。
〔註148〕《薛瑄全集 讀書錄卷五》，第 1153 頁。
〔註149〕《薛瑄全集 讀書錄卷十》，第 1264 頁。
〔註150〕《薛瑄全集 讀書錄卷五》，第 1414 頁。
〔註151〕《薛瑄全集 讀書續錄卷五》，第 1426 頁。

心役物不可役於物」〔註152〕，而「聖人爲治，推其固有之善及人。才有私意，即入於權謀術數矣」〔註153〕。對於義利之分、天理私欲之別，薛瑄亦有清醒深刻的識見，認爲人所愛所求者應爲「義」、爲「善」、爲「天理」——與天道流行相貫通的道德的至善，應摒棄袪除者爲「利」和「私欲」。對於人的實然氣質之「隔蔽」所表現的「有己之私」與「惡」，薛瑄亦有充分的重視，並指出：

> 人所以千病萬病，只爲「有己」。爲「有己」，故計較萬物。惟欲己富，惟欲己貴，惟欲己安，惟欲己樂，惟欲己生，惟欲己壽，而人之貧賤、危苦、死亡，一切不恤，由是生意不屬，天理滅絕，雖曰有人之形，其實與禽獸奚以異！若能克去「有己」之病，廓然大公，富貴、貧賤、安樂、生壽，皆與人共之，則生意貫徹，彼此各得分願，而天理之盛，有不可得而勝用者矣。〔註154〕

又謂：

> 人只是個心性，靜則存，動則應，明白坦直，本無許多勞擾，若私意一起，則枝節橫生而紛紜多事矣。〔註155〕

> 蓋無所爲而爲者皆天理，有所爲而爲者皆人欲。如日用間大事小事，只道義合當如此做，做了心下平平，如無事一般，便是無所爲而爲；若有一毫求知、求利之意，雖做得十分中理，十分事業，總是人欲之私，與聖人之心絕不相似。〔註156〕

對於私欲之蔽的揭示與反對，薛瑄在讀書二錄中隨處表述，如「一念之欲不能制，而禍流於滔天」〔註157〕，「人欲無涯，不以禮節之，莫知所極矣」〔註158〕，「人有一毫之矜飾，皆心馳於外，而氣象鄙陋矣」〔註159〕，「人欲盡而天理見，如水至清而寶珠露；人欲深而天理昏，如水至濁而寶珠暗」〔註160〕，又言「試看千古以來，溺於外物者竟亦何益於己？但垂『貪不知止』之名而

〔註152〕《薛瑄全集　讀書續錄卷一》，第 1290 頁。
〔註153〕《薛瑄全集　讀書續錄卷八》，第 1461 頁。
〔註154〕《薛瑄全集　讀書錄卷三》，第 1082 頁。
〔註155〕《薛瑄全集　讀書錄卷三》，第 1093 頁。
〔註156〕《薛瑄全集　讀書錄卷四》，第 1114 頁。
〔註157〕《薛瑄全集　讀書錄卷七》，第 1199 頁。
〔註158〕《薛瑄全集　讀書錄卷七》，第 1197 頁。
〔註159〕《薛瑄全集　讀書續錄卷一》，第 1290 頁。
〔註160〕《薛瑄全集　讀書錄卷五》，第 1150 頁。

已！」〔註161〕，「一縷之肉而萬蟻咂之，一勺之水而萬魚吸之，欲滿其欲，可乎？」〔註162〕，指出「人皆忘意於名位之顯榮，而固有之善則無一毫念及之，其不知類也甚矣」〔註163〕，「人只是有己，故不能與天地同。其大其要，惟在克己」〔註164〕，「人欲如寇敵，專以窺吾之虛實，斯須防閒不密，則彼乘間而入矣。謹防外好以奪志」，「斯須照管不至，則外好有潛勾竊引之私，不可不察」〔註165〕，「醉於欲者汲汲如狂，而心莫知所止」〔註166〕。因而在薛瑄看來，「外物無窮，不能以禮制心，則心逐外物亦無窮矣」〔註167〕，即對人而言，物欲「無涯」，若任一己之私欲膨脹，必使此心悠悠蕩蕩無所依憑，以致喪失人之為人的本然善性，「氣象鄙陋」，所為「不仁」〔註168〕，甚至為禍滔滔，淪為「禽獸」。但人若要保持異於禽獸的「人之所以為人」的善的本性，須對「有己之私」和物欲有所收攝，因此雖然「欲心一動，如火之熾，如水之溢，非用大壯力沒能止其欲」〔註169〕，而使「克己」成為艱難之事，但亦「不可不勉」〔註170〕，須「無欲」、「寡欲」、「以禮制心」，使人保有超越的道德意識，不在人的自然欲望與自然生命上立足，超克一己私欲蔽障，彰顯人之本然善性，同於天道、天理之流行。

「無欲」的具體途徑包括修德和去欲。一方面要洗滌私欲，緊貼身心上用力以「修德」。其曰：「澤性潤下，山體中虛，內能受外也。君子亦當虛中無我，以受天下之善」〔註171〕，「大要當洗滌盡此心之欲，有一毫之欲未盡，即本體蔽昧，而用失其當矣」〔註172〕，「只寡欲便無事，無事心便澄然矣」〔註173〕，「一切外物放下，緊緊於身心上用力，斯得近理之效矣」〔註174〕，「工

〔註161〕《薛瑄全集 讀書續錄卷二》，第 1327 頁。
〔註162〕《薛瑄全集 讀書錄卷七》，第 1200 頁。
〔註163〕《薛瑄全集 讀書錄卷七》，第 1197 頁。
〔註164〕《薛瑄全集 讀書續錄卷十一》，第 1273 頁
〔註165〕《薛瑄全集 讀書錄卷四》，第 1106 頁。
〔註166〕《薛瑄全集 讀書錄卷七》，第 1199 頁。
〔註167〕《薛瑄全集 讀書續錄卷十一》，第 1481 頁。
〔註168〕《薛瑄全集 讀書錄卷七》，第 1188 頁。
〔註169〕《薛瑄全集 讀書錄卷八》，第 1230 頁。
〔註170〕《薛瑄全集 讀書續錄卷二》，第 1338 頁。
〔註171〕《薛瑄全集 讀書錄卷五》，第 1140 頁。
〔註172〕《薛瑄全集 讀書續錄卷二》，第 1337 頁。
〔註173〕《薛瑄全集 讀書錄卷四》，第 1117 頁。
〔註174〕《薛瑄全集 讀書續錄卷一》，第 1304 頁。

夫緊貼在身心做，不可斯須外離」〔註175〕，「日間時時刻刻緊緊於自己身心上存察用力，不可一毫懈怠」〔註176〕。並且，「有我之私極難克，貴乎明與剛而已」〔註177〕，「自治之要，寧過於剛不可過於柔。顏子『克己』之功，非至剛不能」〔註178〕。薛瑄強調內向工夫不是空無著落，而是「緊緊於自己身心上」，在視、聽、言、動、日用事為間檢束身心。另一方面，「修德行義之外，當一聽於天」〔註179〕。「修德行義」可由主體自作主宰、自覺為之，除此之外的富貴利達、壽夭貴賤則為運命所致，不應思慮牽繞，而應順性之自然，否則「若日夜思慮萬端，而所思所慮者又未必遂，徒自勞擾，只見其不知命也」〔註180〕。總之，在「主靜」的修德行義之省察工夫中滌除私欲，摒棄有己之私，靜定心體，「自無克、伐、怨、欲之累」〔註181〕，使此心寬平光明，不為物累。如此則不僅做事有力，更可朗現天地藹然生物之心及仁與善，達致「無欲」境界的高妙處，亦如其言「收斂檢束身心到至細、至密、至靜、至定之極，作事愈有力」〔註182〕，「愈收斂，愈充拓；愈細密，愈廣大；愈深妙，愈高明」〔註183〕，「淤泥塞流水，人欲塞天理，去其塞，則沛然矣」〔註184〕，「尋思千能百巧都不濟事，只無欲是最高處」〔註185〕。薛瑄也在生命歷程中踐履靜存動察的修養工夫，兢兢檢點，潛玩力索，曾言「私意最難去，……惟嘗用力者知其難」〔註186〕，並對私欲淨盡之境界多所描繪，如「人心無一毫私意，便與天地萬物之理相合為一」〔註187〕，「毫私不有，渾渾乎其深大也」〔註188〕，「滌蕩胸中無一毫私累，可以言大矣」〔註189〕，認為私欲淨盡可見心體無量、

〔註175〕 《薛瑄全集 讀書錄卷四》，第 1107 頁。
〔註176〕 《薛瑄全集 讀書續錄卷三》，第 1363 頁。
〔註177〕 《薛瑄全集 讀書錄卷六》，第 1176 頁。
〔註178〕 《薛瑄全集 讀書錄卷六》，第 1175 頁。
〔註179〕 《薛瑄全集 讀書錄卷一》，第 1030 頁。
〔註180〕 《薛瑄全集 讀書錄卷一》，第 1030 頁。
〔註181〕 《薛瑄全集 讀書續錄卷一》，第 1295 頁。
〔註182〕 《薛瑄全集 讀書續錄卷一》，第 1294 頁。
〔註183〕 《薛瑄全集 讀書錄卷六》，第 1167 頁。
〔註184〕 《薛瑄全集 讀書錄卷六》，第 1165 頁。
〔註185〕 《薛瑄全集 讀書錄卷五》，第 1148 頁。
〔註186〕 《薛瑄全集 讀書錄卷八》，第 1229 頁。
〔註187〕 《薛瑄全集 讀書錄卷九》，第 1253 頁。
〔註188〕 《薛瑄全集 讀書錄卷四》，第 1113 頁。
〔註189〕 《薛瑄全集 讀書錄卷八》，第 1236 頁。

惻隱之心及虛明廣大氣象，從而「自無克、伐、怨、欲之累」〔註190〕，此皆薛瑄內向收攝之「主靜」、「無欲」之工夫與境地。

5.2.5 存心自得

薛瑄認爲人之形體與本性爲天地大化所生所賦，人所能夠自作主宰、可以用力之處在於作爲「氣之靈」、「理之樞」的「心」。人之「心體」統照天地萬物萬理，「心」則作爲能思之官，既是主體自作主宰的根本，又是復返本然之性、上通天道流行的根本載體。若無「心」的主宰與作用，人無法明識自所固有的本然善性，亦不能通悟天人一理、萬物一體，同流於萬物而順任自然生命的流行，摒棄主體責任的擔負與道德境界提升。但天下萬理無窮，心之發動運作亦微密難測，因此主體須做「心」的工夫，以挺立大本並管攝萬理。薛瑄指出「道理浩浩無窮，惟心足以管之」〔註191〕，又謂「作聖作狂，此心一轉移之間耳」〔註192〕，從而將「心」之存養與省察作爲工夫首要，強調「爲學第一工夫，立心爲本」〔註193〕，又謂「去弊當治其本。本未治而徒去其末，雖眾人之所暫快，而賢智之所深慮」〔註194〕。繼因此，薛瑄主張在體認「天地萬物一體之仁」的總體視域下，於念慮發動、動靜之幾處做工夫，操存道德本心，涵養先天固有的惻隱、羞惡、辭讓、是非之心，率仁、義、理、智之本性，挺立爲人之大本，從而成「有本」之學，「應之（物）無窮」〔註195〕。

做存心工夫，首先要立心、正心。薛瑄認爲主體在「天地萬物一體之仁」的整體視野和境界觀照下，挺立超越的道德本心以自作主宰，「以正大立心」，從而「人知天地萬物爲一體，則薰然慈良惻怛之心，有不覺而發於中者」〔註196〕，「知天地萬物爲一體，則能愛矣」〔註197〕，「造化無一息之間，人之存心亦當無一息之間」〔註198〕。對於心之發動，薛瑄又指出，由於「心如水之

〔註190〕《薛瑄全集 讀書續錄卷一》，第1295頁。
〔註191〕《薛瑄全集 讀書錄卷六》，第1170頁。
〔註192〕《薛瑄全集 讀書錄卷七》，第1211頁。
〔註193〕《薛瑄全集 讀書錄卷十》，第1268頁。
〔註194〕《薛瑄全集 讀書錄卷七》，第1196頁。
〔註195〕《薛瑄全集 讀書續錄卷四》，第1403頁。
〔註196〕《薛瑄全集 讀書錄卷七》，第1199頁。
〔註197〕《薛瑄全集 讀書錄卷一》，第1038頁。
〔註198〕《薛瑄全集 讀書續錄卷五》，第1425頁。

源，源清則流清，心正則事正」〔註199〕，「忮心一生而天地否，良心一發而天地泰」〔註200〕，「至大之惡，由於一念之不善」〔註201〕，因此為人須先「正心」，如「孟子告君，皆先正其心」〔註202〕。心既正，則心體光明，有所執守，萬事可應。薛瑄指出：

> 大丈夫以正大立心，以光明行事，終不為小人所惑而易其所守。〔註203〕

> 人為學至要，當於妄念起處即過絕之。予每嘗用力於此，故書以自勵。〔註204〕

> 人之念慮不正者有二：有妄念，有惡念。如思慮不可必得之事，妄念也；思慮悖理違道之事，惡念也。凡此二者，心才知覺即過絕之，必使念念皆出於仁、義、禮、知，惻隱、羞惡、辭讓、是非性情之正，則不正之念自消，而思慮皆大埋矣。此實日用省察之切要，不可毫髮間斷也。〔註205〕

人心之念慮發動雖微密難測，但主體須在心之未發已發之間做「不可一日或怠」、「不可毫髮間斷」的省察工夫，操存、收攝、保存性體心體，使之至虛至明、超然潔淨、卓然獨立，「於妄念起處即過絕之」，使此心「思慮皆天理」，時刻以儒家道德理想和道德規範為引領和規約。因此，「當事務叢雜之中，吾心當自有所主，不可因彼之擾擾而遷易也」〔註206〕，「有『鳳凰翔於千仞』之氣象，則不為區區聲利所動矣」〔註207〕，即心體不為外物之「擾擾」而有所改易，這既是薛瑄「日用省察之切要」，也是其讀書窮理、躬行踐履、下學上達以致聖賢境界的前提。其次要存心、收心。薛瑄重視「心」的收攝、反省和操存，存心立本，認為人可通過天下有形萬事萬物透徹萬物所當然之則和所以然之故，涵攝天下萬理，體證大道流行與萬物一體。如其所言，「心常存，即默識道理，無物不有，無時不然；心苟不存，茫無所識，其所識者，不過

〔註199〕《薛瑄全集　讀書續錄卷二》，第 1337 頁。
〔註200〕《薛瑄全集　讀書錄卷六》，第 1180 頁。
〔註201〕《薛瑄全集　讀書錄卷五》，第 1153 頁。
〔註202〕《薛瑄全集　讀書錄卷三》，第 1080 頁。
〔註203〕《薛瑄全集　從政名言卷之二》，第 1538 頁。
〔註204〕《薛瑄全集　讀書錄卷十一》，第 1272 頁。
〔註205〕《薛瑄全集　讀書續錄卷三》，第 1374 頁。
〔註206〕《薛瑄全集　從政名言卷之一》，第 1536 頁。
〔註207〕《薛瑄全集　讀書錄卷七》，第 1198 頁。

萬物形體而已」〔註208〕，「要見道只在存心，存心則觸處與道相值；心不存，則雖至近者，亦默識其爲近矣」〔註209〕，「理不外氣。惟心常存，則能因氣而識理」〔註210〕，「惟心明，則映得理見」〔註211〕，「心一收則萬理咸至，至非自外來也，蓋常在是而心存，有以識其妙耳」〔註212〕。「存心」亦可在體認天地萬物一體的基礎上觸處洞明，應事無窮，如「心常存，則因事觸發有開悟處，所謂『左右逢原』者可見；心不存，則與理相忘，隨至近至明之理，亦無覺無見也」〔註213〕。關於「心」之所存的內容和根據，薛瑄認爲是出於天道、內在於人道的「至貴至重」的「義理」、「禮義」，亦爲天道、天理流行之節律以及由此而落實於人道的倫理規範，並非「至微至賤」的外在之物與富貴利達。薛瑄指出「禮義出於天，至貴至重；外物世之所有，至賤至微。當常保其至重至貴，而不爲賤而輕者所移，庶幾近道矣」〔註214〕，因此「常存心於義理，久久漸明。存心於閒事，即於義理日昧矣」〔註215〕，「富貴利達在天，無可求之理；德業學術在人，有可求之道」〔註216〕。薛瑄又指出，「重外輕內，學者之通患」〔註217〕，「外慕者，內不足」〔註218〕，強調「一心切不可外馳」〔註219〕，「求在外者未可必，求在內者必可得；未可必者聽於天，必可得者當責之己」〔註220〕。薛瑄還指出，「聖人以義制心，得志與天下由之，不得志獨行其道，出處進退，富貴貧賤，始終如一，初不少動其心。小人則不然，方血氣盛時，據位持勢，眞若剛強不屈者，及血氣既衰，去位失勢，悲感流涕，卑屈苟賤之態靡所不至，由無義以制心也」〔註221〕，若「心斯須不存，即與理義背馳，可不念哉！」〔註222〕，「心一放，則悠悠蕩蕩無所

〔註208〕《薛瑄全集 讀書續錄卷一》，第1311頁。
〔註209〕《薛瑄全集 讀書錄卷五》，第1145頁。
〔註210〕《薛瑄全集 讀書續錄卷一》，第1311頁。
〔註211〕《薛瑄全集 讀書錄卷五》，第1145頁。
〔註212〕《明儒學案 河東學案上》，第119頁。
〔註213〕《薛瑄全集 讀書錄卷二》，第1068頁。
〔註214〕《薛瑄全集 讀書續錄卷四》，第1393頁。
〔註215〕《薛瑄全集 讀書續錄卷一》，第1304頁。
〔註216〕《薛瑄全集 讀書錄卷一》，第1023頁。
〔註217〕《薛瑄全集 讀書續錄卷七》，第1448頁。
〔註218〕《薛瑄全集 讀書錄卷六》，第1160頁。
〔註219〕《薛瑄全集 讀書續錄卷一》，第1293頁。
〔註220〕《薛瑄全集 讀書錄卷二》，第1069頁。
〔註221〕《薛瑄全集 讀書錄卷七》，第1205頁。
〔註222〕《薛瑄全集 讀書錄卷八》，第1221頁。

歸著」〔註 223〕。因此薛瑄認為作為異於禽獸之人，應以「出於天」、內在於人的「禮義」、德業為追求，挺立內在德性，如此才是「近道」，否則難以成其為真正意義上的人。進而，「學者一日之間，心在義理上之時少，在閒事上之時多，所以於義禮生而於閒事熟。誠能移在閒事上之心常在義理上，念念不忘，則天理熟矣」〔註 224〕，「斯須心有不存，則與道相忘；要當常持此心而不失，則見道不可離矣」〔註 225〕。第三要操心和洗心。立心為本，存心為要，但心之妙運微密，有開塞通蔽，有善惡之萌，故需操持存養、提斯警醒、澄澈凝定。元儒許魯齋曾言「萬般補養皆為偽，只有操心是要規」〔註 226〕，薛瑄深體之，並言「惟心得而實踐者，耐知其言之有味」〔註 227〕，極為重視操存省察工夫。其言「人惟一心，操之為君子，放之為小人」〔註 228〕，又謂「心有開時，開時則是理無物不有，無時不然，塞時則不見矣。故為學要實施提醒此心，勿令皆塞」〔註 229〕，強調操存此心，祛除己私，以使之表裏澄澈、凝定專一，真實為善。操存之功甚大，如薛瑄所言，「心一操而群邪退，聽放而群邪並興」〔註 230〕，足見其重操存工夫如是。

總體而言，薛瑄工夫無論是持敬立誠還是主靜涵養，皆以存心無欲為要，而其所重視者在於通過主敬、立誠、存心之「靜」的工夫，操存此心，涵養本性，力使此心有所挺立，並主宰、收攝一身百體與念慮發動，使身心所發皆為本然之性的發顯與至善天理的流行，從而使主體實現內在的超越，在道德意義上實現與天合一，成就「大我」的無限生命。薛瑄全部的靜存省察工夫，尤須時時處處自我挺立、提斯警醒、動靜皆然，「不可一日或怠」〔註 231〕，「不可毫髮間斷」〔註 232〕。恰如其所屢屢強調「心不可斯須裏正理，身不可斯須離正道」〔註 233〕，「日用間纖毫事，皆當省察謹慎」〔註 234〕，「未應事時，

〔註 223〕 《薛瑄全集 讀書錄卷四》，第 1107 頁。
〔註 224〕 《薛瑄全集 讀書續錄卷五》，第 1425 頁。
〔註 225〕 《薛瑄全集 讀書錄卷三》，第 1081 頁。
〔註 226〕 〔元〕許衡：《許衡集 與李生》，北京：東方出版社，2007 年版。
〔註 227〕 《薛瑄全集 讀書錄卷三》，第 1083 頁。
〔註 228〕 《薛瑄全集 讀書錄卷七》，第 1210 頁。
〔註 229〕 《薛瑄全集 讀書錄卷九》，第 1247 頁。
〔註 230〕 《薛瑄全集 讀書錄卷三》，第 1082 頁。
〔註 231〕 《薛瑄全集 讀書錄卷五》，第 1151 頁。
〔註 232〕 《薛瑄全集 讀書錄卷九》，第 1246 頁。
〔註 233〕 《薛瑄全集 讀書錄卷四》，第 1105 頁。
〔註 234〕 《薛瑄全集 讀書續錄卷二》，第 1334 頁。

常持守此心勿失；應事時，省察此心勿差；既應事了，還持守此心勿失」〔註235〕，「一言不可妄發，一事不可妄動」〔註236〕，反之，「一毫省察不至，即處事失宜而悔吝隨之，不可不慎」〔註237〕。

薛瑄靜存工夫之歸在「自得」。薛瑄認爲「天理無聲無臭，自非存心體認之久，不能默悟其妙也」〔註238〕，主張在天人一理、萬物一體之統攝下，將天地萬化流行不息、生生不已、一體無間的意蘊自得於心，作爲道德踐履生發的源頭和動力，通過持敬立誠、操存省察、提斯澄澈的修養工夫，眞實切於自家身心、有得於自家身心，成就「自得」之工夫實地與妙境。薛瑄「自得」之論源於其以「此心微密之地」察聖賢言語、體天地萬物及多年「從事於心學」的涵養實踐所得，亦爲其學問宗旨所在。

儒家以道統相傳相承，歷代聖賢眞儒所言所傳者之根本在於對「道體」、「性體」的切己體認與顯發，因此對儒家經典著作不能執著於文辭之間，而應洞達言者的天人觀照與關懷意識，理解其在道德踐履與生命展開中呈現的獨特邏輯。薛瑄讀聖賢著作即能超越時儒，直追本義，深體儒家切己身心的「爲己之學」。例如薛瑄讀周子、孟子、朱子所得曰：

> 理既無聲無臭，陰陽亦變化不常，是豈得而圖之？周子作《太極圖》，不過「假象以顯義」耳，學者要當默識其理於圖像之表。苟只於圖中泥意以外求之，又焉有超然自得之妙哉？〔註239〕

> 孟子曰：「君子深造之以道，欲其自得之也。」「道」者，「進爲之方」，如「學」、「問」、「思」、「辨」、「博文」、「約禮」之類是也。循此而進，潛玩積久則有自得之妙；不循此而進，徒事於記誦辭章之末，欲求自得之妙難矣！〔註240〕

薛瑄強調讀書爲學不能泥意外求，執著「記誦辭章之末」，而應超越其間，以道爲求，尋「超然自得之妙」。其又謂：

> 讀書固不可不思索，然思索太苦而無節，則心反爲之動而神氣不清，如井泉然，淆之頻數則必濁。凡讀書思索之久，覺有倦意，

〔註235〕《薛瑄全集 讀書續錄卷一》，第1293頁。
〔註236〕《薛瑄全集 讀書續錄卷三》，第1363頁。
〔註237〕《薛瑄全集 讀書錄卷七》，第1203頁。
〔註238〕《薛瑄全集 讀書續錄卷一》，第1311頁。
〔註239〕《薛瑄全集 讀書續錄卷一》，第1309～1310頁。
〔註240〕《薛瑄全集 讀書錄卷九》，第1241頁。

　　　當斂襟正坐，澄定此心少時，再從事於思索，則心清而義理自見。
〔註 241〕

言為學之要不在徒然思索，須「澄定此心」，才能「心清而義理自見」，透過文辭契會聖賢本義和儒家道統。其指出「將聖賢言語作一場話說，學者之通患」〔註 242〕，「讀書不於身心有得，懵然而已」〔註 243〕，強調「聖賢書所言之理，神而明之在乎人，不然，書特塵編耳」〔註 244〕。因此，薛瑄認為讀書的關鍵在於對聖賢觀照意識的通悟與自得，潛玩積久，神而明之，反身融會，「有覺」於己並「與自家身上之理一一契合」，才能真正有得於身心，即如其言「讀書之久，見得書上之理與自家身上之理一一契合，方始有得處」〔註 245〕，「學有所得，必自讀書入。讀書千熟萬熟時，一言一句之理自然與心融會為一，斯有所得矣」〔註 246〕，「學須有覺，方得總會處」〔註 247〕，從而深體「自得之妙」。

　　薛瑄所言「自得」亦是其踐履工夫的呈現，其本人即在讀書為學、寤寐聖賢、體證天道的過程中，契合融會，神而明之，自得於心，並時刻反求之身心動靜之間，句句體貼向自家身心落實，貫徹學行之一貫。薛瑄認為，源自天理流行的「本然之性」是人所固有的，從而心性工夫、道德踐履既是儒家道統之相傳，也是主體內在本性的必然要求，是「自家身心」上事，亦是「吾分內」事，與外物勞擾、他人毀譽毫無干涉，即其所謂「既自得其固有之理，與人何與？」〔註 248〕。因此，薛瑄認為「從事於心學」、「惟於身心上用力」的「為己之學」是學問至要和「本領工夫」，重視「為己」與「自得」，以反省、呈露與全盡己之道德本心與本性為追求，絕「謀利計功」之念〔註 249〕，不必外慕，不求人知，不責於人。如其謂「《中庸》末章引《詩》曰：『衣錦尚絅』。如此方是『為己之學』，有一毫求知之心，即非『為己之學』矣」〔註 250〕，又言「作詩、作文、寫字，皆非本領工夫。惟於身心上用力最要，身心

〔註 241〕《薛瑄全集　讀書錄卷五》，第 1146 頁。
〔註 242〕《明儒學案　河東學案上》，第 117 頁。
〔註 243〕《薛瑄全集　讀書續錄卷十一》，第 1483 頁。
〔註 244〕《薛瑄全集　讀書續錄卷六》，第 1441 頁。
〔註 245〕《薛瑄全集　讀書錄卷七》，第 1203 頁。
〔註 246〕《薛瑄全集　讀書錄卷五》，第 1144 頁。
〔註 247〕《薛瑄全集　讀書錄卷八》，第 1237 頁。
〔註 248〕《薛瑄全集　讀書續錄卷三》，第 1382 頁。
〔註 249〕《薛瑄全集　讀書錄卷八》，第 1234 頁。
〔註 250〕《薛瑄全集　讀書續錄卷二》，第 1331 頁。

之功有餘力，遊焉可也」〔註251〕，「惟從事於心學，則氣完體胖，有休休自得之趣。惟親歷知其味，殆難以語人也」〔註252〕，表明主體若能於身心上用力，切己體道，親歷其中，則自然能體「休休自得」之趣和通達天人的妙境。

　　具體而言，薛瑄「自得」之學大約可分為五個方面。其一要自信自守，不因外物牽繞與他人毀譽而易其持守。薛瑄指出，「自古以來，汲汲於外物之求者，並與外物漠然無存矣。果外物何益哉？」〔註253〕，「進修皆分內事，與人何所干涉而求之乎？為善求人知者，皆非『為己之學』也」〔註254〕，「學者開口皆能言『道是好道理』，然當自體諸心，果能實好此好道理否？又當體之身，果能實行此好道理否？若徒能言之於口，而體諸身心者皆不能然，是所謂自欺也」〔註255〕。因此，「己未善，人譽之不足喜；己有善，人毀之不足怒。疾惡之心固不可無，然當寬心緩思，可去與否，審度時宜而處之，斯無悔。切不可聞惡遽怒，先自焚擾，縱使即能去惡，己亦病矣。況傷於急暴而有過中失宜之弊乎！」〔註256〕，「惟篤於自信而已」〔註257〕，貴在自信自守，有得於己。其二要絕「謀利計功」之念。薛瑄指出「謀利計功，乃人欲之私，學者之通患也」，「學者自幼便為『謀利計功』而學，宜其不足以入堯舜之道」〔註258〕。因此，主體要澄澈此心，拋卻功利負累，絕「謀利計功」之念，使此心「超然無係」〔註259〕，如「放下一切外物，覺得心閒省事」〔註260〕。其三為不責人，勿遷怒。薛瑄引張子「學至於不責人，其學進矣」〔註261〕之語，強調「此言當深體而力行之。愚屢言及此而不厭其煩者，亦欲深省而實踐之也」〔註262〕。自修、為己，盡吾分內事，在此基礎上才可言成己成物，若自修未盡善而責人，如「捨其田而耘人之田」〔註263〕，非人之本分，自無得於

〔註251〕《薛瑄全集　讀書錄卷二》，第1069頁。
〔註252〕《薛瑄全集　讀書錄卷二》，第1069頁。
〔註253〕《薛瑄全集　讀書續錄卷一》，第1292頁。
〔註254〕《薛瑄全集　讀書續錄卷一》，第1301～1302頁。
〔註255〕《薛瑄全集　讀書錄卷四》，第1106頁。
〔註256〕《薛瑄全集　從政名言卷之二》，第1539頁。
〔註257〕《薛瑄全集　讀書錄卷九》，第1247頁。
〔註258〕《薛瑄全集　讀書錄卷八》，第1234頁。
〔註259〕同上。
〔註260〕《薛瑄全集　讀書續錄卷一》，第1304頁。
〔註261〕《張載集　正蒙　中正篇》，第30頁。張載原文為「學至於不尤人，學之至也」。
〔註262〕《薛瑄全集　讀書續錄卷五》，第1411頁。
〔註263〕《薛瑄全集　讀書續錄卷四》，第1399頁。

己。因此人「不可有一毫責人之心」〔註264〕，「責人當反求諸己」〔註265〕，亦須「行有不得於外，皆當反求諸己，求諸己者無不盡善。而猶或有不得者，當安於命矣」〔註266〕。其四須存心養性、勿忘勿助。薛瑄認為涵養心性、摒除私欲的關鍵在於內向的克己省察之功，因此極力顯發孟子的存養心性、「勿忘勿助」的「為己之學」。對於心性之存養，既不能操之過急，又不能放任不管，應如同育養幼苗一樣，仁愛保養，自然順適，恰到好處，無過無不及。二者之中，薛瑄尤強調「勿忘」之重要，指出「禮義之心不可少有間斷，孟子所謂『勿忘』是也」〔註267〕，認為主體「勿忘」天理之統照、純善之本性與主體之責任，此「最切於學者」〔註268〕，強調「『勿忘』最是學者日用切要工夫。人所以心與理背馳者，正緣忘於有所事耳。誠能時時刻刻不忘於操存省察等事，即心長存而天理不忘矣」〔註269〕。「勿忘」、「勿助長」則可使心性所發所動時刻有天道和人性的統攝與規約。其五要察幾知止。薛瑄重視《尚書》「人心惟危」對人心的警示與洞察，認為「『危』是欲墮未墮之間，不知察其『幾』而以道心制之，則遂墮於人欲，流而入於禽獸矣」〔註270〕。因此，其強調面對「此心微密之地」的複雜微密的作用與發動，需「察幾」、「知止」，在心之已發未發之間做工夫，不為外物、私欲所役。其言「一切外事與己本無干涉，而與之擾擾俱馳，是所以為心病也，惟『知止』則心自定矣」〔註271〕，「一切外物皆不可思，思之又未必得之，又無所益，不若專思義理，至於久而精明純熟，則可以馴達天道矣」〔註272〕，以明「知止」之意。此外，還要刮舊習，改過遷善。薛瑄曾曰：「吾奮然欲造其極而未能者，其病安在？得非舊習有未盡去乎？舊習最害事。吾欲進，彼則止吾之進，吾欲新，彼則沮吾之新，甚可惡！當刮絕之」〔註273〕。總之，薛瑄以天道與人性為統攝與規約，強調主體通過精微細密的操存省察修養工夫，拋棄外物、私欲之負累，使心

〔註264〕《薛瑄全集 讀書續錄卷三》，第 1372 頁。
〔註265〕《薛瑄全集 讀書錄卷七》，第 1213 頁。
〔註266〕《薛瑄全集 讀書錄卷七》，第 1196 頁。
〔註267〕《薛瑄全集 讀書錄卷八》，第 1220 頁。
〔註268〕《薛瑄全集 讀書續錄卷二》，第 1326 頁。
〔註269〕《薛瑄全集 讀書續錄卷一》，第 1298 頁。
〔註270〕《薛瑄全集 讀書續錄卷三》，第 1366 頁。
〔註271〕《薛瑄全集 讀書錄卷七》，第 1203 頁。
〔註272〕《薛瑄全集 讀書續錄卷二》，第 1338 頁。
〔註273〕《薛瑄全集 讀書錄卷四》，第 1104 頁。

體澄澈凝定，本然之性呈露，義理精明純熟，從而獲得「超然自得之樂」，並「訓達天道」。這既是薛瑄所體證的人之「分所當為」，亦是其畢生所愛所求、深思力踐、自得於己者。

5.3 格物窮理的動察工夫

　　薛瑄認為，對於儒家所透顯的「天理」、「天道」既要得之心，又要體諸身，既要「識得分明」，又要「行得切實」〔註274〕，如此才是真知真行。由天道之必然和人道之當然所統攝，主體既需通過持敬、立誠、主靜、存心的操存省察、涵養收攝工夫以挺立、澄澈、凝定此心，又要使此心外發而為道德行為，於一身百體、日用常行之間做「動察」的工夫，使一心所發、一身所行、一言一動皆出於「本然之性」的呈露，依於天道流行「於穆不已」之「仁」和天生萬物之藹然為善，融於天地大化流行，成就人之為人的本質。「靜存」的工夫與「動察」的工夫乃一體渾融、同時俱在、相輔相成的整體，即本體即工夫，即內在即外在，依於天道流行，發於日用之間，即如其所言「道只在動、止、語、默之間，身外求道，遠矣！」〔註275〕，「為學只是學天理、人倫，外此便非學」〔註276〕。「動察」工夫以主敬、立誠之「靜存」工夫為本，並將心體澄澈所得的境界呈現於一身百體、作止語默之間，具體工夫則包涵格物窮理、盡性復性、知行兩得、反躬踐履，並須在日用間時時處處勤謹為之，不可毫髮間斷，如其謂「為學時時處處是做工夫處，雖至鄙至陋處，皆當存謹畏之心而不可忽。且如就枕時，手足不敢妄動，心不敢亂想，這便是睡時做工夫。以至無時無事不然」〔註277〕，如此方能使人性真實呈露與發顯。

5.3.1 格物窮理

　　《易‧說卦》謂「窮理盡性以至於命」〔註278〕，孔穎達疏之「窮極萬物深妙之理」。《大學》稱「古之欲明明德於天下者，先治其國；欲治其國者，先齊其家；欲齊其家者，先修其身；欲修其身者，先正其心；欲正其心者，

〔註274〕《薛瑄全集 讀書續錄卷一》，第1303頁。
〔註275〕《薛瑄全集 讀書錄卷四》，第1106頁。
〔註276〕《薛瑄全集 讀書續錄卷一》，第1323頁。
〔註277〕《薛瑄全集 讀書錄卷四》，第1106頁。
〔註278〕《十三經注疏 周易正義 說卦》，第93頁。

先誠其意；欲誠其意者，先致其知。致知在格物」〔註279〕。北宋張載明確區分「見聞之知」與「德性之知」，認爲工夫的目的不是獲得具體知識的增加與積累，而是通過「見聞之知」提升「德性所知」，獲得自我德性的提升和圓滿。程子以《大學》爲「初學入德之門」，伊川尤言「君子之學，將以反躬而已矣。反躬在致知，致知在格物」〔註280〕，又稱「聞見之知，非德性之知。物交物則知之，非內也，近之所謂博物多能者是也。德性之知，不假見聞」〔註281〕。張程所重皆非「聞見之知」，而是切於自家身心的「德性之知」。「聞見之知」由「窮理」所得，「德性之知」由「居敬」而獲。「居敬」與「窮理」不同，但亦不可分。朱子稱「學者工夫，唯在居敬窮理二事，此二事互相發。能窮理，則居敬工夫日益進；能居敬，則窮理工夫日益密」〔註282〕，其更以「窮理」之說釋《大學》「格物致知」曰：

> 所謂致知在格物者，言欲致吾之知，在即物而窮其理也。蓋人心之靈，莫不有知，而天下之物，莫不有理；惟於理有未窮，故其知有不盡也。是以大學始教，必使學者即凡天下之物，莫不因其已知之理而益窮之，以求至乎其極。至於用力之久，而一旦豁然貫通焉，則眾物之表裏精粗無不到，而吾心之全體大用無不明矣。此謂物格，此謂知之至也。〔註283〕

朱子釋「格物致知」爲「即物而窮其理」，並根據《大學》之序，以「格物」、「致知」爲八條目之首和工夫切要，主張通過循序漸進的格物致知方法窮究天地萬事萬物之理，使人心與至極之理「豁然貫通」，「則眾物之表裏精粗無不到，而吾心之全體大用無不明矣」。而主體所致之知、所窮之理，自一身而至萬物，無所不包：

> 或考之事爲之著，或察之念慮之微，或求之文字之中，或索之講論之際，使於身心性情之德，人倫日用之常，以至天地鬼神之變，鳥獸草木之宜，自其一物之中，莫不有以見其所當然而不容已，與其所以然而不可易者。〔註284〕

〔註279〕《四書章句集注　大學章句》，第 3 頁。
〔註280〕《二程集　河南程氏遺書卷第二十五》，第 316 頁。
〔註281〕同上。
〔註282〕《朱子語類　卷第九》，第 150 頁。
〔註283〕《四書章句集注　大學章句　格物致知補傳》，第 6～7 頁。
〔註284〕《朱子全書　朱文公文集　卷五十六　答鄭子上》，第 24 頁。

朱子所見天人萬物、常行百體、身心性命皆有其自身順適自在的存在與運作方式，其中「莫不有以見其所當然而不容已，與其所以然而不可易者」，人之「格物」、「窮理」、「致知」亦無非通過對事物「所當然之則」和「所以然之故」的知覺、體證，獲得物我一體、內外無間、體用不二的生命見地，以使自身德性提升與超越，無限接近並彰顯性之本然，進而誠意、正心、修身、齊家、治國、平天下。宋儒「窮理」與「格物致知」之論，其意皆爲闡明儒家所言「致知」並非在知識本身的獲得，而是在以知識潤己之德、成己之身，「豁然貫通」以達「吾心之全體大用無不明」之境。朱子於「尊德性」與「道問學」之間較重「道問學」，因此偏重進學次第與格物窮理之論。實自朱子學問之整體來看，朱子所謂「道問學」既以「尊德性」爲出發基點，又以「尊德性」爲學問收攝，實爲切實的工夫與體認之路。

　　薛瑄承朱子「格物窮理」論，注重《易傳》本義與《大學》工夫次第，其自工夫本末而言以「居敬」、「持敬」爲本，從爲學次第與進學之方上看則以「格物致知」與「窮理」爲首要。薛瑄推崇程朱「格物窮理」之說，認爲「自有《大學》書以來，發明『格物致知』爲『窮理』之事者，程子而已；繼程子而發明其義者，朱子一人而已」〔註285〕，強調「《大學》，全體大用之學也」，「《大學》三綱領、八條目於千聖之書無不括盡」〔註286〕，「《大學》之道，其至矣乎！不行於世也久矣」，「《大學》八條目工夫一節不可缺」〔註287〕。薛瑄以程朱爲本提出自己的格物窮理工夫。由於其天地萬事萬物與人之一身百體、人倫日用皆由「理」所充塞與統攝，因此明識與窮通天人萬事萬物之「理」則可體「天人一理」、「萬物一體」，「豁然貫通」，從天道之「所以然」洞識人道之「所當然」，使主體獲得道德踐履的內在必然動力並依天理流行然而發顯人道。在此觀照下，薛瑄認爲「知」與「明」最爲重要，只有「知致」而「理明」，才能立仁、持敬、自我挺立，並能「守之固」、「行之切」，使立身處世、應事接物有所依憑。如薛瑄強調「明理是『格物致知』事，理明而後誠意、正心、修身、齊家、治國、平天下之事，可次第用力也」〔註288〕，「『四德』仁爲大，知爲重。非知之明，守之固，則仁亦不能有諸己矣」〔註289〕，「故

〔註285〕《薛瑄全集 讀書續錄卷十二》，第 1488 頁。
〔註286〕《薛瑄全集 讀書錄卷四》，第 1128 頁。
〔註287〕《薛瑄全集 讀書錄卷四》，第 1129 頁。
〔註288〕《薛瑄全集 讀書續錄卷二》，第 1325 頁。
〔註289〕《薛瑄全集 讀書續錄卷六》，第 1438 頁。

知不昧，斯能妙眾理而應萬事。日用之間知最爲切要，或茫不知理之所在而應事不差者，鮮矣」〔註 290〕。可見薛瑄將「窮理」與「格物致知」作爲「明理」的方法，是誠意、正心、修身、齊家、治國、平天下的起點與基礎，雖淺深有序、次第有別，卻以「仁」、「敬」爲根本和支撐，突出內在心性的自作主宰之意，圍繞「盡性」、「復性」展開，其要則落在「性」上。

至於「窮理」、「格物」的涵義及其所包含的範圍，薛瑄亦承自朱子，並有較多的論述。薛瑄指出「致知格物」是「於事物求至極之理」〔註 291〕，認爲「聖人千言萬語，只是明此理」〔註 292〕，並具體釋「格物」曰：

> 格物所包者廣。自一身言之，耳目口鼻身心皆物也，如耳則當格其聰之理，口、鼻、四肢則當格其止、速、恭、重之理，身、心則當格其動靜、性情之理。推而至於天地萬物，皆物也。天地則當格其健順之理，人倫則當格其慈、孝、仁、敬、智、信之理，鬼神則當格其屈伸、變化之理，以至草木、鳥獸、昆蟲則當格其各具之理。又推而至於聖賢之書，六藝之文，歷代之政治，皆所謂物也，又當各求其義理精粗、本末、是非、得失，皆所謂格物也。〔註 293〕

「格物」之「格」是認知、體察之意〔註 294〕，「物」是事物的總稱，不僅包括草木、昆蟲、鳥獸等可見的有形之物，更涵括一身百體、人倫日用、鬼神屈伸，及至聖賢之書、六藝之文、政治歷史，自天地萬物以至人倫身心，無所不包，無所不盡。進而，薛瑄又釋「窮理」及「盡性」、「至命」曰：

〔註 290〕《薛瑄全集 讀書續錄卷二》，第 1330 頁。
〔註 291〕《薛瑄全集 讀書續錄卷五》，第 1423 頁。
〔註 292〕《薛瑄全集 讀書錄卷三》，第 1074 頁。
〔註 293〕《薛瑄全集 讀書錄卷二》，第 1067 頁。《薛瑄全集 讀書錄卷四》中又謂：自一身言之，耳有耳之理，目有目之理，口鼻有口鼻之理，手足有手足之理；以身之所接而言，父子有父子之理，君臣有君臣之理，夫婦、長幼、朋友，有夫婦、長幼、朋友之理，以至萬事萬物有萬事萬物之理。凡此眾理，莫不窮而通之，所謂「窮理」也；既知其理於一身之理必有以踐之，於人倫之理必有以行之，於萬物之理必有以處之，所謂「盡性」也；能盡其性，則理所自出之天命，莫不有以造極一原，所謂「至命」也。理也，性也，命也，雖同爲一理，初無本末精粗之殊，而窮也，盡也，至也，則各有淺深之序，學者不可不察。
〔註 294〕《四書章句集注 大學章句》（第 4 頁）中朱子釋「格物致知」曰：致，推極也。知，猶識也。推極吾之知識，欲其所知無不盡也。格，至也。物，猶事也。窮至事物之理，欲其極處無不到也。

「窮理」者，窮人物之理也。人之理則有降衷秉彝之性，物之
理則有水火木金土之性，以至萬物萬事皆有當然之理，於眾理莫不
窮究其極而無一毫之疑，所謂「窮理」也。窮得人之理，必須盡仁
義禮知之性；窮得事物之理，必須使事物各得其宜；所謂「盡性」
也。理也，性也，皆天命之元亨利貞也，窮理盡性與天命無一毫之
間，所謂「至命」也。曰「理」，曰「性」，曰「命」，雖無彼此之殊；
曰「窮」，曰「盡」，曰「至」，則略有先後之序矣。此先儒之成說，
愚竊述之。〔註295〕

「窮理」所窮者是「萬物萬事」的「當然之理」，涵括天人萬物之理。「格物」
與「窮理」皆是「明理」、「明善」的具體方法和途徑，而「窮理」是「格物」
至極處和目的，自人之一身、日用倫常、萬事萬物之理「莫不窮而通之」，「於
眾理莫不窮究其極而無一毫之疑」。因此可見，「格物」是一過程，需潛體積
頑、從容周遍、深思力探；「窮理」是窮盡天人萬物之理的極致狀態，需無所
不盡、潛會貫通、處置得宜。

雖然「格物」與「窮理」所包者為天地萬事萬物，但並非要窮盡所有萬
事萬物之理才算「格物」，此非人力所及，亦非學問所在。薛瑄指出：

然天下物眾矣，豈能遍格而盡識哉？惟因其所接者，量力循序
以格之，不疏以略，不密以窮，澄心精意，以徐察其極。今日格之，
明日格之，明日又格之，無日不格之，潛體積頑之久，沉思力探之
深。已格者不敢以為是而自足，未格者不敢以為難而遂厭，如是之
久，則塞者開，蔽者明，理雖在物，而吾心之理則與之潛會而無不
通。始之通也，見一物各一理；通之極也，則見千萬物為一理。朱
子所謂「眾物之表裏精粗無不到，而吾心之全體大用無不明」者，
可得而識矣。〔註296〕

「格物」、「窮理」所「格」所「窮」者不在無窮萬物本身，而是「惟因其所
接者，量力循序以格之」，即於身心日用、灑掃應對、進退出處之切於身心諸
事物「循序以格之」，並「澄心精意」、「潛體積頑」、「深思力探」，獲致對統
體之「理」和天地萬物一體渾全、藹然為善的洞徹，使「吾心之理」「與之潛
會而無不通」、「吾心之全體大用無不明」，使心、性、理合一，性與天相通。

〔註295〕《薛瑄全集 讀書續錄卷一》，第 1305 頁。
〔註296〕《薛瑄全集 讀書錄卷二》，第 1067 頁。

從而主體在「格物」、「窮理」、體認天人一理、萬物一體的基礎上，透徹人所固有的「本然之性」（性）是「理」在人物的落實凝聚並作爲人之道德本體，進而自覺對「本然之性」進行恢復、擴充與彰顯，盡己所固有的「仁、義、禮、智」之性，使事物各得其宜，順適恰當，進而與天命流行相融無間。如此才是眞正的「窮理」，才是切實的「致知」。同時，由於薛瑄所言「格物」與「窮理」既包括天地萬理、天下萬事，又包括一身百體、身心之理，因此其對於「格物」、「窮理」的用力方向也有意加以收攝，使之落實於身心之間。他指出：

> 觀《大學》經文，「致知格物」連「誠意」說，則「格物」先於格身心之理，而後『誠意』之功可施。故程子曰：「格物，莫若察之於身，其得之尤切」。〔註297〕

「心」之澄澈與操存爲一身主宰，因此「格物」「先於格身心之理」，通過用力於身心性命之間，體認「心體」、「性體」與「天理」爲一，明識「人」作爲主體所應擔負的道德責任，「而後『誠意』之功可施」，避免主體執著於外在的格物致知，使身心、心性之根本得以收攝和挺立。

從而可見，薛瑄「格物致知」與「窮理」之論並非爲窮盡紛然無涯的萬事萬物之理以獲得「見聞之知」的增加，而是在天人一理、萬物一體之視野的統攝下，通過務實篤行、深思力探、切於身心將的「格物」、「窮理」工夫途徑，「覺知」與通達天地萬物渾全一體之理與「我」之主體相契相通、一體無間，透徹源於天道的「本然之性」與虛明心體的規定與統攝，並以此作爲身心之主宰，存心養性、澄心精意、操存省察以獲得「德行之知」，進而挺立道德本心，盡己盡物之性以至天命，實現立體的德性提升與「性天通」，恰如其所謂「通天地萬物總是一理，『致知格物』者，正欲推極吾心之知，以貫天地萬物之理也」〔註298〕。於此，薛瑄將朱子的格物致知轉向內在心性涵養，有意避免朱子支離繁瑣之偏和心學外馳之弊，又不乏切實可循的工夫次第，眞切而篤實。

〔註297〕《薛瑄全集 讀書續錄卷十一》，第 1484 頁。此處薛瑄所言「『格物』先於格身心之理」以乾隆本爲底本，其中「於」字在石門本和洛陽本中皆作「欲」字。從薛瑄此段話的整體涵義來看，應是「格物」先從格身心之理開始或以格身心之理爲先。

〔註298〕《薛瑄全集 讀書續錄卷六》，第 1438 頁。

5.3.2 識性盡性

「性」涵仁、義、禮、智四德，上通天道，下貫人倫，是薛瑄哲學的「大本大原」和道德本體，也是天人之理的歸結與人道百行的統攝。主體對天道的體認與彰顯均通過「明性」、「復性」、「盡性」完成與實現，因此對薛瑄而言，「性」比「理」更爲眞實，「識性」、「明性」比「窮理」、「明理」更爲根本。薛瑄即謂「蓋性即理也，故窮理即知性也」〔註299〕，因此其「格物致知」不僅要格事物之理，更「欲推極知識以識性也」〔註300〕，其甚至強調「格物只是格個性，吾於日用之間必體察之。何事是仁之發見，何事是義之發見。至於萬物，各具一理，萬理同出一原，是其貫通處也」〔註301〕。薛瑄也十分贊成朱子「知其性分之所固有，職分之所當爲，而各俛焉以盡其力」〔註302〕之論，認爲「千古聖賢之學，只是學此而已，捨此皆是俗學」〔註303〕，「『涵養須用敬』，存此性耳；『進學則在致知』，明此性耳」〔註304〕，通過格物窮理工夫「明性」、「知性」，識得人之爲人的本然之性和氣質私欲蒙蔽的氣質之性，進而「復性」、「盡性」，復返純善的「本然之性」和「天地之性」。

薛瑄認爲「人心所具之理，即天所賦之命。人能常存仁義禮智之性，即不口弗乎天之所命；或有一之未盡，即口弗乎天命而自絕於天矣」〔註305〕，而「道」、「德」、「誠」、「忠」、「恕」等由天道至人道領域諸重要範疇「其實不過一性」，「聖人相傳之道，『盡性』而已」〔註306〕，因此從天所賦、人所受來講，主體須全盡本然之性才能與天相通，才能成聖成賢。薛瑄曾指出「孔子言『生而知之』、『學而知之』。其『知』之字，皆指知性而言。故爲學之本，求『知其性之所有，全之』而已」〔註307〕，又謂「天賦我一性，苟不能全，是逆天也，可不懼哉！」〔註308〕，從而認爲「爲學只是要『知性』、『復性』

〔註299〕《薛瑄全集 讀書續錄卷三》，第1364頁。
〔註300〕《薛瑄全集 讀書續錄卷十一》，第1484頁。
〔註301〕《薛瑄全集 行實錄卷一》，第1622頁。
〔註302〕《四書章句集注 大學章句序》，第1頁。
〔註303〕《薛瑄全集 讀書續錄卷一》，第1299頁。
〔註304〕《薛瑄全集 讀書續錄卷六》，第1436頁。
〔註305〕《薛瑄全集 讀書續錄卷九》，第1463頁。
〔註306〕《薛瑄全集 讀書續錄卷十一》，第1480頁。
〔註307〕《薛瑄全集 讀書續錄卷十一》，第1481頁。
〔註308〕《薛瑄全集 讀書續錄卷六》，第1436頁。

而已」〔註309〕，而其所明、所識、所存、所養、所盡、所至者皆歸於一「性」。薛瑄認爲《大學》之道的境界最高處在「止於至善」，而「善即性」，因此「識性」即爲「明善」〔註310〕，「盡性」、「率性」可謂「至善」、「明德」。薛瑄指出「善即性也，言善則性在其中，言性則善在其中。善、性無二理也」〔註311〕，又言「『至善』即『明德』之極處，非明德之外別有一理爲至善也」〔註312〕。薛瑄又強調主體不僅要識性明善，更要誠身，如其謂「『明善』，是『格物』、『致知』、『知性』、『知天』之事；『誠身』，是『誠意』、『正心』、『養性』、『事天』、『修身』之事」〔註313〕，「『明善』，是明仁義禮智之性；『誠身』，是實性之善，無一毫之妄」〔註314〕。在識性、明善的基礎上，通過內外交修的踐履工夫，全盡天所賦予、人所固有的本然之性，進而成己成物，循理而爲，率性而行，如薛瑄所言：「『鳶飛戾天，魚躍于淵』，是鳶、魚率其性之道。父必慈，子必孝，君必仁，臣必敬，夫必義，婦必從，兄必友，弟必恭，以至語、默、動、靜，必合其則，萬事萬物之各循其理，是人物率其性之道。『活潑潑地』，於是可見」〔註315〕，「『性即理也』，循天理即率性也」〔註316〕，「率性而行，即孟子所謂『大智』也」〔註317〕。薛瑄又謂「循理即率性也。自一身之耳、目、口、鼻、手足、百體各順其則，以至人倫庶事各得其宜，皆循理也」〔註318〕，「只是循天理便有序而和，故仁者禮樂之本也」〔註319〕，「克己復禮爲仁，則盡性矣」〔註320〕。主體按照儒家道德規範立身行事，日用事爲、作止語默「必合其則」，萬事萬物「各循其理」，率性而爲，則與天爲一，如《大雅・旱麓》所言「鳶飛戾天，魚躍于淵」，「活潑潑地」，順適而自在。

「盡性」還包括「變化氣質」工夫，通過變化實然氣質之性，使實然人性與本然人性合一，進而呈現人性之應然。薛瑄吸收張載人性論，認爲天所

〔註309〕《薛瑄全集 讀書續錄卷二》，第 1334 頁。
〔註310〕《薛瑄全集 讀書續錄卷九》，第 1468 頁。
〔註311〕《薛瑄全集 讀書續錄卷九》，第 1464 頁。
〔註312〕《薛瑄全集 讀書續錄卷二》，第 1338 頁。
〔註313〕《薛瑄全集 讀書續錄卷八》，第 1460 頁。
〔註314〕同上。
〔註315〕《薛瑄全集 讀書續錄卷三》，第 1361 頁。
〔註316〕《薛瑄全集 讀書續錄卷三》，第 1366 頁。
〔註317〕《薛瑄全集 讀書續錄卷九》，第 1467 頁。
〔註318〕《薛瑄全集 讀書續錄卷一》，第 1295 頁。
〔註319〕《薛瑄全集 讀書錄卷十》，第 1267 頁。
〔註320〕《薛瑄全集 讀書續錄卷九》，第 1467 頁。

命於人的至善本性是人所固有的本質屬性，是人之道德行爲必然「不容已」
的根據，而爲私欲蒙蔽和氣質所拘的氣質之性表現爲實然之「不美」，因此主
體需從事復性踐履工夫以變化「氣質之性」，復返並彰顯「本然之性」。在對
人實然氣質的充分正視與重視上，薛瑄吸收張載變化氣質之說，將「變化氣
質」、爲善去惡的篤實踐履作爲復性工夫的重要內容，強調「爲學第一在變化
氣質，不然只是講說耳」〔註321〕，主張改變「不美之氣質」，擴充、彰顯人所
固有之善，使「理常發見流行」。薛瑄謂：

> 天以一理賦萬物，人得其全，物得其偏。……但物之氣質之
> 偏終爲所拘，不能通乎理之全，惟人能變化氣質，則有可通之理。
> 〔註322〕

又云：

> 氣強理弱，故昏明、善惡皆隨氣所爲，而理有不得制焉。至或
> 理有時而發見，隨復爲氣所掩，終不能長久開通。所謂爲學者，正
> 欲變化不美之氣質，使理常發見流行耳，然非加百倍之功，亦莫能
> 致也。〔註323〕

> 所以爲學者，只爲人固有之善或蔽於氣質物欲，有時而失，故
> 須學以復之，及其既復，則本分之外不加毫末。後人不知學其所固有，
> 而學文辭字畫之類，求工求奇，徒弊精神於無用，其失遠矣！〔註324〕

人生天地間，稟氣賦形，存本然善性和實然人性。人之固有之善受氣質物欲
隔蔽而無法呈現，純善之理亦無所發見。而萬物之中「惟人能變化氣質」、「通
乎理之全」，因此人應執守「本分」，做爲學踐履工夫，「學以復之」，變化「不
美之氣質」，復返固有之善性。當然，薛瑄也看到「氣質之拘最大，變化之功
極難」〔註325〕，但人既然異於禽獸並最能通達，就應保持人的本性、擔負「人
之所以爲人」的本性與責任，即人之「氣質之性」「無不可變之理」〔註326〕，
因此「不可畏其難而不加變化之功也」〔註327〕，「亦不可以爲難變而遂懈於用

〔註321〕《薛瑄全集 讀書錄卷九》，第 1242 頁。
〔註322〕《薛瑄全集 讀書錄卷九》，第 1252 頁。
〔註323〕《薛瑄全集 讀書錄卷五》，第 1153 頁。
〔註324〕《薛瑄全集 讀書錄卷六》，第 1171 頁。
〔註325〕《薛瑄全集 讀書續錄卷七》，第 1447 頁。
〔註326〕《薛瑄全集 讀書錄卷三》，第 1096 頁。
〔註327〕《薛瑄全集 讀書續錄卷七》，第 1447 頁。

力也」〔註328〕。在變化氣質工夫上，薛瑄強調「爲學能使理勝氣，則可以變化氣質之性，而反天地之性。若氣勝理，則不能矣」〔註329〕，「人能弘道，則氣強而理弱」〔註330〕，因而變化氣質的關鍵在於讀書爲學以明理，篤實力踐以盡性，在身心百體、灑掃應對、語默動靜、進退取予、天理人倫之間做切己工夫，使「理勝氣」，融會貫通，由下學人事而上達天理，由氣質之性復返本然之性，由人道返呈天道，與天爲一。

5.3.3 知行兩得

　　薛瑄對知行關係也進行了探討。朱子言「知、行相當相須，如目無足不行，足無目不見。論先後，知爲先；論輕重，行爲重」〔註331〕。薛瑄承朱子義，主張知先行後、知行兩得、不可偏廢。「格物」、「致知」所成就的是「知」，「窮理」、「盡性」所成就的是「行」，「識理」、「知性」、「明善」是「知」，「順理」、「盡性」、「爲善」是「行」。只有在明理的基礎上使事物之「理」與主體自家身心相合相契，挺立主體內在大本和「可依據之地」，並能順理、循理、對所明之理一一踐履過，方爲眞正的明理。主體也只有以明理爲前提，才能使日用踐履有所規約和收攝，使身心所發「出於理之正」，因此薛瑄指出：

> 非明則動無所之，非動則明無所用。知行不可偏廢也。〔註332〕
>
> 　但明其理而不求諸事，則所明之理虛而無用；但求諸事而不明其理，則所求之事未必皆出於理之正。必明其理而求諸事，求諸事而明其理，俾理在於事皆有的實，事合乎理而不違戾，斯理明事當，而知、行兩得矣。〔註333〕

爲人爲學須知行兩得、不可偏廢，既要明理，又須踐履，二者交修並進，不可偏廢，才能事理有所安頓，使事發爲正，此即「知行兩得」。這是薛瑄對知行關係的雙向觀照，其以知爲先，行爲後，亦以知爲輕，行爲重，恰如朱子所言「論先後，知爲先；論輕重，行爲重」。薛瑄認爲明理是內修外養、應事

〔註328〕《薛瑄全集　讀書錄卷八》，第 1229 頁。
〔註329〕《薛瑄全集　讀書續錄卷七》，第 1447 頁。
〔註330〕《薛瑄全集　讀書錄卷七》，第 1200 頁。
〔註331〕《朱子語類　卷九》，第 148 頁。
〔註332〕《薛瑄全集　讀書錄卷六》，第 1181 頁。
〔註333〕《薛瑄全集　讀書續錄卷二》，第 1325 頁。

接物、踐履體道的前提，如其言「做事只是求心安而已。然須理明，則知其可安者安之；理有未明，則以不當安者爲安矣」〔註334〕，只有理明，才能身心所發出於理之正。但徒然見得理明並非眞正的明理，亦非爲學目的所在，只有將所明之「理」時時下落與踐履，體貼向自家身心，才是眞知與眞行。如薛瑄強調：

> 一一見得理有下落，方爲眞見。〔註335〕

> 見得理明，須一一踐履過，則事與理相安而皆有著落處；若見理雖明而不一一踐履過，則理與事不相資，終無可依據之地。曾點所以流於「狂」也。〔註336〕

> 明理所以處事，徒明其理而不能處事，則所明之理爲無用矣。〔註337〕

又指出：

> 讀聖賢書，於凡切要之言，皆體貼到自己身心上，必欲實得而力踐之，乃有益。不然，書自書，我自我，雖盡讀聖賢書，終無益也。〔註338〕

> 人讀書，果能於聖人之言，句句皆體之身心而力行之，即是顏子「亦足以發」之意。〔註339〕

見理明須與踐履相攝，才能事理相安而有著落，否則「理與事不相資」，主體「終無可依據之地」。可見，薛瑄所言「明理」並非在客觀知識的增加，而是爲人立身處世和提升道德境界提供內在根據和生命智慧，因此其「知」與「行」之間乃是一體貫徹、雙向觀照的，並歸根到底在於對主體心性的明識與踐履，如薛瑄所言「聖人教人『博文』、『致知』、『格物』、『明善』，凡知之之功，皆明此心之性也；教人『約禮』、『誠意』、『正心』、『固執』，凡行之之功，皆踐此心之性也」〔註340〕。

具體而言，薛瑄認爲「知」既包括「明理」，又包括「知性」。天人一理，

〔註334〕《薛瑄全集 讀書錄卷六》，第1179頁。
〔註335〕《薛瑄全集 讀書錄卷四》，第1116頁。
〔註336〕《薛瑄全集 讀書錄卷四》，第1110頁。
〔註337〕《薛瑄全集 讀書續錄卷二》，第1325頁。
〔註338〕《薛瑄全集 讀書續錄卷十一》，第1480頁。
〔註339〕《薛瑄全集 讀書錄卷四》，第1126頁。
〔註340〕《薛瑄全集 讀書續錄卷六》，第1436頁。

天道之大化流行與生意無窮統攝人道之作止語默、發動運作。因此，通過「格物」、「致知」與「窮理」工夫，透徹萬事萬物「所以然」和「所當然」的共通形上根據，明識天命流行之萬善和天地萬物一體之仁，體察「理一分殊」、「天人一理」，明晰人之本然善性與實然氣質之性，從而確立心性大本和道德責任，爲立身行事和應事接物提供內在依據。因此，薛瑄指出「『物格知至』，是明得天理盡也」〔註 341〕，「『知至』處，即性之一源」〔註 342〕，「知至乃知性知天也」〔註 343〕，「『盡心』工夫，全在『知性』、『知天』上。蓋性即理，而天即理之所從出。人能知性、知天，則天下之理無不明，而此心之體無不貫；苟不知性、知天，則一理不通，而心即有礙，又何以極其廣大無窮之量乎？是以知盡心工夫，全在知性知天上」〔註 344〕。於是，物格知至，理明心正，透見天人一理、萬物一體、物我無間，明天理之自然、人性之本然和萬物之當然，透徹道德踐履乃主體「分所當爲」，從而「理明後見天地萬物，截然各安其分」〔註 345〕，「理明心正，即所見所行皆出於正」〔註 346〕，「理明則心定、萬事定」〔註 347〕，進而「明則在己之理欲判然，在人之邪正明白，處己處人，萬事皆得其當矣」〔註 348〕，「遇事迎刃而解」〔註 349〕，「異端邪誕妖妄之說不辨而自明矣」〔註 350〕。「知」之切要處亦可謂「知幾」，如其謂「知正之所在，而固守之弗去，爲知。如知父子之仁，君臣之義，長幼之禮之類，固守而弗去，則爲知矣」〔註 351〕，知正而固守弗去。反之，若不明理，則不能見天地萬物與人性之本體，也無法依天理而行事，如其所言「不明理者，冥行而已」〔註 352〕，「學不明理，所見皆淺末之事」〔註 353〕。而聖賢之言與常人之言的區別即在於能否眞正明理，其蘊味如《中庸》「莫不飲食，鮮能知

〔註 341〕《薛瑄全集　讀書續錄卷四》，第 1395 頁。
〔註 342〕《薛瑄全集　讀書續錄卷五》，第 1426 頁。
〔註 343〕《薛瑄全集　讀書續錄卷三》，第 1359 頁。
〔註 344〕《薛瑄全集　讀書錄卷一》，第 1030 頁。
〔註 345〕《薛瑄全集　讀書錄卷六》，第 1167 頁。
〔註 346〕《薛瑄全集　讀書續錄卷一》，第 1287 頁。
〔註 347〕《薛瑄全集　讀書錄卷六》，第 1168 頁。
〔註 348〕《薛瑄全集　讀書續錄卷五》，第 1411 頁。
〔註 349〕《薛瑄全集　讀書錄卷七》，第 1203 頁。
〔註 350〕《薛瑄全集　讀書續錄卷十一》，第 1481 頁。
〔註 351〕《薛瑄全集　讀書續錄卷八》，第 1457 頁。
〔註 352〕《薛瑄全集　讀書錄卷七》，第 1191 頁。
〔註 353〕《薛瑄全集　讀書續錄卷一》，第 1316 頁。

味」〔註354〕、《易傳》「日用而不知」〔註355〕之言，須在日用之間提斯警醒，明理正心，以免冥行妄爲，自絕天命。

關於「行」，是在「知」即「明理」基礎上對「理」的眞知篤信、切己反躬。薛瑄在整體哲學建構和個體生命中極爲重視「行」，即道德踐履，並將之作爲爲人爲學的重要組成部分。薛瑄認爲「明理」較易實現，但眞正切於己之身心並能「一一踐履過」者極少，其謂「理自不可泯。所遇稍有識者皆能言天理，但眞知而篤信者少矣」〔註356〕，但人之爲人的本質在於道德的踐履與境界的提升，因此眞知篤信、切己踐履爲至貴至愛者。爲此，薛瑄強調「窮神」、「知化」、「踐形」、「盡性」之知行工夫。其吸收張載「窮神」、「知化」之論，指出：

> 神者，天地之神，妙而不測，如天命之神明是也。有以窮之，則吾性之全體無非天地之志，亦猶孝子之善繼其志也。……知天地陰陽五行變化之道，體之吾身而有動靜五常之道，則所行者無非天地之事矣；通天地元亨利貞神明之德，體之吾心而有健順五常之性，則所存者無非天地之心矣。然神者，天地之本，化者，天地之用，必窮神而後知化也。〔註357〕

「窮神」、「知化」可以存天地之心、行天地之事，「踐形」、「盡性」可以使人復返本性、與天合一，此四者既是在天人觀照下的工夫，更是復返天地境界、通達萬物一體的途徑，如其所謂「『踐形』則能全天賦我之體，『盡性』則能全天賦我之理」〔註358〕。

由於知先行後、知輕行重，薛瑄特別提斯知行兼盡的「眞知」、「眞見」，主張在眞知基礎上「順理」、「循理」，篤實躬行。薛瑄指出，「天地萬事萬物，各有自然之條理，人之處事，惟順其條理而行，斯無難處之事矣」〔註359〕，「無適而非道，但當隨時隨處識得分明，行得切實耳」〔註360〕。因此，順理而行，身心澄定，自然發用，以至妙境，如其謂「順理則心悅豫，不順理則心

〔註354〕《四書章句集注 中庸章句》，第 19 頁。
〔註355〕《十三經注疏 周易正義 繫辭上》，第 78 頁。
〔註356〕《薛瑄全集 讀書路卷七》，第 1196 頁。
〔註357〕《薛瑄全集 讀書續錄卷一》，第 1295～1296 頁。
〔註358〕《薛瑄全集 讀書錄卷七》，第 1261 頁。
〔註359〕《薛瑄全集 讀書續錄卷五》，第 1423 頁。
〔註360〕《薛瑄全集 讀書續錄卷一》，第 1303 頁。

沮戚」〔註361〕，「隨處有天理，順天理皆可樂也」〔註362〕，「順理則泰然行之，無所窒礙。不順理則鑿矣」〔註363〕，「只順理而行，都無一事之勞擾」，「順理，心安身亦安矣」〔註364〕。不僅如此，薛瑄還強調：

> 人多以言語觀聖人，而不察其天理流行之實，故聖人無行而不示人者，皆天理流行之實也。天理只是仁、義、禮、知、信，散而為萬善，當於聖人作、止、語、默之間，一一默識其何事是仁，何事是義，何事是禮、知、信，無不了然於心而無疑，庶可以知聖人所以為聖人矣。〔註365〕

理解聖人之所以為聖人，不在其言辭本身，而應「察其天理流行之實」。「聖人無行而不示人」，以「行」為根本和天理流行之實，呈現於聖人一身百體、作止語默之間，是在日用常行間發見、呈現出來的獨特邏輯和觀照。因此，人應「於聖人作、止、語、默之間，一一默識其何事是仁，何事是義，何事是禮、知、信」，從聖賢的觀照意識和心體所發理解聖人之旨，並默識心通，生發為內在道德動力。依此可知天理之仁、義、禮、智、信散而為萬善，人之一身百體、發動運作亦應發顯為百行萬善，呈現於日用倫常間。因此，薛瑄指出「通天地萬物之理皆善也，人胡不為善？」〔註366〕，「人有萬善，纖毫動作不可輕也」〔註367〕。於是，主體應明瞭「慎言，謹行，是修己第一事」〔註368〕，「為善勿怠，去惡勿疑」〔註369〕，保持「為善之心，當念念不忘，不可有須臾之間也」〔註370〕，「每日就身心言行、應事接物處，緊緊體認仁、義、禮、智四者。體認得是，則行不錯」〔註371〕，皆可見知行兩得之旨。統體而言，薛瑄所言「知」是「行」的一部分，「行」也是「知」的一部分，須經主體向自家身心體貼、固守弗去並在作、止、語、默之日用常行間「一一

〔註361〕《薛瑄全集　讀書錄卷六》，第 1167 頁。
〔註362〕《薛瑄全集　讀書續錄卷三》，第 1386 頁。
〔註363〕《薛瑄全集　讀書錄卷六》，第 1167 頁。
〔註364〕《薛瑄全集　讀書續錄卷一》，第 1301 頁。
〔註365〕《薛瑄全集　讀書續錄卷二》，第 1350 頁。
〔註366〕《薛瑄全集　讀書續錄卷七》，第 1444 頁。
〔註367〕《薛瑄全集　讀書續錄卷四》，第 1404 頁。
〔註368〕《薛瑄全集　讀書錄卷七》，第 1213 頁。
〔註369〕《薛瑄全集　讀書錄卷七》，第 1199 頁。
〔註370〕《薛瑄全集　讀書續錄卷五》，第 1420 頁。
〔註371〕《薛瑄全集　從政名言卷之二》，第 1538 頁。

踐履過」,「踐履」則須以「知至」、「理明」爲前提,如此才能各安其當、悅豫泰然。此即薛瑄之知先行後、知行兩得與知行兼盡。

5.3.4 反躬踐履

薛瑄工夫論的突出特點是重下學、篤踐履,強調「不言而躬行,不露而潛修」〔註372〕。其透徹《論語》問答隨處指點之深意和儒家「罕言性與天道」之旨,認爲學問之道並不在於高深玄遠的義理建構,而在於在洞見道體與本然之性的前提下內在主體的挺立、個體生命的完善與日用倫常之踐履。因此,薛瑄尤爲強調主體的自覺承當,其謂:

> 經書所載,皆天地間事;天地間事,皆吾分內事。知天地間事皆吾分內事,則德盛而不矜,功大而不伐矣。〔註373〕

又云:

> 一命之士,苟存心於愛物必有所濟。蓋天下事莫非分所當爲,凡事苟可用力者無不盡心其間,則民之受惠者多矣。〔註374〕

「天地間事,皆吾分內事」,「天下事莫分所當爲」,道德踐履與主體境界的提升是「分所當爲」,是主體作爲人必須承當的責任和應然,必然而「不容已」。而要盡吾「分內事」,則須以切己身心之日用踐履爲根本。薛瑄曾屢次指出「古之聖人,不語人以未及」,「聖人雖教人不倦,亦未嘗輕以大本大原語人」〔註375〕,而實際上「孔子教人說下學處極多,說上達處極少,至宋諸老先生多將本源發以示人,亦時不得不然耳!」〔註376〕。正是在此意義上,薛瑄才屢言「自考亭以還,斯道已大明,無煩著作,直須躬行耳」〔註377〕,將宋儒本體化、宇宙化、形上化的學問方向扭轉回主體身心性命與日用踐履,歸宗孔孟儒學不離人倫日用之旨。因此,薛瑄哲學以切己反躬、篤實踐履爲要,認爲《小學》於灑掃應對、進退出處間所體現的循序漸進、切實可行的實踐工夫與途徑是「理」之眞實所在,主張通過《大學》格物致知的爲學次第和篤實的下學工夫,明識天人一理、萬物一體與性之本然,提升主體德性,實現孟

〔註372〕《薛瑄全集 讀書錄卷三》,第1095頁。
〔註373〕《薛瑄全集 讀書錄卷一》,第1038頁。
〔註374〕《薛瑄全集 讀書錄卷七》,第1212頁。
〔註375〕《薛瑄全集 讀書續錄卷二》,第1332頁。
〔註376〕《薛瑄全集 讀書錄卷五》,第1150頁。
〔註377〕《明史 卷二百八十二》,第7229頁。

子「大而化之」（《孟子・盡心下》）〔註378〕之境。以此爲統攝，薛瑄哲學義理與個體生命彰顯出鮮明的反躬踐履特質，薛瑄之學也被稱爲「篤實踐履之學」〔註379〕，其本人也以「實踐之儒」著稱於當朝及後世。

就其整體哲學建構上看，薛瑄在天人視域下，指出「元、亨、利、貞，天之四德；仁、義、禮、智，人之四德，天德流行而不息者，剛健而已。人雖有是德，而不能無間斷，由有私柔雜之也，故貴乎自強不息」〔註380〕，天德、天道流行不已與剛健不息，人亦「有是德」，但有「私柔雜之」，因此須「自強不息」，做「無間斷」的修養工夫，袪除私欲和氣質蔽障，以對「天理」、「天道」、「天德」、「天性」進行擴充與彰顯，這是人之「分所當爲」，必然而「不容已」。人之踐履工夫涵括天人，具體呈現在作、止、語、默、人倫日用之間，自一身而至萬物，自下學而通上達，事無大小，皆不可忽。薛瑄強調：

> 只於身心、口鼻、耳目、手足、動靜、應事接物、至近至小處看，太極尤分明，不必專論於千古之上，六合之外也。然近者、小者既盡，則遠者、大者可默識而以一貫之矣。〔註381〕

爲學貴自得，踐履在切己，在天人視域下自身心動靜、應事接物、至近至小之下學踐履篤實爲之，至圓熟融通，自然無僞，則能默識遠大，上達天理，一以貫之。

薛瑄的反躬踐履工夫包括兼乎動靜的持志養氣與面向生命的循序漸修。「養氣」即孟子所言「養吾浩然之氣」，挺立與擴充道德本心，使動、靜、語、默發而有節，無過無不及，兼內外存養之功。薛瑄釋孟子「持志」與「養氣」曰：

> 孟子言：「志至焉，氣次焉。故曰：『持其志，無暴其氣』。」既欲內持其志，又欲外無暴其氣，內外、本末交相培養，此養氣之法。下文又言：「我知言，我善養吾浩然之氣。」蓋「知言」者，「盡心」、「知性」、「格物」、「致知」之功，又在「持志」之先。理明則能「持志」、「集義」，而又「無（勿）忘，無（勿）助長」，則「浩然之氣」自生矣。曰「持其志，無暴其氣」，曰「知言」，曰「集義」，曰「無（勿）忘」，曰「無（勿）助長」，皆養氣之法，其序則先「知

〔註378〕　《孟子正義》，第 585 頁。
〔註379〕　《薛瑄全集　行實錄卷一》，第 1622 頁。
〔註380〕　《薛瑄全集　讀書錄卷一》，第 1018 頁。
〔註381〕　《薛瑄全集　讀書錄卷四》，第 1124 頁。

言」，而後能「持志」、「集義」，若「勿暴其氣」、「勿忘」、「勿助長」，
皆養氣之節制。〔註382〕

孟子言「浩然之氣」，「至大至剛」及言「知性」、「知天」，是
其論理氣處。〔註383〕

對於孟子「持其志，無暴其氣」、「我知言，我善養吾浩然之氣」，薛瑄認爲是
兼乎內外存養之功的，在以「格物」、「致知」、「盡心」、「知性」的「知言」
工夫明天理之本然的基礎上，以「光明正大」立心，以誠敬「持志」，挺立、
凝定內在道德主體性之大本，進而「集義」、「勿忘，勿助長」（《孟子‧公孫
丑上》）〔註384〕，養「浩然之氣」，使之充塞一身，生發爲充沛的道德動力源
泉，主宰一身百體，發而於外，通達天地。關於養「浩然之氣」的根據與結
果，薛瑄指出：

浩然之氣，即乾元之氣也。〔註385〕

養氣，則人之氣與天地之氣同其大；盡心，則人之性與天地之
性同其大。〔註386〕

此二句涵義頗深，「乾元之氣」是天地間至大至剛之氣，蘊涵巨大的統攝與生
發力量，「養氣」是主體對自身所稟氣質和一身百體的涵養、提斯與挺立，若
能充養我之「浩然之氣」，方剛正大，浩然無涯，則可超越小我之拘限，使「人
之氣與天地之氣同其大」，達到廣大無限的天地境界；「盡心」則是復返與彰
顯源於天理的本然之性，使「人之性與天地之性同其大」。前者是對形下自然
人性的擴充與超越，後者是對內在精神的充實與提升，充分展現出宋明儒高
揚主體的思想特徵。而儒家聖賢亦以兼乎內外、養氣持志、中和有節的存養
之功爲要，如薛瑄所見「凡聖賢論內外存養之功，皆『養浩然之氣』也」，「動、
靜、語、默皆有節，不使有太過者，皆『養浩然之氣』也」〔註387〕，浩然之
氣充塞、挺立、周流於身心，使人同於天地之廣大，因此「君子浩然之氣不
勝其大，小人自滿之氣不勝其小」〔註388〕。

〔註382〕《薛瑄全集 讀書續錄卷三》，第1360頁。
〔註383〕《薛瑄全集 讀書續錄卷十一》，第1484頁。
〔註384〕《孟子正義》，第120頁。
〔註385〕《薛瑄全集 讀書續錄卷八》，第1455頁。
〔註386〕《薛瑄全集 讀書續錄卷十一》，第1481頁。
〔註387〕《薛瑄全集 讀書續錄卷三》，第1373頁。
〔註388〕《薛瑄全集 讀書錄卷七》，第1198頁。

　　反躬以挺立自我，確立大本，踐履則使主體所洞察與透徹的「天人一理」與生意無窮髣顯、呈現於日用常行之生活現實中，這既是整個天道人性工夫建構的歸結，也是歷來儒家所最爲珍重處。薛瑄主張踐履循循有序，篤實切己，自淺近以及高遠，由下學而通上達，依萬事合當之「理」的規範與律則，在一身百體、作止語默、進退出處間用力，使一心所發、一身所動皆爲「仁、義、禮、智」之流行與呈現，體認分明，順適融通，從而可體人道之自然發用與天道之流行不息實爲一貫，「無縫隙」、「無間斷」，即見「天理、人事，精粗無二致，故下學人事，即所以上達天理也」〔註389〕。薛瑄指出「聖人之教，皆自近以漸及高遠，循循有序」〔註390〕，「聖人無行而不示人以至理。理即作、止、語、默之則也」〔註391〕，「三代之學，皆以明人倫也，外此便是世俗之學」〔註392〕，「聖人多教人以『下學人事』」〔註393〕，因此以「四書」爲學問之本，重視《大學》爲學次第，《小學》日用踐履和朱子循序漸進之法，並進一步將朱子的「下學」工夫突出、擴充、張大，強調「知上達天理由下學人事，則凡事不敢不謹」〔註394〕，「事事不放過，而皆欲合理，則積久而業廣矣」〔註395〕。薛瑄具體言「下學」與「上達」之內容曰：

　　　　盡事親之道而得其仁，盡事君之道而得其義，盡夫婦之道而得其知，盡事兄之道而得其禮，盡朋友之交而得其信，皆所謂「下學人事，上達天理」也。以至盡耳、目、口、鼻、手、足之道，而得聰、明、止、肅、恭、重之理，又皆所謂「下學人事，上達天理」也。〔註396〕

又謂：

　　　　日用間身心切要道理，只是仁、義、禮、智、之性，發而爲惻隱、羞惡、辭讓、是非之情，隨事隨處必體認得了了分明，方爲見道，而無行不著、習不察之患矣。〔註397〕

〔註389〕《薛瑄全集　讀書續錄卷七》，第 1444 頁。
〔註390〕《薛瑄全集　讀書續錄卷十一》，第 1486 頁。
〔註391〕《薛瑄全集　讀書續錄卷二》，第 1350 頁。
〔註392〕《薛瑄全集　讀書錄卷六》，第 1171 頁。
〔註393〕《薛瑄全集　讀書錄卷五》，第 1146 頁。
〔註394〕《薛瑄全集　讀書續錄卷三》，第 1378 頁。
〔註395〕《薛瑄全集　從政名言卷之一》，第 1537 頁。
〔註396〕《薛瑄全集　讀書錄卷八》，第 1228 頁。
〔註397〕《薛瑄全集　讀書錄卷七》，第 1188 頁。

「下學人事」是「上達天理」的基礎和前提，也是學問的根本。「下學人事」自耳、目、口、鼻一身百體之所發，至一身所接之君臣、父子、夫婦、兄弟、朋友之道，無不各循其道、各盡其理，使身心所發純爲「仁、義、禮、智」之本性、本心的流行發顯，各得其所，順適自在，從容中道。從而大小該貫、貫通圓熟的「下學人事」本身即是「天理」之流行，此所謂「下學人事，上達天理」，或謂日用見道，其要皆在「下學」，當下承當與朗現。

正因如此，主體應明「小學以事教人，理在其中，精粗本末無二致也」，「踐履盡《小學》之事，則天理爛熟，雖『大而化之』之聖，恐亦不外是」〔註398〕，從而日用倫常間「下學人事」須一依「理」、「義」，勤謹篤實，事無大小，「皆當揆之以義」〔註399〕、皆求合理」〔註400〕，求合於理，各安其當，不可怠疏。如薛瑄強調「一語、一默、一坐、一行，事無大小，皆不可苟，處之必盡其方」〔註401〕，「雖微細事不可苟，皆當處置合宜」〔註402〕，「舉止不可不愼其幾，一毫之差，悔不可追」〔註403〕，「作事切須謹愼仔細，最不可怠忽疏略」〔註404〕，「處事詳審安重」〔註405〕。此外，薛瑄又重孔子「見賢思齊，見不賢而內自省」（《論語・里仁》）〔註406〕之說，認爲「不獨見當時之人如此，以至讀古人之書，見古人之賢者皆『思齊』，見古人之不賢者皆『自省』，則進善去惡之功益廣矣」〔註407〕，將變化氣質、爲善去惡的工夫貫徹於身心日用百行之間，以盡心知性知天，實現儒家的道德理想和天地境界。

總體而言，在承繼儒家道統、救正明初學風流弊、倡明程朱理學實有眞義和孔孟儒學觀照之根本，爲人之道德生命與責任擔負提供內在超越之必然根據的問題意識下，薛瑄繼承宋儒天人視域，以天、道、理、性、心、命之天道人性建構，從天道之「所以然」確立人道之「所當然」，強調「復性踐履」、「直須躬行」與「實得力踐」，面向生命境界的提升和社會現實的承當。薛瑄

〔註398〕《薛瑄全集 讀書續錄卷五》，第 1427 頁。
〔註399〕《薛瑄全集 讀書錄卷五》，第 1146 頁。
〔註400〕《薛瑄全集 從政名言卷之一》，第 1534 頁。
〔註401〕同上。
〔註402〕《薛瑄全集 從政名言卷之二》，第 1538 頁。
〔註403〕《薛瑄全集 讀書續錄卷三》，第 1370 頁。
〔註404〕《薛瑄全集 從政名言卷之一》，第 1535 頁。
〔註405〕《薛瑄全集 從政名言卷之一》，第 1536 頁。
〔註406〕《論語正義》，第 83 頁。
〔註407〕《薛瑄全集 讀書續錄卷十二》，第 1491 頁。

主張「有本」之學，主張一方面持敬無欲、存心自得、涵養心性以確立爲人之大本，如其所言「『珠藏澤自媚，玉蘊山含輝。』此涵養之至要」〔註 408〕，「養深，則發於文辭者沛然矣」〔註 409〕，在未發已發處涵養內在心性至深以凝定、挺立道德本心，充養仁義禮智之德，體察天地萬物渾全之理和一體之仁，使人一身百體有所主宰與收攝，從而使人身心所發純爲當然之善，於天下之理與道「一以貫之」。另一方面讀書爲學，格物窮理，識理明善，並於一身所接、人倫日用、天地萬物間循理、順理、盡性、復性，在日用事爲、出處進退、處己接物之間做爲善去惡、無毫髮間斷的踐履工夫，彰顯人之本然善性，將「天理」流行之必然與「本然之性」之當然自覺而自然地發顯於個體生命之中和人倫日用之間。因此，在靜存動察、內修外養、敬義夾持的雙向觀照與對攝中，主體根據至善「天理」和「本然之性」使實然人性無限接近、全盡本然之性，使人身心所發皆出於仁、義、禮、智之善，從而成就人性之實然與應然，眞正在主體道德意義上實現「性與天通」、「天人合一」。這既是薛瑄工夫論的要旨，也是其整體哲學建構的根本與歸宗，決定著薛瑄之學與河東學派的恭肅氣象和篤實風貌。

需要指出的是，薛瑄於明初承繼程朱理學，固然不會也不可能直接拋棄宋儒建構起來的本體論和宇宙論觀照，亦不會完全消除「太極」、「理」在天道領域的形上超越性和對人道領域的統攝性。薛瑄在朱學嚮明代的發展中，保持了「太極」、「理」之本體的統攝與觀照，其心性論與工夫論也爲「性」之道德本體統攝與規約。因此，薛瑄保留了朱子「理」的本體意涵、凸顯「性」的道德本體義，使復性踐履之修養工夫有了本體的統攝與觀照，而本體也通過工夫踐履得到落實與彰顯，本體與工夫同時具在、一時呈現，可謂「即本體即工夫」。縱觀薛瑄所最爲重視的工夫論，無不強調澄心靜攝、凝定專一、涵養省察，亦無不貫徹於下學之事和日用倫常，同時又保有天道觀、宇宙論、本體論的統攝與觀照，以「仁」、「敬」、「誠」和「性體」爲支撐和統照。可見薛瑄之學並非如黃宗羲所言「未見性」。此外，薛瑄雖言「一氣流行，一本也」，也稱「爲學第一工夫，立心爲本」，但從其整個哲學體系建構來看，其並非氣本論和心本論，而仍爲「理本論」。但薛瑄在天道觀上已凸顯出不同於朱子的「理氣無縫隙」、「性氣相即」、「天人一理」、「一體無間」義，也更注

〔註 408〕《薛瑄全集　讀書錄卷七》，第 2205 頁。
〔註 409〕《薛瑄全集　讀書錄卷二》，第 1069 頁。

重實然之「氣」的聚散變化之實和主體之「心」的主宰與立本作用，從而更顯「即本體即工夫」之內外貫涉、知行兩得、一體無間的特質。

第6章　性天通：從人性之實然走向應然

　　儒家哲學可謂境界哲學和人生哲學，其對「天道」的描繪體貼與對人之「性」、「心」的透徹，均是「生命的學問」具體而真實的展開過程。對於薛瑄哲學，雖然我們需要對其學進行分辨解析方能揭示其義理規模與學問宗旨，並且薛瑄也在復性踐履、「直須躬行」的為學原則下成就了一代「實踐之儒」，開啟河東學派「悃愊無華」、力學篤行的學風，但薛瑄所透徹的生命境界則是一體渾融、物我無間、即本體即工夫的。其所言默識心通、反躬踐履、靜存動察，皆以體認「天」、「道」、「性」、「心」之一本萬殊、立體融貫的關係為前提，並以追求天人一理、萬物一體、「性與天通」的人格境界為最終歸向。在薛瑄哲學中，天生萬物「於穆不已」、「流行不息」之「仁」與「善」是人道運作與心性發顯的根據，從而主體須保養、全盡至善性體與虛明心體，變化不美之氣質，拋卻私欲壁障，摒棄有為之心，純任「天理」、「天道」、「天命」、「天性」之自然流行運作，使己之身心所發與天相通、合一無間。這一對主體人格境界和道德生命的無限提升與超越是歷代真儒的共同追求，而在此一過程中所獲得的妙境亦為儒家所慕求，如「曾點之志」、「孔顏樂處」及天人性命之微、萬物一體之仁的聖賢境界。薛瑄同樣如此，儘管限於「無煩著作，直須躬行」的學問態度而無意對「天」、「道」、「性」、「心」作系統精微的論述，但其讀書二錄中所體現出來的對心性的透徹和「心通」、「自得」之妙境隨處可見，其臨終「七十六年無一事，此心惟覺性天通」所達之境界，正顯其源於天道、歸於人性的宗旨，故其所見之「性天通」「定非欺人語」；

而其畢生清修篤學、反躬踐履之實，若非透悟見性，則不可能如此真切醇厚、篤實一貫。

6.1 曾點之志

曾點即曾皙，為孔子的早期弟子之一，心境超然，豪放灑脫，其所論人生志向頗為孔子讚賞，並為歷代真儒所追慕。《論語·先進》曰：

> 子路、曾皙、冉有、公西華侍坐。子曰：「以吾一日長乎爾，毋吾以也。居則曰『不吾知也！』如或知爾，則何以哉？」子路率爾對曰：「千乘之國，攝乎大國之間，加之以師旅，因之以飢饉；由也為之，比及三年，可使有勇，且知方也。」夫子哂之。「求！爾如何？」對曰：「方六七十，如五六十，求也為之，比及三年，可使足民。如其禮樂，以俟君子。」「赤！爾如何？」對曰：「非曰能之，願學焉。宗廟之事，如會同，端章甫，願為小相耳焉。」「點！爾何如？」鼓瑟希，鏗爾，捨瑟而作。對曰：「異乎三子者之撰。」子曰：「何傷乎？亦各言其志也。」曰：「暮春者，春服既成。冠者五六人，童子六七人，浴乎沂，風乎舞雩，詠而歸。」夫子喟然歎曰：「吾與點也。」〔註1〕

孔子探問四人之志，子路、冉有、公西華各言治國平天下之道，惟曾點言其志向為「暮春者，春服既成。冠者五六人，童子六七人，浴乎沂，風乎舞雩，詠而歸」。此非具體的治國平天下之術，而是一種人格境界的表達，實為儒家所最為重視的自在恬愉、萬物各順其性的至德氣象。孔子對其他弟子的雄霸偉略皆不贊同，唯獨稱讚曾點之志，甚至言「吾與點也」，可見孔子所愛所求者不在事功成就與修齊治平，而在於道德境界的完善、內在人格的挺立和踐履事為的通達，亦可見由孔子所開創的儒家道統最為核心的價值和目標是人之道德境界與道德生命的提升與完善。對於「曾點之志」的內涵、意旨和境界，歷代儒者多有認同與講論，尤為宋明儒所稱道。朱子即指出，「孔子之志，在於老者安之，朋友信之，少者懷之，使萬物莫不遂其性。曾點知之，故孔子喟然歎曰：『吾與點也』」〔註2〕，又詳論曰：

〔註1〕 《論語正義》，第252～257頁。
〔註2〕 同上。

　　　　曾點之學，蓋有以見夫人欲盡處，天理流行，隨處充滿，無少
　　欠闕。故其動靜之際，從容如此。而其言志，則不過即其所居之位，
　　樂其日用之常，初無舍己爲人之意。而其胸次悠然，直與天地萬物
　　上下同流，各得其所之妙，隱然自見於言外。視三子之規規於事爲
　　之末者，其氣象不侔矣，故夫子歎息而深許之。而門人記其本末獨
　　加詳焉，蓋亦有以識此矣。〔註3〕

「曾點之志」即「孔子之志」，二者相通相契，雖然曾子所描述的是「人欲盡
處」、此心純乎「天理流行」的湛然純粹之境界與狀態，但並非僅僅是個人修
養的至德境界，而是包括齊家、治國、平天下在內，並使「萬物莫不遂其性」
的超然純粹、順適自在、天道流行、仁德發用，是人所能夠達到和應當追求
的最高境界。薛瑄對於「曾點之志」亦深有體認，其指出：

　　　　聖人與曾點言志處全在言外。蓋曾點當春氣和煦之時，「浴乎
　　沂，風乎舞雩」。見夫天地上下同流不息，飛潛動植，萬物各得其所，
　　此時曾點之心即「對時育物」之心，乃聖人「物各付物」之妙。故曰：
　　「與聖人之志同，更是天地氣象。」此夫子所以「與點」也。〔註4〕

又謂：

　　　　曾點之「鼓瑟希，鏗爾，捨瑟而作。對曰：『異乎三子者之撰。』」
　　其中動靜從容者，此理也。「暮春者，春服既成，冠者五六人，童子
　　六七人，浴乎沂，風乎舞雩，詠而歸」者，亦此理也。是則「人欲
　　盡處，天理流行，隨處充滿，無少欠缺」，安往而不然哉！〔註5〕

　　　　「曾點言志」，便是太極、陰陽、五行、萬物流行「各得其所」
　　之妙。〔註6〕

　　　　「天何言哉」，「吾無隱乎爾」，與「曾點言志」之意，皆天理
　　流行之妙。〔註7〕

　　　　「曾點言志」，只是個「仁」字。〔註8〕

薛瑄認爲曾點言志因其「與聖人之志同」，故孔子稱「吾與點也」。聖人之意

〔註3〕　《四書章句集注　論語集注卷六先進　第十一》，第130頁。
〔註4〕　《薛瑄全集　讀書續錄卷一》，第1308頁。
〔註5〕　《薛瑄全集　讀書錄卷七》，第1213～1214頁。
〔註6〕　《薛瑄全集　讀書續錄卷二》，第1331頁。
〔註7〕　《薛瑄全集　讀書錄卷八》，第1233頁。
〔註8〕　《薛瑄全集　讀書錄卷四》，第1105頁。

與曾點之志皆在言外，實如朱子所言「人欲盡處、天理流行，隨處充滿，無少欠缺」的個體道德圓滿、灑脫超然和萬物各得其所、順適自在的天地氣象，更是天理下落於心性、主體對天理的完全落實與彰顯並同於大道流行不息之「仁」且「善」的完滿境界。此一境界如孟子所言「取之左右逢其原」（《孟子・離婁下》）〔註9〕、《中庸》所言「語大，天下莫能載；語小，天下莫能破」、「道也者，不可須臾離也」之意〔註10〕。若能體察與保有「曾點之志」，則主體自可靜存動察、內修外養、克盡己私、成己成物，亦自能「誠意、正心、修身、齊家、治國、平天下」，使此身心所發純爲「天理之自然」，萬物各得其所，無纖毫滯礙。

曾子亦言「夫子之道，忠恕而已矣」（《論語・里仁》）〔註11〕，以「忠恕」概括孔子大道之意蘊。薛瑄對曾子所言忠恕之道也深有所體。其謂：

> 「忠」如水之源，「恕」如水之流，一個忠做出百千個恕來，一個源流出百千道水來，即「忠恕而一貫」之旨明矣。自然體立用行者，聖人之忠恕也；盡己推己者，學者之忠恕也。曾子言「夫子之道，忠恕而已矣」，非謂學者盡己爲忠，推己爲恕也，姑借「忠」以明「一」之體，借「恕」以明「貫」之用。故知盡己推己其施無窮，則知一貫之理無不盡矣。〔註12〕

又云：

> 《中庸》之「忠恕」，乃學者盡己推己之正名，即程子所謂「動以人」也；《論語》之「忠恕」，乃聖人自然之忠恕，程子所謂「動以天」也。〔註13〕

薛瑄將「忠恕」分爲兩個層次，「自然體立用行」者爲「聖人之忠恕」，「盡己推己」者爲「學者之忠恕」，認爲曾子透過「盡己」、「推己」的字面涵義，從更根本的「體」、「用」層面以「忠」爲「源」、爲「體」，以「恕」爲「流」、爲「用」，突出內在道德本心和本性的挺立與外發之道德行爲之間「一以貫之」的關係。因此，學者需「盡己推己」，方能「體立用行」，進而「其施無窮」，「一貫之理無不盡」，這也是儒家對天人的體認和踐履工夫的深刻處。在深體

〔註9〕《孟子正義》，第330頁。
〔註10〕《薛瑄全集 讀書續錄卷二》，第1331頁。
〔註11〕《論語正義》，第82頁。
〔註12〕《薛瑄全集 讀書錄卷十》，第1259頁。
〔註13〕同上。

「曾點之志」的基礎上，薛瑄以曾子氣象與人格境界爲追求的重要向度，言「觀曾點之志，雖至小之事，不可妄爲。是何也？以道無不在也」〔註 14〕。因此薛瑄在學行上以「戰戰兢兢，如臨深淵，如履薄冰」的精神潛修自守、謹言愼行、復性進德、篤實踐履。在生命氣象上，薛瑄也頗有「曾點之狂」，如錢穆所言，「是敬軒之學，謹言愼行，惆惆無華，而其心慕想，乃在曾點之狂。讀書錄中，亦屢提及曾點。誦其詩，行役羈旅，江山花村，怡情悅性，有高蹈世外之致」〔註 15〕，此語可謂恰當，適顯薛瑄所慕求與達致的境界。

6.2 孔顏樂處

《論語・述而》中孔子自我表述爲「發憤忘食，樂以忘憂，不知老之將至」〔註 16〕，「飯蔬食飲水，曲肱而枕之，樂亦在其中矣。不義而富且貴，與我如浮雲」〔註 17〕。《論語・雍也》中孔子評價顏淵稱「賢哉，回也！一簞食，一瓢飲，在陋巷，人不堪其憂，回也不改其樂。賢哉，回也！」〔註 18〕此二段之意甚爲深刻，被儒者概括爲「孔顏樂處」。然孔子與顏回所樂之處究竟爲何，則爲歷代儒者所潛玩默體，各有所論，見仁見智。

周敦頤於《通書》中指出：「顏子『一簞食，一瓢飲，在陋巷，人不堪其憂，而不改其樂』。夫富貴，人所愛也。顏子不愛不求，而樂乎貧者，獨何心哉？天地間有至貴至愛可求，而異乎彼者，見其大、而忘其小焉爾。……見其大則心泰，心泰則無不足。無不足則富貴貧賤處之一也。處之一則能化而齊，故顏子亞聖。」〔註 19〕《宋史・道學傳》記載，周敦頤曾令受學於己的二程「尋孔、顏樂處，所樂何事」〔註 20〕，程顥也回憶說「昔受學於周茂叔，每令尋顏子仲尼樂處所樂何事」〔註 21〕，這作爲二程學問的重要入路，二程之學於是亦「由此而發源」，確立「慨然有求道之志」，甚至達到「吟風弄月」、「吾與點也」之境。程頤亦言「聖人之門，其徒三千，獨稱顏子爲好學。夫

〔註 14〕　《薛瑄全集　讀書續錄卷二》，第 1332 頁。
〔註 15〕　《中國學術思想史論叢》第七冊，第 25 頁。
〔註 16〕　《論語正義》，第 145 頁。
〔註 17〕　同上，第 143 頁。
〔註 18〕　同上，第 121 頁。
〔註 19〕　《周敦頤集　通書　顏子第二十三章》，第 33 頁。
〔註 20〕　〔元〕脫脫：《宋史　道學傳》，北京：中華書局，1997 年版，第 12712 頁。
〔註 21〕　《二程集　河南程氏遺書卷第二上》，第 16 頁。

《詩》、《書》、六藝，三千子非不習而通也，然則顏子所獨好者，何學也？學以至聖人之道也」。程頤還作《顏子所好何學論》專門論「孔顏樂處」，其從天地生人之「眞而靜」和涵具仁、義、禮、智、信之「未發之五性」出發，認爲「爲學之道」不過「正其心，養其性而已」，而顏子所好者，即是聖人「誠之」之道，亦即在道德本心的挺立之下，於日用常行、進退出處、切己身心之間遵循道德規範，並「造次必於是，顚沛必於是，出處語默必於是」，通過「求諸己」的爲學踐履而達致「不思而得，不勉而中」的聖人境界。從而可見，「孔顏樂處」是儒學「天人合一」之人生境界的最高表現，是主體通過道德修養工夫，與「人之所以爲人」的本性眞正合一，自此所得之樂是從主體內心深處自然而然生發出來，乃道德本心的自然呈露，如同天生萬物之「仁」，無一毫之私僞，純是本眞流露。儒學所孜孜以求、道統所延續不斷者，無非是此一人格與道德境界的全面實現。這一境界被周子視爲天地間「至貴至富可愛可求」者，爲二程、張載、朱子所追求，亦爲薛瑄所慕想。

薛瑄注重下學踐履，以實學見長，也深體並屢言「泰然之樂」、「聖人氣象」、「虛明廣大氣象」、「平旦虛明氣象」、「鳳凰翔於千仞之氣象」，贊成靜坐澄心的修養方法，重視虛心無欲和自得之樂，並在誠意正心、爲學修身、齊家爲政之踐履中以「曾點之志」、「孔顏樂處」爲追求。其體周、程、朱子論顏子如下：

> 周子曰「有至貴至富可愛可求」，朱子言「即周子之教程子，每令尋仲尼、顏子樂處。所樂何事？學者當熟思而深體之，不可但以言語解會而已。」愚按：朱子之言，引而不發。竊意天地間至貴至富可愛可求者，莫過於天命之性。能深知其理而實體之於身，則日用動靜之間莫非天理之流行，而無一毫私欲之雜撓，「仰不愧，俯不怍，心廣體胖，樂可知矣。」妄意如此，書之以俟來哲。〔註22〕

> 周子《顏子章》不言富貴爲何事，其下《師友章》言「天地間，至尊者道，至貴者德」。道、德即天命之性也，恐孔、顏之樂，亦不過全天命之性而已。〔註23〕

> 程子曰：「顏子簞瓢，在他人則憂，而顏子獨樂者，仁而已。」愚謂聖人之樂，不過全天命之性，仁即天命之性也。專言仁，則義、

〔註22〕 《薛瑄全集 讀書續錄卷七》，第 1401 頁。
〔註23〕 《薛瑄全集 讀書續錄卷四》，第 1402 頁。

　　禮、智皆在矣。〔註 24〕

薛瑄從「天命之性」理解「孔顏樂處」，認為「周子論『樂』，至矣！」〔註25〕，指出周、程、朱子所贊於顏子者即「天地間至貴至富可愛可求者」，實「莫過於天命之性」。若主體能夠依天理之則，在日用動靜之間克盡己私，全盡本來固有、純善無偽、涵具仁、義、禮、智四德的「天命之性」（本然之性），使身心所發純為「天理流行」之「仁」與「善」，則此一對「本然之性」與「天理」的全盡過程與境界本身即為「孔顏樂處」，即如其所言「孔顏之樂，其全盡天理者與？」〔註26〕。在此基礎上，薛瑄對「孔顏樂處」多有體認，指出「『仰不愧，俯不怍，心廣體胖』，人欲淨盡，天理渾全，則顏氏之樂誠可識哉」〔註27〕，「顏子簞瓢陋巷，不改其樂。使達而在上，則『有天下而不與矣』」〔註28〕，「孔子『自得』之樂深，故視不義之富貴輕也」〔註29〕。同時薛瑄也強調，只有切實體察與踐履顏子之學，才能真正體會「孔顏之樂」，其謂：

　　　　實嘗用力於顏子之學，則能知顏子之所樂。不然，但得其樂之
　　名而未知其樂之實也。譬之泰山，人皆知其高，然必親自其處，方
　　知其所以高。若聽人傳說泰山之高而未嘗親至其處，則亦臆想而已，
　　實未見其高之實也。〔註 30〕

由於孔顏所樂者是在對「天命之性」與「天理」全盡與呈露中所得之樂，因此只有「盡顏子之學」，即在變化氣質、切己踐履、復性體道、全盡天理的實踐中方能真切體證「孔顏樂處」。反之，「未能盡顏子之學，則不能知顏子之樂」〔註31〕。因此，薛瑄亦在畢生的反躬踐履中體證「孔顏樂處」，並多有透悟語，其謂「虛明廣大氣象，到人欲盡處自見，匪言所能喻也」〔註32〕，「廣大虛明氣象，無欲則見之」〔註33〕，「平旦虛明之氣象，有難以語人者，惟無

〔註 24〕　《薛瑄全集　讀書續錄卷五》，第 1417～1418 頁。
〔註 25〕　《薛瑄全集　讀書續錄卷五》，第 1415 頁。
〔註 26〕　《薛瑄全集　讀書續錄卷四》，第 1396 頁。
〔註 27〕　《薛瑄全集　讀書錄卷二》，第 1052 頁。
〔註 28〕　《薛瑄全集　讀書續錄卷十》，第 1472 頁。
〔註 29〕　《薛瑄全集　讀書續錄卷四》，第 1396 頁。
〔註 30〕　《薛瑄全集　讀書錄卷二》，第 1052 頁。
〔註 31〕　《薛瑄全集　讀書續錄卷七》，第 1450 頁。
〔註 32〕　《薛瑄全集　讀書錄卷六》，第 1168 頁。
〔註 33〕　《薛瑄全集　讀書錄卷三》，第 1089 頁。

妄者能識之」〔註34〕，「平且未與物接之時，虛明洞徹胸次超然」〔註35〕，「平
且虛明，氣象最可觀。使一日之間，常如平且之時，則心無不存矣」〔註36〕，
「才自有其能，便爲心累。如顏子雖簞瓢陋巷，不改其樂，在顏子之心，則
未嘗自以樂爲能也」〔註37〕，「仁、義、禮、智，天理也，樂天，即循天理而
樂也」〔註38〕，「聖人天理爛熟，自無不樂」〔註39〕。正因薛瑄以「曾點之志」
和「孔顏樂處」爲「天地間至貴至富可愛可求者」，並終生身體力行之，其弟
子贊其「穎悟類顏淵，篤實似曾子，高並乎孔子之門」〔註40〕，將薛瑄比擬
爲顏淵和曾子，謂其「高並乎孔子之門」。弟子之語雖不乏溢美之辭，但亦可
見薛瑄對「曾點之志」與「孔顏樂處」之理想境界的潛玩默體與篤實踐履。

6.3 聖賢境界

儒家聖賢與學者立言之意在「載道」，儒者言辭著述本身皆是對千古相傳
之儒家「道體」與「道統」的表述與呈露。在討論「天」、「人」、「心」、「性」、
「理」、「道」、「德」諸範疇和切己踐履的過程中，傳統儒者顯豁著儒家獨特
的實踐邏輯、鮮明的道德旨向和超越的人格理想，整體渾全，天人對攝，澄
澈周遍。因此，儒家學問可由體知與踐履得，無法由認知與解析得，從而讀
「載道」之書的過程本身即是「體道」，亦是涵養心性、澄定心體的道德實踐。
薛瑄即以繼承儒家道統爲己任，讀書潛修，寤寐聖賢，不盡從「求道」、「體
道」、「明道」和明澈「天命之性」、「天人一理」的視角理解儒學義理和聖賢
境界，而且也繼宋儒認爲儒家自三代至孔孟再至宋明諸子有著一脈相承的、
透徹人之「天命之性」與「本然之性」的道統，還對儒家道統譜系之人物品
評稱讚，包括孔子、孟子、顏淵、周敦頤、程顥、程頤、張載、朱熹、許衡
等人。如其所言：

> 太極乃至精至約之理，全之者賢，修之者聖。〔註41〕

〔註34〕《薛瑄全集 讀書錄卷二》，第 1063 頁。
〔註35〕同上。
〔註36〕同上。
〔註37〕《薛瑄全集 讀書錄卷七》，第 1208 頁。
〔註38〕《薛瑄全集 讀書續錄卷五》，第 1422 頁。
〔註39〕《薛瑄全集 讀書續錄卷四》，第 1403 頁。
〔註40〕《薛瑄全集 行實錄卷三》，第 1663 頁。
〔註41〕《薛瑄全集 讀書錄卷四》，第 1124 頁。

　　　　理者何？及天命之性具於聖人之心，率性之道由於聖人之身者
也。〔註42〕

　　　　人皆有此理，聖人與塗人同。聖人有耳、目、口、鼻之理，塗
人亦有耳、目、口、鼻之理；聖人有心、肝、脾、肺、腎之理，塗
人亦有心、肝、脾、肺、腎之理；聖人有君臣、父子、夫婦、長幼、
朋友之理，塗人亦有君臣、父子、夫婦、長幼、朋友之理。但聖人
稟得氣質清粹，故能全盡此理；眾人稟得氣質昏駁，有不能全盡耳。
〔註43〕

又謂：

　　　　蓋能得其（聖人）所以言，則於聖人之言「仁」，便知聖人身
上何者是仁；言「義」，便知聖人身上何者是義。以至聖人凡所言之
理，皆於聖人身上求其實，則天理流行之實有不待言而著者，可默
識矣。〔註44〕

薛瑄認為聖人與普通人「皆有此理」，有如孟子所言「心之所同然」者，而聖
人、賢人、君子、塗人的區別標準，亦即聖人之所以能成為聖人的標準，不
在富貴利達、壽夭貴賤，惟在於能否於一身百體、進退出處、人倫日用間從
事真正的「為己之學」、全盡本所固有、純然至善的「天命之性」。因而，薛
瑄認為人之生命的最高境界是「聖人」境界，聖人全盡本性與天理，毫私無
有、光明灑落，其所言所發、所慮所動皆為至善天理的自然呈露，如其言「聖
人之言，皆自天理中流出，所以為『載道之文』」〔註45〕，「聖人之大公至正
之道，開眼即見，萬世無弊」，「聖人之心，廓然大公，與化無累」〔註46〕，「聖
人之心，渾然至善，未嘗間斷，故不見其復」〔註47〕，「天地之化，一過而不
留；聖人之心，一應而無跡」〔註48〕。又如「聖人不怨天，不尤人，心地多
少灑落自在！常人才與人不合即尤人，才不得於天即怨天，其心分岐勞擾，
無一時之寧泰，與聖人之心何啻霄壤！」〔註49〕，「竊謂聖人之心，天理渾全，

〔註42〕　《薛瑄全集　讀書錄卷六》，第 1169 頁。
〔註43〕　《薛瑄全集　讀書錄卷七》，第 1209 頁。
〔註44〕　《薛瑄全集　讀書錄卷九》，第 1246 頁。
〔註45〕　《薛瑄全集　讀書續錄卷六》，第 1439 頁。
〔註46〕　《薛瑄全集　讀書錄卷五》，第 1143 頁。
〔註47〕　《薛瑄全集　讀書錄卷十》，第 1268 頁。
〔註48〕　《薛瑄全集　讀書錄卷五》，第 1142 頁。
〔註49〕　《薛瑄全集　讀書錄卷九》，第 1245 頁。

得其心，斯得其傳矣」〔註50〕。在薛瑄看來，聖人超越實然「氣質之性」，將人之「天命（本然）之性」和至善天理全然呈露與朗現，身心所發同於「天理」、「天道」之順適流行，此即人在道德意義上的完滿實現。因此，通過動靜、內外之修養工夫挺立主體內在道德本心實現人之「與天相同」的理想人格境界成為歷代真儒的共同追求，也是儒者展開理論言說的總體觀照，亦是薛瑄及整個儒家所追求的至境。在此觀照下，薛瑄重視內在性心和工夫踐履，強調主體須超越私欲蔽障，認為「人當大著眼目，則不為小小者所動，如極品之貴，舉俗之所歆重，殊不知自有天地以來，若彼者多矣，吾聞其人亦眾矣，是又足動吾念邪？惟仁義道德之君子，雖願為之執鞭可也」〔註51〕，以求得「天人萬物一體」、正大浩然之聖賢境界的充養與提升，可見其篤實真切的求道之志。

6.4 此心惟覺性天通

「天人合一」儒家的總體觀照視野。孟子言「盡其心者，知其性也。知其性，則知天矣」（《孟子·盡心上》）〔註52〕，明人之心性與天道相通。漢代董仲舒提出「天人之際合而為一」〔註53〕，北宋張載言「天人合一」〔註54〕，程顥謂「仁者，以天地萬物為一體」〔註55〕，程頤也指出「道未始有天人之別，但在天則為天道，在地則為地道，在人則為人道」〔註56〕，皆在闡明天人合一、天人一體之意蘊。同樣，「天人合一」也成為薛瑄哲學的大宇宙視野，其以「天人一理」為統攝，依天理流行之「所以然」構建人道運作之「所當然」，由「天」之「元、亨、利、貞」體證「性」涵「仁、義、禮、智」，並將天理所賦予人的「本然之性」作為貫通天人的樞紐和人倫道德的本體，主張通過靜存動察、敬義夾持、交修並進的復性踐履工夫實現「性天通」亦即「天人合一」的理想境界。因此無論是天道人性之哲學義理建構，還是切己反躬之生命踐履，薛瑄無不以「天人一理」、「天人合一」為觀照。薛瑄一生

〔註50〕 《薛瑄全集 讀書續錄卷十二》，第 1488 頁。
〔註51〕 《薛瑄全集 讀書錄卷六》，第 1166 頁。
〔註52〕 《孟子正義》，第 517 頁。
〔註53〕 《春秋繁露 卷十 深察名號》，文淵閣四庫全書本。
〔註54〕 《張載集 正蒙 乾稱篇》，第 65 頁。
〔註55〕 《二程集 河南程氏遺書卷第二上》，第 15 頁。
〔註56〕 《二程集 河南程氏遺書卷第二十二上》，第 282 頁。

清修篤學、精思力踐、講習授受，皆以天道流行生生不已之必然爲統攝，以
儒家倫理道德規範爲依據，以聖賢理想人格境界爲追求，因此德行卓著，學
問深厚，成爲影響有明一代甚巨的「醇儒」。薛瑄雖以篤實躬行和下學踐履爲
學問宗旨，所言多爲「下學」語，樸實無華，明白懇切，但並非無所透悟，
其所致力的下學踐履是在通達天人性命之理和天道人性本體的前提下進行
的，其踐履工夫由本體所統攝，亦是澄澈本原、統照天人基礎上的「天命之
性」、「本然之性」的自然流露與發顯。在讀書二錄中，薛瑄對天道人性、聖
賢境界的透悟與洞達之語隨處可見，如其謂「必『上達』乃有『天知』之妙」
〔註57〕，「學術不造乎高明正大，則所就之事業卑陋可知」〔註58〕，可見其所
明者在「高明正大」之「上達」，所重者爲「下學」，天人貫涉，內外無間。

　　在「天人一理」的視野下，薛瑄認爲天人萬物渾融相合、一體無間。其
謂「天地、陰陽、晝夜、四時、人物、男女、萬物、始終，皆眞易充滿乎六
合，貫徹乎古今也」〔註59〕，「元、亨、利、貞之命，充塞天地，流行古今，
無一毫之空隙，無一息之間斷，即『惟天之命，於穆不已』也」〔註60〕，「大
化滔滔，竟莫知所止」〔註61〕，「滿天地間皆『中庸』之理，人自不察」〔註
62〕。天人之理一體無間，因此「可以心悟，不可以目睹也」〔註63〕，也只有
通過內外踐履工夫才能「默識性與天道，內外合一，無處不有，無時不然」〔註
64〕，體證「性與天道，無內外，無限量，無止息」〔註65〕，「天下無二理，
古今無二道，聖人無二心」〔註66〕，明識「人雖各是一體，其實與天地萬物
渾融相合，無一毫之間」〔註67〕，「道理物我無間，天人一致」〔註68〕，「心、
性、天，一理也，其大無外」〔註69〕。因此，自天人整體視野而言，天之「元、

〔註57〕　《薛瑄全集　讀書錄卷九》，第 1245 頁。
〔註58〕　《薛瑄全集　讀書續錄卷二》，第 1334 頁。
〔註59〕　《薛瑄全集　讀書續錄卷一》，第 1300 頁。
〔註60〕　《薛瑄全集　讀書續錄卷五》，第 1421 頁。
〔註61〕　《薛瑄全集　讀書續錄卷一》，第 1323 頁。
〔註62〕　《薛瑄全集　讀書續錄卷七》，第 1450 頁。
〔註63〕　《薛瑄全集　讀書錄卷二》，第 1332 頁。
〔註64〕　《薛瑄全集　讀書續錄卷七》，第 1448 頁。
〔註65〕　《薛瑄全集　讀書續錄卷七》，第 1450 頁。
〔註66〕　《薛瑄全集　讀書錄卷六》，第 1173 頁。
〔註67〕　《薛瑄全集　讀書錄卷八》，第 1236 頁。
〔註68〕　《薛瑄全集　讀書續錄卷七》，第 1449 頁。
〔註69〕　《薛瑄全集　讀書續錄卷十》，第 1471 頁。

亨、利、貞」與人之「仁、義、禮、智」一理貫徹、一性貫涉。而「性」尤為天人貫通的樞紐和人之道德本體，規定主體依於天理和人性的要求，做日用踐履工夫，克盡己私，至大無我，通達「天人一致」、「內外合一」的境界。薛瑄強調「元、亨、利、貞、仁、義、禮、智八個字，無物不有，無時不然，充塞天地，貫徹古今，日用須臾不可離也」〔註70〕，而「紛華擾擾，浮雲之過目耳」〔註71〕，因此主體應盡性以貫天地之無私，如「仁與天地本無二理，惟無私貫之」〔註72〕，「無我，則內外合一，而與天為一矣」〔註73〕。

薛瑄切己體道的踐履工夫畢貫終生，而在其一生的自我反省與道德修養工夫中，對道體、天通境界和天人合一、天道流行之妙境的體悟與形容隨處可見。如：

> 薛子宴坐水亭，忽鬱然而雲興，渹然而雨集，泠然而風生，鏘然而蟲急，羽者飛，秀者植，童者侍，麟者適，群物雜然而聲其聲，形其色。薛子窈然深思，獨得其所以為是聲與色者而中心悅。〔註74〕

可見天理流行、物我一體之境。又如其謂「見枯樹則心不悅，見生榮之花木則愛之，亦可驗己意與物同也」〔註75〕，「偶見柳花悠揚高下，因悟造化流行、雍容自然之妙」〔註76〕，又記「往年在湖南，常行沅州北澗谷中，霧雨蒸濕，及登高山絕頂，則日光晴霽，俯視沅州城郭及眾山之低小者，雲氣浮繞，往來其間，駛如奔馬，開合萬變，是時必雨於其下矣。以是知雲氣最低，方雲合而雨之時，日在雲上，未嘗不光霽也」〔註77〕。可見在薛瑄看來，天理流行之「於穆不已」、天生萬物之藹然為善皆通過萬物順適自在的生長發育、流行運作呈現出來，因此主體通過對天地萬物的體認與窮通，可見天人合一之道、造化流行之妙、理氣周流之實和萬物一體之「仁」。又如其所記：

> 余往年在中州，嘗夢一人，儒衣冠，其色暗然，謂是朱文公。告余曰：「少嗜欲多明理。」明發，遂書其言於壁。一日，在湖南靖州讀《論語》，坐久假寐，既覺神氣清甚，心體浩然，若天地之廣大。

〔註70〕《薛瑄全集 讀書續錄卷六》，第 1439 頁。
〔註71〕《薛瑄全集 讀書錄卷七》，第 1198 頁。
〔註72〕《薛瑄全集 讀書續錄卷六》，第 1439 頁。
〔註73〕《薛瑄全集 讀書錄卷三》，第 1074 頁。
〔註74〕《薛瑄全集 讀書錄卷六》，第 1163 頁。
〔註75〕《薛瑄全集 讀書錄卷一》，第 1040 頁。
〔註76〕《薛瑄全集 讀書續錄卷二》，第 1329 頁。
〔註77〕《薛瑄全集 讀書錄卷十》，第 1259 頁。

忽思前語，蓋欲少則氣定，心清，理明，幾與天地同體，其妙難以

語人。〔註78〕

薛瑄日用間體察聖賢之旨、寤寐聖賢境界至誠至深，以至夢中相見朱子，更在天地自然中靜坐讀書、澄澈心體，達致「心體浩然，若天地之廣大」、「幾與天地同體」的妙境，此是天地萬物一體和天人合一之境，「其妙難以語人」，自得為甚。此外，由於儒學重在將天人一體充於內而發於外，因此將個體之人所體現出來的生命氣象視為主體所達致境界的某種呈現，並將宏偉的生命氣象和超然的人格境界作為追求的目標。薛瑄也認為，為人為學「第一要有渾厚包涵、從容廣大之氣象」〔註79〕，並品讀諸儒氣象曰「少陵詩曰：『水流心不競，雲在意俱遲』。從容自在，可以形容有道者之氣象」〔註80〕，「程子所謂『廓然而大公，物來而順應』，正周子『胸中灑落，如光風霽月』之氣象」〔註81〕。不同生命之「氣象」所反射的是主體對天人合一之理和古聖相傳之道的體認與內在挺立，如周子之「胸中灑落，如光風霽月」，張載之「雄偉剛毅」，朱子之「嚴肅恭重」，又如「從容有道」、「鳳凰翔於千仞」之氣象等，皆是儒家天人洞見與內在德性充養至深的外在發顯，是儒家為人為學的重要組成部分。

薛瑄晚年更是潛心性理，研究天人之奧，專意內在潛修與境界的提升。李賢即在《薛文清公神道碑》稱薛文清「晚年玩心高明，默契其妙，有不言而悟者矣」〔註82〕。《年譜》也記載，薛瑄七十一歲時「既返初服，玩心高明，研究天人之奧，闡發性命之微，著為《讀書續錄》」〔註83〕。到了天順三年，即薛瑄生命的最後一年，其臨終數語凸顯出濃重的生命意味。《年譜》記載曰：

先生七十六。在裏。夏六月十五日，先生卒。……是日忽檢舊書及《讀書二錄》、詩文諸集，束置案上，衣冠危坐，為詩曰：「土炕羊褥紙屏風，睡覺東窗日影紅。七十六年無一事，此心惟覺性天通。」通字之繞未竟，悠然而逝。〔註84〕

〔註78〕　《薛瑄全集　讀書錄卷一》，第 1028 頁。
〔註79〕　《薛瑄全集　從政名言卷之二》，第 1538 頁。
〔註80〕　《薛瑄全集　讀書錄卷六》，第 1162 頁。
〔註81〕　《薛瑄全集　讀書錄卷六》，第 1160 頁。
〔註82〕　《薛瑄全集　行實錄卷一》，第 1622 頁。
〔註83〕　《薛瑄全集　年譜》，第 1727 頁。
〔註84〕　《薛瑄全集　年譜》，第 1729 頁。關於薛瑄此臨終所作之詩，有兩種記載：一為「此心惟覺性天通」，一為「此心始覺性天通」。僅就黃宗羲明儒學案而言，兩種說法均有，《明儒學案　師說》中記載劉宗周的評價中引用的是「此心惟

此詩爲薛瑄臨終對自己生命踐履與道德境界的總結之論，其中的涵義所指爲古今學者所爭論，因此須於此處詳辨。宋代程顥曾有詩曰：

閒來無事不從容，睡覺東窗日已紅。萬物靜觀皆自得，四十佳興與人同。〔註85〕

又云：

百官萬物，金革百萬之眾，飲水曲肱，樂在其中。萬變皆在人，其實無一事。〔註86〕

明道二詩表達的是一種心體澄定、從容靜觀以應萬事的自得之境，有類於「曾點之志」和「孔顏樂處」。薛瑄臨終所作之詩應從明道之詩而來，不僅顯發明道從容灑落之境，更是表述自己七十六年的生命中潛心性命、寤寐聖賢並切己反躬、篤實踐履，以將心性之本然自然呈露與發顯於身心動靜、日用倫常間，並全盡己之「本然之性」、「天命之性」，通達於天理流行之善將「天人一理」、「萬物一體」的透徹在日用事爲間輻射、呈現出來，以此實現「性天通」的境界。薛瑄所謂「七十六年無一事，此心惟覺性天通」，並非眞的「無一事」，而是表明其哲學義理出於天道建構、落於人道現實、歸於性之本原的本旨。其通過畢生的精思力踐、內修外養與靜存動察，最終所澄汰、沉澱下來的惟有「性天通」之根本。薛瑄在天理流行中透見性體至善，認爲主體全盡「本然之性」方可成爲異於禽獸的有本之人，在道德意義上使人的生命獲得無限的伸展，從而成聖成賢。這是薛瑄所透見的儒家道統之核心，亦是薛瑄全部學問與生命踐履的根本。薛瑄曾言「大小道理，吾心悅而不能言，舉此以告人，人其信之乎？吾其誰告之？」〔註87〕，因此從不主張以高妙示人，亦不以著述爲要。如其臨終所言「此心惟覺性天通」之語，雖無人「可告」，乏人「可信」，但無掩其對儒家道體的透悟、道德踐履之篤實和生命境界的高明。

覺性天通」，而《河東學案》中黃宗羲引用的則是「此心始覺性天通」。齊魯書社《四庫全書存目叢書 史部》、《河津文史資料》（第6輯）、四庫本《敬軒集》及《薛文清公年譜》中均記爲「此心惟覺性天通」。雖一字之差，涵義相距甚遠，更深刻影響到當時及後人對薛瑄的定位和評價。而就薛瑄的整個生命歷程和爲學旨向來看，其始終在天人萬物一體、天人合一的視域中爲學與從政的，而且其學以「復性爲宗」，教人以復性爲先，因此臨終之言當以「此心惟覺性天通」爲確。

〔註85〕 《二程集 河南程氏文集卷第三 秋日偶成二首》，第482頁。
〔註86〕 《二程集 河南程氏遺書卷第六》，第83頁。
〔註87〕 《薛瑄全集 讀書錄卷四》，第1113頁。

第 7 章　薛瑄哲學與宋明諸學派

　　宋明理學家從不同的視角和切入點對天道人性進行透徹與把握，形成理學、關學、氣學、心學、實學等眾多學派，分別從不同的方向彰顯儒家的天人性命之學。而任何一位哲學家的思想都無法憑空產生，必然生發於前人所構建的思想土壤中，並在時代思想脈絡和學派交流互動中形成自己獨特的義理架構和生命氣象。薛瑄即以程朱理學爲宗，並經由朱子融合兩宋儒學，構建「理氣無縫隙」的天道觀，「至善性體」、「虛明心體」、「性氣相即」的人性論和「居敬窮理」、「反躬踐履」的復性工夫論。薛瑄繼承程朱「理」本論，並以「理氣無縫隙」凸顯思想重心的轉移，以重「氣」傾向開明代氣學先聲、促使明代關學中興，以重「性」、「心」之趨向影響明代心學，並以貫徹義理與生命、學行不二、澈表澈裏的「爲己之學」之實學旨向開啓明清實學之端緒。因此，薛瑄之學既與宋明諸學派存在著千絲萬縷的聯繫，又在宋明理學發展過程中發揮著承前啓後、開闢新境界的重要作用。

7.1 薛瑄與程朱理學

　　在明初程朱理學形式上獨尊、義理上僵化的思想背景下，薛瑄以承繼儒家道統、彰顯儒學生命踐履之觀照與面相爲己任，對程朱理學尤其是朱子理學作了主動的繼承與自覺的推進。因此薛瑄哲學總體以程朱理學爲致思框架，其天道觀、人性論與工夫論的哲學建構及其核心要旨和根本風貌皆以程朱理學爲綱維大脈，所作的義理出新亦未超出程朱理學的範圍，在此意義上確可謂「一本程朱」。薛瑄對二程、朱熹定位極高，在讀書二錄中對程朱的稱

讚比比皆是，如謂「古聖人之道，四書之理，湮晦千五百年，至程、朱始明」〔註1〕，「道學明而異論息，程、朱之功也」〔註2〕，表彰程朱揀擇四書、續「絕喪」道統之功，並感歎自己「生於程、朱之後者，何幸如之！以四書有成說，而大道明也」〔註3〕。從承繼和發揚儒家道統的角度，薛瑄將程朱比擬為孔孟，對程朱傳續儒家道統的作用做了極大的肯定。而在程朱之中，薛瑄又尤其推尊朱子，認為朱子「集群賢之大成」，勘定四書，接續儒家道統並使之昭然於萬世，其功堪比孔孟。如其指出：「堯、舜、禹、湯、文、武之道，非得孔子，後世莫知所尊；周、程、張子之道，非得朱子，後世莫知所統。孔子之後，有大功於道學者，朱子也」〔註4〕，「使堯、舜、禹、湯、文、武、周、孔、顏、曾、思、孟、周、程、張、朱之道昭然明於萬世，而異端邪說莫能雜者，朱子之功也。韓子謂『孟子之功不在禹下』。余亦謂朱子之功不在孟子下」〔註5〕。因此，薛瑄主張學者依朱子漸修之法，以四書為要，潛心體認力行，以自得於心，貫於修齊治平之道。如其謂「四書與朱子《集注》，萬世聖賢之書無過於此，為聖為賢，正心、修身、齊家、治國、平天下之道，無所不載，學貫天人而一之者也」〔註6〕，「《四書集注》、《章句》、《或問》，皆朱子萃群賢之言議而折衷以義理之權衡，至廣至大，至精至密，發揮先聖賢之心殆無餘蘊。學者但當依朱子『精思熟讀，循序漸進』之法，潛心體認而力行之，自有所得」〔註7〕。薛瑄亦依此規範與道路潛修踐履，並自陳「程朱之書，吾寤寐敬畏之不敢慢也」〔註8〕。更進一步，薛瑄認為儒家義理至程朱理學已臻於完善，理辨旨明，無需再執著於義理的建構，而應回歸孔孟儒學的原初宗旨──面向主體生命與實然世界，故謂「自考亭以還，斯道已大明，無煩著作，直須躬行耳」〔註9〕，這一評判態度決定了薛瑄哲學躬行踐履、偏重下學以及內向澄澈、專精性命之面相，也形成了薛瑄篤實嚴毅的為人風貌和光明俊偉的生命氣象，成就了一代「醇儒」和「實踐之儒」。但薛瑄並非簡單「此

〔註1〕　《薛瑄全集 讀書續錄卷五》，第1426頁。
〔註2〕　《薛瑄全集 讀書錄卷六》，第1168頁。
〔註3〕　《薛瑄全集 讀書續錄卷八》，第1455頁。
〔註4〕　《薛瑄全集 讀書續錄卷五》，第1426頁。
〔註5〕　《薛瑄全集 讀書錄卷九》，第1251頁。
〔註6〕　《薛瑄全集 讀書續錄卷三》，第1367頁。
〔註7〕　《薛瑄全集 讀書錄卷一》，第1025～1026頁。
〔註8〕　《薛瑄全集 讀書續錄卷九》，第1465頁。
〔註9〕　《明史 卷二百八十二 儒林傳》，第7229頁。

亦一述朱」，亦非「無所透悟」的「直須躬行」，而是超越俗儒蔽障，以求道爲要，自覺體認與顯發程朱理學本旨，並在不失超越意識的前提下將學問重心更加轉向現實人生與道德踐履，顯豁朱子理學在「天道」、「天理」統攝下以「人道」踐履爲實的眞實意義，並將「天人一理」的通悟在日用下學踐履中呈現出來，從而在朱子歿後沉悶凋敝的學術氛圍和思想環境中，繼曹端之後，使程朱理學在義理和文化信仰層面振興於明初北方，對明代理學有開風氣、樹典範的作用，故被清人譽爲「明初理學之冠」，亦成爲明代從祀孔廟第一人。

薛瑄對程朱理學尤其是朱子理學既有自覺的繼承，又有愼重的修正與推進。朱子集兩宋理學之大成，以「太極」與「陰陽」、「理」與「氣」爲基本框架構築「致廣大，盡精微，綜羅百代」的理學體系，對宋元明時代的個體生命與社會面貌影響深巨。薛瑄與程朱理學內在相契，因此自覺繼承程朱理學，體認並顯發程朱理學本義，亦結合明初時代要求和自身問題意識在天道觀、人性論與工夫論等方面對程朱理學進行推進。在天道觀上，薛瑄繼承朱子對理氣關係的重視及對「理」之本體義的凸顯，較其他明初諸儒更爲細緻地分辨理氣關係問題，認爲「太極」是「至極之理」，「理」是「天地萬物之極至處」，是事物成爲其自身並如此運作的形上根據，從而保留了朱子「太極」、「理」之形上本體義和對天地萬物的統攝地位。但與朱子重視「理」的絕對形上性及「理」、「氣」的形上形下判分不同，薛瑄明確反對朱子「理先氣後」之說，並賦予朱子寂然不動之「太極」以「能爲動靜」和「初無精粗本末之間」的屬性，並在論證理氣先後、理氣聚散、理一分殊等問題的過程中，無處不強調「理」與「氣」之「無縫隙」、「無先後」、「無間斷」的關係，著重以「理一分殊」闡釋天地萬物一理統攝、萬理分殊之「一而二、二而一」的關係。儘管薛瑄仍有限度地保留了「理」對「氣」的邏輯先在性，但已更多地在天地萬物「脈絡條理合當如此者」之與實然萬物不相離的意義上言「理」，在一定程度上消解「理」的本體意涵，並更爲突出「一氣流行，一本也」的實然之氣的地位。因而，薛瑄本於程朱理學，卻在理氣關係這一根本問題上愼重地對朱子進行質疑，凸顯其面臨時代環境所作的問題意識、思想重心與學問風格的轉換，由宋代「理本氣末」、「理先氣後」轉嚮明代理氣「無縫隙」、「無先後」、「無間斷」，將觀照的視野從宇宙本體論轉向實然宇宙論和內在心性論，開啓了程朱理學由宋代嚮明代進行學術轉換的先聲。後來的羅

欽順、王廷相等人則沿著薛瑄所開啓的方向，進一步將形上本體之「理」下落於實然之氣，進而全然從實然宇宙論層面論理氣關係，使程朱理學在明代學術視野與觀照中轉換成爲明代「氣學」。

在人性論上，薛瑄繼承程朱、融合張載，彰顯先秦孔孟人性論之本旨。北宋張載在「氣本論」建構中始將人性雙重立體劃分爲「天地之性」和「氣質之性」，程朱尤其是朱子融合北宋人性論，並在「理本論」的架構中將張載人性論轉成「天命之性」（本然之性）和「氣質之性」，主張「性即理」。對此，薛瑄指出「孟子言性善，擴前聖之未發。程子『性即理也』與張子皆論『氣質之性』，又擴孟子之未發。至朱子，會萃張、朱程之論性至矣」〔註10〕，從而經由程朱融合兩宋尤其是張載人性論，並融會先秦孔孟人性論本旨。薛瑄一方面繼承程朱「性即理也」之論，將人性劃分爲至善天理之在人投射、涵具「仁、義、禮、智」四德的「天命之性」（本然之性）和爲氣質私欲蒙蔽的「氣質之性」，用以解釋人性善惡，並爲人的道德踐履提供來自天道的必然依據。另一方面，薛瑄繼承了朱子對「心」的界定，認爲「心」是「氣之靈而理之樞」，具有知覺思慮、作爲運用、主宰身心、統照天人的質性與作用，既是主體知性、復性、與天爲一的主宰，亦是儒家全部工夫與境界得以實現的關鍵載體。薛瑄人性論以程朱爲宗的同時，也凸顯自身重「性」之獨特傾向，其認爲「性」括盡天地萬物、天下萬理，是統攝人道的本體、貫通天人的樞紐和「學問大本大原」。在此前提下，薛瑄認爲，以涵具「仁、義、禮、智」之「性」爲統攝和根據，主體通過踐履工夫力使「心」之發動有所收攝、中和無偏，對天人一理、萬物一體進行觀照、體貼與彰顯，使身心所發與天理流行一貫無間。這是薛瑄此「性」爲重心的天人觀照意識，較朱子更爲鮮明。

在工夫論上，薛瑄重視朱子《四書》爲學淺深次第和循序漸修之法，主張居敬窮理、靜存動察。薛瑄指出，「朱子注四書，明聖賢之道，正欲學者務『爲己之學』。後世皆藉此以爲進身之階梯，夫豈朱子注書之初意哉？」〔註11〕，因此注重踐履工夫和求道宗旨。薛瑄主張以「居敬」工夫靜定心性、澄澈心體以確立大本，以「格物窮理」窮通天人一理、萬物一體，並此一識見落實於內外交修、靜存動察、知行兩得、反躬踐履的道德實踐，以全盡本性，與天爲一。薛瑄強調，儒者工夫不在高妙外求，而全在自得爲己，人之一身

〔註10〕《薛瑄全集 讀書續錄卷七》，第 1444 頁。
〔註11〕《薛瑄全集 讀書錄卷八》，第 1226 頁。

百體依本然善性在人倫日用間的自然發用即是對天理流行的一以貫之，在此切己踐履過程中即可融通圓熟，豁然有覺，見「天地萬物爲一體」。因此，薛瑄愈加將工夫收攝入主體自身，以更加明澈篤實的「爲己之學」顯發朱子初意，凸顯自身的問題意識與觀照重心。薛瑄本人也更以篤實厚樸、切己反躬的生命踐履保持對儒家超越的天道和內在道德主體性的挺立與實踐，充實自我生命，提升主體境界，貫徹學行一致、澈表澈裏的學問主旨，將學問義理與自我生命融貫爲一體，以醇正的「爲己之學」重現程朱理學之初意與本旨，並在生命氣象上既有朱子與小程之剛毅嚴肅，又具大程光明灑落之風，「方剛正大」、「光明峻潔」，以一代「眞儒」、「醇儒」、「實踐之儒」對程朱理學進行了新的詮釋與呈現。

7.2 薛瑄與宋明關學

　　古山西河津地區與陝西關中「一葦可航」，同屬北方地域，千百年來涵育著世世代代儒家學者，並在長期的發展與傳承中形成了質樸厚重、篤實踐履的學風和嚴毅方剛的生命氣象。薛瑄及其所創立的河東學派與張載關學不僅地域相鄰，而且在學問脈絡、哲學義理、學問風格及生命氣象上頗有相契之處。薛瑄作爲明初北方理學的重要代表，一方面在義理和學風上受到北宋張載關學的影響，另一方面通過講學授徒和躬行踐履之實促使關學在明代的中興，在關學發展脈絡中發揮著重要作用。

　　薛瑄對張載關學的吸收體現在學風氣象與哲學義理兩方面。關學地處北方關中地區，如陳俊民先生所指出的，關學以「躬行禮教」爲本，關學學者則「普遍走的是『艱苦力學，無師而成』的學術道路」，「具有遍覽群書，不守門戶，善於吸收各家之長，能夠掌握各門科學知識」的學派特徵〔註 12〕。與關中「一葦可航」的河津薛瑄，在共同地域與風土的涵養下，受到同爲北方之學的北宋張載關學的影響。薛瑄所著《讀書錄》與《讀書續錄》在很大程度上就是精思體驗張載之學而得，形式上亦仿張子《正蒙》而作。薛瑄在二錄序言中更明確表示因受張子「心中有所開，即便箚記，不思還塞之矣」的啓發，從而「讀書至心有所開處，隨即錄之，蓋以備不思還塞之也」。黃宗

〔註12〕陳俊民：《張載哲學思想及關學學派》，北京：人民出版社，1986 年版，第 29
　　　頁。

義甚至指出薛瑄「所著《讀書錄》大概爲《太極圖說》、《西銘》、《正蒙》之義疏」〔註13〕。薛瑄弟子鄧維新也在《重刻讀書錄序》中稱「先生博宗墳典，究極要領，嘗慕橫渠之爲學，精思不捨晝夜，驗之於心，體之於身，有得則筆之於紙。日積月累，以就此編。其言近，其指遠，其論事核而有中，其教人約而有序。誠療饑之菽粟，伐病之藥石也」〔註14〕，後學田賦亦稱「文清公平生讀書，以誠敬爲主，本以關、閩諸子爲法繩，以古聖賢爲歸宿」〔註15〕，足見薛瑄與張載關學的密切關係。在學風上，薛瑄吸收了張載關學「躬行禮教」之風，明理眞切，踐履篤實，出處進退、語默動靜皆「揆之以義」，將所依憑的天地境界和秉持的道德理想落實於一身百體、日用常行之間，爲人光明俊偉、方剛正大，氣象上尤顯剛毅嚴肅、超然豪邁。這些都與張載的「苦心極力之象」和關學「以躬行禮教爲本」、「崇尙氣節」之風甚爲相契。

在哲學義理上，薛瑄受到張載氣本氣化論、雙重立體人性論和變化氣質工夫論的影響。北宋張載在天人視域中以「稽天窮地之思」和「苦心極力之象」賦予儒家道德本體和道德實踐以廣大、宏闊的天人宇宙背景，凸顯初創關學氣象之博大與理論之艱深〔註16〕。張載之學又以關學學派的形式播揚於世，雖於南宋至元代逐漸隱沒，但其在宋明理學中的重大價值與影響不會被掩沒。明初薛瑄在其面向生命踐履的問題意識和觀照視野下，經由朱子而融會北宋諸儒，不能不對張載關學義理有所吸收與融會。在天道觀上，薛瑄以「太極」與「陰陽」、「理」與「氣」爲天人總體架構，對「氣」之聚散變化表示了較多的關注，吸收張載氣本氣化論，重視「一氣流行，一本也」和「純是氣化」之實然一面，以凸顯天地萬物聚散變化及精粗美惡之差異。薛瑄自無極太極之初以至天地萬物之生成變化，及至人之身心性命，無處不強調「理氣無間」、「不相離」。薛瑄如此重「氣」，已明顯不同於朱子以「理」爲絕對形上本體的理論重心。在人性論上，薛瑄經由朱子而涵攝張載。張載透徹人性之本然與實然，將「太虛本體」落實於人的清澈純一的本性作爲本然「天地之性」，「太虛之氣」聚散變化形成有形萬物所具之實然「氣質之性」，氣稟有偏全清濁之異，故人有「才與不才」、「肖與不肖」之別，因此須「變化氣

〔註13〕 《明儒學案 河東學案上》，第 111 頁。
〔註14〕 《薛瑄全集 行實錄卷四》，第 1671 頁。
〔註15〕 《薛瑄全集 讀書錄讀書續錄附錄一》，第 1496 頁。
〔註16〕 參見丁爲祥：《張載研究的視角與方法》，《陝西師範大學學報（哲學社會科學版）》，2000 年第 2 期。

質」以復返「天地之性」。程朱則在「理」本論下區分「天理」、「天命」所賦於人的「天命（本然）之性」和受氣質私欲隔蔽的「氣質之性」，因此程朱工夫指向既包括變化氣質，又須「去蔽」以復返「天理」，且以後者爲重。薛瑄人性論主要承自朱子，亦經由朱子而向張載人性論延伸，採用張載氣稟說解釋人性善惡，強調「爲學第一在變化氣質」〔註17〕，重心之存養與性之復明，並以「復性」爲全部工夫的總攝，頗顯張載「性者萬物之一源」和程朱「性即理」之意。在工夫論和境界論上，薛瑄也吸收了張載《西銘》所蘊涵的「萬物一體」、「民胞物與」、仁道流行的思想，指出「天地萬物，分明一體」〔註18〕，並將張載的天地境界和爲仁宏旨融入自己的哲學體系和修養工夫，作爲爲學與踐履的重要觀照。總之，朱子「理本論」與張載「氣本論」作爲薛瑄哲學中互動的兩種力量，使其學形成「理氣無縫隙」和氣本氣化之天道觀以、性體心本的心性論和居敬窮理、靜存動察的工夫論。在對程朱、張載的繼承與吸收中，薛瑄逐漸消解「理」的本體論向度，提升「氣」之實然面相，既凸顯了問題意識和理論重心的轉換，又形成了復性踐履、切己體道、篤實厚樸的工夫與學風。

　　關學自張載卒後歸於沈寂，至明初薛瑄始將張載關學與自己學脈融合，發明躬行踐履之學，講學授徒於河東地區，弟子遍及山西、河南、關隴等地，形成明代北方第一個學派即河東學派，以鮮明篤實的學風和講學相傳之傳承深刻影響著明代理學。薛瑄的設教授徒活動開啓了明代講學之風，河東學派弟子及後學也通過講學交遊活動傳揚河東之學，尤其屢與關中學子往來授受、互相發明、講論切磋。這一過程既促進河東學派與明代關中之學的互動與融合，也在很大程度上影響了明代關學的復蘇及中興。劉宗周即指出「關中之學，皆自河東派來，而一變至道」〔註19〕，黃宗羲亦言「關學大概宗薛氏」〔註20〕，《四庫全書總目》亦稱「明世關西講學，其初皆本於薛瑄」〔註21〕。現代學者陳時龍也指出「明代關中講學興起的淵源，必須追溯到山西河津縣的薛瑄」〔註22〕。我們可從河東與關中的講學交流中進行考察。河東學

〔註17〕《薛瑄全集　讀書錄卷九》，第 1242 頁。
〔註18〕《薛瑄全集　讀書續錄卷四》，第 1389 頁。
〔註19〕《明儒學案　師說》，第 4 頁。
〔註20〕《明儒學案　三原學案》，第 158 頁。
〔註21〕《四庫全書總目提要　卷六十三》，1965 年影印本。
〔註22〕陳時龍：《明代關中地區的講學活動》（上），台灣政治大學歷史學報，2007年第 27 期，第 218 頁。

派弟子主要來自甘肅、陝西、河南等地，尤以山西河津和陝西韓城爲最。薛瑄最著名的陝西門人有張鼎、張傑、王盛等人，並主要通過嫡傳張傑、私淑段堅影響關中理學〔註23〕。張傑從師薛瑄，「以講學爲事」，「用五經教授，名重一時」，並「與嵐皋段先生堅、趙侍御英、河東李學博昶、秦州周布衣蕙相與論學，而段（堅）尤稱契厚」〔註24〕。段堅通過鳳翔張傑、河南閻禹錫和西安李昶得薛瑄學問大要宗旨，程嗣章謂「（段堅）學於禹錫以溯薛氏之旨」〔註25〕，沈佳亦謂「（段堅）得閻禹錫、白良輔以溯文清之旨」〔註26〕，並私淑薛瑄。段堅師友山丹衛周蕙，從而周蕙經由段堅而得薛瑄之學，並在遊學西安府時，培養關中弟子李錦、薛敬之，繼而作爲薛瑄三傳弟子的薛敬之傳河東之學於呂柟，至呂柟而形成明代關學的高峰。呂柟之學所體現的義理與學風，亦可謂關學與河東之學的學風與思想之共性的融合與彰顯。清初學者李顒曾指出：「先生（周蕙）崛起行伍之間，闡洛閩絕詣。……思庵薛子不遠千里從之學，……爲一時醇儒。其後呂文簡又問道於薛，以集關中大成。淵源所自，皆先生發之，有功於關學甚偉。」〔註27〕可見薛瑄所開創的河東學派對明代關學之傳承與脈絡影響。

　　需要指出的是，河東之學與明代關學確存在著義理、學風與旨趣上的密切聯繫，呂柟等人也在體仁踐履方面突出顯揚了關學「躬行禮教爲本」的宗旨。因此，雖然明代關學復蘇於明代北方理學走向實然宇宙論、消解形上本體建構的整體氛圍中，並經由薛瑄河東之學而轉承張載，致其所成就的規模與氣象無法與北宋張載初創之時相比，導致黃宗羲將三原學派視爲「關學別派」而非正牌關學，但明代關學所呈現出的「躬行禮教」之篤實踐履風貌，則是極爲深厚而特出的，貫徹著北方儒學篤實厚重的一貫學風與氣象。

7.3 薛瑄與明代氣學

　　程朱理學在回應佛道、重塑儒學形上義理的問題意識下，在天人架構中突出顯發「理」的本體意涵和客觀面相，立體撐開並判分形上形下兩界，對

〔註23〕　同上，第 219 頁。
〔註24〕　〔明〕辛全：《理學名臣錄 卷二》，理學備考本。
〔註25〕　〔清〕程嗣章：《明儒講學考》，北京圖書館分館藏清道光四年刻本。
〔註26〕　〔清〕沈佳：《明儒言行錄 卷二》，文淵閣四庫全書本。
〔註27〕　〔清〕張驥：《關學宗傳 第十卷 周小泉先生（附錄）》，陝西教育圖書社 1921年排印本。

儒家形上義理的凸顯作出了重要的貢獻。但其經由元代和明代前期的繼承與發展，逐漸轉向專注實然宇宙的明代「氣學」，其中的原因頗耐人尋味，並應從明初理學中探尋其發展和轉變的蹤跡。明初程朱理學代表薛瑄的思想軌跡可為理解宋明理學的轉向提供個案，而這一軌跡主要表現在理氣關係上。

　　理氣關係是程朱理學的核心範疇，「理先氣後」、「理本氣末」可謂程朱理學尤其是朱子理學的理論基石。但由於時代環境與問題意識的轉變，朱子以後的程朱學派無須再以佛道精微義理為參照而構建博大精微的形上體系，從而將關注的重心轉向個體道德的提升和人道現實的完善，因而在理氣關係問題的認識上發生了轉變。明初曹端對朱子「太極不自會動靜，乘陰陽之動靜而動靜耳」的說法提出異議，認為如此則「理為死理，而不足以為萬化之原」〔註28〕，並強調「有理則有氣，氣之所在，理之所在也，理豈離乎氣哉？」〔註29〕，有意對朱子理氣關係進行彌合。薛瑄繼曹端之後對朱子理氣關係進行了反思，在保留「理」之形上超越義的同時，突出理氣「無縫隙」、「無先後」、「無間斷」的一體無間特質，消解「理」的本體義，重視實然之「氣」的一面。薛瑄強調「統天地萬物，一氣之變化」，「一氣流行，一本也」，更多地對理氣關係進行實然宇宙論的探究，從而昭示出由程朱「理」學嚮明代「氣」學轉變的跡象。薛瑄後學呂柟（1479～1542 年）則進一步提出「理氣非二物，若無氣，理則安在何處？」〔註30〕，著重思考「理」之「安在」，即形上之「理」向實然世界的落實安頓處，亦即形上形下兩界的溝通問題。由此可見，程朱理學在明代發生了義理方向上的轉變，這在薛瑄對朱子理學理氣關係的謹慎質疑與修正中表現出來，而薛瑄哲學中所體現出來的理氣關係的重心轉向，既凸顯出其自身的理論特質，又成為明代氣學的開端。

　　明代中葉以後，程朱理學中重視實然世界的一脈逐步在更為徹底的意義上凸顯理氣合一、理氣不二，不僅論證「理」與「氣」在時間上無先後，更認為二者在邏輯上和價值上亦無先後之分。如明中葉的羅欽順（1465～1547 年），不僅明確質疑「朱子終身認理氣為二物」，表明「愚也積數十年潛玩之功，至今未敢以為然也」〔註31〕。羅欽順稱讚「薛文清《讀書錄》甚有體認工夫，見得到處盡到」，表示「區區所見，蓋有不期而合矣」。但其認為薛瑄

〔註28〕　《曹端集　辯戾》，第 23 頁。
〔註29〕　《曹端集　太極圖說述解》，第 5 頁。
〔註30〕　〔明〕呂柟：《涇野子內篇》，北京：中華書局，1992 年版，第 124 頁。
〔註31〕　《困知記　卷下》，第 29 頁。

之學「亦有未能盡合處」，指出其「理氣無縫隙，故曰器亦道，道亦器」之說雖「其言當矣」，但「至於反覆證明『氣有聚散，理無聚散』之說」，「夫一有一無，其爲縫隙也大矣」，因此認爲「薛文清之於理氣，亦始終認爲二物」。羅欽順則指出「理就是氣之理」〔註32〕，「氣之聚便是聚之理，氣之散便是散之理，惟其有聚有散，是乃所謂理也。推之造化之消長，事物之始終，莫不皆然」〔註33〕，「千條萬緒，紛紜膠轕而卒不可亂，有莫知其所以然而然，是即所謂理也。初非別有一物，依於氣而立，附於氣而行也」〔註34〕，強調「即氣即理，絕無罅縫」，更斷言「僕從來認理氣爲一物」〔註35〕。可見羅欽順更徹底地認爲「理氣爲一物」、理只在氣中、依賴於氣而存在，其基本消解了朱子所凸顯的先天地而存在之「理」的形上本體地位和統攝性，將其下落爲依附於氣之聚散變化、頓放於實然氣中的「氣之理」，從而形成明代「氣學」。王廷相（1474～1544 年）更反對朱子理氣爲二和性氣爲二，認爲理氣不離、性氣不離。其謂：

> 天內外皆氣，地中亦氣，物虛實皆氣，通極上下造化之實體也。是故虛受乎氣，非能生氣也；理載於氣，非能始氣也。世儒謂理能生氣，即老氏道生天地矣；謂理可離氣而論，是形性不相待而立，即佛氏以山河大地爲病，而別有所謂眞性矣，可乎？不可乎？由是，「本然之性超乎形氣之外」，「太極爲理，而生動靜陰陽」，謬幽誣怪之論作矣。〔註36〕

又如「氣，物之原也。理，氣之具也。器，氣之成也」〔註37〕，「氣者造化之本，有渾渾者，有生生者，皆道之體也……世儒止知氣化而不知氣本，皆於道遠」〔註38〕，「氣，遊於虛者也；理，生於氣者也。氣雖有散，仍在兩間，不能滅也，故曰『萬物不能不散而爲太虛』。理根於氣，不能獨存也，故曰『神與性皆氣所固有』」〔註39〕。王廷相強調理不離氣，理根於氣、生於氣，氣則

〔註32〕　《困知記 續卷上》，第 68 頁。
〔註33〕　《困知記 卷下》，第 38 頁。
〔註34〕　《困知記 卷上》，第 4 頁。
〔註35〕　《困知記 附錄》，第 151 頁。
〔註36〕　〔明〕王廷相：《王廷相集 卷一 慎言 道體篇》，北京：中華書局，1989 年版，第 753 頁。
〔註37〕　《王廷相集 卷一 慎言 道體篇》，第 751 頁。
〔註38〕　《王廷相集 卷一 慎言 道體篇》，第 755 頁。
〔註39〕　《王廷相集 卷三十三 橫渠理氣辨》，第 603 頁。

爲「造化之本」、「物之原」，全然取消了「理」的形上超越義，爲鮮明的氣學之論。清代王夫之（1619～1692 年）更徹底認爲「氣」是宇宙的根本，使「氣」眞正具有了本體義，強調無氣則無理。至王夫之，程朱理學也完成了從「理」本論向「氣」本論的轉換。

　　以「理」爲本的程朱理學嚮明代氣學的轉換是一個複雜的過程。伴隨著時代環境和問題意識的巨大轉換，明代理學在對明初理學尤其是薛瑄哲學理氣「無縫隙」之新方向加以認同、吸收和發展的同時，回溯張載重視氣本氣化的關學，又保持救正陽明心學之弊的觀照，形成了重視實然之氣的明代氣學，成爲有明一代繼承程朱理學、吸收張載關學和對治陽明心學的重要學派。在此過程中，明初薛瑄對理氣「無縫隙」、「無間斷」的界定、對氣本氣化的凸顯所呈現出來的從本體論向宇宙論的轉向，既爲程朱理學在明代的發展確立了學術典範，又爲明代氣學的形成與確立開了先聲。

7.4 薛瑄與明代心學

　　薛瑄哲學以「性」爲本原，以「心」爲主宰，呈現出重視心性的向度，既對明代心學的產生有所影響，亦對防檢陽明心學的弊端有所作用。薛瑄與心學的關係需從朱子理學與陽明心學的異同論起。朱子理學與陽明心學同爲儒家哲學，均是對先秦孔孟儒學踐履宗旨的闡揚與發揮，旨在通過踐履工夫挺立人的主體性和道德本心，彰顯「人之所以爲人」的本質屬性，進而「成德」、「成聖」，實現道德意義上的「天人合一」。但二者對天地萬物根源的透徹和萬物生成變化的詮釋明顯不同。朱子融合北宋諸儒的天道觀和本體論，堅持宇宙萬事萬物背後存在統一的、形上超越的本體——「天理」（理），亦即萬物「所以然之故」和「所當然之則」，並以此爲根基構建整個哲學體系，遂有「理本氣末」、「理先氣後」的理氣關係，貫通天人的「性」和「氣之靈而理之樞」之「心」，以及經由居敬窮理工夫之豁然貫通而上達天理與天道的踐履工夫。陽明也承認「天理」的存在，但認爲「天理」並非括盡天地萬物的「所以然」和「所當然」之理，而是直接內在於主體「心」中，是人心本有之規則和道理。而陽明所謂「心」也並非形下感覺器官，而是涵具萬理、統攝萬物的本體。因此，朱子認定「性即理」，其「理」與「心」之間必有「性」之樞紐的規定與存在，否則天理「所以然之故」無法下落爲人道「所當然之

則」，人亦無法上通天道，從而其工夫指向是格物窮理、存心復性以上達天理。陽明則定會以「心即理」，其「理」與「心」合一，「理」即在「心」中，無需「性」的規定，亦無須格天地萬物、窮天下萬理以豁然貫通，因此其工夫之要在「致吾心之良知於事事物物」，其「心」的工夫本身即是「天理」的朗現。朱子與陽明分別通過「理」與「心」的透徹與推極開顯了儒家義理的不同面相，各有貢獻和偏裨。朱子有「理」之觀照與統攝，需窮格事物之理，工夫恭肅嚴謹，進修有序；陽明則直截以本心爲理，無須格物，工夫亦直指本心，易簡直截。但朱子偏於格物而疏於心體的澄明，易落入繁瑣支離；陽明則由本心即理而乏普遍道德原則的實見與具體道德規範的規約，難避浮蕩之偏。二者同是對孔孟儒學不同方向的透徹，凸顯出儒家「爲己之學」一體並存、相互對攝、難致中和的最爲重要、最爲根本的兩個方面。如陽明曾七日格竹無功反病，表明其與朱子的生命方向和工夫之法並不相契。陽明心學固有其高妙易簡處，但並不能因此否定朱子理學及其工夫論的深刻意義。朱子哲學義理強調事物「所以然之故」和「所當然之則」，工夫路徑則重視爲學次第和循序漸進之法，爲中人及以下之資者提供切實可行、有序可依的踐履方法和行爲規範，對於防止和救治心學浮蕩之弊爲功甚大。雖然朱學亦因其普遍的可實行性和規範性而被元明統治者所利用，成爲統治思想和科考程序，從而在全面影響社會思想的同時其弊端也被暴露並無限放大，走向庸俗化和異化，其中所蘊涵的天地境界和踐履本義被遮蔽。但這並非朱子理學之錯，而是被官學化和庸俗化而產生的弊端，故並不能掩其眞義及在思想上的巨大貢獻。如同陽明心學，雖不免浮蕩之弊，但其對心體的透徹是空前的，對儒學的貢獻也是巨大的。二者一體相攝的關係對理解薛瑄與明代心學的關係至爲重要。

明初理學體現著時代的變遷和問題的轉換，陽明心學則自程朱理學內部發展出來，因此對於王學的產生需從明初理學著眼。正如侯外廬先生所指出，「一個思想家的思想形成，總是受到他那個時代距離較近的思想的啓發和刺激而產生的」，「王學的產生，並不是從明中期直接跨越將近三百年而『直承』南宋陸學的，而是與他所處的那個時期的思想有關」〔註40〕。薛瑄哲學恰可給我們提供一個細緻考察的視野。薛瑄在明初超越社會壁障與俗儒之限，沿流求源，以體道、向道、求道之心獨契程朱本旨，兼融張載關學，在天人一

〔註40〕《宋明理學史》，第147頁。

理的視野下構建「理氣無縫隙」的天道人性理論。薛瑄尤其在提升個體生命和完善人道運作的觀照意識下，以「性」爲貫通天人的樞紐和人倫道德的本體，又對「至虛至明」之「心體」的涵攝和「心」之主宰作用極爲重視。因此薛瑄一方面強調「性即理」、「性」爲「學問大本大原」，另一方面又主張「立心爲本」，突出「心」對主體的提斯、挺立與主宰，以之爲儒家全部工夫論和道德境界得以實現的根本和載體。薛瑄認爲，「心」的念慮發動和作爲運用既由源自天理的至善「性體」所規約，亦由虛明「心體」所涵攝，依仁、義、禮、智之德，自然發見與呈露。薛瑄又強調「心一收而萬理咸至，至非自外來也，蓋常在是而心存，有以識其妙耳。心一放而萬理咸失，失非向外馳也，蓋雖在是而心亡，無以察其妙耳」〔註 41〕，並時時強調「靜坐澄心」、「默識心通」、「自得於心」爲工夫之本，自陳多年「從事於心學」。因此，薛瑄哲學體現出重「性」特質和重「心」傾向，顯示出從兩宋宇宙論、天道觀之恢宏建構與細緻辨析嚮明代專意修養踐履與心性提升的轉向，體現出明初理學的特質。正是明初這種重視內在心性與踐履工夫的理論大環境，爲陽明心學的醞釀和產生提供了學術土壤，薛瑄也因而成爲明代理學向心學轉換的過渡環節。但薛瑄所言心體本身的呈露並不是目的與終點，而只是主體全盡本然善性、通達至善天理之天地境界的過程與途徑。因此薛瑄所言之「理」與朱子具有同樣的涵義，超越並統攝天地萬物，同時又遍在於實然萬物，其「理」涵括人心，確並不全然在心中，「心」也並非「理」本身。因而，無論多麼重視「心」的作用，薛瑄只會堅持「性即理」，而不會同意「心即理」，其所謂「心體」是工夫論的，並非本體論的，從而薛瑄之學也固不可劃入心學一派。

　　除影響心學之產生以外，薛瑄哲學也蘊涵著救正心學之弊的觀照與旨向。由於心學在高明易簡的同時，有難以避免的浮蕩之弊，因此陽明心學尤其是陽明後學在傳承發展過程中越發凸顯無所收攝的浮蕩之偏。如《明史・儒林傳序》所稱，明代「宗獻章者曰江門之學，孤行獨詣，其傳不遠。宗守仁者曰姚江之學，別立宗旨，顯與朱子背馳，門徒遍天下，流傳逾百年，其教大行，其弊滋甚」，「嘉、隆而後，篤信程、朱，不遷異說者，無復幾人矣」〔註 42〕。因此防止心學之偏褊也是程朱理學的重要觀照意識。薛瑄自覺承繼程朱理學正統，在義理與生命歷程中顯發程朱理學注重踐履的本義，切己體

〔註41〕《薛瑄全集 讀書錄卷四》，第 1120 頁。
〔註42〕《明史 卷二百八十二 儒林傳序》，第 7222 頁。

道，反躬踐履，並以講學授徒、創立河東學派的形式將篤實學風播揚於世，使明代程朱理學尤其是北方理學一開始就避免了滑向心學的弊端，而發展至羅欽順、王廷相的氣學，則更以篤實之風和實然面相成爲救正心學之弊、對治氾濫天下的心學浮蕩之風的重要力量。

7.5 薛瑄與明清實學

所謂「實學」，在中國哲學領域中有俠義和廣義之分。廣義的「實學」是指構成中國傳統文化主體的「切己體道」、「篤實踐履」、即本體即工夫、內聖外王一以貫之的儒家「爲己之學」〔註43〕。儒家「實學」之「實」與「虛」、「空」、「無」相對，指主體的切己修身、踐仁體道、下學上達、內聖外王之學，是一種充實而超越的道德自律，構成中國古代哲學生命踐履、贊天體道的獨特邏輯。佛教講「空」，道家崇「無」，雖有心性的洞達與個體境界的提升，卻不以修己教人、篤實踐履爲目標。儒家「爲己之學」以「天」、「人」、「性」、「心」爲核心範疇，在究天人之際、闡性命之微和彰顯超越道德本心的基礎上，以天命、天理、天道在生命中的流行、在日用間的發用爲終極追求，將修身、齊家、治國、平天下之內聖外王之學融於一貫。張岱年先生指出，「中國古代哲學有一個顯著的傾向，就是著重生活與思想的一致」〔註44〕，「中國哲人探求眞理，目的乃在於生活之遷善，而務要表現於生活中」，「中國哲學乃以生活實踐爲基礎，爲歸宿」，「理論是生活的解脫，生活是理論的表現」〔註45〕，此語較能恰當地表現儒家義理與踐履融合一體並切於主體身心的實學義旨。而從廣義實學義來看，儒家自孔孟以來歷代眞儒所追求與踐履的無非實學，如孔孟儒學、張載關學、程朱理學是實學，陸王心學同樣也是指向進修成聖的實學。但在儒學內部各派之間，由於體認方法與工夫入路的不同而存在著實與非實之爭，各以實學自謂，批評別派或「空疏」、「高遠」，或「支離」、「沉浮」。然從先秦至明代義理之儒的持論宗旨與目標所在並無本質差異，只是透徹宇宙本體、萬物根源和天人性命的入路與詮釋結構不同，達至理想境界的修養方法和工夫路徑不同，卻無礙挺立主體道德本心、提升主體道德境界以與「天道」、「天理」相合爲一的共同宗旨。如朱子以統攝天

〔註43〕 參考《明代理學大師——薛瑄》，第 194 頁。
〔註44〕 張岱年：《中國哲學發微》，太原：山西人民出版社，1981 年版，第 45 頁。
〔註45〕 《中國哲學大綱》，第 5～6 頁。

人之「理」爲宇宙本體和根據，從天道流行「所以然之故」構建人道「所當然之則」，從而重「格物致知」而求「豁然貫通」；陸王則向人心內在求本體、本原，直接從主體之心透見道德實現的依據與原則，故求「心體」、「良知」的呈現。二者雖各不免或「空疏」或「支離」的弊端，但終爲「爲己之學」，其要皆實。狹義的實學是指爲挽救民族危亡、解救世弊在明清之際興起的以經世致用、「實體達用」爲特徵的明清實學思潮，偏向具體的器物與制度層面，與傳統儒家所謂「爲己之學」的實學涵義並不相同。

　　薛瑄對於儒家「實學」的貢獻在於，其不僅在天人性命的理論架構中較爲系統地論述了實學理論，也以終生持守的生命踐履彰顯了儒家「爲己之學」的深刻內涵與獨特邏輯，從而既對儒家「爲己之學」踐履落實，又爲明清實學的產生開了先導。在實學義理上，薛瑄哲學從天道觀、人性論到工夫論皆以「實」爲要，指出天地間萬事萬物無非「實理實氣」之充塞周流，「天命」、「性」、「道」、「教」亦皆由實理所統貫。從「理」這一天地萬物總規則、總根據出發，薛瑄認爲「理」之構成與發用流行均是眞實無妄的。其謂「滿天地間皆一實理，萬古常然不易」〔註46〕，「一片實理，澈上澈下，萬古完具，而有生之類白不能外」〔註47〕，「此理眞實無妄。如天地日月，風雲雨露，草木昆蟲，陰陽五行，萬物萬事皆有常性定則，互古今而不易，若非實理爲之主，則歲改而月不同矣」〔註48〕。與天地萬事萬物「所以然之故」和所當然之「實理」相對，「理」之在實然世界中的發用彰顯及構成萬事萬物的形下之「氣」更是實存不妄的。如薛瑄所指出，「天理發見流行之實，不但四時行，百物生而已，如雨露霜雪風霆，鬼神，星辰雲物，山崎川流，凡有形有色、有動有息者，皆天理發見流行之實也」〔註49〕，「春而元始，夏而亨通，秋而利遂，冬而貞固。一實氣、實理貫通流行，如循環之無端」〔註50〕，因而天地間無非「實理實氣」，眞實無妄。「理」之存在與發用皆爲實，「氣」之聚散變化亦爲實，天地間理氣之充塞周流無不實。因此，「四方上下，往來古今，實理實氣，無絲毫之空隙，無一息之間斷」〔註51〕，「舉目皆實理

〔註46〕　《薛瑄全集　讀書續錄卷三》，第 1376 頁。
〔註47〕　《薛瑄全集　讀書錄卷五》，第 1145 頁。
〔註48〕　《薛瑄全集　讀書錄卷六》，第 1165 頁。
〔註49〕　《薛瑄全集　讀書續錄卷九》，第 1467 頁。
〔註50〕　《薛瑄全集　讀書續錄卷二》，第 1335 頁。
〔註51〕　《明儒學案　河東學案上》，第 123 頁。

實氣，此外無一物」〔註 52〕，「實氣，實理，充塞而無窮盡，流行而無止息」，「大無外，小無內，一實理、實氣貫之」〔註 53〕。不盡因此，造化流行無一不實，人道運作亦皆實理實氣統貫之實，如其謂「思量萬事萬理，不過一實」〔註 54〕，「造化只是陰陽五行，人道只是健順五常。皆實理也，知者鮮矣」〔註 55〕。值得強調的是，薛瑄還認為萬物形體為虛，而所依據之理則實。其云「天地萬物，形體皆虛，而理則實」〔註 56〕，「天地萬物皆虛，惟理最實」〔註 57〕，「有實理則有物，無實理則無物」〔註 58〕。理為形上，氣為形下，薛瑄以形上為實，以形下為虛，足見其論「實」之要在對天人之理和本然之性的實體、實得與實行，真切而徹底。自「實理」而來，「性」作為天理在人的落實和人之道德本體也並非空虛無著，而是具有形上超越義的「實體」。如其所言「『性』乃天命賦予人物之實體」〔註 59〕。充塞天地皆是實理實氣，一身內外亦皆實理充塞，因此「不可將身外地面作虛空看。蓋身外無非真實之理，與身內之理渾合無間也」〔註 60〕，求道即是求實理，踐實理，內外一貫。天道、人性皆真實無妄，那麼主體所思所慮、所行所發亦應依天道本性之則而處處著實。儒家聖賢之所以為聖賢，皆在能夠以實心踐實理，以實得載實言，內外合一，一時呈現，處處皆實，即「聖人所以為聖人，無一毫之不實處」〔註 61〕，「聖人一片實心，種種道理皆從此出」〔註 62〕，「聖賢工夫，步步著實」〔註 63〕。聖賢之書也是對萬事萬物之「實理」和主體踐履所得「身心之實」的表述，即「凡聖賢之書所載者，皆道理之名也，至於天地萬物所具者，皆道理之實也。書之所謂某道某理，猶人之某名某姓也，有是人之名，則必實有是人，有是道理之名，則必實有是道理之實」〔註 64〕，「聖人作經，

〔註 52〕　《薛瑄全集　讀書續錄卷一》，第 1301 頁。
〔註 53〕　《薛瑄全集　讀書續錄卷二》，第 1334 頁。
〔註 54〕　《薛瑄全集　讀書錄卷十》，第 1262 頁。
〔註 55〕　《薛瑄全集　讀書錄卷七》，第 1211 頁。
〔註 56〕　《薛瑄全集　讀書錄卷三》，第 1077 頁。
〔註 57〕　《薛瑄全集　讀書錄卷十》，第 1263 頁。
〔註 58〕　《薛瑄全集　讀書續錄卷三》，第 1376 頁。
〔註 59〕　《薛瑄全集　讀書續錄卷二》，第 1326 頁。
〔註 60〕　《薛瑄全集　讀書錄卷六》，第 1160 頁。
〔註 61〕　《薛瑄全集　讀書續錄卷九》，第 1466 頁。
〔註 62〕　《薛瑄全集　讀書錄卷七》，第 1211 頁。
〔註 63〕　《薛瑄全集　讀書錄卷七》，第 1205 頁。
〔註 64〕　《薛瑄全集　讀書錄卷一》，第 1024 頁。

皆寫其身心之實耳；使非寫其身心之實，則人作一書皆可謂之經矣」〔註65〕，因此，「實理皆在乎萬事萬物之間，聖賢之書不過模寫其理耳。讀書而不知實理之所在，徒滯於言辭之末，夫何益之有？」〔註66〕可見儒學切要，皆在著實。

在此天道人性、為人為學思想指導下，薛瑄以「直須躬行」、「真知實得」〔註67〕為要，強調「為學最要務實」、工夫實踐「步步著實」，身心日用、靜存動察皆應「出於實」並「得於實」，即知行兩得。薛瑄尤以兢兢檢點求實為要，一方面強調讀書為學之實，指出「為學最要務實，知一理則行一理，知一事則行一事」〔註68〕，「學道固白聖賢之書而入，苟徒玩心章句之間，而不求實理之所在，則亦無以有諸己矣」〔註69〕，「讀書講明道義，求日用之實理也。若讀書而不講明道義，則溺心於文字之間，終不能知實理之所在」〔註70〕，「讀聖賢之書，句句字字昃有的實用處，方為實學。若徒取以為口耳文詞之資，非實學也」〔註71〕。另一方面更強調日用踐履之實，屢謂「致知力行，惟在於實，一有不實，則不能造其極矣」，「人於『實』之一字當念念不忘，隨事隨處省察於言動、居處、應事、接物之間，必使一念一事皆出於實，斯有進德之地」〔註72〕，主張通過在身心動靜之間求實、務實、為實，挺立自身道德主體，如此才能應事應物真實無欺。否則，「為學不實，無可據之地」，「人之所為，一有不實即為妄矣」，「人而不實，無一而可」〔註73〕。可見，薛瑄強調理為「實理」，甚至不惜指形體為虛，其真正涵義和目的在於通過對充塞天地真實無妄之「實理實氣」的體察和聖賢書中所載義理的體悟與自得，挺立內在道德本心，確立主體「可依據之地」和為人之本，進而在道德本心本性的收攝下，將「實理」具體落實和顯發於日用常行之間，使身心所發、應事接物無不出於「實」、落於「實」，知行兩得，一體融貫，只有這樣才是真知實見，才是真正的「實學」。對此，薛瑄也確以畢生的生命踐履加以實現，

〔註65〕《薛瑄全集　讀書錄卷一》，第 1028 頁。
〔註66〕《薛瑄全集　讀書錄卷十》，第 1267 頁。
〔註67〕《薛瑄全集　讀書續錄卷九》，第 1467 頁。
〔註68〕《薛瑄全集　讀書錄卷三》，第 1082 頁。
〔註69〕《薛瑄全集　讀書錄卷六》，第 1175 頁。
〔註70〕《薛瑄全集　讀書錄卷八》，第 1236 頁。
〔註71〕《薛瑄全集　讀書續錄卷三》，第 1364 頁。
〔註72〕《薛瑄全集　讀書錄卷十》，第 1262 頁。
〔註73〕同上。

故有感歎曰「若實見得，雖生死猶不可易，況取捨之見乎！」〔註74〕。同時，薛瑄對佛老和難避虛浮的儒家「談禪」者表示警惕和反對，指出「有人談道理浩博無窮，至其心則無實得處，故其行事與所談者無一句相合」〔註75〕，又言「釋子『塵芥六合』，然六合無窮，安得塵芥之？『夢幻人世』，然人世皆實理，安得夢幻之？」〔註76〕。可見薛瑄「實學」之自得與深意，及其救正佛道空虛之弊和防檢心學高妙之失的觀照，使儒學眞正保持「切於日用之間」的道德實踐指向和復歸孔孟儒學本旨的一貫觀照。

　　統觀薛瑄哲學，可謂「千言萬語只在實」〔註77〕，其較爲系統的「實理實氣」之實學理論、鮮明的實學觀照與宗旨在對儒家「爲己之學」進行眞實呈現的同時，又成爲以「經世致用」爲特徵的明清實學得以產生的重要資源。明中後期，在陽明心學倡明於世的同時，程朱理學重視實然之氣的一脈則由「理」本論轉向對實然之「氣」的重點觀照，乃至以「氣」爲本體，從而形成明代氣學，成爲與心學對治的思想力量。至明末清初，學界在對王學末流「空寂寡實」的積弊進行理性反思和深刻批判的同時，將「氣學」所表現出來的「實學」傾向進一步現實化，並保持對社會民生日用的強烈關注，從而形成以「經世致用」爲宗旨的明清實學思潮，代表人物有明代羅欽順、王廷相、呂柟、李贄，明清之際的黃宗羲、顧炎武、王夫之、傅山，以及清代顏元、戴震、章學誠等人。而明清「經世致用」、「通經博物」實學思想的產生，則是對薛瑄「實理實氣」和「爲己之學」之實學思想向社會人生日用和實然現實世界的繼承和發展，由主體切己踐履、有得於己的身心性命之實更多地轉向「經世致用」之實，凸顯出明代學術的走向和明清學術型態的轉換。

〔註74〕　《薛瑄全集　讀書錄卷三》，第 1076 頁。
〔註75〕　《薛瑄全集　讀書續錄卷七》，第 1447 頁。
〔註76〕　《薛瑄全集　讀書續錄卷三》，第 1376 頁。
〔註77〕　《薛瑄全集　讀書錄卷十》，第 1262 頁。

第 8 章　薛瑄哲學思想的基本定位

　　經過「天道觀」、「人性論」、「工夫論」和「境界論」四個環節以及學派關係維度的分析，薛瑄哲學思想的概貌和特質已大體呈現出來。在此基礎上，我們可以在宋明理學發展的大視野中，結合明初的時代環境和思想背景，通過透徹薛瑄在獨特的問題意識和觀照視野下所進行的哲學義理的建構和生命境界的開闢，對其哲學進行盡可能恰當的定位。而定位與評價的角度，須從其哲學義理和生命踐履雙重層面出發，兼及其作為安身立命之道的講學授徒與創立學派，凸顯其在宋明理學轉換和明代理學發展中不容忽視的重要作用，彰顯其為「明代理學之冠」和「實踐之儒」的真實意義。

8.1 薛瑄哲學的意義與價值

　　從學問本旨而言，中國哲學是「生命的學問」，因此中國哲學的獨特邏輯由人道現實透徹彰顯，亦體現為個體生命的實踐展開過程。從道統相傳的角度而言，自堯、舜、禹、湯、文、武、周、孔、顏、曾、思、孟、周、程、張、朱，儒家有一脈相承的道統，而儒家道統所載、歷代聖賢真儒所傳無非是對流行不息之大道本體、「天人合一」之生命境界和作為本質存在的「人」之固有之善的體察與貫徹。自孔子確立「性相近」、孟子明「性善」為「人之所以為人」的根本以來，天道人性的透徹便成為儒家道統譜系中最為深刻的思想和價值源泉。尤其在佛道精微細密的超越義理之刺激下崛起於北宋的宋明理學，更將儒家宇宙論、本體論和人性問題窮究到前所未有的高度和深度，越過偏離道統的魏晉玄學、兩漢經學，直承先秦孔孟儒學，從「理」、「氣」、

「心」、「性」等角度深刻凸顯了儒學不同的理論面相，並以兩極對攝的方式開顯了儒家不同的工夫路向。關於宋明理學的型態，傳統普遍的觀點是將之劃分爲「理學」和「心學」兩系，現代哲學大家牟宗三提出宋明理學分「五峰蕺山系」、「象山陽明系」、「伊川朱子系」〔註1〕之三系論。勞思光亦提出一系三型（三階段）說，將宋明理學劃分爲「周張的天道觀階段」、「程朱的本性論階段」、「陸王的心性論階段」〔註2〕。二人皆以形而上學和本體論建構的角度對宋明儒進行的劃分，在理學對儒學形上義理的透徹開闢與內在彰顯的評判上甚爲精到。然而如果從工夫論的角度進行體貼，則可能會有不同的看法〔註3〕。宋明理學對形上義理尤其是本體論的建構固然是極爲重要的方面，但宋儒以至先秦孔孟所觀照的根本向度實在天人視域中獲得主體德性的完滿提升和個體及群體生命的順適安頓，極大地挺立主體責任的擔負，使人的生命在道德意義上獲得無限的伸展。因此，宋明儒在天人信仰、終極關懷和挺立儒學形上義理的觀照下，依各自的生命稟賦和人生境遇把握天人、觀照物我、踐履體道，進而將「天」、「道」、「性」、「心」和生命的透徹見諸於文字論說。從而如牟宗三所言，宋明理學乃至整個儒家哲學大致形成兩大類型的學問進路，一是《易傳》、《中庸》「天命之謂性」之由天而人的哲學進路和「窮理盡性」、由理之遍識通達使主體豁然貫通的工夫入路；一路是《孟子》「心之所同然」之由人而天的哲學進路和「盡心知性」、直澄本心的工夫入路。前者以程朱理學爲代表，後者以陽明心學爲代表。程朱重視理氣關係建構，凸顯形上超越的本體之「理」，主張窮通天地萬物之理而致「豁然貫通」，全盡吾心之全體大用，從而重視四書，推尊《大學》，明爲學次第，尊漸修之法，同時檢防直達心體所難以避免的空懸之弊。陽明則直接發明本心，言「心即理」，認爲「心」（主體）對萬事萬物的遍潤與朗現即是窮理本身，因此吾心良知所發即是天理，工夫之要全在自得，不必旁涉外求，無須格物窮理，同時有防止此心掩沒於支離繁瑣之格致工夫的觀照。兩種進路與型態各有深刻洞見，推究至極時又不免偏向一端，各有偏裨。因而，二者也成爲儒學互相制約、互救其失的兩種重要力量，透顯著儒學不同向度的觀照，共同延伸著儒學的發展。其中的陽明心學固然以心體的洞達顯其直承孟子「盡心知性」

〔註1〕 《心體與性體》（上），第47頁。

〔註2〕 勞思光：《新編中國哲學史》（第三卷上），桂林：廣西師範大學出版社，2005年版，第38～60頁。

〔註3〕 參考《默識天人之際──薛敬軒理學思想探微》，第155頁。

的明澈，但朱子理學對於天人萬物之理的精微辨析和普通人進爲之方的循序引導，對於篤實切己之工夫踐履的尤爲重視，則十分符合孔孟不離生活日用的隨處指點之意，也決定著程朱理學一派的嚴謹恭肅之風。如陽明雖七日格竹卻終生不與程朱理學相契，蓋因其將朱子「格物窮理」以至「豁然貫通」的方法理解爲外向的致知，認爲如此方向成就的是知識而非道德，由此與程朱理學有所隔閡，並從而開出直指本心、當下呈顯的「易簡」工夫。然而朱子理學本身亦非徒然執著於遍格天下萬事萬物，而是通過格物窮理透徹天人、通達物我，識天道之所以然既爲人道之所當然，從而在此過程中體認純善之天理與至善本性爲一，並全盡己所固有之善，將其在日用倫常中自然發用呈現，與天理流行相一貫。此種進路的意義至爲深刻，而在這一背景下，薛瑄哲學的意義將更加凸顯。

8.1.1 義理建構的本身價值

在明初的時代環境和思想背景下，佛老的形上義理勢壓已不復存在，薛瑄的問題意識也從宋儒形上義理建構回歸「挺然任道」的反躬踐履和主體生命境界的完善，並不失宋儒所高揚的超越意識。同時，面對明初的思想專制、南北學風的巨大差異和程朱理學的獨尊僵化，尤其是宋末以來北方理學凋敝荒涼的思想環境和時儒追名逐利、外道於身的現實，薛瑄認識對儒家道統的提撕挺立及對宋代理學尤其是程朱理學思想規模的傳承和學術典範的建立比創新更爲重要。於是，薛瑄立足自身所處的時代，以繼承儒家道統爲己任，自覺繼承程朱理學，並經由朱子對宋儒進行整體性的繼承和吸收，亦一生致力於程朱理學眞義的透徹顯發和儒家道統實踐面相的眞實展開，堅持學行一貫，澈表澈裏，力避知識化和庸俗化。因此，薛瑄哲學體系既凸顯出重視「理氣無縫隙」之實然面向和突出內在心性的理論特色，又以切己躬行、篤實踐履的生命歷程顯豁了儒家生命哲學的眞正價值，成爲被異化了的程朱理學的一股清新的源頭活水，對明代儒學發展起著不容忽視的作用。爲此，薛瑄哲學思想的意義和貢獻我們可從哲學義理與生命踐履兩層面進行理解。在整體哲學建構上，薛瑄自覺以程朱理學爲宗，尤其以朱子理學的深刻意蘊和踐履宗旨爲本，並結合時代問題，在宋儒所開拓的天人立體架構和超越意識中構建自己「太極」（理）本體和「理氣無縫隙」、「理一分殊」的天道觀，「性即理」、「本然之性」與「氣質之性」的雙重立體人性論和居敬窮理、靜存動察

的復性工夫論。其依天之「元，亨，利，貞」、流行不息的「所以然之故」建立人之仁義禮智、性本心體的「所當然之則」，並以天道統攝人道，人道落實並返歸天道，保持天人雙向觀照視野，重視學行不二和知行兩得。在天道觀上，薛瑄賦予朱子「潔淨空闊」的「太極」以「能為動靜」的創生義，強調太極陰陽「初無精粗本末之間」，理氣「無縫隙」、「無先後」、「無間斷」，性氣「相即不離」，將朱子所著重開顯的「理」的絕對形上本體義消解，更多地從實然宇宙和現實人道層面進行理解，改變朱子理氣之「二分」，著意彌合朱子理氣關係的「縫隙」，重視「理」與「性」之安頓落實。因此，薛瑄哲學在理氣關係上體現出理論重心從形上之理轉向理氣並重和突出實然形下之氣的跡象，同時呈現出天人一理、渾合無間、一體渾融、體用不二的整體特徵，為北方理學的重振和程朱理學向注重「理氣不二」之明代「氣學」的轉向產生重要影響。在人性論上，薛瑄將程朱「性即理」和「天命之性」（本然之性）、「氣質之性」的雙重立體人性劃分推至極至，將源於天理、涵具仁、義、禮、智之德之「性」作為上通天道、下貫人倫的樞紐，著意賦予「性」（本然之性）以內在超越的規定統攝義和「大本大原」地位，尤為顯發「性」之道德本體義和「心」之對一身百體的主宰義，極大地煥發主體道德踐履的必然性和內在動力。在工夫論上，薛瑄則主張居敬窮理、靜存動察、內外兼修、知行兩得，其對心性修養與踐履工夫的突出重視使工夫論成為其整個哲學體系的理論重心，而其對心之操存與性之省察的兢兢檢點之語，更體現出其以復性為核心的整體觀照。薛瑄哲學對人性論與工夫論的重視，彰顯出宋明理論重心由形上本體宇宙建構向人道現實和內在心性轉變的趨向，也體現出向先秦孔孟儒學實踐宗旨的回歸。同時，薛瑄哲學體系的「實理實氣」之實學論述和鮮明的實學觀照意識，則既真實體現了儒家「為己之學」，又成為明清實學得以產生的重要思想資源。

在天道人性建構中，薛瑄哲學呈現出獨特的內在邏輯與「自己學脈」，其哲學在義理層面和實踐脈絡中自成一獨特的系統，立足人性，上通天道，外開踐履，以本心、本性在人倫日用間的自然發用為「天理」、「天道」的真實呈現，以日用倫常間道德踐履的展開過程本身為哲學義理的發顯。薛瑄哲學凸顯出對「理」、「氣」、「性」、「心」之不同向度的思索與推重，然若從薛瑄的問題意識和求道宗旨出發，則自可見其哲學乃是天人一貫、一性統攝、踐履為宗的有機整體，其知與行、本體與工夫也同樣渾合無間、一時呈現，並

未存在「無法克服的內在矛盾」，亦無「理本論」、「氣本論」和「心本論」之糾纏。學者所見於薛瑄的所謂「矛盾」，正從側面反映出薛瑄在繼承宋儒理學、挺立儒家道統的觀照下在義理和實踐雙重層面所側重思考的不同面相，至於「理」、「氣」、「性」、「心」何者為本體之爭，均需在此觀照下才具有真實的意義，否則僅是外在於薛瑄本人的界定與論爭。因此，在對程朱義理的自覺繼承與深刻體認的基礎上，作為明初北方程朱理學代表的薛瑄將天人義理融貫入自身生命，亦將主體生命融入儒家道統，克服時儒將朱學庸俗化、功利化的弊端，並能在哲學義理上慎重地提出自己的新見解，尤其通過對程朱理學哲學義理的真實體察、系統建構和篤實踐履，為其後理學提供了鮮明的求道觀照和完整的學術典範，對由宋至明的學術範式轉換具有承前啟後、開端風氣的作用。同時，薛瑄哲學體系中所呈現出的「理」、「氣」「性」、「心」及實學等不同觀照與面相，在宋明理學之關學、氣學、心學、實學等複雜的關係脈絡中發揮著承前啟後、重心轉移與開端新風的作用，奠定了其全面的典範與影響。明萬曆年間李庭機曾概述明代學術發展大勢曰：「國初固多才，然而挺然任聖道者寡矣。自河津薛公起而引聖道為己任，危言細行，必準古遺訓而繩之。蓋自是天下學道者四起，爭自濯磨以承聖範。豈謂盡出河津哉？要之，默自河津啟之也」〔註4〕，可見在「科舉盛而儒術微」的明初時代環境中，薛瑄超越俗儒、挺然任道，可謂開啟明代學求聖道、篤行踐履的學風，為功甚大。雖然薛瑄在哲學義理和學術規模上不能與開拓崛起時代的張載、二程和朱子相比，但其並非「恪守宋人矩矱」，亦非簡單的「此亦一述朱」，而是能夠在時代中挺立、在繼承中開拓、在踐履中成就，並以在實踐中展開的「自家學脈」承前啟後、重建學術典範，則不能不彰顯出其學獨特的義理和實踐價值。

8.1.2 學行一貫的實踐意義

自先秦孔孟儒學至宋明理學，儒家對人之本然善性和「仁」的生命境界的不斷開顯，使得「人之所以異於禽獸」、「人之所以為人」的本質得以挺立，並將道德實踐的原動力建立在由天所賦、人所受的內在本性即道德主體性上，開闢了人之內在而超越的自律道德的獨特道路，亦使中國的學問呈現出

〔註4〕 〔明〕陳獻章：《陳獻章集 附錄四 從祀文廟疏議》，北京：中華書局，1987年版，第 927～928 頁。

「生命的學問」的獨特特徵和鮮明的知行合一、學行不二的實踐特色。因而，「爲己之學」和道德踐履作爲儒家學問義理的重要組成部分爲歷代眞儒所自覺持守篤行。薛瑄亦在宋儒所撐起的恢宏本體宇宙論和人性論架構下，挺然任道，沿流求源，明宋儒宗旨和孔孟本旨，以「直須躬行」的精神畢生踐履儒家道德規範。薛瑄自幼聰穎好學，秉承家風，篤志力行，惟義是尚，居鄉里則爲典範，授生徒誠敬懇切，居廟堂剛正耿介，面臨生死超然無繫，退居還家光明卓然。其一生以天理流行之「於穆不已」和儒家聖賢境界爲追求，以讀書和踐履爲成聖成賢的途徑，在滔滔萬象之中挺立心中所主，契道以心，體道以身，以持敬立誠、存心自得之靜存與潛修爲本，重內外兼修，持志養氣，知行兩得。此種超拔於世、自作主宰的踐履精神，實爲儒家「天人合一」之道德與生命境界在薛瑄生命中的如實體現。薛瑄重在超越「小我」而成就「大我」，通過「下學」而實現「上達」，將儒家義理建構的實踐特質深刻彰顯於個體生命和人倫日用。因此，薛瑄對程朱理學實踐面相的切己踐履與呈露，爲明初思想專制、學術庸俗的環境下掘發程朱理學實踐眞義提供了新的動力和典範。薛瑄之卓著踐履也明代世人的普遍欽敬和稱頌，亦爲明初士大夫和官方所廣泛認可，成爲有明一代「無間言」的「醇儒」、「實踐之儒」和道德典範。這一普遍的認同顯示出明初的問題意識與觀照，也充分體現出薛瑄奉守「爲己之學」的眞實境況，凸顯其將學問融貫於畢生生命踐履、面向並落實於實踐的眞正的學行不二與澈表澈裏。因此，薛瑄之學以其獨特而鮮明的實踐學脈在宋明理學史上綻放著自身光彩。《正誼堂文集》所錄《薛文清公讀書錄序》即稱：

> 有明一代人物，首推河東薛敬軒先生。先生之學，根柢周、程、張、朱，以復性爲宗，居敬窮理爲要。其措之事業，莫非本平日讀書自得者出之，信道直行，窮達一致，極患難生死而不失其常。……所著《讀書錄》若干卷，皆先生隨時所得，載筆於書，自一身以至家國天下之大，天人性命之精，以及雷露、風雲、山川、草木之變化，無不窮究。語雖千萬條，而理實一貫。……謂先生一生事業，包舉於斯《錄》可也。〔註5〕

薛瑄載於文字者皆是在根柢宋儒基礎上的踐履所得，其「自一身以至家國天

〔註5〕 〔清〕張伯行：《薛文清公讀書錄序》，錄自《叢書集成初編 正誼堂文集 卷七》，收入《薛瑄全集 讀書錄讀書續錄 附錄一》，第1499頁。

下」，及至天地萬物「無不窮究」。薛瑄哲學中一貫之理，即是天人一理、萬物一體、一性貫涉的透徹與觀照。《明史・儒林傳》在認定「原夫明初諸儒，皆朱子門人之支流餘裔，師承有自，矩矱秩然」的整體情況時，謂「曹端、胡居仁篤踐履，謹繩墨，守先儒之正傳，無敢改錯」，卻獨贊「英宗之世，河東薛瑄以醇儒預機政，雖弗究於用，其清修篤學，海內宗焉」〔註6〕。可見薛瑄之踐履篤實是極為卓著的。現代學者錢穆也指出，「是敬軒之學，謹言慎行，悃悃無華，……其兢兢檢點言行，乃學養所致。黎洲學案亦謂其聞曹月川之風而起，此言近之。而猶謂其多困於流俗，又謂陳白沙猶激於聲名，乃以專尊陽明，似未能真識敬軒之為人也」〔註7〕，表示薛瑄在深厚學養的基礎上所成就的篤實踐履，頗能揭示薛瑄哲學的獨特意義。儘管黃宗羲、劉宗周指薛瑄「恪守矩矱」、「無甚透悟」、「未見性」，但並非薛瑄見性不明、踐履不篤，蓋因劉、黃二人「似未能真識敬軒之為人也」，亦不能將薛瑄融注於生命踐履的義理明識和「自己學脈」彰顯出來。薛瑄以「性」為人倫道德本體和「大本大原」，以「心」為一身百體之主宰，其所觀照的是以天道「所以然之故」構建人道「所當然之則」，為人之道德踐履提供必然的天道依據，因此其所開顯與透徹的根本在「性」而不在「心」，而其學問的旨向皆在「直須躬行」而非心性辨析。因此，若按劉、黃二人以心學立場著眼於「見性」、「透悟」對薛瑄進行解讀和批評，恰恰偏離了薛瑄的問題意識和觀照所在，如此所作的批評對薛瑄來講有失公允，也無法揭示其學關注主體人性之內在挺立、人道現實之實得力踐和防檢無所收攝的外馳之弊的人性觀照和真實意義。薛瑄之學的獨特意義，明末高攀龍有所見，其云「薛文清呂涇野二先生語錄中無甚透悟語，後人或淺視之，豈知其大正在此。他自幼未嘗一毫有染，只平平常常腳踏實地地做去，徹始徹終無一差錯，既不迷，何必言悟？所謂悟者，乃為迷者而言也」〔註8〕，又謂薛瑄「學務力行，嘗曰聖賢千言萬語皆說人身心上事，誠能因其言反求之身心，擺脫私累則身心皆天理矣」〔註9〕。實際上，薛瑄見性明澈，學養深厚，踐履篤實，以復性為宗，以「性天通」為根本境界，其「察理之密，造道之深，與夫立言之精切的確」〔註10〕遠遠高於人們

〔註6〕　《明史　卷二百八十二　儒林傳序》，第7221頁。
〔註7〕　《中國學術思想史論叢》第七冊，第26頁。
〔註8〕　〔明〕高攀龍：《高子遺書　卷五》，文淵閣四庫全書本。
〔註9〕　《高子遺書　薛文清公傳》，文淵閣四庫全書本。
〔註10〕《薛瑄全集　行實錄卷四》，第1672頁。

對他的解讀和評價，惟在其問題意識與實踐脈絡中方能實見。如太原喬宇所作《薛文清公行實錄序》稱「自濂洛關閩之後，以斯道爲己任者寥寥其人。在元則有魯齋許（衡）公、靜修劉（因）公，國朝則有文清薛先生，此皆終始大節無可疵議，所謂道學之儒者，是也」〔註11〕，後學張吉在《讀書錄要語》中稱其「高不淪於空虛，卑不溺於形器，無非切於學者心身日用之實」〔註12〕。可見薛瑄在天人視域中挺然任道、學行一貫、眞切篤實、光明峻潔的一生，正是儒家「爲己之學」與「生命的學問」的眞實寫照，也是薛瑄「自己學脈」和獨特價值得以呈現的深刻依據。

8.1.3 對當今時代的道德啓迪

薛瑄之學的義理建構和生命踐履對現代個體人和社會問題的解決具有深刻的啓發意義。薛瑄自覺繼承程朱理學，對宋儒進行整體吸收，並在此基礎上挺立本然之性以立本，操存此心以使所發皆中和無偏，建立其道德生命得以挺立、學行成就得以獲致的眞實基礎。在薛瑄哲學中，「天道」、「天理」流行之「於穆不已」、「生生不息」的生命意向和純善無僞的清明屬性是人道現實的天道根據，人性是天理在人的投射，天理則是人性的天道根據和應當返歸的本然狀態。天人一理，天理流行純善無僞，人道性體至善，主體之人上有具「元、亨、利、貞」之「天道」、「天理」的統照，內有涵「仁、義、禮、智」之固有善「性」之「不容已」的道德律令的規約，因此，作爲天地間涵具至善性體且唯一能通達天地境界之「人」，自應對「天」保有眞切的敬畏之心，又須明識自身必然不容已的道德本性，從而自覺擔負起全盡本性、顯達天理的責任。於是，在超越恢宏的宇宙視域和人性內省下，天道「所以然之故」必然煥發主體「所當然之則」，主體的道德踐履也便成爲「人之所以爲人」的必然要求。在此種恢宏博大、從容周遍的義理架構下，薛瑄對主體必然不容已之道德動力的透徹和主體自覺踐履精神的高揚，爲當今時代「人」的內在道德重塑提供了深刻的價值資源和持久穩固的道德原動力，警示人應在「異於禽獸」的「人之所以爲人」的道德本質上眞正有所挺立並爲保持和彰顯人之本質而有所擔負，也爲從更根本的層面解決人性與社會問題提供了方法和途徑。對於個體而言，道德實踐不能完全靠外在的法制、紀律約束，更應在

〔註11〕 《薛瑄全集 薛文清公行實錄序》，第 1606 頁。
〔註12〕 《薛瑄全集 行實錄卷四》，第 1672 頁。

自我主體性上立足，爲人的道德行爲提供天地法則與人性法則的必然性，從而挺立主體的「大我」意識、「民胞物與」的胸懷和人之爲人的責任感，最大限度地煥發內在的道德自覺，追求「內在超越」與人格境界的提升。在此基礎上，成己成物，使萬事萬物與社會人生之運作各依其序，順適自然，從容周遍，如此即可從深層次有效對治工具理性主導下道德失範、責任缺失、物欲膨脹、信仰危機等種種人性和社會弊端，使人人成爲充實、健康而順適的個體，亦使社會群體成爲協調有序的整體。

8.2 河東學派及其作用

　　薛瑄哲學的深刻意義除思想本身和踐履價值外，還突出體現在講學授徒和創立學派上。在中國傳統哲學史上，眞正挺然任道的眞儒，在涵養誠意、正心、修身諸「內聖」之學的同時，內心深處無不願以講學或入仕等方式行「外王」之事，將自己所透見的儒家義理和本然善性通過齊家、治國、平天下的方式顯發出來，完整地實現儒家成聖成賢的理想人格境界和群體順適協調的理想社會境界。入仕爲官多由運勢左右而不可必得，講學授徒則是儒者較爲容易實現的外王途徑，從而歷代儒者多以講學爲願並有從事講學的經歷。而儒者通過講學而形成一顯揚的學派，則尤爲難得。因凡一學派的形成，必以傑出有力人物的出現爲前提，創立者必須對儒家道統和時代問題有深刻的識見和宏闊的把握，亦需有厚重的德行和卓絕的氣象，並加之謹厚的講學授徒、提斯後學之實踐，才能將創始者深思所得、身心所體播揚於世，從而形成具有一定核心思想和內在學風的學派，顯耀於當時及後世，傳續不斷。理學在兩宋崛起與大成之後轉入停滯階段，雖然程朱理學逐漸被統治者確定爲官方學術而在形式上取得獨尊地位，在最大的範圍主導整個社會思想，但從學術自身的發展來看，理學內在義理已停滯難前。宋代理學中，張載以「苦心極力」的造道精神在關中地區創立關學，成爲北方理學的一位支柱性人物，然其死後弟子未能將關學傳承發揚，導致其後關學乃至整個北方學術晦暗不彰，缺乏生氣。而南宋朱子則集兩宋理學之大成，以宏大精微的義理建構大興南方理學，使由來已久的南北方學術差別愈加鮮明。至元一代，雖有統治者的提倡和大儒許衡「務實敦行」的支撐，亦難改整體面貌，南北差距更加突出。至明初更甚，社會中可通達宋儒與孔孟宗旨者爲數甚少，能從哲學義

理層面有所推進者更寥寥無幾。在這種現實環境下，明初諸儒開始自覺在「求道」層面振興儒學，其中北方儒者的努力尤其具有鮮明的特色和重要的價值。明初曹端首倡理學，惜乎隻身為之，影響未巨，但有開風氣的作用。薛瑄則在明初程朱理學僵化、統治思想專制、科舉之學氾濫、思想活力貧乏的北方，以精思力踐之學直承程朱本義，倡明程朱理學，建立學術典範，啟發新的動向，並以厚重的德行和勤勉的講學開顯實踐面相。因此，薛瑄繼張載關學沈寂三百餘年之後，以宏闊的理論和廣盛的德行獨創北方一大學派——河東學派，門徒遍及山西、河南、關隴一帶，蔚為北方儒學之大宗，在有明一代影響深巨，不僅顯發了程朱理學的求道意識和實學宗旨，也作為明代唯一與陽明學派相提並論的北方學派，成為明代理學思潮中對峙陽明學派、預防與救正王學之失的重要力量。

　　河東學派是在薛瑄好學精思、篤實踐履的學行成就基礎上，通過勤勉懇切的講學活動逐漸形成的。薛瑄世居山西河津，一生實學力踐，德行遠播，事功卓著。雖官至禮部右侍郎兼翰林院學士，但在七十六年生命中，薛瑄真心所願之事並非入仕為官，而是講學明道。薛瑄一生數次進退，輾轉任職，亦曾入大獄險被論死，但無論進退死生，始終不忘講學授徒，並將講學為教作為安身立命之道和實現內聖外王的途徑。據《年譜》記載，薛瑄曾於正統元年（1436 年）至正統六年（1441 年）提督山東學政，上任之初，欣然謂「此吾事也」，並「首以白鹿洞規開示學者，俾致知而力行，居敬以窮理，由經以求道」，「所至先徇行而後文詞，親為解剖，告以為人為己之學」〔註 13〕，其教誠敬懇切，為諸生弟子所感慕，稱其為「道學薛夫子」。此後，薛瑄先後於正統八年（1443 年）至正統十四年（1449 年）、天順元年（1457 年）至天順八年（1464 年）兩度設教河汾，從教之地即後來經門人改造的薛文清公書院。薛瑄德行卓著，在家鄉廣有盛譽，其於六十一歲時第一次設教河津，數年之間，「閉門不出」、拳拳為教，「秦、楚、吳、越間來學者以百數」。對於諸生，薛瑄「拳拳誨以小學以及大學，由灑掃應對以至精義入神，居敬以立其本，明經以求其道，不事言語文字，而必責諸躬行之實」，「問科舉之學，則默然不對」〔註 14〕，顯見其求道宗旨與踐履之要。薛瑄六十九歲時第二次歸鄉授徒講學，亦「自是家居不出，四方從學者日眾，至市館不能容」，並「拳拳以

〔註13〕《薛瑄全集　年譜》，第 1710 頁。
〔註14〕《薛瑄全集　年譜》，第 1717～1718 頁。

復性教人」，以求道爲要，強調「學者讀書窮理，須實見得，然後驗於身心，體而行之。不然，無異於買櫝而還珠矣」〔註 15〕。薛瑄以「爲己之學」之實得親體教授諸生，提撕引導，由居敬窮理、致知力行到明經求道、復性爲要，無不明白懇切，足見其學行一貫和知行不二。薛瑄的講學活動主要在集中黃河以東地區，而據王盛記載，當時薛瑄弟子及從遊答問者七十四人，亦以北方關隴、山西、河南、山東等地爲主，因此由薛瑄講學及弟子後學相傳授受而逐漸形成「河東學派」，其嚴謹篤實的學風和相傳授受的脈絡使其成爲北方理學一重鎮。從而可見，薛瑄在學術資源貧瘠、缺乏生氣的明初時代從事拳拳懇切的講學授徒活動，對其主要活動的河東地區乃至整個北方學術的重振影響甚巨，「開北方數省學者從事理學之風氣」〔註 16〕。

河東學派以薛瑄爲宗，保持著薛瑄的義理特色和踐履風格，學風謹嚴，踐履篤實，其特質恰如張學智先生所言「學風不實，而於平實中見精彩」〔註 17〕。河東學派主要代表有薛瑄門人閻禹錫、張鼎、張傑，私淑段堅，後學王鴻儒、周蕙、薛敬之、呂柟、呂潛、張節、李挺、郭郊、楊應詔等，從明初歷至明末。河東學派中影響較大的有閻禹錫、張鼎、張傑、段堅、周蕙等人。閻禹錫、張鼎、張傑爲薛瑄嫡傳弟子，閻禹錫得薛瑄居敬窮理和復性踐履之要，重視《四書》與踐履工夫，較全面地繼承了薛瑄思想。張鼎守薛瑄之學，「不敢稍有逾越」〔註 18〕，踐履仁厚。張傑得薛瑄宗旨，主張踐履自得，並以講學傳揚河東之學。段堅爲薛瑄私淑弟子，少有學聖之志，契得薛瑄之學，重求道明性，深造力踐，傳學交遊於河東地區，對河東之學的傳播和關學的復興有重要的作用。曾從學於段堅的周蕙發揚河東講學之風，培養薛敬之，而作爲薛瑄三傳弟子的薛敬之又傳河東之學於呂柟。至呂柟則既將河東之學的義理與學風融於關學，又以仁學踐履成就明代關學的第一個高峰，促使關學在明代的中興。河東學派謹守薛瑄所開創的義理規模與實學方向，亦「師承有自」，因此具有較爲鮮明的學派特徵，如以工夫踐履爲視角評價儒家道統，尊奉程朱理學，吸收張載思想，無意於形上理論建構，並特重躬行踐履，重在實得實行等。河東學派的學旨可從閻禹錫對許衡品評中見之，閻禹錫認

〔註 15〕　《薛瑄全集 年譜》，第 1726～1727 頁。
〔註 16〕　《明代關中地區的講學活動》（上），第 222～223 頁。
〔註 17〕　張學智：《明代哲學史》，北京：北京大學出版社，2000 年版，第 25 頁。
〔註 18〕　《明儒學案 河東學案上》，第 126 頁。

爲「至宋，文弊爲之一極，間有叛朱子之心學而逐於異學者。許魯齋獨能治流於源，而專致於躬行踐履之間，尊《小學》爲入德之門，蓋祖朱子之心學也」〔註 19〕，可見河東學派以求道爲志，以明性爲先，以復性踐履爲要，其所觀照者不在形上義理和文辭之間，而在主體心性修養和反躬踐履，從而河東學派自不用心於形上義理的建構辨析，而是在承繼道統、知性明性的基礎上專注於謹嚴有序、靜存動察、毫髮無間的踐履工夫，在這一實踐脈絡中傳承與彰顯著務實敦行、復性踐履的學派宗旨和自身特色，保持著與薛瑄學問宗旨相一貫。由薛瑄所開創的「河東學派」既與關中之學有著頗爲相契的學風，又與「一葦可航」的關中學者保持著密切的交流往來，從而成爲明代關學重要的思想資源，並「配合著關中之風土人情，賦予關中講學更多的『實踐』性格」〔註 20〕。同時，河東學派以其可貴的開創性、謹嚴的學派風格和篤實的復性踐履，成爲有效對治陽明心學、救正心學浮蕩之弊的重要思想力量，在明代理學史上佔有重要的地位。黃宗羲《明儒學案》中專列兩章論「河東學派」，並收入薛瑄親授弟子及再傳弟子十四人，《明史·儒林傳》收入河東學派八人，亦可見薛瑄及「河東學派」在有明一代的重要地位。

8.3 薛瑄對明代理學的重要影響

如果將視野放大到整個明代理學的發展過程，則更可見明初理學尤其是薛瑄哲學的重要意義。有明一代，政治上的皇權一統和思想上的高壓專制，使文人士大夫僅僅淪爲統治者用以治世的工具，艱難生存於專制皇權之下。因而，宋儒所高揚的「得君行道」之宏願無奈退縮至狹窄的空間，士人只能在非常有限的範圍內尋找內聖外王得以實現的途徑。從而，明儒或絕意仕進，與政道保持一定的疏離，求得一己之身的逍遙與內心的灑落；或進身官場，在皇權專制的夾縫中保持一己獨立超然的品格，並在嚴酷黑暗的現實政治中尋求道統的挺立。因此，從明初開始，明代理學就開始呈現出由本體宇宙論之形上超越建構轉向實然宇宙意識和主體心性辨析，並向孔孟儒學踐履本旨的回歸，從而出現理氣關係一於「氣」、心性關係一於「性」（薛瑄）或「心」（陽明）的一元化趨向。如岡田武彥所言，「以朱子爲中心的宋儒，大都善於

〔註 19〕 《薛瑄全集 年譜》，第 1731 頁。
〔註 20〕 《明代關中地區的講學活動》（上），第 222～223 頁。

吸取被佛老視爲根本的無的全體性，並致力於儒教人倫主義的絕對化建設，從而提倡有無渾然一體論。但他們一方面據此排斥流於無（無用）的佛老，另一方面又排斥流於有（功利）的欲學。所以，他們既論述了理氣、性氣甚至心性的一體，同時又論述了兩者的區別」，而與宋儒不同的是，「明代的朱子學者卻擔心講論心性以外的差別會陷於佛老的虛無，故只論述兩者的一體」。〔註21〕明代對「理氣一體」的強調則由明初曹端啓其端緒、其後薛瑄詳加凸顯的。

　　兩宋理學嚮明代理學的學術範式轉向複雜而耐人尋味。北宋張載開創以「太虛」爲本體的「氣本論」，程朱凸顯以「理」爲本的「理本論」，陸九淵透見「心本論」，各派分別以不同的觀照視角從「氣」、「理」、「心」、「性」等不同的入路體證與開顯孔孟儒學天人性命之內在意蘊。發展至明代，伴隨著時代環境和思想背景的轉變，明初諸儒從各自的體察視野與問題意識出發，對宋代理學加以繼承和發展。在此過程中，薛瑄哲學的意義凸顯，其一，對明代氣學的開端。由於時代問題的轉換，明初儒者由宋儒天人形上義理的恢宏建構轉向實然世界和內在心性的觀照，並向孔孟儒學實踐本旨回歸。因而，程朱理學所著意顯發的理氣關係形上形下之分也開始出現新的走向。朱子所高揚的「理」的形上本體意涵漸於消解，實然之「氣」的地位被凸顯，「理氣無縫隙」、「理氣無先後」等理氣非二、理氣無間的屬性被突出強調。這一轉向由曹端啓其端倪，薛瑄尤爲凸顯而有所確立。薛瑄之後，羅欽順、王廷相、王夫之等人對「理氣不二」的一再強調和「氣」之本體地位的逐步確立，使程朱理學逐漸轉嚮明代氣學。同時，氣學一脈也因張載關學對實然氣本氣化世界的觀照而將其融入明代氣學，但主要發展其實然之氣的理論面向，對其「太虛」本體的宏闊架構與超越意識則進行消解。其二，對明代關學的振興。薛瑄以明道復性、躬行踐履的義理和學風進行河東講學，開創「師承有自」、踐履篤實的河東學派，薛瑄的講傳授受與河東弟子及後學在同關中學者的交流互動中，促使明代關中的講學之風和躬行禮教的踐履之風復萌，至呂柟和明清之際的李顒則實現關學的中興，從而使關學作爲北方最重要的學派呈現出完整的意義。同時，薛瑄講學不僅促進明代關學的復興，也開啓了有明一代由其是北方的講學之風。其三，對明代心學的影響及對心學之弊的防檢。陸九淵心學經由元代的「朱陸合流」而漸融於程朱理學之中，並主要通過元

〔註21〕《王陽明與明末儒學》，第 99 頁。

代吳澄、明代前期胡居仁、陳獻章的顯發，至明中期王陽明以「心」本論和良知之學而大放光彩〔註22〕。薛瑄哲學在所蘊涵的以性爲體、以心爲本、明識此性、操存此心的心性與踐履觀照，醞釀了明初理學重視內在心性與工夫踐履的大環境，實蘊涵著心學發端的因素。其四，對明清實學的開啓。薛瑄出於儒家「爲己之學」和實得力踐的觀照，構建了較爲系統的實理實氣、萬物皆實的理論體系，在爲儒家「爲己之學」提供義理支撐的同時也孕育著明清經世致用實學的發端，成爲明清實學的重要思想資源。而這一思想資源，同樣是由程朱理學之轉嚮明代氣學一脈逐步清晰呈現的。

宋明時代的思想演進如此，明代理學思潮內部也同樣激蕩互動。明代心學與氣學是從程朱理學同一母體中分化出來的兩大思想進路，相互激蕩於明代理學內部。而明初曹端、薛瑄、吳與弼等人結合時代問題所開顯的義理方向、學問脈絡與人格氣象，形成理氣一元化、心性一元化以及重視工夫踐履的整體趨向，醞釀著明代氣學和心學的產生。一方面，心性一元化和工夫踐履的觀照使明初吳與弼、胡居仁、陳獻章等糾正朱學繁瑣之偏，同時對程朱理學和孔孟儒學之內在心性進行深刻掘發，推進至明中葉的王陽明，則將天地萬物之統攝由朱子之「理」（天理）收攝入主體內心，以「心」爲「理」，並將朱子格物工夫轉爲格心，形成明代心學，且大倡於世。另一方面，明初開始形成的理氣一元化和觀照實然世界的面相使程朱理氣關係由「理」之形上本體義的偏重轉向實然之「氣」的偏重，逐漸形成明代氣學，到明清之際的王夫之則全然走向以實然之氣爲本體的「氣本論」。於是，朱子的形上超越的本體之「理」分別向「氣」、「心」兩個方向發生裂解，形成明代相互對治又互救其失的氣學和心學兩大學派。尤其到了明代後期，心學與氣學在相互對治的過程中未免走向極端，其中陽明後學推極心學的不同面相，無所收攝，逐漸偏離陽明心學的重心，最後不得不消失在明亡的現實中；氣學則取消了「理」的形上觀照意識，全然以實然之「氣」爲本體，完全面向實然世界，在明末清初遇到社會變遷、民生日用的現實要求時，則自然一方面走向「經世致用」的明清實學，一方面又在現實的高壓下繼續走向清代考據學。在明代理學兩大學派的激蕩互動過程中，薛瑄保留了「太極」與「理」的形上本

〔註22〕有學者認爲陽明心學之興起並非與陸九淵心學有明顯的關係。但明代心學不會完全憑空而起，胡居仁、陳獻章的心學方向亦不是憑空自得，與已經融入程朱理學的陸九淵心學應多少存在著學脈淵源。

體義以守住程朱理學家法，又以「理氣無縫隙」的天道觀凸顯了明代氣學的對實然世界的觀照和切己反躬之踐履，亦以明識本性、操存此心的靜存工夫顯發重視內在心性的旨向，天人互視，內外無間，知性兩得。因而，薛瑄哲學既不失超越意識，又凸顯實然面向和心性觀照，既防檢心學之弊，又避免氣學之偏，保持著全面的觀照視野和向孔孟儒學回歸的意識，具有典範性的意義。

總之，無論是兩宋理學嚮明代理學的轉向，還是明代理學內部的激蕩互動，明初薛瑄都是其中不容忽視的人物。薛瑄在明初思想高壓專制的時代環境下和程朱理學的總體框架中，能夠深刻把握時代要求，自覺轉換問題意識，在繼承宋儒天人視域和博大精微義理規模的同時，以面向生命的躬行踐履和德性完善爲觀照，對程朱乃至宋儒和孔孟儒學的天人性命之學進行慎重反省，形成自己的理論架構。就其哲學建構而言，薛瑄在天道觀上賦予「太極」「能爲動靜」的屬性，強調理氣「無縫隙」、「無先後」、「無間斷」；在人性論上凸顯「性」之大本大原地位和「性氣相即」，重視「心」的主宰作用；在工夫論上主張居敬窮理、靜存動察、內外交修、知行兩得；在踐履中則徹底貫徹學行一貫、體用不二，成就「實踐之儒」和「澈表澈裏一般人」。就其獨特觀照而言，薛瑄哲學保留了「太極」（理）的形上本體義，雖然強調「理氣無縫隙」，重實然之「氣」，但並未將「氣」作爲其整個哲學體系的本體論基礎，預防了明代氣學遮蔽宇宙本體的走向；突出論「性」，同時論「心」，但堅持以「性」爲統攝與觀照萬物的道德本體，而並非以心爲本，從一開始就有意避免了過分向心學滑落的弊端；在向生活實踐落實、向孔孟儒學復歸的同時，始終保持了儒家內在超越的道德主體與境界關懷，是在此基礎上的回歸與落實，並非簡單的平面化；保持了儒家天人雙向關懷，一方面用天道觀和本體論觀照、統攝人性論，另一方面以人性論承載、落實天道觀和本體論。就其影響而言，薛瑄在明初時代呈現出來的理氣不二、消理重氣、性本心用、踐履爲本的諸多觀照轉變，較爲清晰地呈現出宋明學術範式與思想進路的轉換端緒，更開啓明代講學之風，啓迪明代氣學和明清實學，促進明代關學中興，影響明代心學產生並防檢心學之弊，在宋明理學轉換中起著承前啓後的作用，亦以開端風氣之功和創立學派的形式推動著明代理學的交流互動，成爲宋明理學發展過程中的重要一環。

儒家所珍重與成就的是「生命的學問」，因而儒家所立之言、所著之書並

非純然客觀的知識，而是切於自身生命、與主體相感通契合的修身成德之學。在「天人合一」、「天人一體」的大宇宙視域中，儒家歷來不以對象化的眼光去對待物我，認爲萬事萬物從來就不是與人之主體生命無關的客觀存在，而是如張載所言「民吾同胞，物吾與也」，同源天地間，渾然一體，無間無隔。自先秦孔孟開創於生活中隨處指點的經典儒學，到宋儒開顯儒學強烈的主體意識與天人境界，並彰顯儒家兩千餘年古聖相傳、延續不絕的道統，更凸顯了儒家義理與切己實踐之間的張力。於是，無論先秦孔孟，還是張載、二程、朱子、陽明、羅欽順、王廷相等，歷代眞儒雖然爲學進路與工夫入路各有不同，但無不讀書求道、默契天人、挺立主體、反躬切己，在讀書爲學的過程中求儒家聖賢氣象和理想人格境界。薛瑄同樣在聖賢理想境界指引下清修篤學、挺立大本、精思力踐，超越氣質之性的拘限，成就道德意義上的「大我」和無限生命。其言「己學安敢望聖賢之萬一？但頗識趨向之正，不爲異學所惑耳」﹝註23﹞，見其向道之心之不已。而其臨終「七十六年無一事，此心惟覺性天通」之語，則是其通過畢生的盡心、知性、復性的義理透徹和工夫踐履而獲致的知天、與天相通的眞實生命境界。

8.4 新時代優秀傳統文化傳承視野下薛瑄哲學思想價值定位

　　中華優秀傳統文化是中華民族的精神命脈，其道德精髓、生命精神和價值追求源遠流淌在中國人民的血液和生命中。對薛瑄這一儒家優秀傳統文化代表個案進行系統梳理和多維呈現，爲深入理解優秀傳統文化的天人視野、人性透徹、問題意識、形成理路、思想特質、道德精髓及實踐邏輯提供了深厚的理論依據，也爲新時代滋養和培育社會主義核心價值觀、促進優秀傳統文化的「創造性轉化」和「創新性發展」、提升思想政治教育實效性提供了深入具體的個性化解讀路徑和系統化詮釋視角，在理論和實踐層面均具有積極的時代意義。優秀傳統文化傳承視野下薛瑄哲學思想的價值啓示如下。

　　首先，爲優秀傳統文化的道德建構、道德實踐、道德生命和道德理想進行了深刻闡釋和踐行。從道德提升的角度而言，薛瑄哲學思想是在純善的道德之天統攝下的天、人、性、心體係，人性源於天道之德，又能夠並應當通

────────────

﹝註23﹞《薛瑄全集　讀書續錄卷三》，第 1378 頁。

過人的修養實踐超越實然氣質之性，彰顯和實現至善人性，並復歸至善天道。因此，人作為「道德的主體」，從道德提升的維度達到主體實然人性與源自天道的本然人性的統一，進行人性的內向超越，實現道德意義的「天人合一」、「性天通」，這既是薛瑄哲學思想和生命實踐所秉持和追求的價值信念，也是儒家優秀傳統文化所追求的核心價值和道德精髓，更是儒家所洞見的「人之所以為人」的本質要求。從理論和實踐的邏輯展開路徑看，薛瑄哲學思想展現出儒家優秀傳統文化的道德精髓和實踐特質，既在天人視域中透徹人性本善的道德人性論，確立內向超越的生命精神，又注重知行合一的實踐向度，並以一以貫之的生命實踐體證、實踐其道德精髓和道德信仰，因此優秀傳統文化的道德精髓既是信仰和本性，同時又是規範和實踐，具有鮮明的實踐性特徵。

其次，為優秀傳統文化在新時代條件下的「創造性轉化」和「創新性發展」提供理論支撐和實踐依據。儒家優秀傳統文化具有超越時空的深刻價值，在當下中國依然具有生動的、活的時代價值，是新時代優秀傳統文化創造性轉化和創新性發展的理論和實踐源泉。明初薛瑄哲學思想的形成、演進和發展進路，薛瑄哲學思想體系所彰顯出的天人氣象、理想境界和價值追求，薛瑄一生挺立大本、至誠持敬、光明峻潔、學行一貫的生命實踐，無不具體而生動地展現出優秀傳統文化的生命精神和重德特質，為我們在新時代弘揚優秀傳統文化在中國夢引領、文化自信提升、民族精神凝聚、和諧社會構建、公民道德提升等層面的獨特價值提供了理論和實踐依據。新的時代更應注重發揮傳統文化挺立主體道德責任、提升公民道德境界的實踐價值，重視從生活化的實踐層面傳承優秀傳統文化，從具體化的和諧社會構建層面弘揚傳統文化，並將傳統文化與現代文明相融合，實現優秀傳統文化在個體道德、社會凝聚、民族精神、文化自信等層面的創造性轉化和創新性發展。

第三，滋養社會主義核心價值觀內涵，促進社會主義核心價值觀的培育和踐行。中華優秀傳統文化是社會主義核心價值觀的價值源泉，而優秀傳統文化的道德精髓則蘊涵於中國儒家哲學代表人物的思想體系和生命實踐當中，薛瑄哲學思想也是傳統文化道德譜系中的重要一環。薛瑄哲學思想在「理氣無縫隙」、「理在氣中」的天道觀和「性體至善」、「性即理」的人性論基礎上，提出以「復性踐履」、「踐仁體道」的總體工夫路徑，又將「持敬」、「主靜」、「立誠」、「存心」、「反躬踐履」等切己修養工夫作為超越氣質之性、實

現本然人性的具體途徑，其思想和生命實踐所體現出的篤實踐履精神、誠信精神、敬業精神、追求至善的精神，均與社會主義核心價值觀的「愛國」、「敬業」、「誠信」、「友善」等價值追求一脈相承，是滋養社會主義核心價值觀內涵的源泉之一，其修養和實踐路徑也對新時代公民社會主義核心價值觀的培育和踐行具有重要的參照意義。

第四，促進大學生思想政治教育的內涵深化和實踐提升，增強思想政治教育實效性。薛瑄哲學思想具有篤實踐履的實踐價值和切實豐富的實踐路徑，對於新時代公民尤其是大學生提升思想道德水平、加強道德品格修養、提升思想政治教育實效性具有深刻的理論和實踐意義。薛瑄哲學是儒家優秀傳統文化的代表之一，其思想將儒家傳統文化對天道、人性的透徹和體證轉化爲主體內在的道德責任，將社會禮儀規範和道德規範內化爲主體自覺的道德實踐，並將之作爲畢生追求和踐行的道德信仰，眞切提升主體道德人格，積極實現理想道德境界。這不僅是薛瑄的追求，更是儒家優秀傳統文化的價值追求。新時期大學生思想政治教育的目標更突出了積極培育和踐行社會主義核心價值觀、自覺弘揚中國精神、提升科學文化素質和道德素養、實現身心和諧發展等時代需求〔註24〕。作爲大學生自我實現、自覺完善的實踐邏輯，思想政治教育的道德素養提升更具有核心價值，因爲「道德之於個人、之於社會，都具有基礎性意義，做人做事第一位的是崇德修身」，「一個人只有明大德、守公德、嚴私德，其才方能用得其所」。在道德自覺、道德提升的基礎上，主體的責任意識更加自覺，人生境界更加開闊，也更能獲得持久、穩固、長效的內生動力，從而有效提升思想政治教育的實效性。這都是薛瑄哲學思想對今天青年價值觀培育和道德提升的重要啟示。

〔註24〕 李忠軍：《大學生思想政治教育目標新探》，《思想理論教育導刊》，2013 年第 12 期。

第 9 章　源頭活水開新境：中華優秀傳統文化的時代傳承與創新

　　從道德和文化發展的縱深向度和民族內生性而言，無論是傳承和弘揚優秀傳統文化、促進優秀傳統文化的「創造性轉化」和「創新性發展」，還是培育和踐行社會主義核心價值觀、建立文化自信、發揚中國智慧，都需要以優秀傳統文化思想精華的深入挖掘、詮釋和呈現爲根基，否則容易成爲「無源之水」、「無本之木」。朱明時代是優秀傳統文化道德思想深入發展、哲學思辨精深展開的重要階段，薛瑄哲學思想研究作爲一個有代表性的個案研究，對我們今天深入研究和理解中華優秀傳統文化的道德特質、思想特點、核心精神及其現代意義，推進優秀傳統文化傳承從形式弘揚到內涵和價值傳承，無疑具有重要的推動價值，成爲當下中國培育社會主義核心價值觀、建立文化自信和發揮中國智慧的「源泉」和「活水」之一。社會主義核心價值觀的培育和踐行、中華民族偉大復興中國夢的實現也必須汲取優秀傳統文化源頭活水的道德精髓，凝聚中國精神，激發中國力量。

9.1 時代解讀：新時代傳承和弘揚中華優秀傳統文化的五個維度

　　從習近平總書記對優秀傳統文化的系統論述中，可以反映出優秀傳統文化的時代價值及其傳承和弘揚的宏觀路徑。黨的十八大以來，習近平多次論述中華優秀傳統文化的思想內涵、道德精髓、現代價值和傳承理念，形成了

系統的傳統文化觀。在優秀傳統文化的價值定位上，習近平強調「優秀傳統文化是一個國家、一個民族傳承和發展的根本，如果丟掉了，就割斷了精神命脈」，指出「中華優秀傳統文化是中華民族的精神命脈」，「中華傳統美德是中華文化精髓，蘊含著豐富的思想道德資源」〔註1〕。傳統文化「思考和表達了人類生存與發展的根本問題，其智慧光芒穿透歷史，思想價值跨越時空，歷久彌新」，其豐富的「哲學思想、人文精神、教化思想、道德理念」，「可以為人們認識和改造世界提供有益啟迪，可以為治國理政提供有益啟示，也可以為道德建設提供有益啟發」，具有「永不褪色的時代價值」。在優秀傳統文化的傳承途徑上，習近平強調要「加強對中華優秀傳統文化的挖掘和闡發」，從傳統文化中提取民族復興的「精神之鈣」，「對歷史文化特別是先人傳承下來的道德規範，要堅持古為今用、以古鑒今，堅持有鑒別的對待、有揚棄的繼承」，努力實現中華優秀傳統文化的「創造性轉化、創新性發展」〔註2〕，使之「在繼承中發展，在發展中繼承」，並「與現實文化相融相通，共同服務以文化人的時代任務」，使優秀傳統文化的優秀價值理念、道德精髓與當今社會發展需要相契合，通過現代化的傳播手段讓優秀傳統文化在民眾心裏落地生根，為民族復興提供堅實的文化支撐。具體而言，習近平論述傳統文化在當今中國創造性轉化和創新性發展的內涵可分為五個維度，亦即新時代傳承和弘揚優秀傳統文化的五個維度。

一是信仰層面的時代融合：重塑中國精神，共鑄中國夢。要實現中華民族的偉大復興，必須要有獨立的中國精神，重塑民族自信，共同凝聚中國夢。「一個國家、一個民族的強盛，總是以文化興盛為支撐的，中華民族偉大復興需要以中華文化發展繁榮為條件」。「沒有文明的繼承和發展，沒有文化的弘揚和繁榮，就沒有中國夢的實現」，「不忘歷史才能開闢未來，善於繼承才能善於創新。只有堅持從歷史走向未來，從延續民族文化血脈中開拓前進，我們才能做好今天的事業」，優秀傳統文化中包含著中華民族「最深沉的精神追求」和「最深厚的文化軟實力」，「今天依然是我們推進改革開放和社會主義現代化建設的強大精神力量」。「中華民族的先人們早就向往人們的物質生

〔註1〕習近平：《習近平談治國理政 培育和弘揚社會主義核心價值觀》，北京：外文出版社，2014年1月，第164頁。

〔註2〕習近平：《儒學：世界和平與發展——在紀念孔子誕辰2565週年國際學術研討會暨國際儒學聯合會第五屆會員大會開幕會上的講話》，《孔學堂》，2015年第1期。

活充實無憂、道德境界充分昇華的大同世界」，因此「實現中華民族偉大復興，就是中華民族近代以來最偉大的夢想」，而當今中國要「實現中國夢」，「是物質文明和精神文明比翼雙飛的發展過程」，首先「必須弘揚中國精神」，並進行時代創新，即「以愛國主義爲核心的民族精神，以改革創新爲核心的時代精神」，要「始終把弘揚中華民族傳統美德、加強社會主義思想道德建設作爲極爲重要的戰略任務來抓，爲實現中華民族偉大復興的中國夢提供強大精神力量和有力道德支撐」。在全面建成小康社會的新時期，要「引導我國人民樹立和堅持正確的歷史觀、民族觀、國家觀、文化觀，增強做中國人的骨氣和底氣」，增強文化自覺和文化自信，凝聚和打造強大的中國精神和中國力量。

二是思想層面的現代轉化：推進社會主義核心價值觀。社會主義核心價值觀汲取了中華傳統文化的精髓，將國家、社會、公民三個層面的價值追求融爲一體，成爲新形勢下中國人共同的思想價值追求。習近平指出，「培育和弘揚社會主義核心價值觀必須立足中華優秀傳統文化」，中華優秀傳統文化「是涵養社會主義核心價值觀的重要源泉，也是我們在世界文化激蕩中站穩腳跟的堅實根基」，要「深入挖掘和闡發中華優秀傳統文化講仁愛、重民本、守誠信、崇正義、尚和合、求大同的時代價值」，使社會主義核心價值觀「融社會主義的價值特性與中華民族的文化特性於一體」〔註3〕，進行思想層面的現代轉化。社會主義核心價值觀在國家層面倡導「富強、民主、文明、和諧」，有其深刻傳統文化價值根源，如「民之所欲，天必從之」的民本思想、「禮，務國家、定社稷，序人民，利後嗣者也」的崇禮文化，「保息養民」、「因民之所利而利之」的富民思想、「和爲貴」的和諧精神。在社會層面倡導「自由、平等、公正、法治」，同樣也體現了優秀傳統文化的價值追求，如「爲仁由己」的自由思想、「隆禮重法」的法治思想。在個人層面倡導「愛國、敬業、誠信、友善」，更與傳統文化的價值訴求深度契合，如「誠之者，人之道也」，「仁者，愛人」，以及篤實踐履、誠敬爲學的敬事精神、「民胞物與」的仁愛境界和「天下爲公」的大同精神。要深入推進中國社會的全面發展，就要使流淌在中華民族血脈中的寶貴精神財富和傳統價值精髓在當下中國重新鮮活起來，凝聚社會主義中國的核心價值觀，提升思想文化自覺和價值觀自信。

三是制度層面的現代重構：以德治輔法治，實現良法善治。道德具有引

〔註 3〕沈壯海，《將優秀傳統文化融入高校立德樹人實踐》，《思想政治工作研究》，
2014 年第 4 期。

人向善、教化育人、滋養法治和維護社會和諧、提升社會文明程度的深刻作用。隨著中國社會的深入發展，道德建設的需求日益凸顯。習近平指出「法律是成文的道德，道德是內心的法律」「法安天下，德潤人心」「法律有效實施有賴於道德支持，道德踐行也離不開法律約束」「法治和德治不可分離、不可偏廢，國家治理需要法律和道德協同發力」，使道德教化體係與社會主義法律規範相協調促進，共同保障我國社會的和諧發展。習近平強調將依法治國和以德治國相結合，提出「禮法合治」「德主刑輔」「德法融促」的治國理政思想。一方面，「強化道德對法治的支撐作用」，發揮其「教化育人」和「滋養法治」的作用，「努力使道德體係同社會主義法律規範相銜接、相協調、相促進」「提高全社會文明程度，爲全面依法治國創造良好人文環境」。另一方面，「以法治承載道德理念」，法律法規要爲道德建立「可靠制度支撐」「樹立鮮明道德導向，弘揚美德義行，立法、執法、司法都要體現社會主義道德要求，都要把社會主義核心價值觀貫穿其中，使社會主義法治成爲良法善治」「要把實踐中廣泛認同、較爲成熟、操作性強的道德要求及時上升爲法律規範，引導全社會崇德向善」，充分發揮道德規範構建和諧社會的重要作用。

四是社會層面的現代傳承：以文化人，傳承家風行風。「天下之本在國，國之本在家」，家庭是社會的細胞，家風影響著個人的品德和行爲。習近平重視傳承和弘揚傳統文化在家庭家風建設方面的重要價值，強調塑造和踐行良好的社會主義家風，引導公民向上向善，形成個人和社會發展的正能量。家庭「是社會的基本細胞，是人生的第一所學校」，是「國家發展、民族進步、社會和諧的重要基點」「千家萬戶都好，國家才能好，民族才能好」「家風好，就能家道興盛、和順美滿；家風差，難免殃及子孫、貽害社會」。因此「不論時代發生多大變化，不論生活格局發生多大變化，我們都要重視家庭建設，注重家庭、注重家教、注重家風」。在傳承途徑上，習近平強調「對傳統文化中適合於調理社會關係和鼓勵人們向上向善的內容，我們要結合時代條件加以繼承和發揚，賦予其新的涵義」，要把「培育文明道德風尚」作爲重要著力點，「堅持正確的價值取向、輿論導向，實現以文化人、以文育人」。我們要「要發揚光大中華民族傳統家庭美德，促進家庭和睦，促進親人相親相愛，促進下一代健康成長，促進老年人老有所養」，堅持「忠厚傳家久，詩書濟世長」，做到「廉潔齊家，自覺帶頭樹立良好家風」，弘揚傳統美德。

五是道德層面的現代挺立：立德樹人，提升公民素質。道德是傳統文化

的核心價值訴求，道德修養是立人之本。習近平強調「國無德不興，人無德不立，一個民族一個人能不能把握自己很大程度上取決於道德價值」「德者，本也」，我們「必須加強全社會的思想道德建設，激發人們形成善良的道德意願、道德情感，培育正確的道德判斷和道德責任，提高道德實踐能力尤其是自覺踐行能力，引導人們向往和追求講道德、尊道德、守道德的生活，形成向上的力量、向善的力量」。在實現途徑上，「道不可坐論，德不能空談」，要始終把弘揚中華民族傳統美德「作爲極爲重要的戰略任務來抓」「正確處理義與利、己與他、權與民、物質享受與精神享受等重要關係」「於實處用力，從知行合一上下工夫」，核心價值觀「才能內化爲人們的精神追求，外化爲人們的自覺行動」。要深入實施公民道德建設工程、實踐育人共同體建設計劃和群眾性精神文明創建活動，引導人民「樹立良好道德風尚，爭做社會主義道德的示範者、良好風尚的維護者」，提升公民道德修養和思想覺悟。以「立德樹人」爲「立身之本」的高校尤其要「堅持把立德樹人作爲中心環節」「實現全程育人、全方位育人」。要弘揚道德模範正能量，引導公民堅守倫理規範和道德根基，促進社會主義核心價值觀的主體內化和實踐外化，實現立德樹人，構建和諧社會。

誠如所論，習近平的傳統文化觀彰顯出當今時代要求對優秀傳統文化養分的「深深浸潤」、創造性轉化和創新性發展。通過信仰凝聚、制度重構、價值觀挺立、社會風氣塑造和個體道德提升五個維度的現代轉化和創新發展，中華優秀傳統文化將煥發出新的生機和活力，助力中國社會的深入發展和中華民族的偉大復興。同時，在中華優秀傳統文化的深厚土壤和歷史積澱基礎上，中國社會和人民也將不忘初心，砥礪前行，構築文化自信，共同實現中國夢。

9.2 價值傳承：中華優秀傳統文化與新時代社會主義核心價值觀的深度契合

通過薛瑄哲學思想的個案研究，具體、充分、深刻地展現出優秀傳統文化的道德建構體係和道德生命進路，有利於具體、深入地理解優秀傳統文化的道德價值，對於新時代理解和培育社會主義核心價值觀具有理論根基意義。優秀傳統文化以儒家文化爲中心，在天人視域中透徹人性本善的道德人

性論，確立內向超越的生命精神，注重知行合一的實踐向度，其道德精髓既是信仰和本性，又是規範和實踐。「國無德不興，人無德不立」〔註4〕。習近平總書記強調要「認真汲取中華優秀傳統文化的思想精華和道德精髓」，「使中華優秀傳統文化成為涵養社會主義核心價值觀的重要源泉」。「核心價值觀，其實就是一種德，既是個人的德，也是一種大德，就是國家的德、社會的德」，社會主義核心價值觀與優秀傳統文化道德精髓深度契合，是培育踐行社會主義核心價值觀的重要價值資源和實踐源泉。

一是中華優秀傳統文化以「道德主體性」為道德精髓。首先，優秀傳統文化以「人性本善」「我固有之」為道德人性根基。儒家傳統文化認為人的本質即人與動物的根本區別在於人的善性和道德性，並以「立人之本」作為全部倫理建構的核心和基礎。孔子首提「性相近也」，其後孟子指出「仁、義、禮、智，非由外鑠我也，我固有之也」，強調仁、義、禮、智四種善的根芽是每個人本性中先天固有的，是人之所以為人的根本。據此，傳統文化建立了天命人性的深刻道德義理和崇德修身的豐富道德規範，形成了獨特的生命向度和道德特質。其次，優秀傳統文化以「為仁由己」「內向超越」為道德生命精神。傳統文化強調道德主體性，注重挺立人的本然之善，涵養道德本心，實現主體善性的內向超越、道德境界的自覺提升和真實生命的純然呈現。孔子說「我欲仁，斯仁至矣」，「為仁由己」，認為道德的動力來源於主體自身的道德自覺。若能挺立主體道德意識，擴充本然善性，自覺追求內向超越和境界提升，那麼不僅道德問題，且由道德問題所派生的各類問題均會相應得到解決和超越，恰如孟子所言「苟能充之，足以保四海；苟不充之，不足以事父母」。再次，優秀傳統文化以「知行合一」「學行不二」為道德實踐宗旨。傳統文化以自覺的道德意識和道德信仰為引領，以理想人格境界為目標，注重收束外向追求、返歸主體內心，形成注重實行、以德養生、反身而誠的實踐理論。人要持守「人之所以為人」的至善本性，在為學處事之中省察超越，堅持知行合一、學行不二，並畢貫終生，將善性的自覺和道德的省察貫徹於日用常行，實踐於家國天下，方能成為真正的人，進而達到「天人合一」的宏闊境界。

二是社會主義核心價值觀具有深厚的道德宏旨。一方面是社會主義核心

〔註4〕習近平，《習近平論社會主義核心價值觀——十八大以來重要論述選編》，《黨建》，2014年第4期。

價值觀具有道德統攝作用。道德作為特殊的意識形態，是「依靠社會輿論、傳統習慣和內心信念所維持的、調整人們之間以及社會之間關係的行為規範的總和」。社會主義核心價值觀汲取誠信、友善、和諧的傳統道德精髓，融入自由、民主、法治的時代精神，將國家、社會、個人三個層面的價值要求融為一體，作為立體的信仰和價值體系，是對國家之德、社會之德、個人之德的宏觀統攝，其發之於國家是「富強、民主、文明、和諧」，發之於社會是「自由、平等、公正、法治」，發之於個人是「愛國、敬業、誠信、友善」。另一方面是社會主義核心價值觀具有道德凝聚作用。社會主義核心價值觀突出道德建設對社會精神文明建設的核心價值，既能統攝社會價值觀念，又能凝聚全社會道德力量，構建和諧社會及身心關係。因此，「必須加強全社會的思想道德建設，激發人們形成善良的道德意願、道德情感，培育正確的道德判斷和道德責任」，「引導人們向往和追求講道德、尊道德、守道德的生活，形成向上的力量、向善的力量」〔註5〕，使全社會形成精神合力，全面提升道德水平。第三方面是社會主義核心價值觀以道德實踐為落腳點。「一種價值觀要真正發揮作用，必須融入社會生活，讓人們在實踐中感知它、領悟它」〔註6〕。社會主義核心價值觀是立體的，是在價值信仰統攝思想觀念和價值導向凝聚道德力量的基礎上，落實於生活層面的道德實踐。因此，培育和實踐社會主義核心價值觀要以實踐為導向，將「正確的道德認知、自覺的道德養成、積極的道德實踐緊密結合起來」，提高自覺踐行能力，將道德規範內化於心、外化於行，促進和諧社會的構建和社會文明程度的提升。

三是社會主義核心價值觀與優秀傳統文化道德精髓的深度契合。一方面，傳統文化道德精髓是社會主義核心價值觀的涵養之源。「牢固的核心價值觀，都有其固有的根本。拋棄傳統、丟掉根本，就等於割斷了自己的精神命脈」，因此培育和弘揚社會主義核心價值觀必須立足中華優秀傳統文化。優秀傳統文化具有深刻的道德人性根基、道德生命向度和道德實踐宗旨，擁有完備的道德規範和實踐倫理，具有超越時空的深刻價值，是社會主義核心價值觀「固有的根本」和涵養之源，也是正確理解和踐行社會主義核心價值觀的實踐源泉。另一方面，社會主義核心價值觀是傳統文化道德精髓的時代傳承。

〔註 5〕習近平，《習近平論社會主義核心價值觀——十八大以來重要論述選編》，《黨建》，2014 年第 4 期。

〔註 6〕《習近平談治國理政 青年要自覺踐行社會主義核心價值觀》，第 168 頁。

傳統文化道德精髓要發揮時代價值，就要立足於人的價值主體性和道德主體性，融合社會主義特質和自由民主的時代特徵，融入社會主義核心價值觀。社會主義核心價值觀充分尊重、積極傳承並有效融合了傳統文化道德精髓，賦予傳統道德倫理以嶄新的時代精神，對傳統文化道德精髓進行了時代整合和超越，使其在新時期煥發生機活力，並成爲中國社會的主導價值觀念。

9.3 融合基礎：爲社會主義核心價值觀的培育和踐行提供理論依據和實踐參考

從薛瑄哲學思想的理論建構和道德實踐進路可以得到啓示，優秀傳統文化以「道德主體性」爲鮮明特徵，在本體論追尋、天人關係建構、價值追求和實踐理想上均以「道德主體」爲統攝和支撐，這與社會主義核心價值觀的道德宗旨和價值追求深度契合，是理解社會主義核心價值觀的重要切入點，爲社會主義核心價值觀的培育和踐行提供了深厚的理論依據和時間參考。同時，作爲社會主義核心價值觀所針對的現實問題，當代社會的信仰缺失、價值多元、道德滑坡等問題若要眞正有效解決，現代化進程中工具理性和功利趨向的各種弊端若要眞正消解，則以「人」立基、以「道德主體」爲特質的儒家優秀傳統文化應成爲重要的價值資源和實踐借鑒，眞正成爲新時代社會發展的源泉和動力。

其一，「道德主體性」是中華優秀傳統文化的道德精髓和獨特特質之一，爲社會主義核心價值觀提供道德建構基礎。優秀傳統文化最爲卓著的成就在道德方面，其眞正的核心與精華在於對人的道德主體性的充分尊重與高揚。「道德主體」思想決定著優秀傳統文化的道德建構、道德人性、道德實踐、道德目標和道德理想的整個理論體係和邏輯關聯，也形成了優秀傳統文化強烈的道德自律意識和主體擔當精神。儒家優秀傳統文化具有鮮明的道德特質，將人視爲「道德的主體」，對人的「主體性」和「內在超越」向度給予最爲充分的重視與高揚，肯定了「人」這一主體的內在價值和內生力量，其天道觀、人性論和工夫論都圍繞著提升人之爲人的本質屬性即道德性展開，極大挺立主體的道德自信和擔當精神，對於主體內在德性的提升具有深刻的作用，爲主體價值觀的形成提供持久穩固的理論基礎和實踐動力，對提升大學生價值觀培育和道德人格境界具有重要意義。如孟子所言「至大至剛」、「與

天地參」的「大丈夫」人格，北宋張載提倡「爲天地立心，爲生民立命，爲往聖繼絕學，爲萬世開太平」的博大氣象，明初薛瑄「此心惟覺性天通」的道德境界追求，均以「道德主體」爲深厚底蘊和實踐動力。因此我們更需要重新反思儒家文化，認識到傳統文化不是用來觀賞把玩的古董，而是切己身心、作用於當下的活生生的價值資源，可以從中吸取歷久彌新的成分，如「道德主體」、「內向超越」、「和諧」、「誠信」、「友善」等，內化成爲主體道德自覺，實現人內在道德和價值觀提升，凸顯道德自覺、傳統底蘊、文化自信和中國特色。

　　其二，優秀傳統文化道德主體思想以「人性本善」爲人性論根源，爲社會主義核心價值觀培育奠定了人性論基礎。對於「人性本善」的人性論和道德的深刻闡釋，是儒家文化對中華民族和中華文化的獨特貢獻。無論物質技術如何進步，人作爲人的本質是不變的，而優秀傳統文化則恰恰以「爲人之本」、「立人之本」爲核心和基礎。以孔、孟「仁學」爲核心的傳統儒家文化，認爲人的本質即人與動物的根本區別在於人的善性和道德性。孔子說「性相近，習相遠也」，言「仁」是「愛人」，道出人性之本。《孟子》中稱「孟子道性善，言必稱堯舜」，孟子對人性論進行了辨析和闡述，認爲「人之異於禽獸者幾希」在於「人皆有不忍人之心」，具體強調「惻隱之心，仁之端也；羞惡之心，義之端也；辭讓之心，禮之端也；是非之心，智之端也」，「惻隱之心，仁也；羞惡之心，義也；恭敬之心，禮也；是非之心，智也。仁義禮智非由外鑠我也，我固有之也」，認爲「仁」、「義」、「禮」、「智」四種善的萌芽是人的根本，是人區別於動物、之所以爲人的本質屬性。性善論的人性透徹是優秀傳統文化展開天人性心之論的源頭和開端，而依此對主體人格的提升和自然天道的復歸與彰顯則是儒家立論的落腳點和目標。從實踐的意義以及對現代社會的價值上說，天人視域中的人性使儒家對「人」這一主體擁有充分的、立體的、超越的認識和闡釋，天人境界和工夫論中的道德凸顯了人的超越的道德性這一本質特徵，這是道德之所以成爲人的本質要求的人性論依據，也是優秀傳統美德之所以形成的人性論基礎。優秀傳統文化的性善論也爲人的道德規範和道德行爲提供了人性論基礎和「道德何以可能」的依據，形成了儒家優秀傳統文化獨特的生命氣象和道德意蘊，使優秀傳統文化在歷史發展中保持了獨立的生命精神，形成了完備的道德規範，這對於社會主義核心價值觀的闡釋和培育具有深刻的理論意義。

其三，優秀傳統文化道德主體思想以「內向超越」爲主體自覺和內生動力基礎，爲社會主義核心價值觀培育和踐行提供動力基礎。優秀傳統文化強調「道德主體性」，由「仁」之大公精神進而成就崇高道德的超越。重視主體之人收攝外向追求，返歸自我內心，於日用事爲之間反省沉潛，在爲學處事之中省察超越，充分尊重與高揚自我主體，實現「爲仁由己」的道德自覺和「內在超越」，最爲充分地擴充和涵養主體德性。唯有此內在超越人格境界的開闢和自我主體的重塑與挺立，才能激發內生性動力，超越「小我」的偏私狹隘局限，以理想道德境界爲引領，自作主宰，成就「大我」的超然境界，實現道德意義的「天人合一」。若能挺立道德主體，重視「內在超越」與人格的提升，那麼不僅道德問題，且由道德問題所派生的各類問題均會相應得到解決，如孟子所言「凡有四端於我者，知皆擴而充之矣，若火之始然泉之始達。苟能充之，足以保四海；苟不充之，不足以事父母」〔註7〕。道德主體性的確立不是空泛的理論和概念，其必然要求人的主體道德自覺的提升和道德行爲的落實。主體之人以道德的必然性爲基礎，挺立內在道德本性，建立主體道德自律和行爲自覺，使源自天道、歸於人道的道德踐履之「不容已」和「知行合一」共同實現，進而以「仁」與「善」的境界體貼天地萬事萬物，將內在德性外發爲道德實踐，在日用常行間踐行儒家普適性道德要求和倫理規範，如「己所不欲，勿施於人」、「己欲立而立人，己欲達而達人」、「忠恕之道」，如「仁愛」、「誠信」、「友善」，從而成爲異於禽獸之人、眞正的人、本眞的人。優秀傳統文化的「道德主體」思想和道德建構對於主體內生性動力的確立和擴充是深刻、有效和穩固長久的，其道德的必然性源自於至善天道，源自人性根本，同時又突出了道德人性和道德理想實現的可能，依次天、人根據所建立起來的主體內生動力是本質性和根本性的，所以才具有超越的、深刻的力量，使道德精神通過個體生命的道德實踐在中華優秀傳統文化脈絡中傳承，成爲流淌在中國人生命中的內在精神。這是深刻理解社會主義核心價值觀的道德意涵、有效促進社會主義核心價值觀培育和踐行的重要理論基礎之一。

其四，優秀傳統文化道德主體思想以「知行合一」爲道德實踐路徑，爲社會主義核心價值觀提供實踐參考。優秀傳統文化是有關生命的學問和智慧，其所具有的是通過道德本性體認到心性修養提升再到日常生活踐行的獨

〔註7〕楊伯峻：《孟子譯注》，北京：中華書局，2010年，第73頁。

特實踐展開邏輯，這一特質使傳統文化具有鮮明的實踐特徵，是深刻的「實踐之學」，包括內向道德提升的道德修養實踐和外向行為落實的道德行為實踐，兩個層面有機統一，不可二分。優秀傳統文化的理論體係和倫理道德規範歸宗於「行」、落實於「行」，其所具體依託的道德實踐路徑是「知行合一」，以真知、良知融合躬行實踐，追求的理想道德境界則是與純粹至善的「天道」、「天德」相統一的「知性知大」、「性與天通」、「天人合一」。而這一理想道德和人格境界追求則是貫徹在主體生命的整個過程和所有面向的，使得優秀傳統文化彰顯出深刻的生命精神、濃厚的實踐特質和鮮明的道德意蘊。優秀傳統文化立論的終極歸宿不是理論本身，而是在天人性心的辨析和探究中找到工夫論的著力點，通過修養工夫提升自身的人格和道德境界，使人成為超越的、道德意義的、本質意義的真正的「人」，在道德修養和道德境界層面與至善「天德」相統一，實現道德意義的「天人合一」理想境界。由於以「人之所以為人」的善性為人性基礎，作為社會中的人不應只發展自然屬性和社會屬性，更要擴充其道德屬性並外發於日常實踐，這樣才能成為本質意義、道德意義上的人。因此，優秀傳統文化的道德主題思想、道德理念和道德規範是人之為人的本性責任和根本要求，需要人在日常生活的學習中篤學涵養、自覺踐行、終生不輟，不斷理解和體認，深度增強道德自律和責任意識，並要堅持終身學習和實踐。

9.4 實現路徑：將優秀傳統文化切實融入社會主義核心價值觀培育

優秀傳統文化教育是公民社會主義核心價值觀培育和踐行的重要著力點，更是處於「成長孕穗期」和價值觀形成關鍵期的高校大學生社會主義核心價值觀培育的關鍵著力點。對於大學生這一特定群體而言，處於價值觀形成的關鍵時期，更應依據有效途徑、切實提升思想道德水平和培育社會主義核心價值觀。薛瑄哲學思想個案研究為我們展現出具體的理論演進過程和實踐展開路徑，對於從優秀傳統文化切入思想道德建設和社會主義核心價值觀培育具有積極的意義。因此，大學生更應、也更適於從優秀傳統文化的角度深入理解、培育和踐行社會主義核心價值觀，在正確價值觀的引領下形成穩固持久的內在動力，並將之內化於心、外化於行，挺立於內、彰顯於外。通

過自覺的學習和實踐，明晰義利之別，挺立誠敬之心，以德潤心，以德修身，構建和諧身心，提升道德修養，挺立家國責任，勇於實踐擔當，實現立德樹人。積極踐行「知行合一」，融貫「家國一體」，實現小我的超越，達到如薛瑄所言「此心惟覺性天通」的天人合一理想境界，進而成為德才兼具、愛國敬業的時代擔當，投身於社會主義建設事業，努力為實現中華民族偉大復興中國夢貢獻自己的一份力量。

在實現路徑上，社會主義核心價值觀的宗旨和中華優秀傳統文化的追求「都是強調要落實在個人身心實踐上的道德」，因此社會主義核心價值觀培育和踐行途徑「一定要以中華美德體系的傳承和實踐為條件、為落腳點」〔註8〕，通過加強優秀傳統文化教育，將其融入大學生社會主義核心價值觀培育，引領和激發主體內在源動力，進而外化為實踐行動，提升個體道德、社會公德和家國情懷。

其一，夯實價值認同，增強教育者對優秀傳統文化滋養大學生社會主義核心價值觀培育的理性認知和深度認同。高校全面落實立德樹人的根本任務，就是要將社會主義核心價值觀落實到育人的全過程，切實將社會主義核心價值觀的精神實質與根本要求，轉化成為自身的價值判斷和行為指南。教育部 2014 年發佈的《完善中華優秀傳統文化教育指導綱要》中〔註9〕明確指出：要「以提高學生對中華優秀傳統文化的自主學習和探究能力為重點，培養學生的文化創新意識，增強學生傳承弘揚中華優秀傳統文化的責任感和使命感」。因此，「在高校思想政治工作中加強傳統文化教育對於提高高校大學生綜合素質、提高高校辦學質量、傳承中華民族的優秀傳統文化有著極大的重要性」。優秀傳統文化的價值不僅僅在文學、藝術、典籍，更在其一以貫之的道德本體論和人格修養論，是適應並可應對現代社會物質化弊端的、活生生的道德精髓，可以呈現於當下、實踐於生活、內化於生命，能夠挺立人的至善本性和內在道德自覺，提升主體的內在修養和人格境界。這是中華優秀傳統文化的精髓，也是中國改革開放四十多年來滯後於物質文明的精神文明建設的價值源泉，是當今社會中國人建立道德自信、文化自信的根基。同樣，有了主體內在的道德自信和人格境界提升，大學生才能更有地培育社會主義

〔註8〕陳來：《中華傳統文化與核心價值觀》，光明日報，2014 年 8 月 11 日，第 16 版。

〔註9〕教育部：《完善中華優秀傳統文化教育指導綱要》，2014 年 3 月 26 日，http://old.moe.gov.cn//publicfiles/business/htmlfiles/moe/s7061/201404/166543.html。

核心價值觀，對大學精神、民族精神有所擔當，對國家和民族有所貢獻。因此，傳統文化教育應成爲專業知識教育的引領和補充，重在立人、立德、立身，可以使大學生避免成爲機械化的功利人、陷於物質化的自然人，而是成爲有擔當的道德人，更加有效地提升專業知識和應用能力，適應並助力現代社會的迅速發展。高校教育者和管理者應深刻領會優秀傳統文化的精髓特質，積極認同優秀傳統文化的時代價值，從而在教育教學及管理工作中切實加強大學生的傳統文化教育，縮小大學生傳統文化教育目標和現實之間的差距，提升大學生道德境界和人格修養，加強大學生社會主義核心價值觀培育。

其二，融合育人合力，多維度、深層次將優秀傳統文化教育融入社會主義核心價值觀培育。融合多維教育主體和育人平臺，從教學內容、課程設置、校園文化、實踐拓展、榜樣宣傳等層面加強傳統文化教育，形成綜合育人共識和多維育人合力。首先，在教育教學輸出方面，提升各類教育者、管理者的傳統文化德育價值和價值觀培育共識，專業教師、教育管理者和思政工作者要加強傳統文化德育價值的理論研究和教育實踐，重視以德育人，以傳統經典的傳承涵育主體社會主義核心價值觀形成綜合育人合力。作爲「傳道」、「授業」、「解惑」者的教師，不僅要向學生傳授專業學科知識，而且要允分認識到中華優秀傳統文化的重要價值和深刻作用，在教育活動和教育過程中以自身言行和人格魅力對學生進行教育、引導和薰陶，促使學生自覺提高傳統文化素養，提升道德品格和誠信意識。其次，在課程設置和建設上，深化「兩課」育人內涵，增加傳統文化課程和講座，加強通識教育。依託「兩課」教育平臺，將傳統文化的教育有機地融入「兩課」教材和教學中，擴展和深化「兩課」的教育功能，形成綜合育人共識。在教學培養體係和計劃中合理增設有關中華優秀傳統文化方面的必修課、選修課和學術講座，營造學習中國傳統文化的氛圍，激發學生求知欲望，使大學生相對系統地瞭解中國傳統文化，包括理解傳統文化的起源、演變、內涵及特質，認識其對理想人格境界的超越追求，對人的主體性、超越性、道德性的深刻透徹，以及對道德修養工夫的切己實踐；瞭解儒家「立德、立功、立言」的理想目標，「修身、齊家、治國、平天下」的工夫路經，「天下興亡， 匹夫有責」的擔當精神，「愼獨」、「內省」、「反身而誠」的修養方法，從而引起內心深處的共鳴，內化爲自身動力，外化爲實際行動。第三，在校園文化建設上，豐富校園文化活動、利用新媒體宣傳，加深大學生對傳統文化的體認。增加以弘揚傳統文化爲主

題的社團建設和校園文化活動，利用新媒體網絡技術加強傳統文化宣傳，引導大學生充分利用網絡公開課、慕課、文化紀錄片等資源自主學習傳統文化經典，使大學生改變錯誤、偏差的認識，形成正確、深刻的思想，加深對儒家傳統文化的理解和體悟，進一步提升大學生的傳統文化修養，完善道德人格，塑造正確價值觀。第四，注重構建「個人—學校—家庭—社會」四位一體的價值觀培育體係，注重家校聯合，提升家庭教育環境，以傳統家風家訓、家德教育薰陶和涵養大學生社會主義核心價值觀，實現多維提升和合力育人。

其三，深化優秀傳統文化經典閱讀，從主體內化層面切實促進大學生社會主義核心價值觀培育。基於優秀傳統文化「道德主體」思想和道德實踐邏輯的獨特性，對於優秀傳統文化的深刻內涵，只有在對經典文本進行一定程度的閱讀和瞭解的基礎上才能正確認知、理性接受並深度認同，進行自覺傳承和身心實踐，助益於主體身心修養和境界提升，使蘊涵在漢語言文字中的文化基因和道德精神在閱讀過程中被傳承和發揚。傳統文化的特質之一在於「述而不作」、言傳身教，其自身獨特的內在邏輯性和系統性，需要大學生在閱讀中潛心體認，滋養浸潤，自有所得。因此，應在大學生中深入開展經典閱讀活動，推薦和購置適合大學生接受特點的傳統文化典籍，設置針對大學生需求的經典文化閱讀書目，開展經典閱讀交流活動或讀書會，形成濃厚的讀書氛圍，使大學生在閱讀和交流中激發思想、涵養品格、提升綜合素養。深化經典閱讀的具體途徑，一方面可由相關專業教師進行指導，鼓勵形成自發的興趣小組，通過對經典文本的閱讀和交流，由淺入深，由簡到繁，逐漸加深體會；另一方面可開展「大學一本經典」計劃，深入閱讀、研究一本經典書籍，系統理解傳統文化的特質，體證儒家傳統文化精髓所在。在接觸和閱讀傳統經典的同時，更應將經典中蘊涵的人文精神、道德意蘊、生命價值內化爲自身的道德自覺，並外化爲身心實踐，這樣既能構建和諧身心，又能於日用常行中有所顯發和傳承，煥發優秀傳統文化活的價值。讓閱讀和實踐傳統經典的道德精髓和人文精神成爲一種文化、一種生活，既充分感受傳統文化的博大精深，又接受傳統文化道德精髓的滋養，並充分結合和領會時代價值，深刻認識和自覺培育社會主義核心價值觀，進而指導自己的學習、生活和社會實踐。

其四，重視道德實踐的生活化轉向，加強大學生實踐外化層面的社會主義核心價值觀踐行。回歸生活世界和實踐層面，既是傳承和弘揚優秀傳統文

化的內在需要，也是培育和踐行社會主義核心價值觀並以此規範和引領生活世界的必然訴求。實踐外化是社會主義核心價值觀在個體、社會和國家層面的行為展現，體現著社會主義核心價值觀培育的實際成效。通過加強優秀傳統文化道德精髓和道德精神教育與傳承，引導大學生向內挺立道德主體，向上提升道德人格，向外彰顯道德實踐，在優秀傳統文化道德精神內化的基礎上全方位外化為實踐行動，從個體、社會、國家層面多維培育和踐行社會主義核心價值觀，以提升道德水平為基礎，不斷提升社會公德和愛國情懷。在個體道德層面，注重培養和激發大學生的主體道德動力和內在責任意識，依據「人性—人格—價值觀—道德提升—家國責任」的內在價值觀體系，以生活世界為基本場域，樹立內在責任感和擔當精神，使大學生以社會主義核心價值觀挺立道德人格，「明大德」、「守公德」、「嚴私德」，以德立人，崇德向善，引領身心實踐。在個體實踐層面注重「慎獨」、「誠信」、「知行合一」、內在修養和道德提升，在社會層面以自身實際行動營造文明、和諧的良好社會風尚，注重友善、尊重、自由、平等、法治等，在國家層面踐行「愛國」、「敬業」、「誠信」、「友善」，將內化了的社會主義核心價值觀踐行於個體、社會、國家層面的實際行動。從而，使社會主義核心價值觀的培育以實踐為基礎，又面向生活、落實於實踐，深刻發揮價值觀的驅動、凝聚、引領和導向作用，使社會主義核心價值觀真正落地，發揮「立德樹人」的根本性作用。作為中國社會一份子，現代社會公民都應將中華優秀傳統文化的道德精髓和核心精神弘揚、投射、貫穿於日常生活實際，提升社會文明程度，凝聚精神力量，塑造中國智慧和中國風貌，使全社會在優秀傳統文化的精神滋養和社會主義核心價值觀的有力凝聚和引領下，踐行「知行合一」，追求「天人合一」境界，共同實現中華民族偉大復興的中國夢。

參考文獻

一、薛瑄著作

1. （明）薛瑄，薛瑄全集〔M〕，太原：山西人民出版社，1990。
2. （明）薛瑄，薛文清公全書〔M〕，清刻本。
3. （明）薛瑄，敬軒文集〔M〕，文淵閣四庫全書本。
4. （明）薛瑄，薛文清公讀書錄〔M〕，清同治正誼堂全書本。
5. （明）薛瑄，薛文清公要言〔M〕，明萬曆三十年吳獻臺刻本。
6. （明）薛瑄，薛敬軒先生文集〔M〕，叢書集成續編七十五。

二、其他古籍

1. （漢）董仲舒，春秋繁露〔M〕，文淵閣四庫全書本。
2. （唐）韓愈，韓昌黎全集〔M〕，上海：世界書局，1935。
3. （宋）周敦頤，周敦頤集〔M〕，北京：中華書局，1990。
4. （宋）張載，張載集〔M〕，北京：中華書局，1978。
5. （宋）程顥，程頤，二程集〔M〕，北京：中華書局，1981。
6. （宋）程顥，程頤，二程遺書〔M〕，上海：上海古籍出版社，2000。
7. （宋）朱熹，朱子語類〔M〕，北京：中華書局，1986。
8. （宋）朱熹，四書章句集注〔M〕，北京：中華書局，1983。
9. （宋）朱熹，近思錄〔M〕，南京：江蘇古籍出版社，2001。
10. （宋）朱熹，朱子全書〔M〕，上海古籍出版社，安徽教育出版社，2003。
11. （宋）陸九淵，象山全集〔M〕，四部叢刊本。
12. （宋）胡宏，胡宏集〔M〕，北京：中華書局，1987。
13. （宋）陳淳，北溪字義〔M〕，北京：中華書局，1983。

14. （元）許衡，許衡集〔M〕，北京：東方出版社，2007。
15. （元）吳澄，吳文正集〔M〕，文淵閣四庫全書本。
16. （元）脫脫，宋史〔M〕，北京：中華書局，1997。
17. （明）楊鶴，楊嗣昌，薛文清公年譜〔M〕，明萬曆間刻本。
18. （明）曹端，曹月川集〔M〕，上海：上海古籍出版社，1991。
19. （明）吳與弼，康齋文集〔M〕，文淵閣四庫全書本。
20. （明）胡居仁，居業錄〔M〕，同治正誼堂本。
21. （明）胡居仁，胡文敬集〔M〕，文淵閣四庫全書本。
22. （明）陳獻章，陳獻章集〔M〕，北京：中華書局，1987。
23. （明）羅欽順，困知記〔M〕，北京：中華書局，1990。
24. （明）王廷相，王廷相集〔M〕，北京：中華書局，1989。
25. （明）王守仁，王陽明全集〔M〕，上海：上海古籍出版社，1992。
26. （明）呂柟，涇野子內篇〔M〕，北京：中華書局，1992。
27. （明）高攀龍，高子遺書〔M〕，文淵閣四庫全書本。
28. （明）馮從吾，關學編（附續編）〔M〕，北京：中華書局，1987。
29. （明）李東陽，明會典〔M〕，文淵閣四庫全書本。
30. （明）沈佳，明儒言行錄〔M〕，文淵閣四庫全書本。
31. （明）劉宗周，劉子全書〔M〕，清道光四年刊本。
32. （明）宋濂，元史〔M〕，北京：中華書局，1976。
33. （清）楊希閔，明薛文清公年譜〔M〕，民國三十三年（1945）鉛印本。
34. （清）黃宗羲，明儒學案〔M〕，北京：中華書局，2008。
35. （清）黃宗羲，宋元學案〔M〕，北京：中華書局，1986。
36. （清）焦循，孟子正義〔M〕，北京：中華書局，1987。
37. （清）王夫之，張子正蒙〔M〕，上海：上海古籍出版社，2000。
38. （清）王夫之，船山全書〔M〕，長沙：嶽麓書社，1991。
39. （清）阮元，十三經注疏（附校勘記）〔M〕，北京：中華書局，1980。
40. （清）谷應泰，明史紀事本末〔M〕，北京：中華書局，1977。
41. （清）李清馥，閩中理學源流考〔M〕，文淵閣四庫全書本。
42. （清）孫承澤，春明夢餘錄〔M〕，北京：北京古籍出版社，1992。
43. （清）夏燮，明通鑒〔M〕，北京：中華書局，1959。
44. （清）龍文斌，明會要〔M〕，北京：中華書局，1956。
45. （清）張廷玉，明史〔M〕，北京：中華書局，1974。

46. （清）孫奇逢，理學宗傳〔M〕，光緒庚辰歲（六年）浙江書局刻本。

47. （清）張驥，關學宗傳〔M〕，陝西教育圖書社排印本，1921。

48. （清）熊賜履，學統〔M〕，濟南：山東友誼書社，1990。

49. （清）永瑢，紀昀，四庫全書總目〔M〕，北京：中華書局，1965。

50. （清）紀昀，四庫全書總目提要〔M〕，石家莊：河北人民出版社，2000。

51. （清）茅丕熙修，續修河津縣志〔M〕，光緒六年刻本。

52. （清）曾國荃，山西通志〔M〕，文淵閣四庫全書本。

53. （清）穆爾賽等，山西通志〔M〕，康熙二十一年刻本。

54. 國學整理社，諸子集成〔M〕，北京：中華書局，1954。

55. 於浩輯，宋明理學家年譜〔M〕，北京圖書館出版社，2005。

三、近人論著

1. 李元慶，明代理學大師——薛瑄〔M〕，太原：山西高校聯合出版社，1993。

2. 趙北耀，薛瑄學術思想研究論文集〔M〕，太原：山西古籍出版社出版，1997。

3. 孟森，明史講義〔M〕，上海：上海古籍出版社，2002。

4. 朱希祖，明季史料題跋〔M〕，北京：中華書局，1961。

5. 張學智，明代哲學史〔M〕，北京：北京大學出版社，2000。

6. 嵇文甫，晚明思想史論〔M〕，北京：東方出版社，1996。

7. 南炳文，何孝榮，明代文化研究〔M〕，北京：人民出版社 2006

8. 劉澤民，山西通史（明清卷）〔M〕，太原：山西人民出版社，2001。

9. 梁志祥，張國祥，山西通志〔M〕，太原：山西人民出版社，2001。

10. 葛兆光，中國思想史〔M〕，上海：復旦大學出版社，2000。

11. 蒙培元，理學的演變〔M〕，福建：福建人民出版社，1984。

12. 蒙培元，理學範疇系統〔M〕，北京：人民出版社，1993。

13. 蒙培元，中國哲學主體思維〔M〕北京：東方出版社，1993。

14. 呂思勉，理學綱要〔M〕，北京：東方出版社，1996。

15. 侯外廬，宋明理學史〔M〕，北京：人民出版社，1984。

16. 馮友蘭，中國哲學史新編〔M〕，北京：人民出版社，1999。

17. 張岱年，中國哲學大綱〔M〕，北京：中國社會科學出版社，1982。

18. 張岱年，中國哲學發微〔M〕，太原：山西人民出版社，1981。

19. 張立文，宋明理學研究〔M〕，北京：中國人民大學出版社，1985。

20. 陳來，宋明理學〔M〕，瀋陽：遼寧教育出版社，1991。

21. 陳來，朱子哲學研究〔M〕，武漢：華中師範大學出版社，2000。

22. 陳俊民，張載哲學思想及關學學派〔M〕，北京：人民出版社，1986。

23. 陳俊民，三教融合與中西會通〔M〕，西安：陝西師範大學出版社，2002。

24. 丁爲祥，虛氣相即──張載哲學體系及其定位〔M〕，北京：人民出版社，2000。

25. 楊國榮，王學通論──從王陽明到熊十力〔M〕，上海：華東師範大學出版社，2003。

26. 葛榮晉，明清實學史〔M〕，北京：中國社會科學出版社，1994。

27. 朱伯崑，易學哲學史〔M〕，北京：崑崙出版社，2005。

28. 任繼愈，中國哲學史〔M〕，北京：人民出版社，1964。

29. 仁繼愈，中國哲學發展史〔M〕，北京：人民出版社，1983。

30. 嚴正，儒學本體論研究〔M〕，天津：天津人民出版社，1997。

31. 馮達文，宋明新儒學略論〔M〕，廣州：廣東人民出版社，1997。

32. 郭齊勇，郭齊勇自選集〔M〕，桂林：廣西師範大學出版社，1999。

33. 張岱年，張岱年全集〔M〕，石家莊：河北人民出版社，1996。

34. 蕭萐父，李錦全，中國哲學史〔M〕，北京：人民出版社，1982。

35. 牟宗三，心體與性體〔M〕，上海：上海古籍出版社，2001。

36. 牟宗三，中國哲學十九講〔M〕，上海：上海古籍出版社，2005。

37. 牟宗三，中國哲學的特質〔M〕，上海：上海古籍出版社，2005。

38. 牟宗三，生命的學問〔M〕，桂林：廣西師範大學出版社，2005。

39. 徐復觀，中國人性論史‧先秦篇〔M〕，上海：上海三聯書店，2001。

40. 唐君毅，中國哲學原論‧原性篇〔M〕，北京：中國社會科學出版社，2005。

41. 余英時，朱熹的歷史世界〔M〕，北京：生活 讀書 新知三聯書店，2004。

42. 余英時，宋明理學與政治文化〔M〕，桂林：廣西師範大學出版社，2006。

43. 錢穆，中國學術思想史論叢（第七冊）〔M〕，臺灣：東大圖書公司，1977。

44. 錢穆，宋明理學概述〔M〕，臺灣：中國文化大學出版部，1980。

45. 勞思光，新編中國哲學史（第三卷上）〔M〕，桂林：廣西師範大學出版社，2005。

46. 容肇祖，明代思想史〔M〕，臺灣：開明書店，1983。

47. 李明輝主編，儒家經典詮釋方法〔C〕，上海：華東師範大學出版社，2008。

48. （美）陳榮捷，朱學論集〔M〕，上海：華東師範大學出版社，2007。

49. （日）岡田武彥，王陽明與明末儒學〔M〕，上海：上海古籍出版社，2000。

50. 習近平，習近平談治國理政〔M〕，北京：外文出版社，2014。

51. 居雲飛，興國之魂：社會主義核心價值觀與中華優秀傳統文化〔M〕，北京：中國社會科學出版社，2014。

52. 李維意，中華優秀傳統文化涵育大學生社會主義核心價值觀實踐路徑研究〔M〕，北京：人民出版社，2019。

53. 邱仁富，社會主義核心價值觀的傳統文化根基研究〔M〕，上海：上海大學出版社，2018。

四、近人論文

1. 高壽仙，《明儒學案》與《四庫全書總目》對明儒評論之比較〔M〕//明代文化研究，中國文史出版社，2003。

2. 郭齊勇，綜論宋元明時期長江流域的儒學〔J〕，社會科學戰線，2004，（3）。

3. 張岱年，薛瑄「性天通」的思想境界〔J〕，運城學院學報，1990，（1）。

4. 蒙培元，薛瑄哲學思想與程朱理學的演變〔J〕，晉陽學刊，1982，（6）。

5. 李元慶，薛瑄思想在河東文化史上的地位和作用〔J〕，運城學院學報，1990，（1）。

6. 李元慶，「此心惟覺性天通」——薛瑄的心性論和復性說（上，下）〔J〕，運城學院學報，1991，（1，2）。

7. 李元慶，論薛瑄的實學思想及其河東學派——兼與陳俊民同志商榷〔J〕，晉陽學刊，1986，（5）。

8. 周慶義，薛瑄對朱熹理學的發展〔J〕，晉陽學刊，1988，（4）。

9. 周慶義，薛文清是開明代心學於王陽明之前嗎〔J〕運城學院學報，1990，（1）。

10. 周慶義，論薛瑄的人性論和理欲觀〔J〕河北學刊，1990，（6）。

11. 郭潤偉，薛瑄理學的宗旨〔J〕，山西大學學報：哲學社會科學版，1987，（4）。

12. 魏宗禹，薛瑄思想與明代理學的發展〔J〕，孔子研究，1988，（2）。

13. 馬濤，論薛瑄與明代的關學〔J〕，孔子研究，1991，（3）。

14. 趙北耀，薛瑄是一位具有唯物主義傾向的理學家〔J〕，運城學院學報，1990，（1）。

15. 李海林，薛瑄從祀孔廟緣由〔J〕，山西煤炭管理幹部學院學報，2007，（2）。

16. 蕭無陂，呂柟與關學〔J〕，船山學刊，2007，（4）。

17. 姜國柱，薛瑄的理學思想〔J〕，孔子研究，1995，（2）。

18. 徐遠和，薛瑄的「實學」思想探析〔J〕，孔子研究，1992，（3）。

19. 尹協理，簡論薛瑄的「性」學〔J〕，中州學刊，1991，（3）。

20. 楊宗禮，薛瑄對朱熹哲學最高範疇「理」的改造〔J〕，運城學院學報，

1990，（1）。

21. 楊宗禮，薛瑄太極論初探〔J〕，運城學院學報，1987，（3）。

22. 高樹幟，薛瑄的宇宙觀、認識論與復性說〔J〕，運城學院學報，1990，（1）。

23. 谷方，論薛瑄哲學的基本特徵〔J〕，運城學院學報，1990，（1）。

24. 寧志榮，略論薛瑄的理氣觀〔J〕，山西大學學報：哲學社會科學版，1988，
（4）。

25. 趙瑞民，呂枏「受教於三原馬江」辨〔J〕，西北大學學報：哲學社會科學版，1984，（3）。

26. 李霞，明初理學向心學的轉變〔J〕，江漢論壇，2000，（6）

27. 周桂鈿，明末到清初的思想轉折〔J〕，社會科學研究，1993，（3）。

28. 丁爲祥，朱子本體意識的裂變及其意義〔J〕，中國文哲研究通訊，臺北：
中央研究院中國文哲研究所，2004，（6）：102～107。

29. 丁爲祥，氣學——明清學術轉換的眞正開啓者〔J〕，孔子研究，2007，（3）。

30. 丁爲祥，張載研究的視角與方法〔J〕，陝西師範大學學報：哲學社會科學版，2000，（2）。

31. 陳時龍，明代關中地區的講學活動（上、下）〔J〕，臺灣政治大學歷史學報，2007，（5，11）。

32. （美）陳榮捷，早期明代之程朱學派〔M〕，//陳榮捷，朱學論集，上海：
華東師範大學出版社，2007。

33. （新加坡）許齊雄，爲昭代眞儒辯護：明朝人討論薛瑄從祀問題的一個
重要側面〔J〕，晉陽學刊，2007，（4）。

34. （新加坡）許齊雄，我朝眞儒的定義：薛瑄從祀孔廟始末與明代思想史
的幾個側面〔J〕，香港中文大學中國文化研究所學報，2007，（47）。

35. （日）岡田武彥，明代的文化與思想論綱〔J〕，孔子研究，1991，（2）。

36. 李忠軍，大學生思想政治教育目標新探〔J〕，思想理論教育導刊，2013，
（12）。

37. 顏世元，自覺傳承優秀傳統文化中的道德理念，大力弘揚社會主義核心
價值觀〔J〕，孔子研究，2014，（6）。

五、學位論文

1. *Khee Heong Koh · East of the river and beyond: A Study of Xue Xuan （1389～1464）and the Hedong School*（超越黃河之東：薛瑄與河東學派研究）〔D〕，Columbia University, Columbia Doctoral Dissertations, 2006。

2. 吳孟謙，默識天人之際——薛敬軒理學思想探微〔D〕，臺灣大學，2007。

3. 常裕，河東學派考論〔D〕，南開大學，2006。

4. 祝平次，朱子學與明初理學的發展〔D〕，臺灣大學，1994。

5. 李海林，薛瑄對程朱理學的體認與實踐〔D〕，山西大學，2007。

6. 郭暉，薛瑄教育思想研究〔D〕，廣西師範大學，2007。

7. 游海員，薛瑄的理學思想及其對朱熹理學的繼承和發展〔D〕，湖南大學，2008。

8. 張俊歌，明初理學思想特徵研究〔D〕，蘭州大學，2006。

9. 王蕾，曹端理學思想研究〔D〕，山東大學，2008。

10. 周婷婷，中華優秀傳統文化融入大學生思想政治教育研究〔D〕，山西師範大學，2018。

附錄一：薛瑄學思簡譜

明太祖洪武二十二年己巳（1389年），一歲。

> 生於北平元氏，按教諭公以乙丑除真定元氏教諭。既之官，迎父仲義、母齊氏俱至任。娶司訓齊魯道女，生薛瑄。先一夕，夢峨冠紫衣人來謁，已而誕薛瑄於學舍。肌膚瑩於水晶，五臟洞露，目光如漆。家人怪，欲棄之。祖仲義聞啼聲，力止曰：「體清而聲洪，必異人也。」因覽初度以卜，喜曰：「此兒將大吾門矣。」

洪武二十八年乙亥（1395年），七歲。

> 其父薛貞進說《大禹謨》，音暢義明，克動宸聽。延臣以為能。三閱月罷，除滎陽教諭，薛瑄隨侍。祖教以小學、四書，日千百言，即成誦。不為兒戲，端坐如成人，姊妹莫敢過其前。性善詩，人以為天授云。

建文帝洪武三十五年壬午（1402年），十四歲。

> 在馬湖。是年五經四書皆通大義。

成祖永樂三年乙酉（1405年），十七歲。

> 在滎陽。始厭科舉之學，慨然以求道為志。精思力踐，一言一動，必質諸書。微有不合，竟夜反側不成寐。

永樂七年乙丑（1409年），二十一歲。

> 隨父徙玉田。玉田多賢豪長者，濟南王素亨、大梁范汝舟、東萊魏希文、永嘉徐蘊夫、安陽范仲仁、海昌李大亨諸公，皆年德老

成。薛瑄禮延之家，講論經書子史，范及天文、地理、二氏之談。諸老退謂人曰：「此子聰明特異，力行可畏，聖門有人矣。」皆避師席，結為友，與習宋諸儒性理諸書。久之，薛瑄歎曰：「此道學正脈也。」盡焚詩賦草，專精性命，至忘寢食。

永樂十八年庚子（1420 年），三十二歲。

秋八月，舉河南鄉試第一。

永樂十九年辛丑（1421 年），三十三歲。

春三月，登曾鶴齡榜進士。時學士楊士奇聞薛瑄名，邀至館中訓諸子，薛瑄固辭卻之。

宣宗宣德三年戊申（1428 年），四十歲。

如京師，將詣闕。《與楊進道書》曰：「某七八歲時，侍先君子左右。聞其稱古人某為大儒，今人某為偉士。因記於心，曰：『彼亦人耳，人而學人，無不可及之理也。』又六七年，先君子見可教，授意諸聖賢書。始發奮篤專於誦習，晝不足則繼以夜，倦則置書枕側而臥閱之，或達旦未已。至於行立飲食，不諷諸口，則思諸心，雖人事膠擾，未嘗一日易其志。積十餘年，然後察夫聖賢千言萬語之理，無不散見於天地萬物之中，而天地萬物之理，無不統會於此心微密之地。自是以來，澄治本源，而恒懼夫邪念以淆之，篤專修習而不敢以他好奪之。積之既久，因以中之欲發者，發為文辭，則但覺來之甚易，若有物以嘗於內而迫之於外也。……仰希大儒偉士雖不敢及，然韓子所謂在進士中粗為知讀書者，竊以為近似焉。今退居又六七年，遭值大故，哀痛之餘，尚懼玩愒荒怠，負先君子之大訓。因時取向所授書而溫繹之，但覺意味愈切，理趣愈深，有得於心而不能形於言者。此某之自少及長，勤苦既得，而猶不敢自己者也。」

授行在廣東道監察御史，監湖廣銀場。薛瑄至都，上章願就教職，以卒所學。

時三楊當國，欲識先生面。薛瑄曰：「某忝糾劾之任，無相識之理。」

宣德五年庚戌（1430 年），四十二歲。

在沅州。「焚香讀書其下，心神內外融朗洞達，忽若不知吾身之爲小，天地之爲大也。……況心爲神明之舍，爲此蔽暗者，氣質人欲也。去其蔽而開其暗，有不在我乎？因治屋而得治心之要，遂書於軒端，以啓後之人。」十二月，在辰州。朔二日，薛瑄州署中將止，忽念己德不大進，緣舊習纏繞，未能擺脫，自今以往，洗心磨刮，言動求合於道，否則匪人矣。

宣德六年辛亥（1431 年），四十三歲。

在辰。元日書曰：「履端者，時之新也，爲學當與時俱新。」

宣德七年壬子（1432 年），四十四歲。

在辰。日夕精研理學，寢寐聖賢，于錄《性理大全》，潛心玩誦，夜分乃罷。深冬盛寒，雪飄盈幾，唔咿不輟。或思有所得，即起燃燈記之；或通宵不寐，味而樂之，有不知手足之舞者。遂積爲《讀書錄》。

宣德九年甲寅（1434 年），四十六歲。

在裏。秋，李文達公賢奉命察山西旱荒，造門叩質所疑。薛瑄亟稱之，以爲英悟淳確，非流輩可及。薛瑄《復李德原書》略曰：「前辱書，累數百言，以道德顯晦見推爲念。竊惟此道出於天，賦於人，全盡於聖賢。六經、四書、周、程、張、朱之說，無非明此而已。某自少時有志於是，心之所存，言之所發，身之所履，少有違理，若一日不能安其身。蓋出於道之所不能已者，豈敢僭擬古人而以道學自居哉！……凡聖賢書一字一義，灼見下落，而體之心，體之身，繼之以勿息，則推之人者不外是。而所學皆實理，雖不言道，而道在是矣。」

宣德十年乙卯（1435 年），四十七歲。

在京師。安薛瑄自戊申官御史，五年於茲，買宅京師，僅容臥榻。苦東壁暗甚，力不能辦一窗。子淳取車輪爲之，薛瑄爲作《車窗記》。

英宗正統元年丙辰（1436年），四十八歲。

在京師。夏四月，升僉事，提督山東學政。時有言學政不舉者，詔遴選碩儒。吏部尚書郭進首薦先生，是月二十八日除督學僉事。薛瑄欣然曰：「此吾事也。」……至山東，首以白鹿洞規開示學者，俾致知而力行，居敬以窮理，由經以求道。所至先詢行而後文詞，親為剖解，告以為人為己之學。取人隨材器，或行步，或字畫，或講誦，或詩詞，各玉之於成。數者皆無，不得已使儒衣冠謝其祖，乃去之。有一生，以貧廢棄，屢舉不第，亟求退。學博亦曰：「宜罷之。」薛瑄曰：「生祭日治何事？」僉曰：「擊磬耳。」薛瑄曰：「磬在八音中最難諧，能知之，亦可用也。」不聽去。後其人果登第。諸生無少壯賢愚，皆感慕薛瑄，稱其為「道學薛夫子」。

正統五年庚申（1440年），五十二歲。

在山東。春正月十八日，夜臥夢云：「安其內不求於外，見其大而略於小。」

正統六年辛酉（1441年），五十三歲。

在山東。春，謁先師於闕里，為衍聖公彥縉作《存化書堂記》。有《報李文達書》，曰：「……屢承手書，切磨斯道。……謹取三四條奉答，伏惟擇焉。是道之大，原於天，具於人心，散於萬事萬物，非格物致知不能明其理。故大學之教，以是居首。然此心非虛名寧靜，則昏昧放逸，又無以為格物致知之本。程子所謂『涵養須用敬，進學則在致知』者，正欲居敬窮理，交互用力，以進於道也。……朱夫子有言：『愈細密，愈廣大；愈謹確，愈高明。』是則大節固當盡，而細膩工夫亦不可不勉也。足下又謂，動作毫釐小差，忽不知墮於為利之域。省察至此，極為親切，更加以精辨持守之力，必能為己而不為人也，為義而不為利也。」

正統八年癸亥（1443年），五十五歲。

在京師。因逆王振，下先生錦衣衛獄。先是學士劉球上章忤振，下錦衣衛獄。振使人縛至暗壁中，斧鑽暴下，支解其體。薛瑄繼至，人皆危之。薛瑄怡然曰：「死生命也！」讀《易》不輟。通政李錫聞之，歎曰：「真鐵漢也！」

正統十四年己巳（1449年），六十一歲。

在裏。時家居數年，閉門不出，雖鄰里罕見其面。而秦、楚、吳、越間來學者以數百。薛瑄拳拳誨以小學以及大學，由灑掃應對至於精義入神，居敬以立其本，明經以求其道，不事言語文字，而必則諸躬行之實。問科舉之學，則默然不對。終日正衣冠危坐，如對神明。

恭仁皇帝景泰二年辛未（1451年），六十三歲。

春二月，歸於京師。戶部侍郎江淵上言：「薛某躬行實踐，深明理學，宜留內閣，以資啓沃。」

景泰三年壬申（1452年），六十四歲。

春二月，至南京。按是年有《答閻禹錫書》，曰：「某本世俗之學，中年稍知理趣，而卒有所未得，亦僅置於心不忘耳。……竊惟古人為己之學，於人之知不知、與夫毀譽之言，皆不足以動其心。若此賦之詞，似有激發不平之意，得不為此心虛明之累乎？所望一切除去此意，日求吾所未至，使反身誠而樂莫大，則彼毀譽之言烏足以動其心哉！」第二書又謂：「學徒告以微渺，茫茫若夏蟲之疑冰，是誠然也。夫以子貢之高識，僅悟性天道於晚年，況他乎哉！程子終身不以《太極圖》示人，正謂是耳。故教人之法，最宜謹其先後淺深之序，若不量所至，驟語以高妙，不止不能入，彼將輕此理為不足信矣。」

英宗天順元年丁丑（1457年），六十九歲。

在京師。春正月甲申，升禮部右侍郎兼翰林院學士，直文淵閣。是月十七日壬午，英宗復辟。薛瑄為眾望所歸，擢居是職。李文達喜曰：「正先生行道之時也。」薛瑄曰：「某外官驟進，誠意未孚，但當積誠以動之。」一日，召入便殿，上褻衣冠御，薛瑄拱立不入。上遽易服，乃進見。語移時，皆正心誠意之言。左右竊聽之，曰：「此正薛夫子也。」

中官曹吉祥、忠國公石亨，專恣無忌。曹用事，同列約相賀，薛瑄獨不往。亨與徐有貞誣于忠愍謙、王太保文謀危社稷，抵凌遲死。二十二日丁亥，同列皆衣紫。薛瑄問之，同列曰：「不知耶？欲

刑某等耳。」薛瑄驚曰：「此事人所共知，各有子孫。」亨憤然曰：「事已定，不必多言」。會上召諸臣會議，諸臣皆默然。獨薛瑄曰：「陛下復登大寶，天也。今二臣之罪狀未著，且三陽發生，不可用重刑。」有貞爭曰：「若不置謙等於死，今日之事爲何名？」遂詔減一等。薛瑄退而歎曰：「殺人以爲功，仁者不爲也。」即有去志。六月三上疏請告，許之。六月三日疾轉劇，遂決意求去。是月十日，上章不報；十一日，再上；十三日，二上。至二十日始得旨。三日即發。

天順二年戊寅（1458 年），七十歲。

在裏。自是家居不出，四方從學者日眾，至市館不能容。薛瑄拳拳以復性教人，曰：「此程朱吃緊爲人處，而歐陽永叔言『性非所先』，誤矣！」又曰：「學者讀書窮理，須使見得，然後驗於身心，體而行之。不然，無異於買櫝還珠也。」李文達當國，每以書問薛瑄，始終不答。門人問故，薛瑄曰：「昔溫公退居洛中，呂申公執政，屢以書問起居，溫公不答。某亦此意。」一日，閻禹錫問文達何如。薛瑄曰：「道理盡說得，經學最熟，只少立於義，有些富貴氣象。」或問閻禹錫、白良輔何如。薛瑄曰：「洛陽似此兩人也，難得。但恐後來立腳不定，往別處走。」

天順三年乙卯（1459 年），七十一歲。

在裏。薛瑄既返初服，玩心高明，研究天人之奧，闡發性命之微。著爲《讀書續錄》。有《報閻禹錫書》，曰：「承諭取《朱子文集》、《語類》諸書，掇其精實者題曰《晦庵要語》云，欲寄示。此正欲快睹，早寄爲妙。所要《讀書續錄》，但余老，自備遺忘耳，亦何足觀也。近讀《近思錄》，程子謂方道府曰：『經以載道，誦其言詞，解其訓詁，而不及道，乃無用之糟粕耳。』覩足下由經以求道，乃進學之至要。蓋凡聖人之書皆經也，道則實理之所在，苟徒誦習紙上之經，而不求實理之所在，則經乃糟粕，如程所云也。」

天順八年甲申（1464 年），七十六歲。

在裏。夏六月十五日，薛瑄卒。其平日削所奏疏稿，皆不存。是日忽檢舊書及《讀書二錄》、詩文諸集，束置案上，衣冠危坐，爲

詩曰：「土炕羊褥紙屏風，睡覺東窗日影紅。七十六年無一事，此心惟覺性天通。」通字之繞未竟，悠然而逝。

附錄二：河東學派及其弟子圖表

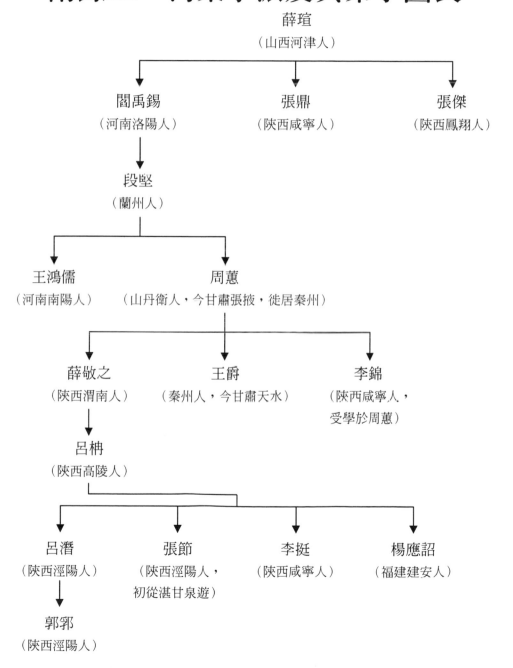

薛瑄
（山西河津人）

閻禹錫
（河南洛陽人）

張鼎
（陝西咸寧人）

張傑
（陝西鳳翔人）

段堅
（蘭州人）

王鴻儒
（河南南陽人）

周蕙
（山丹衛人，今甘肅張掖，徙居秦州）

薛敬之
（陝西渭南人）

王爵
（秦州人，今甘肅天水）

李錦
（陝西咸寧人，
受學於周蕙）

呂柟
（陝西高陵人）

呂潛
（陝西涇陽人）

張節
（陝西涇陽人，
初從湛甘泉遊）

李挺
（陝西咸寧人）

楊應詔
（福建建安人）

郭郛
（陝西涇陽人）

致　謝

　　當自己的文字即將變成散發著墨香的書籍，一種曾經無法奢望的夢想就要成為現實，內心的激動難以掩藏。作為自己對中國優秀傳統文化個案研究及其時代價值揭示的一份深入思考，本書終於得以出版了。沉重，感慨，感恩，無以言表。

　　多年來，本人工作盡心盡責，學習不敢懈怠，以系統化的思想政治教育和中國哲學相關專業訓練為基礎，以大學生思想政治教育與價值引領為專業化發展方向，堅持開展中華優秀傳統文化與大學生思想政治教育及社會主義核心價值觀培育相關研究，注重以研究深化理論、以理論提升實踐、以實踐反哺理論，在努力揭示優秀傳統文化的道德精髓、時代價值及其對大學生思想政治教育重要意義的同時，探索將優秀傳統文化融入大學生思想政治教育及社會主義核心價值觀培育的路徑和方法。

　　優秀傳統文化道德精髓和思想精華需要通過有代表性的個案研究方能獲得更為真切的多維度展現和揭示。本書選擇以明代初期大儒薛瑄為個案研究對象，以問題意識為導向，闡釋古人的思想進路和理論建構，體貼儒家哲學的生命氣象，理解中國哲學的獨特特質，並明晰關學學派、河東學派的天人視野、心性建構、道德追求和踐履宗旨。如此開展的個案研究使我逐漸認識到，儒家優秀傳統文化的獨特邏輯和真正價值，不在知識的獲得，而在於道德主體性的內在挺立和真實生命的道德實踐，實為一種極為深刻的生命智慧，彰顯出優秀傳統文化深厚、透徹、純粹的人性追尋、生命體察、道德理想和實踐特質。研究開展過程也使我深深認識到，須用純然真誠的態度對待學問，以「坐十年冷板凳」的精神潛心研究與體認，使優秀傳統文化的現代

價值得以弘揚而不至流於浮泛，亦能使所學者的真實人生有所滋養、充實和挺立。

研究之路艱辛坎坷，學問亦有快樂相伴。通過研究，不僅擺脫了混沌的狀態，而且能夠對中國傳統儒家哲學、中華優秀傳統文化的深刻價值有所契悟，感受到古人所高揚與傳續的乃是道德的內在超越和對主體責任的極大尊重。據此，在工作和研究過程中，也越來越認識到優秀傳統文化的傳承和創新對於我國公民社會主義核心價值觀培育、思想道德提升、身心健康促進、愛國奮鬥精神激發、成長動力激勵具有非常深刻的價值，不僅能提供深厚的理論和價值源泉，更有知行合一的豐富實踐途徑借鑒。對於處於「成長孕穗期」、價值觀形成關鍵時期的青年大學生而言，更應重視和加強中華優秀傳統文化教育。高校的根本任務是「立德樹人」，因此更應重視優秀傳統文化道德精髓和思想精華的內涵教育和實踐傳承，積極探索符合時代需求和大學生特徵的新載體和新形式，實現優秀傳統文化在高校教育中的內涵化推進和生活化轉向，充分發揮優秀傳統文化「立德樹人」、「補精神之鈣」的時代價值。不僅如此，優秀傳統文化作為中華民族精神之源，是當今中國文化自信和社會主義核心價值觀的重要源泉，更是中華民族屹立於世界民族之林的重要根基，對於促進中華民族偉大復興中國夢的實現具有極為深刻的價值，需要給予更加積極的定位和重視。

在今後的工作中，我也將繼續思考和研究優秀傳統文化與社會主義核心價值觀培育、大學生思想政治教育提升、民族文化自信提升等重要時代問題，以期為思想政治教育實效提升和優秀傳統文化傳承及「雙創」略盡綿力，並用以指導育人工作和現實生活。

本書的出版離不開 2019 年教育部人文社會科學專項任務項目（高校思想政治教育）的資助，申報、獲批及執行項目的過程使我開闊了視野，提升了認識，深受激勵和鼓舞，在此表示誠摯感謝。本書同時也得到西安交通大學馬克思主義學院的中央高校基本科研業務費專項資金資助，在此表示感謝。

本書在撰寫過程中，得到丁為祥教授的悉心指導和幫助，也由此充分感受到儒家學問的道德氣象、灑落風貌和真誠人格感召，並深受影響和觸動，逐漸走進儒學和傳統文化研究之路，在此特別表示衷心感謝。同時感謝陳俊民教授、劉學智教授、林樂昌教授等的關心和指導，使我能夠真切感沐到傳統文化學術研究嚴謹、篤實、端嚴、淳厚的風格和魅力。感謝邸利平、魏濤、

張波、米文科等博士的交流、指導和建議。

　　感謝馬克思主義學院蘇玉波教授、馬忠教授、鄭冬芳教授、楊華教授等的支持和指導，感謝學工部、仲英書院單位領導和同事們的關心和支持。

　　感謝出版社楊嘉樂老師等人的辛勤付出，使得本書得以出版。

　　感謝家人的默默支持。父母的愛厚重如山，姐姐、妹妹、弟弟給予我大力的支持和鼓勵，母親多年的教育讓我體味到優秀傳統文化「百姓日用而不知」的道德理念、價值傳承和生命流淌，愛人不僅對家庭辛勤付出，也對我的研究深有啓發，使我的視野更加開闊，孩子的成長也極大地增加了我前進的動力。我的點滴進展，都飽含著家人的關愛。家人彼此相攜相愛，使一個人的成長充滿溫暖和力量。

　　也謹以此書，獻給我曾經以及將來繼續要爲它付出的努力。

　　新的時代，新的起點，新的夢想。我將个忘初心，心懷感恩，努力前行。

高瓊　於長安
二〇一九年六月